E・S・モース 著
斎藤正二・藤本周一 訳

日本人の住まい

Edward Sylvester Morse : Japanese Homes and Their Surroundings

〔新装版〕

八坂書房

Japanese Homes And Their Surroundings

by Edward S. Morse

1886

初版まえがき

箕作佳吉教授によって草(そう)された、日本における初期蘭学の研究に関するきわめて興味ぶかい一つの論文〔『日本アジア協会会報』第五巻、第一部二〇七ページ〕のなかで、著者は、たまたま、オランダ解剖図譜『ターヘル・アナトミア』を和訳した三人の著名な日本人学者〔訳注＝前野良沢、杉田玄白、中川淳庵〕のひとりである前野良沢の叔父宮田全沢に言及している。教授は、つぎのように述べるのである。叔父であるこの「宮田は、その性向において、ほとんど奇人であるといえた。かれは、世の中から消滅しつつあるかもしれないと思われる芸術(アート)や芸能(アコンプリッシュメント)を学ぶことと、さらには、それらを後代にまで保存できるほどに豊富克明に記録しておくことを、ひとつ厳粛な義務であると信じていた」と。かれの甥は、この叔父の教訓を忠実に守った。そして、「自分の家業として医術にたずさわるかたわら、かれは、あえて『一節切(ひとよぎり)』*hitoyogiri* の学習に励んだ。——『一節切(ひとよぎり)』とは、当時すでにほとんど忘れ去られていたある種の音楽であった。——そして、かれは、これに打ち込んで、ために、ある種の戯曲的演技(ドラマチック・アクティング)を学んだくらいであった。」

本書のなかに盛り込まれて体(たい)を成した資料の採集に取りかかったときには、わたくしはこの宮田の精神によって鼓舞を受けたのではなかったのだけれど、今にして感ずることは、このために費やされた労力がまったく無駄にはなかったという点である。というのは、結果として、日本家屋の細部——そのなかには、たぶん、どっちでもいいような瑣末なものも含まれているだろうが——を保存することになりそうだからである。日本家屋の細部は、あと数十年も経過すれば、それを入手すること自体が、必ずしも不可能ではないまでも、ずいぶん困難になりそうだからである。本書がこのことに成功したかしないかという点はどうあれ、賞賛に値する昔の日本人学者の野心者抱負（アンビション）こそは、およそ、民族学者たるもの、みずからの調査研究をすすめていくにさいして、範を仰いでしかるべきものであろう。——それというのも、精力的であり利己的でありかつ商業的な西洋諸国家、そして、そのかたわらには、いくつかの点でこれら国家が顔負けするほど商業的でもあり利己的でもあるキリスト教布教団がお伴（とも）につき随っているのだが、それら西洋諸国家との避けがたい接触の一つの結果として、幾多の深刻な変化ややり直し（リーアジャスティメント）を体験しつつある後進の国家および国民の研究ほど、重要なことはないからである。

日本政府からの雇傭を受けたさまざまの国籍を持つ学者たちの研究活動、そして、とりわけて駐日イギリス公使館勤務の学識者ぞろいの随行員（アタッシェ）attachésのおかげにより、この興味ぶかい国民について、多くの資料が入手できたのであった。これらの資料は、以上のかたがたがおられなかったならば、当然、失われてしまっていたはずだった。かりにも、民族調査や研究にたずさわる学徒が、宮田の教訓を心に銘記しながら、外来人種との接触によって最初に変化をこうむるはずの、社会生活における諸特徴——挨拶（エチケット）のかたち、遊芸（ゲーム）、儀式（セレモニー）、その他の作法（マナー）や慣習（カスタム）など——を捕捉するとしたならば、一つのたいへん重要な業績（ワーク）が、未来の社会学者の眼前に、成就されることとなるであろう。現地の日本人学者は、本書のために、最大の援助を与えてくれたが、それは、自国のひとびととの社会生活の様態や習慣が明治維新前にはどんなふうであったかということを、手遅れにならないうちに、故老のひとたちから聴き取って記録するなどの手段をつうじてであった。深刻な社会変化が、すでに日本に起こっており、さらに新しい変化がいまなお進行中である。これら諸変化のうちのいくつかがいかに急激なものであったか、ということを示す例として、マックラッチー氏の『江戸の封建屋敷』と題する興味ぶかい見聞録(メモワール)に当たってみるのが適切であろう。これは、一八六八年の明治維新のわずか十年後に書かれたものであるけれど、かれは、「屋敷」*yashiki*、すなわち、日本の封建貴族が住んでいた堅固な邸宅(マンション)について、「多くの場合、家人が立ち去っており、廃屋となり、荒れるにまかせている」と記している。さらに、かれは、「屋敷」と密接なつながりをもつ独特の規則(きまり)や作法(さほう)、たとえば「門口での挨拶」"etiquett of the gates"、「屋敷同士での贈答」"exchange of yashiki"、「火事に関するきまり」"rules relating to fires" などなどについて叙述している。これらは、マックラッチー氏の執筆当時にはすでに廃止されてしまっていたけれど、そのわずか数年前までは厳しい規制力をもっていたのであった。

日本家屋に関して、本書ちゅうに記録されてある諸事実以外のものを、あるいは、すでにわたくしの所蔵に帰しているであろう諸事実以外のものを、もしご教示いただけるならば、わたくしの感謝、これに過ぐるものはない。さらには、本文記述において不可避的に犯しているであろう誤謬を、もしご指摘いただけるならば、これまた、わたくしの感謝、これに過ぐるものではない。さいわいに要望あって、本書に再版発行の機会のおとずれることとあらば、ご教示いただいた新しき知識を取り入れ、ご指摘いただいた誤謬を訂正し、もって当然の謝意を表したく思う。

W・S・ビゲロー博士には、本書に収めた幾多の諸事実の蒐集およびスケッチ蒐集にさいしてお示しいただいたご厚情に対して、謝意を表したく思う。同博士の心からなるご共感と貴重なるご助言とは、わたくしにとって、最上の賜物となった。また、E・F・フェノロサ教授および同夫人には、わたくしの最後の日本訪問期間ちゅうにお示しいただいたかずかずのご親切に対して、とくに感謝申しあげる。

さらに、ここで、日本人の友だちおおぜいに対して、くりかえし感謝申しあげたいと思う。これら日本人の友だちは、わたくしが本書執筆のための資料をさがし求めているあいだじゅう、季節(シーズン)ちゅうであろうと季節はずれであろうと、いつなんどきでも、日本人の住まいをスケッチし、日本家屋の棟から床下まですっかり調査する特権を、わたくしにお与えくださった。そればかりでなく、これら日本の友だちは、わたくしのさまざまな質問に答えたり、特殊な日本語を英語に訳したり、資料をいろいろ漁(あさ)ったり、そのほかたくさんの方面で、わたくしをご支援くださった。――それこそ、正直に言って、もしもこのような援助がなされなかったとしたならば、わたくしのこの特別な仕事は、成就されることもまずおぼつかなかったであろう。これら日本人の友だちすべての名前を思い出そうと努めたが、なかには、どうしても失念してしまったかたのあることは避けられない。それは仕方ないとして、わたくしは、とくにつぎのかたがたの名を挙げなければならない。東京女子師範学校長である高嶺秀夫氏、竹中成憲博士、宮岡恒次郎氏、東京教育博物館長手島精一氏、東京帝国大学の外山、矢田部、菊池、箕作、佐々木、小島の諸教授、石川氏その他のかたがた、卓越した教育者にして著述家である伊沢氏、河津氏、福沢氏、それから柏木氏、古筆氏、松田氏らのかたがたである。さらに東京帝国大学総長加藤弘之氏、同代理総長服部氏、文部省の浜尾氏およびその他事務官各位には、お示しいただいたかずかずのご好誼に対して、とくにわたくしの最後の日本訪問ちゅうに格別の便宜をおはかりいただいたことに対して、ここに深謝申しあげる。なお、学習院長立花氏、吉川氏、田原氏、□□(きねこ)氏、有賀氏、棚田氏、中原氏、山口氏、青山(かぶとやま)の根岸氏、そのほか多くのかたがたにも、それぞれに興味ぶかいノートをわたくしのために作成してくださったことに対して、お名前を記して感謝せねばならない。アメリカにおいては、わたくしは、三原氏および福沢氏に、本書記述の準備期間ちゅう貴重なご援助をいただいたし、また、荒川氏、白石氏、□□《しゅぎお》氏およびニューヨーク在住の山田氏にも、時宜を得たご助力を賜わったが、これら各氏に対してもお礼申しあげたい。

わたくしが着手したこの仕事の民族学的価値を認めてくださった「ピーボディ・アカデミー・オヴ・サイエンス」の評議員会には、この仕事の完成まで、その会長の職を免除してくださったことに対して。また、同アカデミー会計役のジョン・ロビンソン教授およびT・F・ハント氏には、友情あふるる提言と有用な金銭援助とを頂戴したことに対して。さらに、パーシヴァル・ローウェル氏には、かずかずのご好意を寄せられたことに対して。——ひとつひとつに、当方の感謝を申しあげなければならない。「ユニヴァーシティ・プレス」の校正主任A・W・スティーヴンス氏には、わたくしの作業の表現修辞の面において測《はか》り知れぬほどのご助力をいただき、かつ校正刷を誠実克明にご吟味いただいたことに対して、ここにお名前を記して謝意を表する。同様に、わたくしのこの仕事に対して多大のお手伝いをいただいたマーガレット・W・ブルックス嬢と、わたくしの日記をもとに挿画の下絵を透写《トレース》してくれた娘イーディス・O・モースとにも、感謝しておきたい。この書物の装幀のためにユニークで美しい図案をかいてくださったL・S・イプセン氏にも、それから図解説明《イラストレーション》の製版工程においてきぱきとした管理指導をいただいたA・V・S・アンソニー氏にも、本書の印刷段階において卓越した技倆を発揮された「ユニヴァーシティ・プレス」社にも、本書の出版を引き受けられ推進されている間じゅう寛容な態度をお示しくださった出版者にも、いちいち、ここに感謝申しあげる。最後に、本書巻末に付されたりっぱな索引はチャールズ・H・スティーヴンス氏の手になるものであることを、ここに申し添えたい。

エドワード・S・モース

アメリカ、マサチューセッツ州セーラムにおいて
一八八五年十一月

目次

序　論

ここ二十年ほどのあいだに、わがアメリカにおいては、なにしろそれらが新奇かつ美麗であるとの理由から人目を引かずにはおかない日本産の物品が、それもずいぶん多岐にわたって、すこしずつ姿を見せるようになってきた。――漆器。陶磁器。木彫りもしくは鋳金による彫像。奇妙なかたちをした箱。変わった趣味の象牙細工。布や紙を織ってつくった生地。そのほか、いったい使用目的が何であるのかさっぱりわからないという点では、しばしばそれらに付されている銘文の意味がそうであるようにさっぱりわからない、といった諸物品。これら物品の大部分のものは、その制作工程における専門的技法に謎を秘めていたのであるが、同じように、意匠とか、なんとも奇妙きてれつな装飾方式とかにも、謎を秘めていたのである。これら意匠とか装飾方式とかは、われわれが、従来、これこそがもっとも適切なやりかたであるとして認知を与えてきた装飾の作法に違反するものではあるが、しかも、われわれをじゅうぶん驚かせたし、のみならず、われわれをじゅうぶん楽しませてさえくれた。これら多くの物品は、その本来の実際用途が何かということになると、われわれには、どうにも推測しかねた。にもかかわらず、それら物品は、どうしたわけか、次第にわれわれの室内に居座るようになり、あまつさえ、われわれがこれまで永らく素敵な装飾品だと思っていたものを押しのけてしまうようになり、このような入れ替え操作の結果、われわれの部屋は際立ってきれいになったのであった。われわれには、このような芸術に基礎を与えている諸原理を定式化するなどのことは困難であるとわかっていたが、しかし、その美点は認めざるをえなかった。遠近法の無視、そして、これ以前には不調和であると見做されていた色の取り合わせや混合が、日本という国とそこに住む不思議な国民とを、たえず思い起こさせることとなった。遅々としてではあるけれど、われわれアメリカの装飾方法も、これらまったく新しい装飾の手法に馴染むように変わっていった。われわれにとってまったく新しいこれらの手法も、これら工芸を誕生せしめた国民にとっては、幾世紀もの長い歴史を有するはずであった。徐々にではあるが、しかし着実に、これら工芸作品は、当初のうちこそほとんど理解されることがなかったけれど、やがて、われわれアメリカの装飾方式に変更を加えるようになり、ついには、壁画（フレスコ）、壁紙、木工製品、絨毯、皿、テーブル掛け、金属細工、ブック・カヴァー、クリスマス・カードなどに、さらには鉄道の広告ポスターにさえも、日本式の装飾や、日本式の表現形式や、日本式の図案がほどこされるに至った。

わがアメリカの第一級の芸術家たち――コールマン〔訳注＝一八四〇―一九二八。風景画家〕、ヴェッダー〔訳注＝一八三六―一九二三。『ルバイヤット』の挿画が有名である〕、ラファージ〔訳注＝一八三五―一九一〇。明治十八年来日し、『ひとりの芸術家の日本からの手紙』の著書がある〕など――が、ずいぶん以前から、日本の装飾芸術の有する超絶した美点を認識していたことは、なにも驚くに当たらない。しかしながら、一般大衆が、これほど広範囲にわたり、しかもこれほど短期間のうちに、その美点を認識するようになったことは、なにはともあれ、大いに注目すべきである。商業国であるわがアメリカばかりでなしに、芸術愛好国であるフランスも、音楽国であるドイツも、さらには保守的な国であるイギリスさえもが、日本装飾芸術の侵略に屈伏した。新しい着想がわれわれ西欧人の手によってつぎつぎに展開せしめられた、というのではけっしてない。それとは正反対に、われわれ西欧人は、徹頭徹尾、日本的意匠を取り入れることに甘んじ、しばしば不釣り合いな事物を混合したりしては日本人装飾家を唖然（あぜん）とさせたのである。刀剣を覆う金具にふさわしい図案が、西洋人の住まいの天井できらきら輝いていたりした。ずしりと重い青銅器に使われてあった意匠が、こわれやすい陶器をかざる装飾模様の主題になったりしていた。また、軽い縮緬から思いついた着想を、足で踏みつける分厚い絨毯に織り出したりもした。こんなひどい雑種的取り合わせではあっても、とにかく、われわれアメリカ人がこれまで柔和従順に耐えつづけてきた、あの悪夢さながら恐怖さながらのデザインを、自分たちの住まいから放逐しえたことは、ひとつの救いであった。――それは、たとえば、冷たい真鍮製の子供が、冷たい真鍮のクッションを膝に当ててひざまずき、未来永劫にわたって哀願の姿勢をとりつづけ、その間じゅうずっと、頭上には燈油を入れる皿を載っけてバランスをとりつづけている、といったたぐいのデザインであった。いやはや、どいつもこいつも怪物みたいな形姿をしており、こいつらが一連隊を編成していたのである。われわれは、もはや、眼を疲れさせる図案で飾られた壁に悩まされることもなくなったし、その図案のばかばかしさ加減に腹立たしい気持を募らせることもなくなった。もはや、キューピッドや、豊饒の角や、ちっとも休止しない虎や、建築的規模を有するどでかい渦巻模様のうえで、足を拭わなくてはならぬ宿運を喞つ必要はなくなった。新しい精神のもたらす温和な感化力のおかげで、一つの花の装飾的価値を認識するのに、かならずしもそれを細かく千切る必要はないのだ、ということを悟るようになったし、また、自然界にあるごくごく単純な対象物――竹の小枝ひとつ、松毬ひとつ、桜の花ひとつ――であっても、それがしかるべき場所 the *right place* に置かれているかぎり、われわれの美に対する渇仰を癒やすにじゅうぶん足りる、ということを悟るようになった。

　フィラデルフィアに開催された「独立百年記念博覧会」における日本の陳列品は、われわれアメリカ人に対する一つの新しい啓示であった。そして、他の追随を許さぬあの展示法（ディスプレイ）がなにしろ魅惑的な猛攻撃を演じたものだから、完全に優勝を手中にした。日本熱がわれわれをしかと捉えたのは、まさしく、その時であった。日本に関する書物が、とりわけて日本の装飾芸術に関する書物が、急激に数を増した。しかし、このような希有（けう）の芸術は、これを正しく再表現するためには、最高に経費のかかる製作過程と、驚くほどに精巧な版画の使用とによってのみそれが可能となる、ということがわかった。日本人ならば、木版画という原始的方法で、それもほんの二つか三つの色彩を用いて、あっさりやってのけることの可能なものも、いざわが国の芸術家や着色石版画家が手がけるとなると、その最高の才能を必要としたのである。しかも、それほどの才能をもってしても、日本人芸術家が追求してやまなかった繊細なる精神（ザ・サトウル・スピリット）を捉えることはできなかった。

　わがアメリカの賢明なる蒐集家たちは、まもなく、日本から到来した物品が二つのグループに区分けされることに気づいた。——一つのグループは、こちらは数量こそ少ないが、物品それ自体に大きな価値があり、その装飾からも洗練性と自己抑制とがはっきり見てとれる体（てい）のものである。他のグループは、見た目には一段と豪華絢爛としているけれど、つくりの点でははるかに優雅さに欠けているところが、これらの主要な特徴をなしており、数量的にも断然多くを占め、その大部分のものが陶器、磁器、漆器、金属細工などの形体をとっている。この後者のグループは、日本人の手によってわざわざ外国市場向けに作られたものであり、そのうちの多くは日本人自身の日常生活（エコノミー）にはまったくなんの関係もないし、また、ごく少数の例外を別にすれば、あまりにけばけばしく強烈に過ぎるために、とうてい日本人の趣好（テイスト）にそぐわない。ところが、わがアメリカには、この後者のグループに属する品物が汎濫しているのである。そして、片田舎の雑貨屋（グロウサリー）までが、これら日本産の品物をば、同じ階層の購売客向きにアメリカ国内でつくられる品物といっしょくたに並べて、売り出している。そのどちらも、国内の一流店では取り扱ってもらえないような品物ばかりである。それでも、われわれにとってみれば、これらの品物は、なにしろいつも綺麗であるし、そのうえ、高い関税や輸入業者の利益を見込んでもなお、われわれに馴染み深い同種のものに比べてはるかに安価につくために、年毎にめぐって来るクリスマスの時期には、じっさい大助かりしたものだった。上等の品物についていうと、その大部分が、個人の使用する雑貨であるか装身具であるか、どちらかであった。——たとえば、金属製の留め金、小さな象牙細工、仕切りのある塗物の箱、扇子、などなどである。さもなければ、日常の家庭用品、たとえば、釣り花入れ、青銅製ならびに陶製の花瓶、香炉、漆器の重箱、皿、などなどである。

　当然の理ながら、この驚くべき国民の社会生活について、もっと多くのことを知りたい、という強い好奇心が呼び覚まされた。わけても、このように特異で美しい芸術作品を収蔵している日本家屋の本質を知りたい、という願望が湧いてきた。一般の要請に応えて、つぎつぎに書物が書かれた。なかには特筆に値する例外的著作も二、三ないではないが、しかし、大部分のものは、同じ情報を繰り返し伝えているにすぎない。きまって、序文において、著者が日本国政府からひと通りならぬ特別の恩典に浴したことを述べてあり、つづいて、初代の天皇から現在に至るまでの日本帝国の歴史を叙述している。——どうやら、じゅうぶん簡潔にというつもりでいるらしいのだが、じじつは、はてもなくつづけられていく、神話、戦争、衰亡、復古、などなどをまじえながら。そのあと、どこかの条約港で過ごした数週間の旅日記、あるいは、田舎での短い逗留記がつづく。その田舎では、著者の勇気ある姿を実例をもって示したいためであろう、ありもしない想像上の危険をでっち上げたりしている。はては、人種の謎についての乱暴な推論のひとつ、日本人の性格および生活慣習についての間違いだらけの概念のかずかず、こういったものが示されている。――全体にスケッチが入っているものの、それらはいずれも、以前に同じ主題で書かれた書物からの流用に過ぎず、でなければ、日本人が描いたスケッチを典拠に仰いでいる。しかも、しばしば、当然支払うべき借用料なしに、そんなことをするのである。そして、最後にきて、日本の将来に関する予測が述べられる段どりとなる。民衆が外来の風習(アウトサイド・カスタムズ)を採り入れている点では大いに進歩を遂げた、ということは述べられてあるが、そのくせ、日本芸術が、その本性と相容れない外部からの諸影響にげんに直面しており、やがて腹切り *harakiri* を実演(パフォーム)しなくてはならない羽目に追い込まれるだろう、との警告のほうは、まったく与えようともしないのである。このことの具体的例証として挙げたいのだが、イタリア絵画の流派を導入しようとする試み――それも、狩野派を生んだ国においてである――ほど、ばかげた運動がかつてあったであろうか。あるいは、東京のどこかの学校のお雇い外国人が、生徒たち全員に、暑苦しい、毛織りのスコットランド帽をかぶるように勧めたものか強制したものか――いずれにせよ、優雅で絵のように美しい着物を着た、目鼻立ちのととのった黒髪の少年たちを、滑稽きわまる猿の一団に改造(コンヴァート)してしまったが、これほど憂鬱な出来事がかつてあったであろうか。

これら日本関係の書物には、日本の家屋が実際にどのようなものであるかを知ろうとしても、ごく一般的な記述以外のことは何ひとつ見いだされない。ライン〔訳注＝一八四三―一九一八。ドイツの地理学者。一八七三〔明治六〕年に来日、二年ほど滞在し、その間に各地を旅行して日本の地理や産業を詳細に調査した。主著《Japan nach Reisen und Studien／1881～86》は当時もっとも忠実な日本現状誌として知られた〕、の著作でさえ、専門書のように見えはするけれど、そのじつ、家屋および庭のことはほんの数ページで片づけてしまっている。[注1] わたくしのこの書物は、この欠落を補塡（ほてん）しようとする試みであり、日本で見られる多種多様の住まいを記述するばかりでなしに、すすんで、建物の内部で検め（たしか）られるさまざまな構造を専門的見地から詳細に描こうとしている。

以下の記述において、筆がしばしば批判（クリティシズム）および比較（コンパリスン）へと走ってしまったような箇所もある。批判は、その当否の問題は措くとしても、いやしくもなんらかの価値を持つためには、比較研究的（コンパラティヴ）であることが肝要ではないかと思われる。すなわち、日本の方式や状況を概括的に論評するような場合でも、それに対比される自国民の方式や状況を、率直に指摘することが肝要であり、あるいは少なくとも認識しておくことが肝要である。もしも、だれかがあなたの都市（まち）へやって来たとして、――あなたの都市はかなり清潔で整然としているにもかかわらず、――そのひとが、どこの通りも汚ないじゃないかと文句をつけるとすれば、そのひと自身の住んでいる町のどこの通りもたいへん清潔であることが前提事項（アサンプション）にならなければならない。しかるに、その人自身の住む町のどこの通りも法外に汚ないことが判明したとすれば、不平とか批判とかの意味はたちどころに消滅する。そして、その意見を言ったひとは、ただちに、故意に中傷をおこなった者として貶（おと）されても仕方ない。われわれは、「偉大なる師」〔訳注＝イエス・キリストをさす〕の教えに従って、他人の眼のなかの塵を見ないようにするか、さもなければ、他人の眼の塵を見ながらもおのが眼のなかにある梁木（うつばり）をも認めるか〔訳注＝マタイ伝第七章三節〕、このいずれかを選ばなければならない。

しかしながら、この義務は、公正で、偏見のない精神の持ちぬしにとってさえ、大きな困難事である。自国民の欠点や罪に対して、ひとびとがいかに盲目であるか、また、いかに容易にそれらを認めようとしないものであるか、そのことは、じっさい驚くばかりである。われわれは、雄々しい兵士の歌を、力をこめ、熱っぽく歌うが、いっぽう、これを聞いた日本の聴衆の多くが、血なまぐさい行為をそんなふうに誇らかに賞め讃えるのなんぞは感心できませんなと言うのを聞いて、びっくりしてしまう。われわれは、毎日、新聞紙上で、血も凍るばかりの犯罪に関する、それもしばしば、もっとも忌むべき、もっとも異常な犯罪に関する、詳細な記事を読んでいる。それなのに、われわれは、このような諸事件がいつなんどきでも起こる社会の状況について、殊更に反省するということもしないし、また、このような諸事件が大きな原因となってやがて社会全体にひろがる頽廃や汚辱に対する正しい認識を覚醒するために、なにかの手を打とうということもしない。そのくせ、われわれは、外国へ行き、新しき種（ニュー・スピーシズ）の悪徳でも目にしようものなら、たちまちその新奇さに注意を惹きつけられ、すぐさま、その犯罪の極悪非道ぶりと、そのような犯罪を生みだした国家の頽廃とを大声で喧伝し、誇張でいっぱいの記事を母国に送り、その国民をめったやたらに中傷し、そんなことをしたうえで、その国民にむかい、キリスト教の愛（チャリティ）についてべらべらしゃべりまくるのである。

他国民を研究するにあたっては、もし可能ならば、無色のレンズをとおして観察するようにしなくてはならない。とはいっても、どうしても、この点での誤謬が避けられないものであるとするならば、せめて、眼鏡の色はばらいろ（ローズ・カラード）でありたい。そのほうが、偏見の煤（すす）のこびりついた眼鏡よりはましであろう。民族学（エスノロジー）の研究者は、もし公正中立の立場を取りえないというならば、当面おのれがその風俗および習慣を研究しようとしている国民に対して、好意的かつ肯定的な立場をとり過ぎているという誤謬を犯すほうが、研究戦略（ポリシー）のうえからも、ずっと有利なのである。批判に対して反発するのは、世界じゅう、変わることなき人間の本性である。歪んで視野が狭くなったままの、薄暗くなった眼鏡を掛けて、街をうろつくならば、あらゆる方面からの拒絶に出会う。そうなれば、何物にも近づくことができなくなる。そうなれば、事物の表面をちらっと見る以上のことは、何ひとつできなくなる。これに反して、相手の国民のややましな特性(ベター・アトリビューツ)をなんとか見つけだそうとして誠実に努力するならば、こちらがおこなおうとしているどのような調査であろうと、喜んで受け入れられ、作業もはかどる。不愉快に感じられる風習や慣行であっても、なにしろ、こちらは最初からどうにも閉口していますということを相手に公言してしまっているのだから、相手のほうで、こちらがそのことを故意に歪曲したり、必要以上に厄介なものにしたりすることはあるまい、というふうに了解してくれ、そこで、惜しみなくそれらの本性を開示してくれることになるのである。

われわれはなんどでも繰り返して言いたいが、このような調査をおこなうには、対象に対する共感の精神(スピリット・オヴ・シンパシー)を持たなければならないのである。そうしなければ、見落としとか誤解とかが多くなる。このことは、社会慣習について妥当するのみではなくして、他の方面の調査研究についても同様である。日本の絵画芸術に関する最高権威であるフェノロサ教授〔訳注＝一八五三―一九〇八。ハーヴァード大学卒業後、明治十一年来日し、東京帝国大学で哲学などを講義。その間に日本美術を研究し、岡倉天心と親交があった〕が「この精神に育くまれた繊弱(デリケート)な子供たちに、単なる好奇心の目だとか、外国の流派に見られる冷徹厳格な規準だとかをもって接するのは、じゅうぶんに行き届いた仕方ではない。日本の芸術家が愛するのとまったく等同(とうどう)にそれを愛する仕方に習熟するほどの、広大なる心を持てるようになったとき、はじめて、かれらの隠れた美しさの輝かしい全容は、ヴェールを剝(は)いで正体をあらわすことが可能となる」と言っているが、まことに正説である。

この精神に則(のっと)りながら、わたくしは、日本人の住まいおよびその周囲環境を語ろうと努(つと)めてきた。わたくしにも、最貧困階級のひとびとが住む小屋とそのなかでの陰惨な暮らしざまだけを取り扱い、それによって、日本人の生活の見窄（みすぼ）らしさを描写することはできたはずだった。それとは反対に、富裕階級のひとびとの住む屋敷だけを専門的に対象に選び、同じように一面的な研究をおこなうこともできたはずだった。しかしながら、わたくしには、中産階級（ミドル・クラス）の住む家屋を主として描写し、機会に応じて、それよりも高級な、あるいは、それよりも貧困なタイプに属する家屋に言及するほうが、さきのいずれの方針を採るよりも、日本家屋の性格や構造についての一層公正なる見取り図（ピクチャー）を提供することになるのではないか、というふうに思われた。わたくしは、たぶん、ばらいろの眼鏡をとおして事物を見るという誤謬を犯しているのかもしれないが、かりにそうだとしても、釈明したいことは何ひとつない。最大の友情関係をもち、そして、いまなお多大の恩義を負っている国民のあいだで、しばらくのあいだ生活してきたわたくしが、このような状況下にあるにもかかわらず、かれらについて好意的な書きかたをしなかったり、他国民の目からすれば重大な欠点や手抜かりと見えるであろう事がらに対する寛容な酌量（しゃくりょう）を怠ったりするならば、それこそ、軽蔑に値する、偏見に凝り固まった気性の持ちぬしに過ぎない、ということになるだろう。

日本の家屋に関しては、わたくしの好みに合致しない特徴がたくさんある。旅行者が通常用いる言葉でいえば、これらの家屋は、小屋（ハット）とか掘っ建て小屋（ハウエル）とか呼ばれたものであり、寒々として陰気臭い、などなどと述べ、そしてさらに、これに一般的な描写を加え、カムチャツカからジャワにおよぶまでの太平洋沿岸の家をすべて一つの部類（ワン・カテゴリー）のもとに包括せしめてしまうこととても、わたくしにはなしえたはずである。たしかに、日本家屋にはさまざまの欠陥がある。それら欠陥に対する批判（クリティシズム）を示す場合には、わたくしは、自分の考えが比較研究的（コンパラティヴ）であるように努力した。わたくしは、比較にさいして、わがアメリカの職人の仕事であるとか、われわれ自身の家にあって不愉快な思いをさせられているものであるとか、そういうものを取り上げた。しかし、ある種のイギリスの出版物に表明された怒りや嫌悪の情から推察するに、わたくしがおこなった比較は、原則論的には、イギリスにもじゅうぶん適用できるかもしれない。あるイギリスの筆者は、「わが国の場合、経費の割りに、仕事の多くがお粗末であることは、はっきりしている」と述べ、また、別の筆者は、非科学的な建築業者が当然の結果としてもたらした惨状について語っている。(注2)

本書においては、日本人の住まいと、それに直接の関わりをもつ周囲環境とについて、全般的な叙述をおこなうばかりでなく、細部にわたる叙述をもおこなうよう試みたつもりである。本書のある部分に薄手の個所(ザ・ミーガーネス)のあることとは、だれよりも、わたくし自身がいちばんよく知っている。しかしながら、多くの図解説明(イラストレーション)が入れられたことと、主題がはっきり分類されていることとにより、これまで漠然としてなにがなんだかわからなかった事柄の多くが鮮明になったことと信ずる。図(フイガー)は、そのいずれもが、わたくしのペン画を浮彫り法(リリーフ・プロウセンス)によってつくりあげた複製(ファクシミリ)であり、これらは、ごく少数の例外を除き、わたくしが現物を見てスケッチした原画をもとにしている。それゆえ、これらの図は、芸術的価値に欠けてはいるけれど、表現されている対象物とか形状とかに関してはだいたい正確に写されてある。材料は、わたくしがこの楽しい国に三年間滞在していたあいだ、ずっとつけていた絵入り日記(イラストレイテッド・デイリー・ジャーナル)から拾い集めた。その日記は、蝦夷(えぞ)の北西岸から薩摩(さつま)の最南端に至る、陸路による旅行の体験をも包含している。

日本の家屋の開放性と近づきやすさとは、それ自体が日本の顕著な特質である。外国からの訪問者は、だれもかれも例外なく、独特の性格を持つ日本人の住居についての楽しい記憶を抱きながら、帰っていくのである。

わたくしは、先年、日本を訪問したさい、中国、安南(アナム)、シンガポール、ジャワをもおとずれた。そして、これら各国の家屋について研究をおこない、とくに、日本家屋との関係性(リファレンス)をしらべ、また、あり得る(ポッシブル)かもしれない、どこか他所(よそ)との類縁性(アフィニティズ)を考察した。

注

(1) ここで、日本関係の信頼するに足る好論文の大半は、横浜から発行されている『英独アジア協会会報』のなかに見いだされるということを、はっきり言明しておくほうがよいかもしれない。そのほかでは、『ジャパン・メイル紙』とか、現在は廃刊になった東京の『タイムズ紙』とか、たいへん優れていたけれども現在は存続していない雑誌『クリサンシマム』とかのなかにも、よいものが見いだせる。最後のものは、この薄い雑誌のなかに、神学的な要素が混じっていたことが禍いして、発行部数がどんどんと減少し、ついに、宗教的教義の重荷に耐え切れなくなって、つぶれてしまった。

『日本アジア協会会報』の一部として出版された幾多の貴重な論文のうちに、トマス・R・H・マックラッチー氏の『江戸の封建屋敷』(同会報第七巻、第三部一五七ページ)がある。この論文は、こんにち急速に消滅しつつある建築に関する、しかも本書においてはほとんど論及されなかった部類の建築に関する、多くの重要な事実を取り扱っている。読者は、同じく、ジョージ・コーリー氏の『煉瓦および木造建築についての幾つかの意見、とくに日本におけるその適合性に関して』(同会報第六巻、第二部二九一ページ)も参照してほしいし、また、R・H・ブラントン氏の『日本家屋の構造技術』(同会報第二巻、六四ページおよび第三巻、第二部二〇ページ)も参照してほしい。

ハックスリー教授は、ある講演のなかで、かりに、世界じゅうの書籍という書籍が、『イギリス王立学士院会報』を除いて、ことごとく破棄されたとしても、「自然科学の基盤はいささかも揺り動かされることがないし、最近二世紀の膨大な知的進歩は不完全ながらもその大部分のものが記録されて残る、と言ってよろしいでしょう」と述べている。これと似たことが、『ジャパン・メイル紙』について言えるかもしれない。かりに、これまで外国人の書いた日本に関する書物がことごとく消却されたとしても、『ジャパン・メイル紙』のファイルひとつが残れば、外国人が日本について記録したもののうち、価値あるもののほとんど全部を所有していることになるはずである。この新聞は、特派員から寄せられる膨大な量の資料はもとよりのこと、編集者であるF・ブリンクリー大佐の学術的な成果を刊行物にしており、そればかりでなく、『日本アジア協会会報』の刊行をも、協会が自身で出版活動を始めるまで、ずっと引き受けていた。

(2) さらに、もうひとりのイギリス人は書いている。「見苦しい壁に囲まれて生活するのは、なんとも不愉快である。堅固ならざる壁に囲まれて生活するのは、もっとずっと不愉快である。しかし、堅固でないうえに見苦しい壁に囲まれた借家に住むことしかできないのは、その十倍もの度合いで不快である」と。かれは、いまこそ、これら害悪を正すための法律を制定すべき時が来ている、と考えている。そして、つぎのように述べるのである。「イギリス人の家はイギリス人の城だ、と、かつては言われたものだった。ところが、そのイギリス人の家は、いまや、投機的な建築業者や広告過剰の販売業者の手に落ちてしまっている。それが時として墓場に変わっていないとすれば、むしろ幸いとせねばならぬのかもしれない」と。

第一章　家　屋

都市および村落の外見　日本の大きな都会を鳥瞰したときに得られる景観は、アメリカの都会に見られるビルディングの巨大な蝟集などとはおよそ似ても似つかぬものである。たとえば、どこか高台から見おろしたときの東京の景観は、屋根また屋根のはてしなき広がりで、それこそ屋根の大海とよべるくらいである。——薄墨色の板葺屋根、黒ずんだ瓦葺屋根、これらは、表面からの照り返しの光が鈍く、全体的に陰気な感じを与える。そのひろがる屋根の海のところどころに、ひときわずっしりした瓦をふいた、たかだかとした棟づくりの、白壁あるいは黒壁塗りを特徴とする、耐火性の建物が頭を突きだしている。これらの耐久的建物は、町全体のくすんだ色調をさらにいろ濃いものにしてはいるけれど、寺院を別にすれば、概して単調といえる景観のなかでは特別に目立つ存在である。寺院はすぐにそれとわかるが、そのわけは、この建物が周辺を取り囲む矮小な人家から屹立しているためである。寺院の巨大な黒ぐろとした瓦葺きの大屋根は、量感に溢れる豪壮な棟と肋組みとをもち、外に向かって大きく反り返り、白または赤の切妻壁を具えているものだから、どちらの方角からこれを見た場合でもじゅうぶんに目をひく対象物となっている。寺院の庭園は広大で、この庭園の上方に秀でる木々の葉簇がつくりだす緑の集合体は、灰色の海さながらの住居区域に、いくぶんかの生気を添えるのに役だっている。

　人口百万ほどのこの巨大な都会を一望のもとに眺めながら、しかも、この都市の家庭ごとに炊ぎのための青い煙を出すはずの煙突いっぽん見つけだすことができないというのは、まことに奇妙な風景である。もちろん、教会の尖塔など存在してはいない。といって、教会の尖塔そのものは、建築学上の一般見地からはたいして意味もないのだけれど。このように、煙突がいっぽんもないおかげで、また、火熱源として炭火の使用が通常化しているおかげで、この都会の大気は、澄明そのもの清浄そのものである。じっさい、大気があまりにも澄んでいるものだから、この都会の隅から隅までを眺望することが可能であり、さらに、はるか遠くの風景をまでかなりこまごまと手に取るように見分けることが可能である。わがアメリカのいくつかの都市においては、太陽を包み隠す巨大な煤煙の天蓋が、いつ晴れるともなく空を蔽っているが、そういった光景は、さいわいなことに、いまだ日本においては見られないのである。

　一つの都市について、以上のような鳥瞰図的景観を得たことにより、われわれは、すべての都市の鳥瞰図を見たと言えるのである。——というのは、たいていの場合、各都市に見られる小さな変化は、それぞれの都市が位置する地勢の違いによって起こっているにすぎないからである。たとえば、京都の都市景観は、どこかの高台を視点としてこれを見ると、じつに美しく、また変化に富んだものである。それというのも、家並みが、この都市の周辺を取り囲んでいる山と山とのあいだに逼い迫るようにして入り込んでいるためである。長崎では、家並みは、水辺に始まり、やや遠くにある背後の丘陵に向かって、文字どおり階段状にせりあがってゆき、丘陵の頂上部に場所を占める墓地に接している。湾上から見た長崎は、卓絶した興趣と美観とを具えている。他の大都市、たとえば仙台、大阪、広島、名古屋などの都市は、どれもこれも一様に平坦な屋根の海といった眺めを呈している。

　立錐（りっすい）の余地なきほどにぎっしり建ちならんだ都市や町の家並みは、幅狭い本通り（ストリート）や路地によってかろうじて仕切られている。そして、これら小路は、もつれた糸のように、至るところで交叉（こうさ）している。しかも、家屋の大半は、きわめて可燃性（かねんせい）の

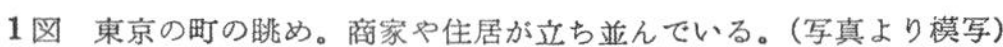

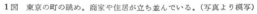

1図　東京の町の眺め。商家や住居が立ち並んでいる。（写真より模写）

2図　東京の町の眺め。寺院や庭園が見える。（写真より模写）

3図　江の島の眺め。（写真より模写）

強い材質でできているために、ひとたび火災が発生すれば、風下に当たる区域では、電光石火にひとしい速さで延焼をこうむるのである。

　地方のちいさな村落では、家並みは、たった一本の街道沿いに伸び、そのほかの全部の家々がそれに従って形を整えていくというふうで、ときには、延々、一マイルあるいはそれ以上も続いているのがある。このような村落では、本通りの交叉だとか、路地の交叉だとかは見られないし、家並みがぎっしり建て込んだ状態というものも見られない。ただし、長い一本の街道の中央部に近いところでは、民家や商店がしばしばお互いに軒を接している密集の部分が多く見られ、いっぽう、その路村の両端部では民家同士のあいだにがらんとした隙間の部分が多く見られる。村落によっては、それが位置する地形の条件からいって、これ以上もはや拡大する余地がまったくないほど、過密化しているところもある。このような実例は、横浜に近い江の島の場合に見られる。ここでは、目抜きの本通りが海岸からただちに始まり、それが、間隔をおいて段々道になっている道路に変わり、この道路をのぼってゆくと、やがて目の上にふり仰がれる本格的な石段へとみちびかれ、ついには、この島の頂上部分にある寺社に達するのである。この本通り(ストリート)は、あるいていく両側に山が迫ってきている。この本通りが、家々がぎっしり建て込んだ谷間(たにあい)の中軸をなしているのである。背後の家々につうずる路地は、極端に幅狭いものになっている。ひとたび火災が起ころうものなら、この村の全家屋がことごとく灰燼(かいじん)に帰することは、たぶん免れえないであろう。

田舎の遠い道のりを乗り物にのって行くときに、人家一軒にも出会わないうちにもう一つの村に入ってしまっている、といった奇妙な経験を味わう。村の入り口には、しばしば、街道の両側に高い土まんじゅうがあるので、こちらはそれとわかるのである。このような土まんじゅうには、たいていい、いっぽんの大木が聳えている。さもないときには、昔の関所跡になっている。関所跡と確認できるのは、それらしき門柱とか石垣とかがいまだに残存しているからである。村を通り過ぎると、ふたたび、稲田や畑地の続く平野部に入る。それは、村を出るやいなや突然にそうなるのである。村落そのものの眺めは、まことに多種多様である。ある村は、家々の前に奇麗な花壇をしつらえており、風趣と愉楽との気分に溢れ、ことのほかさっぱりして美しい感じをたたえている。いっぽう、ある村は、貧しさの証拠をむきだしにしており、不潔な様子をした子供たちがわいわい群がっている、ごみごみした家並みがつづく。事実問題として、日本の国を陸上旅行してあちこち過ぎていくと、さまざまの村落相互間に、貧富両極端の対照が如実(にょじつ)に見られるのである。

これら村落の大通りを過ぎていくと、殊にも雨の夜など、いかにも荒涼として陰気な感じに打たれるが、この光景を想像してみよといわれても、それは無理というものだろう。そこには、旅行者の心を和(なご)ませる窓灯(まどあか)りひとつとて見当たりはしないのである。わずかに、夜の戸締りに用いられる木製の雨戸の隙間(すきま)から、家々の灯りがかすかに洩れているのを認めうるだけである。また、晴れた日の夕暮れどき、紙障子のみを締め切ってある村の大通りを、乗り物にのって走り過ぎていくと、しばしば奇妙な影絵を見せられ、ひどく興味をおぼえることがある。この奇妙な影絵は、家々のなかにいる人たちのちょこちょこした立居振舞(たちいふるまい)が、本人たちの知らないあいだに、紙障子に投影されてできたものである。

都市にあっては、富裕階級の居住する区域は、わがアメリカにおけるほどには明確なる一線を画してはいない。もっとも、見た眼に快い眺望や美しい外観に対する愛好心が、ある特定区域の価値を高め、その結果、このような区域に富裕階級を呼び集めている、という傾向は見られる。そうはいっても、ほとんどの都市において普通に見られることは、もっとも貧困な階層の居住する区域に近接して富裕階級の邸宅が建っている、という事実である。東京においては、極端に粗末な小屋が櫛比(しっぴ)して立ち並んだ町通りや横町があり、そこにもっとも貧困な階層に属するひとびとが住んでいる。このような居住地は、日本人の目にも、ごみごみとして汚ならしく映るのであるが、しかしながら、このような貧民区域ではあっても、キリスト教圏のほとんどすべての大都市に見られる同類の貧民区域の、あの言いようのない不潔さと惨めさとに比較するならば、まだしも清浄なほうである。これは確かなことだが、日本の金持ちは、貧困階級を遠方に追いはらってしまうために、自分の邸宅の周辺にある土地を残らず買収しようなどとは、ふつう思わないのである。その理由は、貧困階級が近くに居住したところで、いっこうに苦にならないから、というのである。じっさいに、日本の貧困層というのは、アメリカの貧困層が有するあの救いようのない野卑な風俗習慣など持っておりはしないのである。

家屋の概観　日本の家屋に関する各論を始めるに

先だち、まずそれの総論をおこなっておこう。そのほうが、以下の諸章において述べるところを理解してもらううえに有益であろうと思われる。

　日本の家屋——すなわち、日本人が住む家屋のことである——は、その第一印象の段階にあっては、失望を味わわされたというのが偽りないところである。アメリカ本国において鑑賞したような、日本のさまざまな美術作品にみられるあの無際限の多様性と魅力溢るる特性とから類推して、わたくしは、こりゃあたぶん、日本へ行ったならばそこの家屋の特性として何か新しい喜びとか驚きとかを発見できるのではなかろうか、といった期待を、あらかじめ抱いてしまっていた。ただし、さらにいっそう身近に接してみるならば、このように失望を味わうということにはけっしてならないはずではあるが。ともかく、ひとりのアメリカ人として、あるタイプの家屋がそこの住人の貧困および無気力に封じ込められた生活状態を象徴し、また、あるタイプの家屋がそこの住人の向上意欲および豊かさに溢れる生活状態を象徴している、とする識別方法に、久しく馴染んできたものだから、わたくしは、日本の家屋に関してその優劣を判断する資格に欠けていたのである。

　そこで、日本の家屋に関する第一印象は失望の限りだ、ということになったのである。つまり、日本の家屋は外見からして弱々しく、また色調にも乏しい、と感ぜられる。塗装されていないために、貧乏くさく見えるのである。このように塗装がほどこされていないために、板張りが灰色にくすみ、雨水にすっかり汚れた色に見えるところから、アメリカ人は、自分の国のこれと類似した非塗装の木造建築との比較を、ついおこなってしまいがちになる。——アメリカでは、この種の建物は、田舎ならば納屋や物置小屋にしか用いられないのが通常であるし、都市ならば貧民層の住居にしか用いられないのが通常である。アメリカの家屋といえば、きまって、白色か明るい色調かに塗装された外周り（サーフィシズ）をもち、長方形の窓々をもち、その窓は室内が暗いものだから黒く見えるときもあり、ガラスが日を受けて照り返すときもあり、さらに、正面戸口には装飾踏み段や屋根つき柱廊玄関の装い(よそお)がほどこされてあり、各部屋々の上にはいかにも暖かな感じのする赤い煙突が突き出ており、そうして、内部の整頓状態とは必ずしも一致するものとはいえないにしても、ともかくも、全体の外観としては小奇麗に整備されている――とまあ、こういった特徴を有しているのだが、このような明るい対照性(コントラスト)に見慣れてしまった人間の目からすると、初めて見る日本の家屋は、どうしても低く評価しがちなものとなる。アメリカ人の立場からすると、日本の家屋のような構造をしている建物をば住居と考えることは、できにくいのである。なにしろ、アメリカの住居を成り立たせているさまざまの主要要素が、そこにはまるで見いだされないからである。――そこには、アメリカ人ならば馴れ親しんだはずのドアや窓はないし、屋根裏部屋もなければ地下貯蔵庫もない。煙突もなければ屋内のかまどもない。ましてや、あつらえの暖炉(カスタマリ・マントル)などあろうはずもない。専用私室(エンクローズド・ルーム)に至っては永久(とわ)に設(しつ)らえられることもない。さらに、家財についていえば、ベッドやテーブルなどいっさいないし、椅子やそれに類似した家具類もいっさいない。――すくなくとも、こういったことが、日本家屋に対する第一印象として感じられるのである。

日本の家屋をわがアメリカ家屋に比較した場合に見られる主要な相違点のうちの一つは、仕切り壁(パーティション)とか外壁とかの設営方法にある。わがアメリカの家屋にあっては、仕切り壁および外壁は堅牢であり、かつ耐久性をもっている。したがって、骨組みができ上がったときには、この仕切り壁がすでに骨組みの一部をなすのである。ところが、これとは逆に、日本家屋にあっては、耐久壁にまったく支えられていない側面(サイド)が二つもしくはそれ以上も存在する。屋内構造においても、まったく同様で、耐久壁に匹敵するほどの堅牢性を持つ仕切り壁などは、ほとんどまったく存在しないのである。その代用として、床面と上部とで固定された溝(グルーヴ)に嵌めてするすると動かせるようになっている軽くてよく滑る襖(スクリーン)がある。この固定された溝が各室を区切(くぎ)るようになっている。この動く襖は、これを左右に動かせば開放されるようになっており、場合によっては全部を取りはずすことさえできるようになっている。襖を全部とりはずしてしまうと、数室を一括してひとつの大広間として使用することもできる。これと同じような全面撤去の仕方で、家屋のどの側面をも日照と外気とに向けて開け放つことができる。したがって、一つの部屋から他の部屋へ行こうとする場合に、自在ドアをあけるなどのことはぜんぜん必要がない。窓に代わるものとして、外襖(アウトサイド・スクリーン)、すなわち、白い紙を張った障子 *shōji* があり、これをとおして屋外の陽光が室内に拡散するようになっている。

外がわの壁は、見たところ、塗装をほどこさぬ生地(きじ)のままの板材であるか、もしくは、黒く塗装した板材である。もし、これが漆喰(しっくい)仕上げの場合であると、白色をしているか、もしくは、濃い鼠色をしている。ある種のやや高級な建物にあっては、外壁は、地表から数フィートの高さにまで、また時には壁全体にわたるような場合もあるけれど、そこにタイルが張られており、タイルとタイルとの目地(めじ)には白漆喰が使われてある。屋根についていえば、軽いものは板葺き、重いものは瓦葺き、そして厚いものは草葺き、というふうに、いろいろのものがありうる。屋根の勾配はゆるやかで、一般的にいって、わがアメリカの家屋のそれのように急な傾斜はしていない。それから、ほとんどすべての家に縁側(ヴェランダ)がある。この縁側をおおって、屋根の庇(ひさし)がぐんと伸びているような造作(つくり)になっているか、さもなければ、その庇の下から軽量の補助屋根がひとつ張り出すような造作になっているか、ともかくも、縁側は雨ざらしにはなっていない。

中流以上の階層に属するひとびとが住まう家屋には、たいていの場合、見ただけでそれとわかる玄関(ポーチ)と入り口の間(ヴエステイビユール)と——これをひとつにして、日本語では「げんか」*genka* という——があるが、しかし、貧困階級の家屋にあっては、入り口は居間から分離されてはいない。というのも、これら貧困階級の家屋の内部には、二方ないし三方から簡単に入りうるので、したがって、どこから入ろうとお構いなしだからである。床(フロア)は、地表から一フィート半の高さにある。そして、床には、厚い藁(わら)の畳(マット)が敷き詰められてある。この畳は、長方形をしており、また、定(き)まった寸法で作られており、その縁(ふち)は直角に切られてある。そして、この畳が床に隙間(すきま)なく敷かれるので、床そのものは完全に蔽い隠されることになる。部屋についていえば、正方形のものもあるし、長方形のものもある。部屋は、そこに敷かれる畳の数を基準として、その広さが決められる。客間を別にすれば、部屋には突起部分(プロジエクシヨンズ)とか張り出し部分(ベイズ)とかがほとんどなく、単純なつくりになっている。客間には、その一方の側面に、やや奥深く引っ込んだ壁龕(リセス)が設けられてあり、それは簡単な仕切りによって二つの部分に分かれている。その一方の、縁(ヴエランダ)側に近いほうの部分を床の間 *tokonoma* と称している。この床の間には、一つ二つの画幅が掛けられ、畳の面からすこしばかり高くなっているその床(とこ)の面には、花瓶とか香炉とか、そういったものが置かれる。この床の間に隣接する張り出し部分の一方には、棚とか背の低い戸棚とかがしつらえられてある。客間以外の部屋にも壁龕が設けられている場合もあり、そこに、抽出が置かれたり棚がしつらえられたりしている。押入とか食器戸棚とかがある場所は、自在戸(スインギング・ドア)ではなくて、引き襖(スライディング・スクリーン)で仕切られている。二階建ての茶店(ティーハウス)では、階段は台所に近いところに置かれていることが多く、その階段の下には押入が作り付けられてある。そして、この押入は、通常、自在戸でもって開閉されるようになっている。

便所は、家屋の一隅に設けられるか、縁側のいちばん奥に設けられるかする。時には二つあって、それぞれが家の対角的な両端に位置する。田舎の貧困階層が住んでいる家屋の場合であると、便所は、別棟になっており、そこへは低い自在戸を押して入っていくようになっている。低い自在戸のある空間の上半分は開けっぱなしになっている。

都会の家屋では、台所は、家の一方の側にあるか、または一つの隅っこにある。一般にはL（エル）字形の袖の部分にあり、一枚の差掛け屋根におおわれた下屋（げや）になっている。この台所は、しばしば、大通りに面しており、台所に付随した中庭（ヤード）には高い垣根の囲（かこ）いがしてあって、他の庭のと区別がほどこされてある。田舎では、台所は、ほとんどつねに母屋（おもや）の内部にある。都会では、物置小屋とか納屋とかの屋外建造物はめったに見られることはない。中流以上の階級が住む家屋の場合には、堅牢なつくりの、厚壁の、平屋（ひらや）もしくは二階建ての、倉 *kura* と呼ばれる耐火構造の建物が付随している。この倉は、火災が発生したとき、家具家財など動産一切をそのなかに格納するのである。外国人の目には〝倉庫（ゴーダウン）〟〔訳注＝インドおよび東南アジアで倉庫を意味する語。マレー語の〝godong〟に由来する〕として知られているこの種の建物は、小窓が一つ二つあるほか、一つの入り口があり、たいへん重い厚手の開閉扉（シャッター）で鎖（とざ）されている。このような建物は、一般に住居と隔離されているが、ただし、住居に並列している場合が多い。また、きわめて稀なことではあるけれど、どうかすると、住居として用いられていることもある。

上流階級の庭園には、田園の風趣を湛（たた）える、小ぢんまりした四阿（あずまや）とか丸木小屋とかがしばしば建てられてある。また、比較的大きな庭園においても、田園風の亭（ちん）が建てられているのを見かける。設計の点で枯淡な味わいを湛え、規模の点で殊更に小さなものを尊ぶ、特別な目的のために建築された家も、かなり普及している。これら特別に建築された家のなかで、正式の茶会が催されるのである。上流階級の邸宅の場合、板でつくった高垣だとか、竹を組んでつくった高垣だとか、または石の基礎の上に壁土や瓦を積み上げてつくった背の高い築地塀（ついじべい）だとかが、家や庭園のまわりにめぐらしてあり、大通りからは遮断隔離されるようになっている。いっぽう、同じ上流階級でも、郊外にある邸宅の庭は、いかにも鄙びた感じのする、背の低い垣根によって仕切られてある。上流階級の家へ入るには、さまざまの様式（スタイル）をもつ門をとおるのであるが、門によっては、威風堂々たる骨組みを構えたものもある。一般的ないいかたをすると、門は、田舎風の軽易簡素なものであるか、格式ばった重量感溢るる構えをしたものであるか、どちらかである。

　家屋のたたずまいをみるのに、なるほど大通りに面しているほうの側は平凡陳腐の一語に尽きるが、ひとたび庭園に面するほうの側へまわってみると、いちいち混み入った細工がほどこされており、また絵画的趣向なども凝らされてあるのを知って、それに驚かされる。この庭園は、家屋の左右どちらか一方の側に位置するか、もしくは背後に位置する。——といっても、庭は家の背後に位置するのが一般的である。このような、いかにも平凡で目立たない家ではあっても、いったんその中へ入ると、繊細優美をきわめる彫刻の逸品や、室内工芸の極致を思わせる家財道具が置かれてあることがしばしばで、これまた驚かされる。それで、これら念入りに造作（ぞうさく）を凝らした素晴しい家屋の中に入って、われわれが、さらに室内芸術の洗練された味わいに慣れ親しむようになったときには、それこそ次から次へと驚嘆すべきことばかりに出会うのである。

　以下の記述において、わたくしは、日本の家屋の構造と、その内部的な仕上げとに関する細々（こまごま）とした諸点を知っていただくために、いくつかのスケッチを混じえながら、説明的記述を試みようと思う。

日本家屋の構造　日本を訪れる外国人たちのあいだでは、この国の事物に対する非難めいた批判的意見（クリティシズム）があれこれ提起されているのだが、そのなかの最（さい）たるものは、どうやら、日本の家屋を相手どって提起されているらしい。というのは、日本の家屋は、大多数の外国人にとって、気苦労と困惑との絶えざる種子となっているからである。わけても、イギリス人は、エマーソンも言っているとおり、なにしろ「靴を履いてしゃんと起居することにかけては、あらゆる国民のなかで自分たちこそがいちばんである」といった自覚を持っているものだから、日本の家屋の、その見るからに脆弱でいまにも倒壊しそうな建築構造には、ほとんどまったく価値を認めないのである。イギリス人は、かれらにとっては当然のことだが、このうえない軽易な柱構造でもってこのうえない重量感ある屋根を支えるといった場合の多い、日本の家屋の異常性を嫌うのである。イギリス人は、これまた、かれらにとって当たり前のことだが、真束（キング・ポスト）を用いない桁構え（トラス）による、あるいはすくなくとも対束（クイーン・ポスト）を用いない桁構え（トラス）による建築構造を、ひどく嫌うのである。一方、基礎工事についても同様で、基礎工事もほどこさずに、すくなくともイギリス式という意味での基礎工事もほどこさずにおいて、家屋が直立状態を存続しうるなどという、まぎれもない不条理に、イギリス人は非をならさずにはいないのである。日本家屋の構造に対して批判的意見を提起するさいに、いや実際には、日本に関する他の多くの諸事象に対して批判的意見を提起するさいに、大多数の外国人著作家が犯してしまっている誤謬は、これら外国人著作家が、この種の日本的諸事象をば、日本人のがわの見地から見ようとしていない、という点である。外国人著作家たちは、日本が貧乏国であり、かつ日本の一般大衆が貧窮状態に置かれている、というふうには考えていない。また、外国人著作家たちは、貧困であるがゆえにこそ、日本人が、みずからの経済力に応じたこの種の家屋を建築しているのであり、そして、つまるところ、われわれ欧米人の家屋がわれわれの慣習と欲求とにぴったり適合しているのと同様に、日本人は、みずからの慣習と欲求とにもっともぴったり適合する家屋を建築しているのである、というふうには考えていないのである。

ある日本人は、観察力を発揮した結果、自分たちの住居について、よくもまあこんなお粗末なものを世代から世代へと受け渡しつづけてきたもんだなあと、みずからに向かって教示して已(や)まなかった。だが、こんどは、その日本人が、外国旅行をして、たまたま英国を訪れたような場合、かれは、台風や地震などまったくないこの美点ずくめの国において、しかもその国をたった一日歩くだけで、自国日本を一年じゅう旅行して眼にするよりも遥かに多い度合いで、あばら屋だとか、いまにもぶっ壊れそうな小屋だとか、裏側の荒れはてた農家だとか、ひび割れした壁だとか、ぐらぐらした塀だとかを眼にするという事実に、あらためて驚かされることになるのではあるまいか。

だれか外国人批評家のひとりが、日本家屋の骨組(フレイム・ワーク)みを、なかんずく屋根の大梁構造(クロス・ビームズ)を熟視したような場合、そして、そこに桁構え(トラッシング)や筋かい(ブレーシング)を用いようとするような企てがまったく見当たらないような場合、かれは桁構え(トラス)や筋かい(ブレース)の使用を広く日本に奨励したいという熱望にかられるであろう。——これらが使用された場合、大量の木材が節約されることは明白である。それはそのとおりだが、日本家屋の骨組みに関するかぎり、桁構え(トラス)や筋かい(ブレース)をわざわざ取り付けるために要する余分な労働力は、木材の節約によって得られる費用の差額の埋め合わせをすることにはなるまい。

ラインは、日本に関するかれの秀れた著作のなかで、「日本の家屋は、なによりもまず堅牢性(ソリディティ)と住み心地よさ(コンフォート)とに欠けている」と述べている。ラインが、自分自身ないし自国民からみた住み心地(コンフォート)よさを問題としているかぎりでは、かれのこの言葉は了解できる。だが、もしも、ラインが、日本人からみた住み心地よさ(コンフォート)を問題としているとするならば、かれは、日本人が家のなかに見出すあの堅固(ソリッド)な暮らしやすさ(コンフォート)について、まったく何ひとつ理解できていない、と言うべきである。ラインは、また、便所の位置からくる悪臭に苦言を呈している。もっとも、かれのこの苦情は、殊更にたくさんの旅客で混雑する宿屋に向けられたものではあるのだが。じっさい、これらの宿屋にあっては、必要不可欠な設備である便所に関するかぎり、ずいぶん不潔きわまるものも多いのである。――だが、そういうことになると、日本人が、自分の国によく類似したドイツの現状に触れた場合に、どのような考えを持つだろうかと、それを知りたくなってしまう。というのは、ドイツの比較的大きな都市においては、便所が玄関の広間(フロント・ホール)のほうにむかって直接に面しており、時として食堂のすぐ隣りにあることさえあるのだから！　たしかに、日本においても、便所の置かれている位置が好ましくない場合があるけれど、それでも、ドイツのこれとよく似た場所と比較するならば、数等ましであると言える。この点に関してドイツの大都市の不潔さは、数年前のミュンヘンの死亡率が四四パーセントであるという事実、それから、カウルバッハ〔訳注＝一八〇五－七五。ドイツの画家。コルネリウスに学んだのち、バイエルンの宮廷画家となり、ミュンヘン美術学校長となる。ロマン派から出た歴史画家の最初の人で、とくにその構図法や群像の描きかたに才能を発揮した〕が同じミュンヘン市で真冬にコレラで死んだという事実、この二つの事実によっても想像がつこうというものではないか！　事実問題として、わがアメリカのそれであると外国のそれであるとを問わず、およそ西洋人の寝室のなかにげんにみられる諸特徴は、日本人の目からは、かえって、法外に不潔なものと受け取られているのだ。――いや、じっさい、日本人たちはそのように受け取っているのである。

　ラインおよびその他の著作家は、日本の住居には私生活(プライヴァシー)への配慮が欠如していると指摘するのだが、この指摘は、私生活（プライヴァシー）への配慮というものが、無教養な俗物どものたむろする真唯中（まっただなか）においてこそ必要不可欠なものであることを、まったく忘却している。——ところが、日本においては、そのような階層の人間は極小（ミニマム）の数しか存在しはしないのである。——しかも、いわゆる文明人のあいだには——とりわけ英国人およびアメリカ人のあいだには——この階層の人間が極大（マキシマム）の数を占めるのである。

わたくしの立場からすると、わたくしは、日本家屋には称揚すべきものが数多く見いだされると言いたい。もちろん、日本家屋のなかには、住み心地よさの点でわたくしの意に充たないものもあるにはある。床に正座してすわることは、これに馴れるまでは苦痛である。そして、反対に、われわれ西洋人が常用する椅子は、日本人のがわからすれば、これに馴れるまでは苦痛なものであろうと思う。たしかに、日本の家屋は、冬期にあっては、極端に寒気（かんき）をおぼえるし、ひどく住み心地が悪い。だが、このさい、疑問を呈しておきたいが、冬期に部屋の温度の低いこの日本の家屋が、赤々と燃えるストーヴとか、暖房炉とか、スティーム・ヒーターとかによって保温されたわがアメリカの共同住宅（アパートメント）に比較して、はたして、健康に好ましくないなどと言い切れるかどうか。それに、日本のある田舎の宿屋の便所から発する悪臭のことなれば、だれだって、わがアメリカの田舎旅館につきものの、あの狼藉を極める囲い庭（ヤード）とか、それこそ鼻をつかんばかりの悪臭のただよう豚小屋とか、まずは似たり寄ったりの諸特徴を思い合わさずにはおられないだろう。さらに、わたくしは疑問を呈しておきたい。わがアメリカの家屋では、湿り気が多く嫌な臭いの立ち罩（こ）める地下倉庫から漏れて湧きあがる空気が、床面の隙間から匂ってくるばかりでなく、真っ赤に焼け焦げた竈（かまど）をとおしてむっと匂ってくることも多いが、これと比べた場合、日本の便所の悪臭のほうだけが健康を害（そこな）うなどと言い切れるかどうか。ホイッティアー〔訳注＝一八〇七―九二。アメリカの詩人。クェーカー教徒の農家に生まれ、農夫、学校教師、ジャーナリストなどを経験しながら詩を書いた。奴隷廃止論者で、素朴な農家の冬ごもりを歌った詩が有名〕が農家を描いたつぎの詩句――

「最上(さいじょう)の部屋にしてからが、
外気から遮断されて、地下倉庫から湿(しめ)り気(け)
が洩れて湧きあがるにまかせたままだ、
暑い夏の真盛(まっさか)りだというのに」

は、田舎におけると都会におけるとを問わず、わがアメリカの多くの家屋の実情を、じつに的確に伝えている。

日本の家屋が、平面図(プラン)や建築構造(コンストラクション)からみて、欧米風の理にかなったものであろうとなかろうと、でき上がった家は、住まいとしての所期目的をば申し分なく果たし畢(おお)せているのである。耐火建築などというものは、わがアメリカにおいても実情はまったく同様であるが、とくに日本人の大多数(マジョリティ)にとっては、はじめから手の届きようもない存在でしかない。そして、この種の耐火住宅を建築することが最初から不可能であるため、日本人の大多数は、やむにやまれず、一方の極端にある工夫を思い付いたのであった。すなわち、かれらは、大火災が延焼していく行く手にある自分たちの家屋を建てるにあたり、いざというときには短時間でそれを取り壊してしまうことが可能であるようにと、その構造をあらかじめ考え置いたのである。畳や仕切りの障子は言わずもがなのこと、板張り天井さえもがじつに素早く取りまとめられ運び去られることが可能である。屋根も、瓦といわず野地板といわず、あっという間に取り除かれてしまうのである。このようにして、家屋を骨組みだけにしてしまうと、しぜんに、迫ってくる火焔の勢いを殺(そ)ぐことができる。大火の延焼を抑止しようとするときの消防夫の獅子奮迅のはたらきは、主として、叙上の防火調整用建造物(アジャスタブル・ストラクチャー)を片っぱしから破壊する仕事のなかで発揮される。この点に関して、とくに注意すべき興味ある事実は、火災がつづいているあいだじゅう、めらめら燃えさかる紅蓮の焔に向かってではなくて、なんと建物の破壊作業に従事ちゅうの消防夫に向かって、しばしば放水がなされることである!

さりながら、日本の家屋構造において、定言命法的に要求しなければならぬ改良点は、建物をなんとか不燃化する方法を講じる策はないか、ということである。たしかに、現在の可燃性の高い建物であっても、それらが郊外とか村落地域とかにある場合には、それほど問題とはならない。けれども、それらが都市にある場合となると、どうもまるきり不向きであるとせねばならない。じっさい、都市においては、世の行政当局者たるもの、住民にばかり過重な負担をおっかぶせないようにするため、建築基準の上での規定を設ける権限を発動するのが至当の策かと思う。

日本人は、自分たちの住居様式を改善しようとする試みが、それがどのようなものであれ、途方もない困難に遭遇せざるをえないものであることを、そして、この種の改善案の多くが賢明でもなければ望ましいものでもないということを、はっきり理解すべきである。けれども、安全性のためになにがしかの改変を試みるならば効果が挙がるだろうということだけは、これはまったく疑問をさしはさむ余地もない。研究機関をつうじて科学的対策をさぐり当て、外装に使っている木材を燃えないようにする方法——たとえば、防火塗料をほどこすとか、そのほか妙案はいくらでもあるはずだ——を見いだすなどのことは可能であろう。

東京で発生する大火災に対処する中間道路の計画が、このたび、山川教授によって立案された。山川教授は、過去二百年にわたる資料をもとに、精密な研究をおこなったのである。この防火対策道路では、ある一定の地域が空地にされるが、これは、防火のうえで有効性を発揮するにちがいない。こんにち銀座通りに見られるのと同じような欧米風の耐火性区画が、究極的に、この防火対策道路に沿って建設されることになるであろう。最近の大火災の経験から、爾来、東京市当局は、新築の場合に板葺屋根を禁止する特別地域を設けることにした。また、市当局は、もとからの板葺屋根の家屋に対しては、ブリキ屋根、トタン屋根、あるいは瓦屋根に葺き替えるよう強制指導している。それもよいが、なかんずく、時代に遅れて役立たずとなった消防隊の再編成が、政府指導のもとに推進される必要があろう。このような改善がおこなわれるならば、かならずや好結果をもたらすに違いない。しかし、現実の住宅建設計画とか現実の生活様式とかを改めるということになると、それこそ、実行困難であるばかりでなく、ほとんど不可能に近いと言える。かりにそういった改善がおこなわれたとしたならば、欧米諸国の驚嘆および賞賛の的であるところの、真に日本的な建築芸術そのものが壊滅の危機に瀕することになってしまうだろう。日本建築芸術についていうと、欧米諸国こそは、すでに過去において、日本の建築芸術が急激にこうむったあの変形や退化のなしくずしの原因をつくった張本人にほかならないのだ。

組み立て構造　ごくありきたりの日本家屋の組み立て(フレイム・ワーク)構造は、それを構造的にみると、いたって原始的である。この構造は、直立した角材を、土台(グラウンド)から屋根の横梁(よこはり)および勾配(インクライン)にむかって、数多く並べ立てたものでしかない。垂直の骨組みは、竹の小舞(こまい)を取り付けるための直立柱の、どこか適当なびんたがき(ノッチ)に短い薄板(ストリップ)を打ち付けるか、比較的長い薄板を柱のほぞ穴(モーティス)にとおして楔止め(くさびど)または栓止めにするか、ともかく、そのようにして直立柱(アプライト)を固定する（四図）。もうすこし立派な家屋の場合であると、直立柱は、土台に接する部分に骨組みをつくって固定される。家の下部には、地下室(セラー)や根切り底(エクスカヴェイション)はなく、また、アメリカの家屋の場合のように、ひとつづきになった石の基礎(ファウンデーション)もな

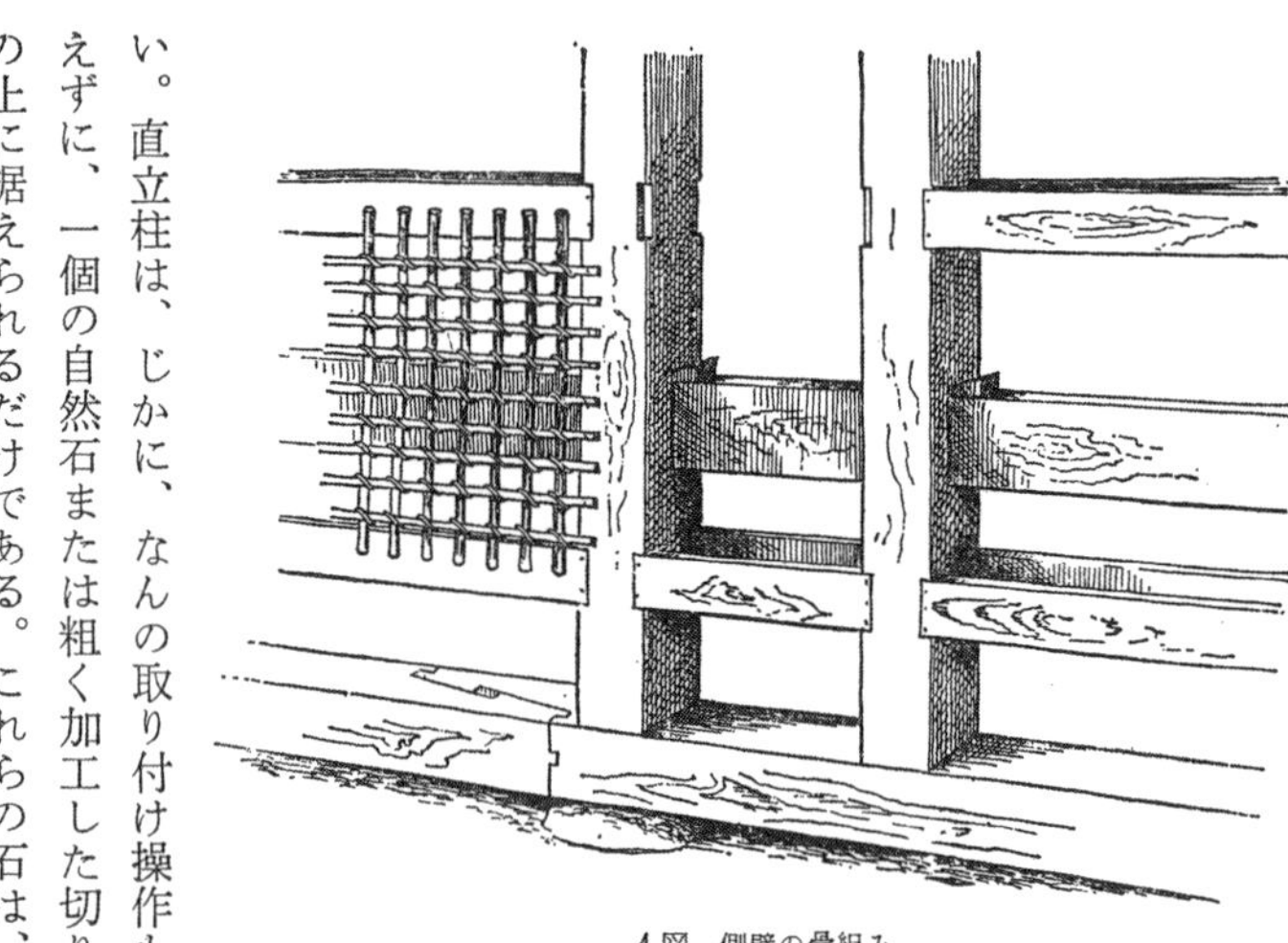

4図　側壁の骨組み。

い。直立柱は、じかに、なんの取り付け操作も加えずに、一個の自然石または粗く加工した切り石の上に据えられるだけである。これらの石は、なんにんもの鳶職が木製の大槌でもってどう突きして固めた砂利石の上に、重ねて据えられるのである（五図）。このようなやり方を経て、家はこれら石の上に置かれることになる。床面は、最小限、地面から一フィート半ないし二フィートの高さにしつらえられる。ある場合、床下の柱と柱との間が板張りにされることがある。このような様式の家は、京都では、むしろ一般的である。一方、床下の通風を良くしている家もある。ところが、このように外気が床下をすうすう通るつくりの家は、冬期には、家の中じゅうを寒くさせ、住み心地わるいものにさせる、という欠点をもっている。しかし、そのような家に住んでいるひとびとは、前に述べたような、アメリカの家屋を不快なものにすることの多い、あの地下室の悪臭に悩まされるといった不都合を味わわずに済むのである。ついでに述べると、木の塀をいっそう頑丈な状態に保とうとする場合にも、このような手だてがほどこされる。すなわち、塀下の横げた（レイル）もしくは土台（シル）

は、六フィートないし八フィートの間隔で地面に置かれた石の上に直接に据えつけられる。地中に棲むたくさんの昆虫やその幼虫から受けるいろいろの被害とか、梅雨の季節にとくにひどくなる土

5図　基礎石を（胴突で）つき固めているところ。

地の湿気とかを防ぐために、このような建築の方法が必要となったのである。

　柱が据えられる石はひとつとして同じ形をしていないものだから、柱の基部は、それに適合するよう細心に工夫されることになる。その工夫の精密ぶりといったら、まこと注目に価するものがある。御苑において、われわれは、きわめて簡素でありながら、かつきわめて精巧な細工を凝らしてある、二階建ての建物を見学した。じっさい、その建物は、階下の床に敷いた明るい色調の外国製絨毯が似付かわしくなかったほかは、じつに美しい、一個の美術陳列室（キャビネット）とよぶにふさわしかった。この建物の柱は、一部を地面に深く埋め

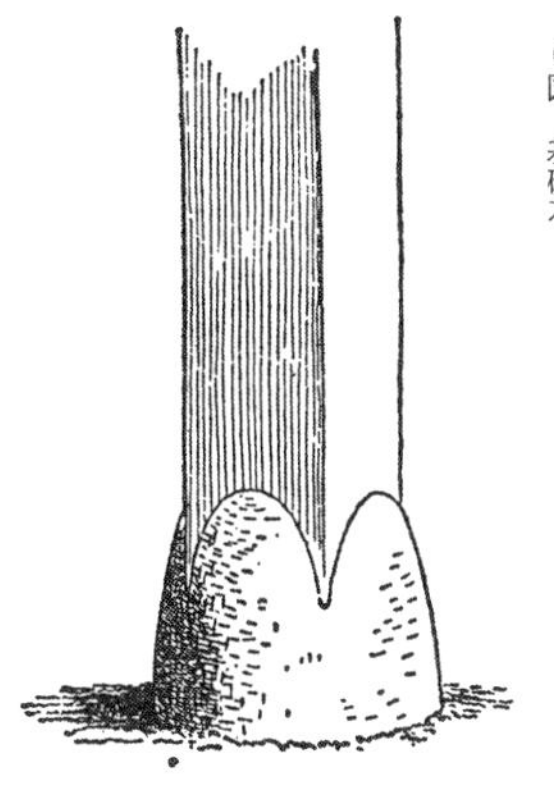

6図　基礎石。

込んである、大きな卵型の海石の上に据えられていた。地面から一〇インチかそこらの高さになっている、なめらかに丸味を帯びたこの石の突出部に、柱は、きちんと嵌め込まれてあった（六図）。見た目にはこのうえもなく不安定な感じを与えるけれど、この柱の効力たるや、まず、たいへん軽快な感じを与えるということ、つぎにはいちじるしく弾力性に富んでいるということ、この二つのことに見いだされる。ともかく、この建物は、たび重なる地震の衝撃に耐えてきたばかりでなく、日本の夏に襲いかかって猛威を振るう台風の力にも耐えてきたのである。極端に小さい建物の場合には、四隅に建てられた骨組みが屋根を支える。間口（まぐち）に二つ以上の部屋を擁するような大きい住居の場合には、四隅の柱が建てられるだけではなしに、それら柱の間にさらに何本かの柱が建てられる。家全体にわたって部屋数が増えるたびに、各部屋の四隅に柱がつけられることになる。うごく（スライディング・）衝立（スクーリン）、すなわち襖 *fusuma* が、この柱に接してつくりつけられる。この柱が部屋を突き抜けて屋根まで達していることは、家のつくりにがっしりした外観を与える。縁側（ヴェランダ）つきの家の場合は、――といってもほとんどの家が、きまって、母屋から最小限一つの縁側を張り出したつくりになっているのではあるが、――縁側の外側のふちに、さらに柱が並べて建てられている。この縁側があまり長いものでないならば、その両端に柱を建てるだけで十分に縁側の庇屋（サプリメンタリ・ルーフ）根を支えることができる。これらの柱が一本の縁げた（クロス・ビーム）を支え、この縁げたの上に何本もの細い棰（たるき）が置かれ、庇が載せられるのである。

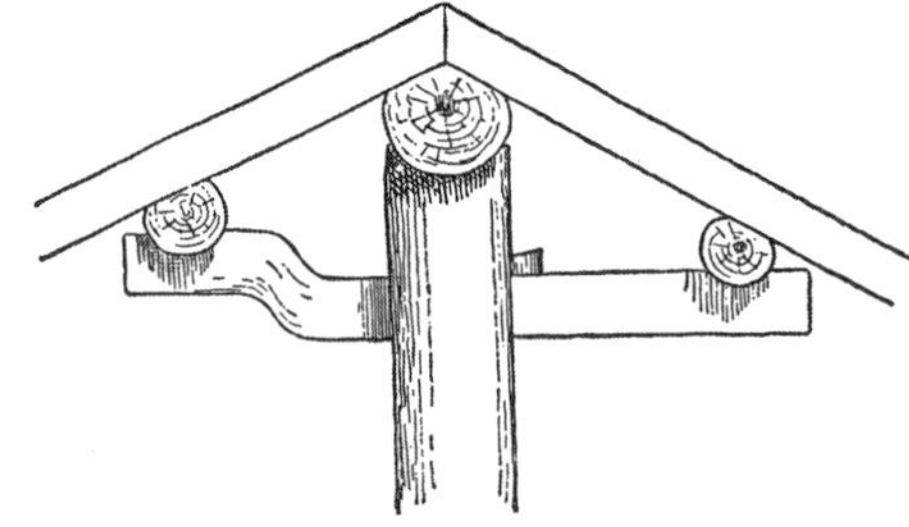

7図　骨組みの断面。

この縁げたには、しばしば、樹皮を剝いだだけの丸太が用いられる（四九図）。じっさい、水平にさしわたした骨組み材の多くは、棰がそうであるのと同じく、通常、製材していないものを用いる。——棰は、樹皮がついたままのものとか、正角材とかが多い。しかし、いずれの場合でも、棰は、家の側面から突き出し、縁側上部の庇を支えるために張り出しているので、つねにわれわれの眼に触れる。棟木や母屋桁には、ほとんど原木のままのものが用いられる。また、変形の梁が小屋組みに用いられている例を見ることも、それほど珍しくない。それは、わざわざ、風変わりの効果を狙った場合も少なくない（七図）。だが、多くの場合は費用を安くあげるという経済上の問題からそうやったまでのことである（三九図）。

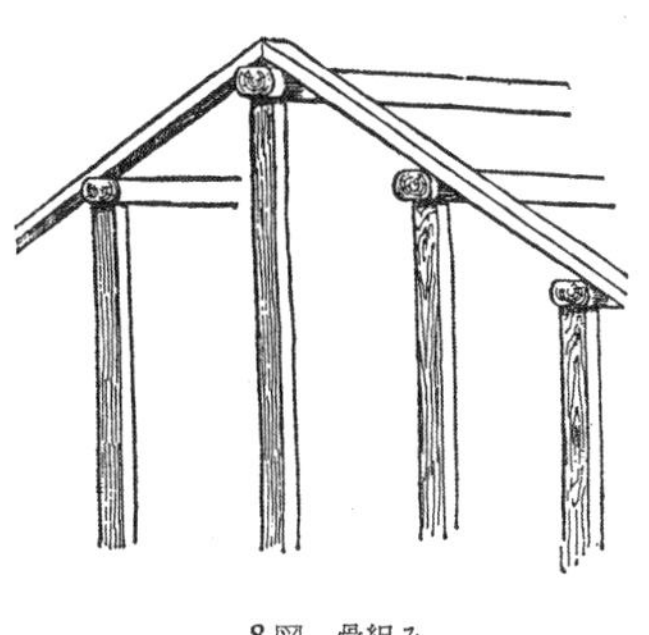

8図 骨組み。

家が狭く、切妻屋根になっている場合には、建物の両側面の中央部の柱は、直接に棟木を支え、この棟木から棰が庇まで伸びる構造になっている

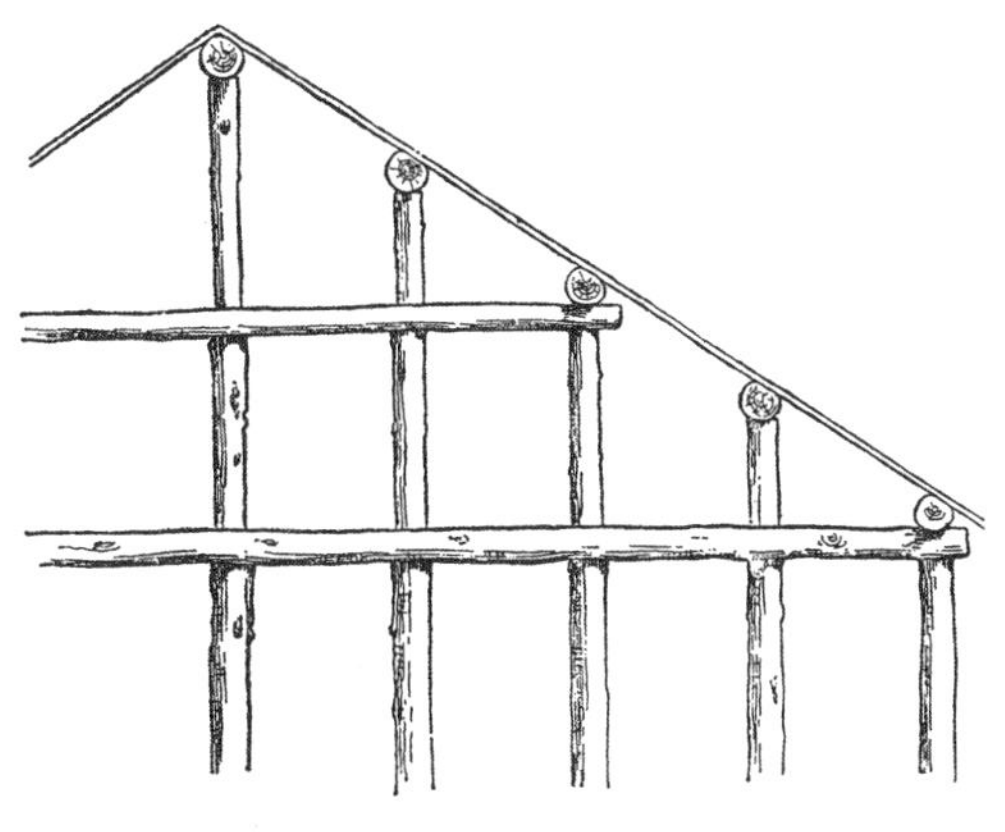

9図 大きな建物の側面骨組み。

（八図）。家が広い場合には、いっぽんの水平の梁(はり)が、軒の高さのところで、建物の端から端まで渡されている。この水平にわたした陸梁(ろくばり)は、土台から立てられた柱によって、一定の間隔をとりながら支えられている。この横木の上に束柱(つか)が立てられ、さらにもう一つの横木を支える。これは、しばしば、三層もしくはそれ以上の層をなし、棟近くにまで達する。これらの束柱の上に、棟木と平行して母屋桁が渡されるが、この母屋桁は、棰を支える目的のもとに置かれるのである（九図）。

規模の大きい切妻屋根の場合、小屋組みにはいろいろのやり方がとられている。そのうちの一つを図解したものを、つぎに示す（一〇図）。この場合は、頑丈な投げ掛け梁(ステイック・オヴ・テインバー)が、家の一方の端のちょうど庇の高さになっているところから、棟を垂直に支える真(しん)づかに向かって渡されている。この投げ掛け梁には、構造上の強度を増すために、上反り材(クラウンニング)を用いるのが常である。この投げ掛け梁の上にやや太めの束柱が数本立てられ、上部の棟木を支えるようになっている。これらの束柱は、庇のほうへ向かってだんだん傾斜するように工夫されている。投げ掛け梁と束柱とは、しっかり枘接ぎ(モーティス)される。ただし、そのさい、枘(ほぞ)接ぎのために束柱の力が弱まってしまうのを防止する目的から、投げ掛け梁には、互いにまちまちの位置に、束柱と結び合う枘をつくる。この束柱の上に短い母屋桁が立てられ、棰を受けるようになっている。

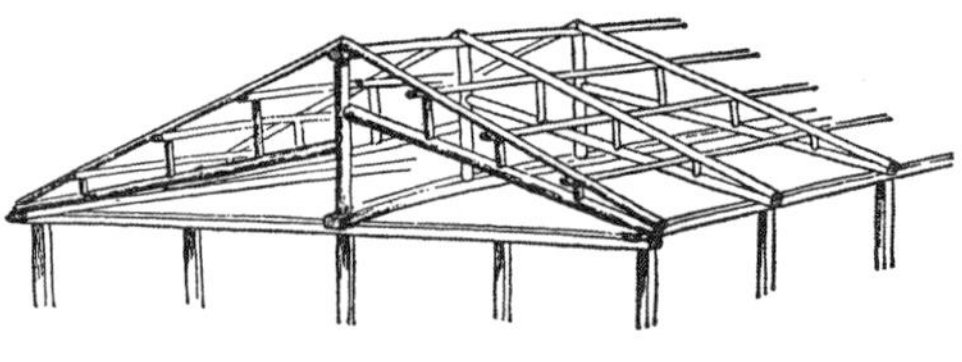

10図　大きな建物の屋根の骨組み。

屋根は、瓦葺きもしくは草葺きの場合には、相当の重量となる。――瓦は、厚味があり、たいへん重く、厚く葺き土(マッド)を敷きつめた上に載せられる。草葺屋根は、そんなには重量がないけれど、長雨のあとなどではしばしばたいへんな重量になる。したがって、屋根のつくりは、いちばんに、重量に耐えうる構造をとらなければならないことになる。屋根の構造は、うち見たところ、いかにも脆弱である。また、その設計（デザイン）も、いかにも原始的である。ところが、日本の大工が長年の経験によって学んだだけのことはあって、かれらの手法は、もっとも単純かつもっとも経済的であるばかりでなく、建築上のすべての要求に応（こた）えうるものでさえある。このような構造の屋根の上に、数多くの消防士が群らがるようにのぼっても、一向にびくともしないのを見ると、だれしも驚嘆してしまう。わたしは、二百年以上もの歳月を経過した大屋根をいくつも見ているが、さらには、もっと規模の大きい、もっと古い年代を経た、べつの屋根構造をも見ているが、それらには老朽化の兆候だにあらわれていなかった。事実問題として、日本では、破損した屋根などというものを見かけることはできないのである。

　耐火建築、たとえば倉の場合、屋根を支える梁には、粗削（あらそ）ぎ材が用いられるのが普通である。そして、その寸法といったら、ずいぶんとごぶとい感じを与える。この点にかぎっていえば、西洋式桁構え（トラッシング）のほうが、すくなくとも材料的には経済的であるといえようし、強靱（きょうじん）さにおいても遙かにまさっているといえよう。しかし、大型製材機も用いられず、人間の労働力を節約してくれるはずの諸機械も用いられず、おまけに、なまじ鉄筋（アイアン・ロッド）だとかボルトだとかを使うとかえって経費が高いものについてしまう、という条件のもとにあるとすれば、これらの梁を見ばのよいものに変えるために要する経費は、けっきょく、材料費節約の効果を相殺（そうさい）することになるであろう（一一図）。

　第一二図は、世界じゅう至るところに見られる、屋根を支えるための小屋組みの方式を示している。すなわち、水平の梁が垂直の壁の上に置かれ、これが垂直の柱を支え、こんどは逆に、この垂直の柱が水平の梁を受ける。ところで、日本人が昔から迫持（アーチ）に馴染んできたことは、日本の古い

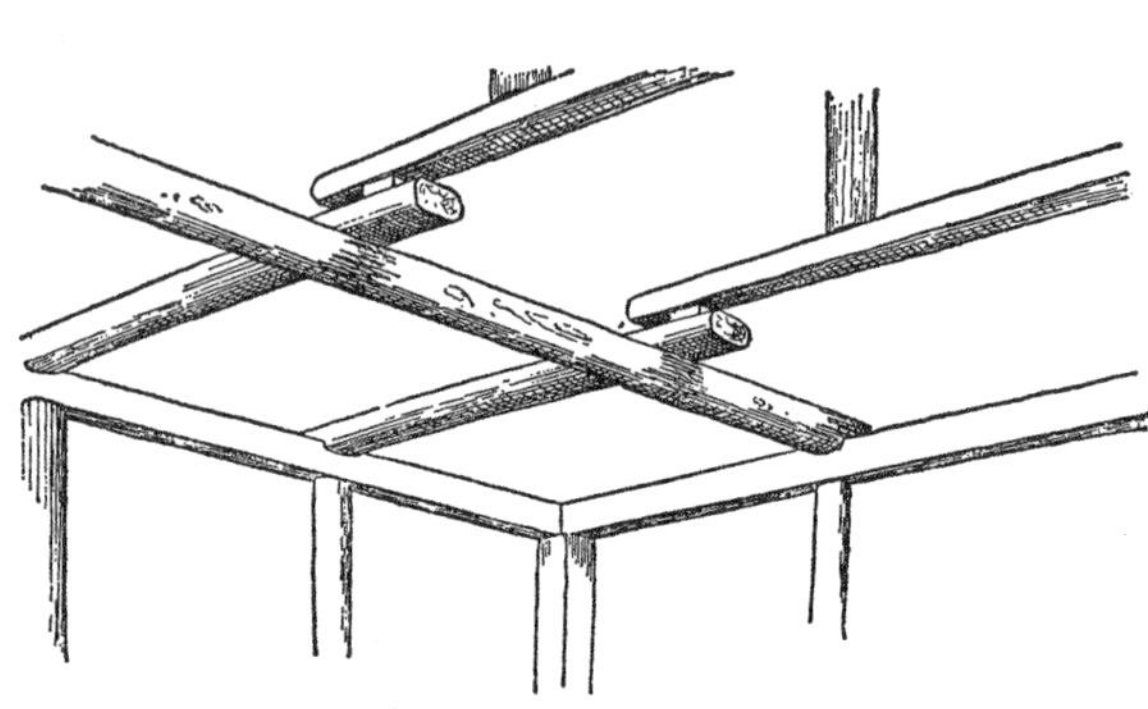

11図　倉の屋根の骨組み。

石造建築のいくつかのなかにそれが見られる事実によってはっきりわかる。しかし、日本人は、エジプト人やヒンドゥー教徒がそうであるのと同様に、この建築原理をみずからの住居建築に適用することには反対だったように見受けられる。ファーガソンは、その著『図説建築ハンドブック』三五ページにおいて、つぎのように述べている。「古代エジプト人およびギリシア人は、ひたすら、この建築原理を確信して金科玉条と仰いでいたから、陸梁(ろくばり)を支えるものとしては、垂直壁ないし垂直支柱のほかの建築方式をけっして採ろうとはしなかった。エジプト人およびギリシア人のつくった古代建築のうち、まず満足して差し支えない効果を挙げているものの半数ほどは、かれらが、高価につきはするけれど単純でもあるこの建築様式を執拗に用いることによってもたらされた。かれらは、アーチの使用法やアーチづくりの諸特性に関しても、すべて完全に熟知してはいた。しかし、アーチ方式を採用すれば、それによって建築設計に複雑さと混乱とが避けられぬ、という配慮から、賢明にもこの方式を採用しなかったのである。こんにちにおいてさえ、ヒンドゥー教徒は、アーチ方式を採用することを喜ばない。いっぽう、ヒンドゥー教徒たちの住むインドにおいても、イスラム教徒のみは、ずっと以前から、このアーチ方式のほうを用いているのである。ヒンドゥー教徒は風変わ

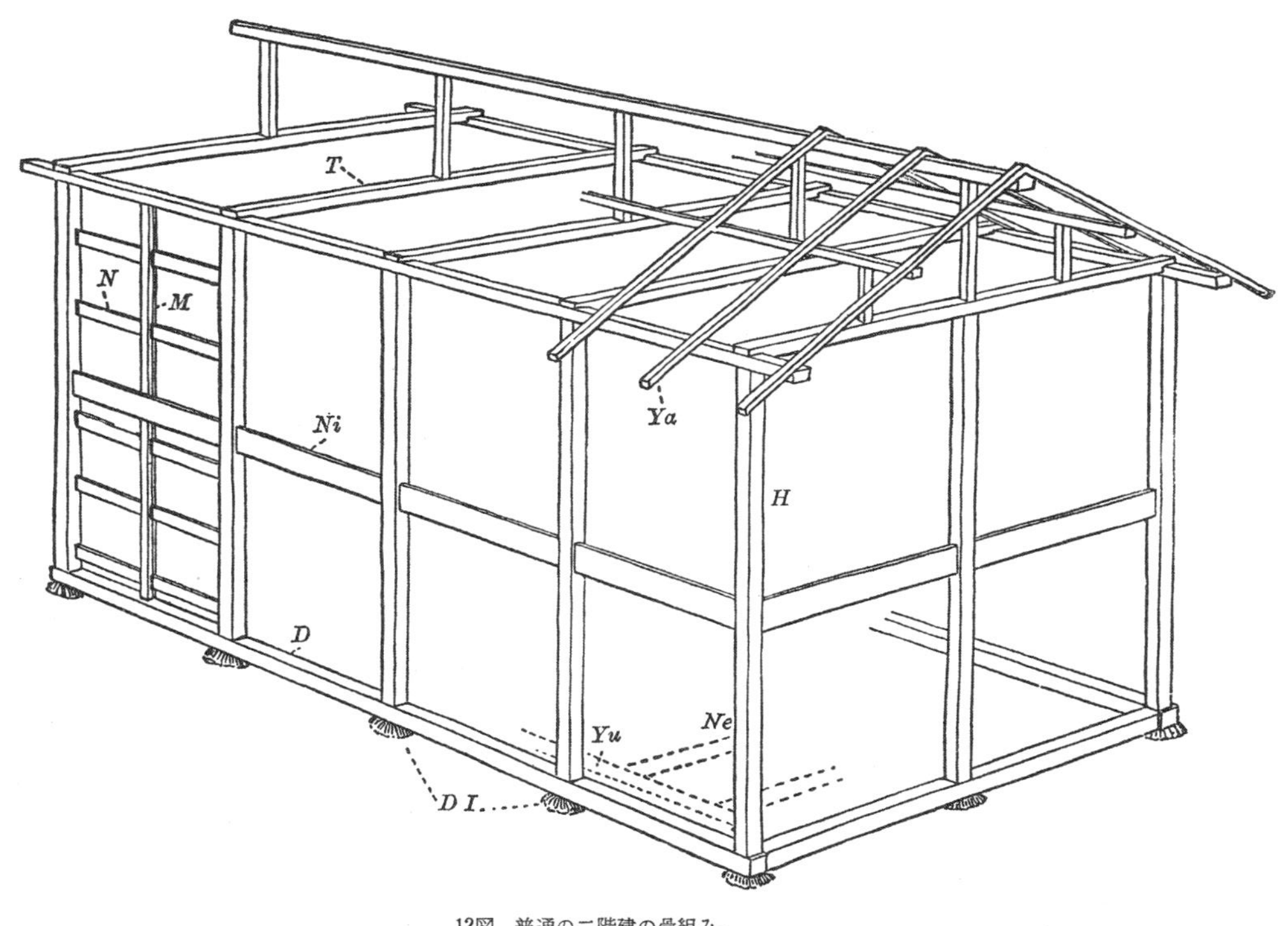

12図　普通の二階建の骨組み。

りな格言を持っている。〝アーチじゃおちおち眠れない〟というのである。じっさい、この構造には、なにしろ推力と圧力とがたえずかかっているものだから、建物全体が完膚なきまでに崩壊してしまう危険にいつも曝されている。なんでもないときにはこれほど安定した構造はないにもかかわらず、ひとたび、微小な損傷でも受けようものなら、たちまちにして建物全体の倒壊につながる。建築構造がもっと簡易であれば、幾世代も存続すると思われる建物がそうなるのである。」

骨組みを枘接ぎにする場合、日本の大工は、精巧無類の枘つくり技法を駆使する。そして、その技法はたくさんの定式がある。しかし、あるアメリカの建築家から聞いたところによると、日本の大工の技法は、強度という点では、わが国の大工が同一の作業をおこなうさいに用いている方法に比べて、それほど利点を持ってはいないとのことである。日本の大工の場合、骨組みの接合の仕方において、不必要な仕事が多く見受けられるのは、どうも確かなようである。この同じ建築家は、日本の大工の手斧の使用法については賞揚し、手斧を使う仕事がアメリカであまりなされないことを残念がっていた。梁の尻挟接ぎの仕方はごく当たり前のやりかたで、わが国の大工のそれに類似している（四図）。この接合法は三味線接ぎ *Samisen tsugi* と呼ばれる。理由は、この接合法が、三味線という、ギターに似た楽器の、その棹の部分のつなぎかたに類似しているからである。[注1]

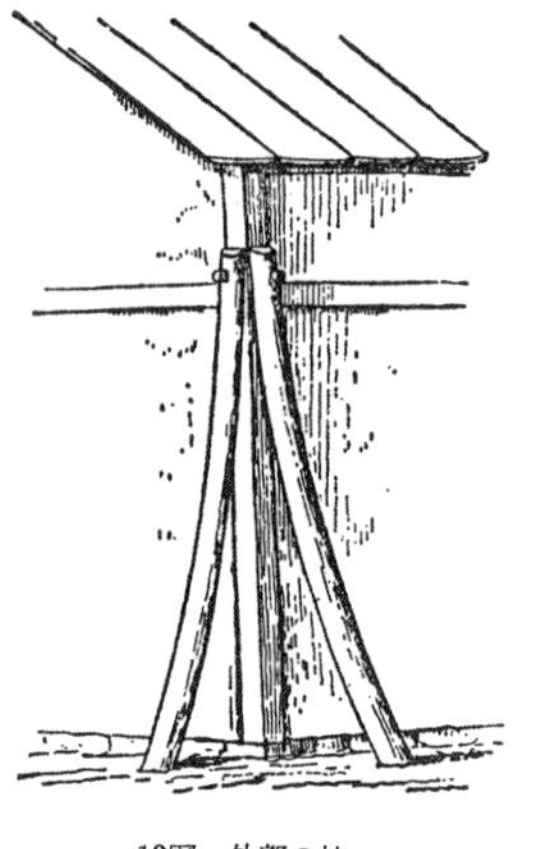

13図　外部の控。

筋かい　建物の骨組みにおいて、筋違を用いたものは見かけない。しかし、骨組みが弱い場合、柱は、支柱で補強される。この取り付けは木栓でおこなう（一三図）。外面の頬杖(ほおづえ)には装飾をほどこすことがある。伊勢地方では、頬杖ないし持送りには原木を用いることが多い。大枝の幹に近い部分を使うようである。頬杖は柱に固定されるので、庇からさらに突出している水平梁の端を受ける支柱のように見える。この種の頬杖はびんたがき(ノッチ)（または共がき）で柱に取り付けられることはなく、四角い木栓で固定される。だから、建物自体の補強としての効果はあまりない。ただし、釣竿や長い棒をかけておくには好都合な支えとなる（一四図）。

大和のナルゲ村の古い旅籠(はたご)で、頑丈なつくりとは対照的な、じつに気の利いた細工を施した頬杖を見かけた。この頬杖が重い瓦葺きの補助屋根を受けていた。水平梁は、この装飾をほどこされた頬杖が接している個所よりも先の部分で柱によって支えられているので、実際のところ、頬杖にはどんな力もかかっていない。しいていえば、水平方向からくる力に対して、梁や柱がひしゃげないように役立っているといえるかもしれない。この場合、頬杖は、あくまで装飾として用いられているのである。もっとはっきりいえば、ど

14図　外部に取り付けた頬杖。

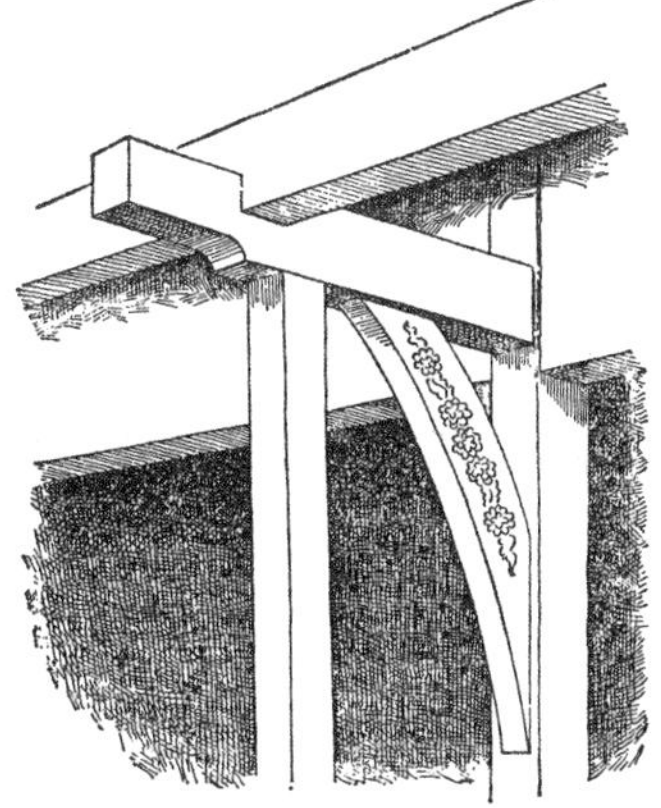

15図　飾り頬杖。

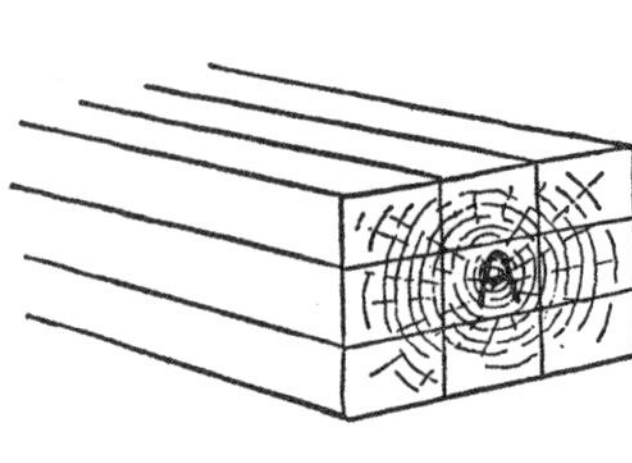

16図　屋内仕上げ用上等材の挽きかた。

うみても装飾の目的以外には機能しえないようなものであった（一五図）。

建物の骨組みは、イーストレイク氏のような人なら喜びそうな仕方で、部屋のなかにその正体をあらわしている。建築用材の形態が一定でないことは、建築上の障害とならないようである。曲がった形の梁材が用いられるということからわかるのは、それが施工主の趣好によるものだということである。なるべく野趣に富んだ効果を出したいという目的で、奇態な用材が選ばれるのであろう。部屋の一端を示す第七図では、棟木を支える中央の柱を、いっぽんの曲がりくねった横材が十字形に貫いている。

用材の選びかた　部屋の仕上げにさいしては、用材の選択と準備とが、たいへん注意深くなされる。良い座敷の場合は、用材の選択はつぎのようにおこなわれる。第一に、太材を図（一六図）のように鋸で挽く。——太材の芯部（A）はひび割れしやすいので用いない。第二に、多くの場合、座敷の床柱は、床の間と違い棚とを仕切る壁を嵌め込むため、これに深い溝がつけられる（一七図）。この処理により、床柱はひび割れを起こすことがないのである。

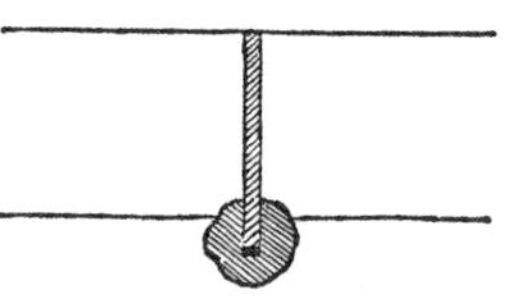

17図　仕切り壁を嵌め込むために溝をつけた床柱の断面。

部屋の細部については章を改めて述べるけれども、ここで触れておいてよい事がらもある。それは、室内の仕上げに入って、大工関係の仕事が終わると、指物屋 *sashi-mono-ya* が登場することである。——大工の担当する仕事は骨組みおよびそれに類する作業までというきまりになっている。

さて、用材の選択にあたり、木目と色合とに調和のとれていることが要求されるため、じつに細心の注意が払われる。これは、一本の丸太から用材を取ることによってのみ可能となる。材木置場では、一定の長さの板が束ねられているのを見かける。——しかもその板は、板に挽かれる前の丸太の原形態を示すように束ねられてある（一八図）。他の用材についても同様である。挽かれた各材は、原形態をあらわすように束ねて置かれる。材木置場では、材木が乱雑な堆積をなすことなどけっしてない。丸太に挽かれた板材は、かならず原形態に戻して束ねられるのである。

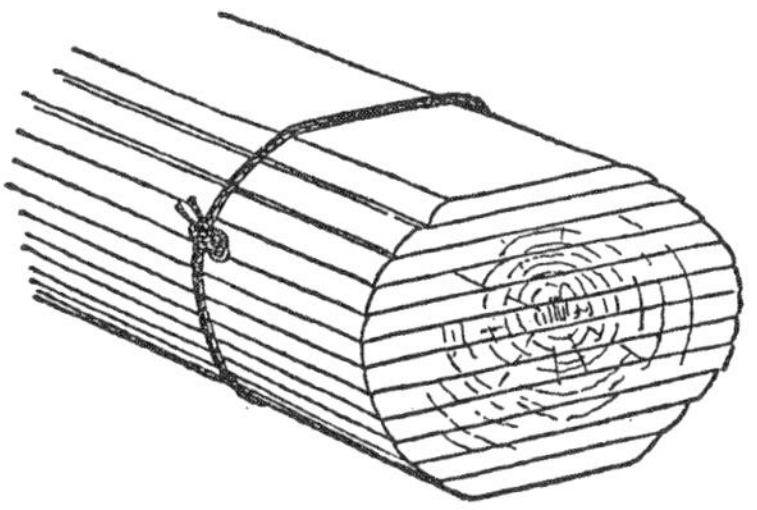

18図　板の束。

　各部屋の広さは、畳の数によって定まってくるので、そのいろいろある広さの各部屋に見合うように梁、柱、棰、床板、天井板、その他各種の用材がさまざまなサイズで揃えられることになる。畳の寸法は、この国のどこへ行こうとも、ほぼ幅が三フィート、長さが六フィートときまっている。この畳は、寸分の隙間なく床面に敷きつめられる。建築家は、自分の描いた設計図に、各室に何畳の畳が敷かれるかをしるす。——この畳数が部屋の広さを決定する。このことから、用材は一定の長さのものでなければならないわけで、大工は木材置場で、この一定の長さの用材を間違いなく選別するのである。したがって、日本家屋の建築にさいして、材料の無駄がほとんどでないのも、当然である。この点は、アメリカの家屋建築にみられる、無駄ばかり多く、工夫のない、あのやりかたと比べると、格段の差があるといわなければならない。アメリカにおいては、木造の家を建てると、地下室といわず物置小屋といわず、新築家屋から出た無駄材でいっぱいになってしまう。そして、少なくとも一年あまりのあいだは、一平方フィートあたり四〜八セントもの費用がかかった未加工の上材を、暖炉や料理用ストーヴの薪（たきぎ）にしなければならないことに、うんざりさせられるのである！

天井の構造　日本家屋の天井は、一般に、幅の広い薄板でできており、それら薄板の端が少しずつ重ね合わされるのである。これらの板は、下から見るかぎり、細い梁で支えられているように想像される（九六図）。しかし、少し考えてみると、このようなインチ角またはそれ以下の細い梁では、天井板が実際に薄くかつ軽量であるとはいえ、それを支えるには不充分なはずである。天井を見上げて調べてみても、栓とか釘とかによって留めてある形跡はない。かくて、この天井板がどうして固定されているのか不思議に思われてくるのである。(注2) これを説明すると、天井板をのせることになる細い角材が、まず、部屋の天井を張るべき位置に、一〇インチないし一八インチ間隔で一面に差し渡される。この角材の端は、壁面の柱にとりつけられた刳形（モールディング）によって支えられる。安価な家の場合は、この刳形が角張っている。すなわち柱に施した共がき（ノッチ）に角のとがった刳形の尖端が取りつけられ固定される（一九図）。

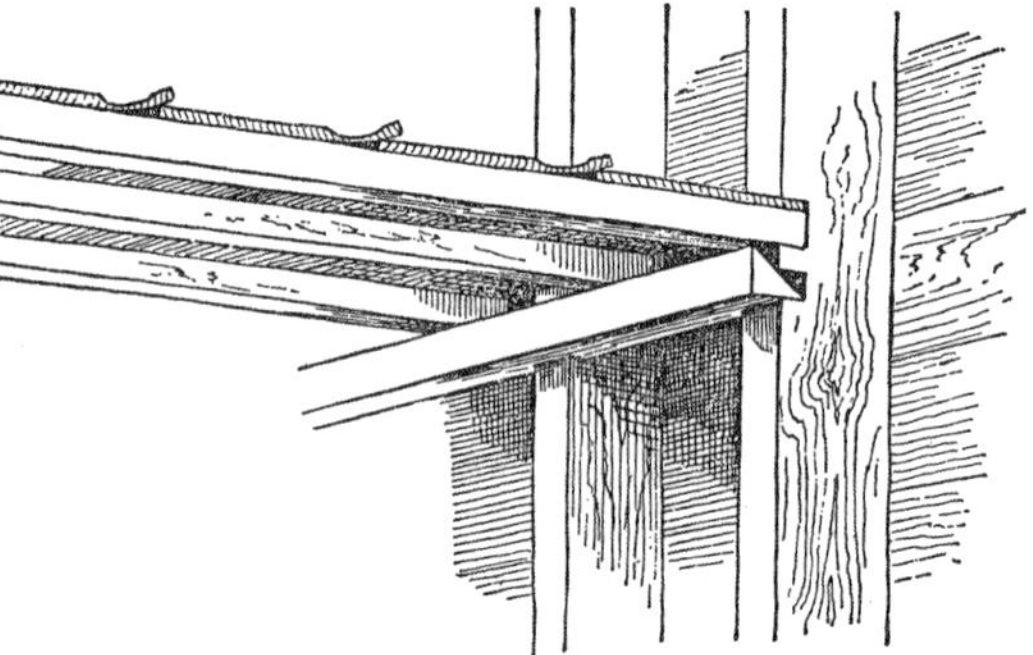
19図　天井の断面。

刳形を図のような形にするのは、材料節約のためからである。天井板を下から支える角材は用意が整うと、水平に固定される。ただし、中央部はわずかに反（そ）るようにし

てある。すなわち、中央部が周辺部よりもやや高くなるように。こうして、並列された桟（さん）は、長い

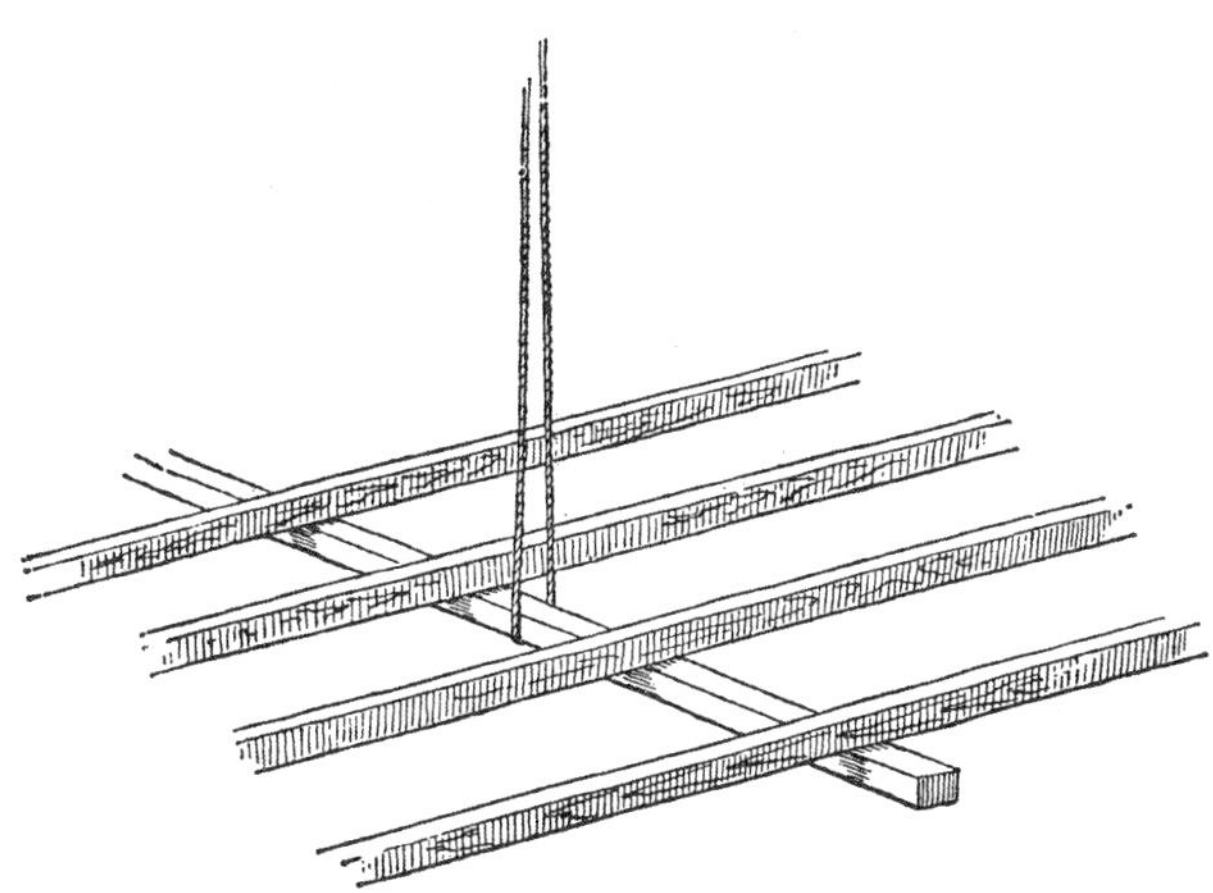

20図　天井竿を一時的に吊したところ。

板を仮設したり、床面に立てた支柱によって一時的に支えたりして、つぎの作業に臨む。また場合によっては、棰から降ろした丈夫な紐で長い角材を吊り、これによって桟を受けることもある（二〇図）。つぎに、床面に低い足場が作られる。（部屋の間柱は、高くても七ないし八フィート以上になることはめったにないので、低い足場で充分である。）大工は足場に上がって、この何本も横に

21図　天井の吊りかたを上から見たところ。

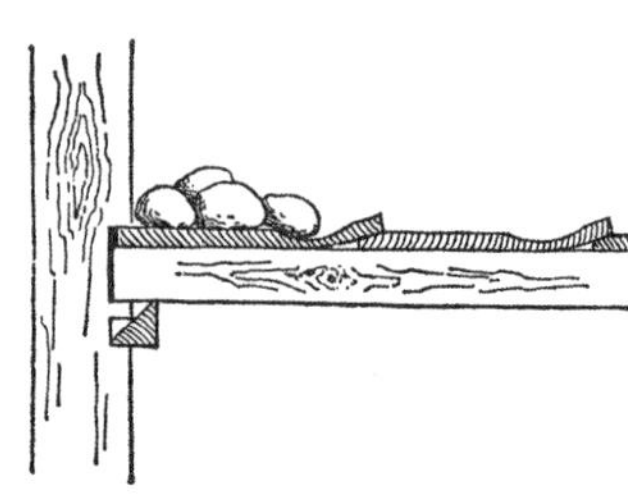
図22　天井板に石の重しを載せたもの。

差し渡した桟のあいだに立ち、自分に手渡される天井板を順々に並べていく。第一枚目の板は壁面に密着して置かれ、板の端は柱につけた溝に嵌め込む。二枚目の板はその端の部分が一枚目に重ね合わせて置かれ、その上から、木釘または竹釘で天井桟に打ちつける。だから、天井を見上げても、釘穴など見当たらないのである。このようにして天井板は、それぞれ端を前の板に少しずつ重ね合わせながら天井桟に固定されてゆく。板は、重ね合わせてゆくその端に近い部分に深く幅広い溝がつけられてあるので、楽に板の端をたわませることができ、重ね合わせるのが容易であり、板面が下の桟に密着するようになる。この方法によって天井板を張ってゆき、部屋の半分程度のところで、いちばん手前の板の上に、その端から一インチ程度控えて、板に平行に、長さ六フィート程度の角材が置かれる。この角材は、板とともに天井桟に釘づけにする。この角材は、二、三本の細い角材によって、上部の棰に固定される。天井は、このような仕方で懸架される（二二図）。この作業が終了すると、残りの天井板が張られ、順々に固定される。最後の一枚を張る場合、大工は、足場を降りて別の方法を取る。一つの方法は、つぎのごとくである。最後の板をその直前の板に重ねて置き、その上に重い石を数箇載せる。そして、天井の下から、石を載せた板を所定の位置にずらせながら固定させていく、というものである。かくて板は簡単に釘づけしたものと同程度にしっかりと固定

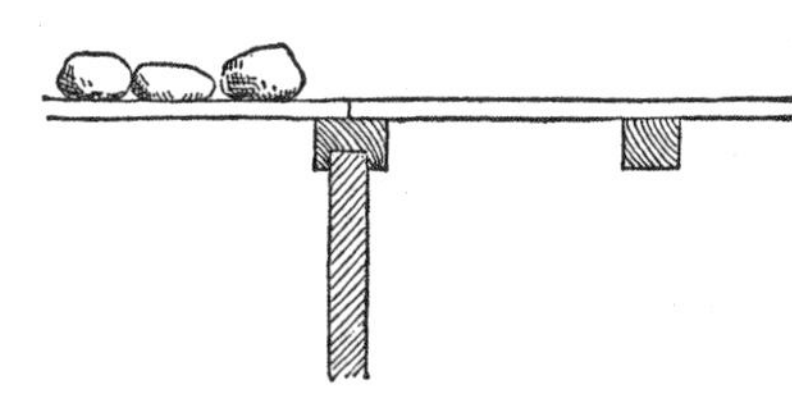
23図　押入の天井。

される（二二図）。部屋に押入とか床の間とかがある場合は、最後の板を、切り端がちょうど桟にかかるように注意して、二枚ないし三枚に切断する。そして、この板を、順々に釘で固定する。切り端が桟にかかっているので、下から見るかぎり一枚板のように見えるのである。このように板の長さを調整していくので、切断した板の最後の一枚は、押入に当たることになる。この最後の一枚は石を載せて固定するか、たんに置くだけである（二三図）。

以上、日本家屋の天井構造を概説するにあたって明確を期したつもりである。なぜなら、日本人のあいだでも、天井の懸架法を精細に理解しているものはほとんどいないからである。

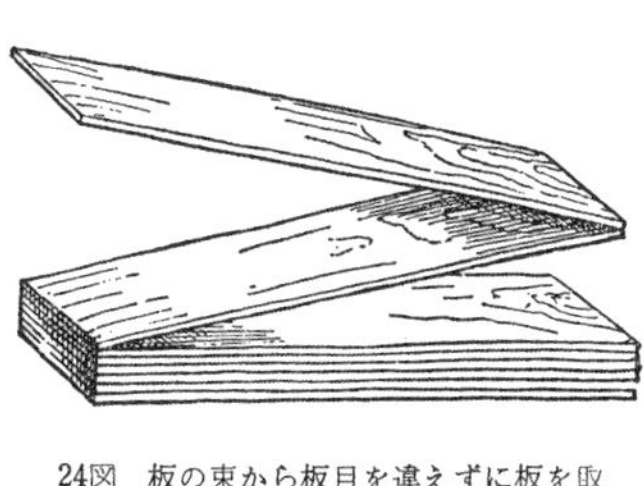

24図　板の束から板目を違えずに板を取るところ。

長大な部屋では、かなり幅広い、しかも部屋の端から端までひと続きの一枚板と思われる天井板が張られているのを見て、驚くことがよくある。しかし、一枚板のように見えても、じつは多くの短い板でできあがっているのを知る。すなわち、木目と木肌（カラー）とはつぎのようにして合わせる。すでに図示し解説したことだが、例の一束の板材のなかから、ある板を、それと相前後する板とともに取り出し、製材したときの同じ切断面が接合するように並べるのである（二四図）。もちろん、各板の継ぎ目が下から見えないように、その部分がちょうど桟の上にくるように注意する。この結果、木目は連続しているように見え、木目のそれぞれの目とか木肌とかが、他の板と対（つい）をなして適合する。この方法によって、多くの板が連続的に接合されることがあるが、下から見る限りは長い一枚ものの板である。一本の丸太から挽いた板材を、復元した原状態に束ねておくことの有効性は、容易に理解されると思う。そのような習慣のないアメリカでは、大工が同じような木目、色合いの用材を確保しようと思うと、それこそ材木置場のなかをくまなく捜し回らねばならない。しかし、それでも見つからず、たいていはあきらめることになる。

仕切り壁と外壁　家屋に仕切り壁を造るにはいろいろな方法がある。その一つは、木摺（ラス）の代わりに長さの一様でない竹（バンブー・ストリップ）の桟を用いることである。まず柱と柱とのあいだに留められた貫板に細竹が直角に釘づけされる。つぎに、この細竹に交叉する形で、縦に細長く割った竹が縄または樹皮紐で縛りつけられる（四図）。この方法による仕切り壁は、アメリカの木摺張り漆喰による仕切り壁に類似している。これとは別に、板による仕切り壁がある。この板に細竹がびっしりと釘づけにされ、その上に漆喰が塗られる。この壁塗りの苦労は相当なものである。左官が、多種多様な色調の砂と土泥の見本を見せにくる。施主はそのなかから家の壁にふさわしい色調のものを選択する。いわゆる上等な塗りは三層から成るものである。最初の塗りは、下塗り *shita-nuri* と呼ばれるもので、切り刻んだ藁を練り混ぜた土泥を塗る。二回目の塗りは、中塗り *chū-nuri* と言われ、土泥に粗石灰（ラフ）を混ぜて塗る。最後の塗りを上塗り *uwa-nuri* と称し、色のついた壁土または砂に石灰を混ぜ合わせたものである。この上塗りは一般に熟練した左官の仕事である。壁仕上げの他の方法については、内装に関する章で触れることとする。

　部屋と部屋との仕切りは多くの場合、障子や襖などが使われているが、これらの引戸については、後章で再度とくに述べることになる。内部の仕切りばかりでなく、家屋の外に向く二面ないし三面も、簡易な造りの戸障子だけといったこともしばしばある。家屋の外壁は、木造の場合は、骨組みに対して薄板を横に釘づけしてできあがる。これは、アメリカの家屋で下見板（クラップ・ボード）を張るのに似ている。これらの薄板は、その上から縦に押縁で留めることによって堅固になる。また、この薄板は縦張りにされることがある。この場合、板と板との継ぎ目には目板が打ちつけられる。このことは、わが国の家屋のあるものについて、一般におこなわれている。関東以南の地方では、家の壁がやや粗雑な造りになっていて、垂直に立てた樹皮のついたままの幅広い背板（スラブ）でできていることがある。これに細竹を横に釘で打ちつけて固定する。この形態のものは、日本では、粗末な造りの家に一般的である。また、比較的つくりの良い家でも、そのような背板を用いて地上二、三フィートの高さくらいまでを羽目板張りにして、装飾的な効果をよくあげている。

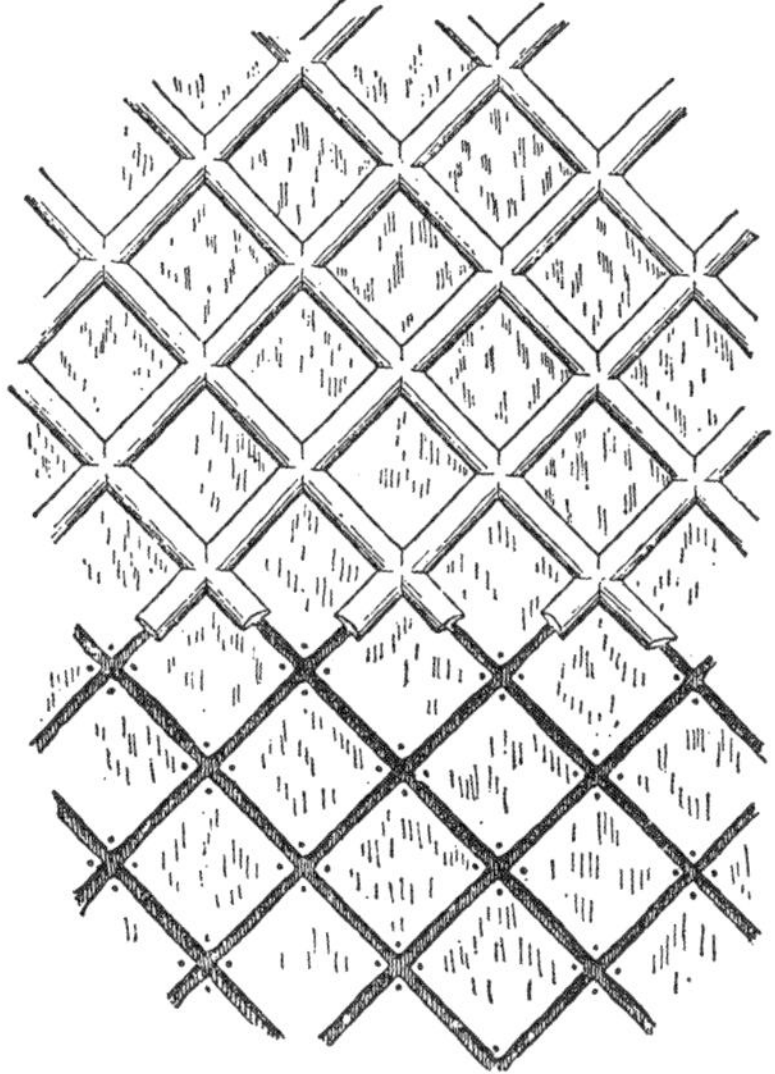

25図　張付瓦の取りつけ。

外壁は漆喰仕上げがきわめて普通であるが、耐久性はないようである。この種の壁が崩れた状態にあるのを見かけるのは珍しいことではない。日本の絵本では、貧困の象徴として、下地竹がむき出しになった壁の、崩落状態がよく描かれている。

都市では、たとえば倉庫のような強い耐久性を要する建物の外壁は、方形の張付瓦（タイル）で補覆されることが少なくない。この張付瓦は、下地として作られる板壁に、その四隅を釘づけして固着される。張付瓦の並べかたとしては、あや織式と水平式とがある。いずれの場合も、張付瓦と張付瓦とのあいだに四分の一インチ程度の間隔を置き、その継ぎ目は白漆喰で目詰めをする。漆喰は、一インチあるいはそれ以上の幅で張付瓦の外縁を補覆し、かまぼこ状に丸味を持たせて仕上げる。この仕事は、雅趣のある風流なもので、暗灰色の張付瓦に目詰めの白い漆喰があや織状に、あるいは縦横に走っているさまは、はっとするような美しさをかもしだしている（二五図）。

倉の構造　耐火建造物、たとえば倉 *kura* は、住居として使用されることが多いので、その構造について簡単に触れておくことにする。これらの建物は、とくに耐火用に設計されている。通常二階建てで、壁の厚さは十八インチから二フィートあるいはそれ以上ある。壁はとりわけ頑丈な骨組みに泥土を塗り固めたものである。梁は精密に共がきで組み、それに粗い繊維質の綱（コース・ファイバード・ロープ）を巻きつける。そして、梁に細竹がびっしりと固定される。一フィート位の長さの粗い繊維質の綱を、大梁（クロス・ビーム）と柱に綿密に固着する。これらの段取りは、塗り込める泥土が、しっかり付着するようにするためのものである。この仕事の予備作業として、大きな足場を組んで、建物全体をすっぽりと包み込んでしまうのである。この足場は、まさに巨大な檻であって、塗り込めた泥土の急激な乾燥を避けるために、この足場にござなどが掛けられる。この檻は多くの作業員が、そのなかのあちらこちらで仕事をすることができるほどに大きい。泥土はなんども塗り重ねてゆくのであるが、塗りと塗りとのあいだに長い時日を置いて、塗り上げるたびに、それを適宜に乾燥させていく。このような耐火建造物は、完工までに二年あるいはそれ以上かけることが必要とされている。壁ができあがると、漆喰または油煙入り漆喰で仕上げする。こうして、表面は黒漆を塗ったように艶（つや）やかとなる。もちろん、このためには、初めは普通の布で、つぎに絹布で、最後は手で擦って艶出しがおこなわれる。

新築の倉は、見るからに堅固で、堂々としている。屋根は非常に厚い。堂々とした構えの棟は、化粧漆喰によって雅趣のある装飾的な造りになっている。棟の両端は浮彫を施した化粧瓦が置かれる。このように造られた建物の磨き上げられた美しさも、日を経ずして消失し、やがてはくすんだ黒色か石板色を呈するようになる。その場合は、白漆喰を塗布することがある。外側の壁面には、一列に長い鉄の掛金がついているのを見かけることがある。この掛金は、壁面を掩蔽（えんぺい）するために、木製のとりはずしのきくおおいを取り付けるためのものである。これによって、壁を自然の侵蝕作用から保護するのである。この木製のおおいは、掛金が突き出している部分を残して、建物に凭（もた）せ掛けられる。このおおい板を倒れないように留めておくために、細長い棒が例の掛金にさし渡されるのである。

倉の窓は小さい。また、戸締りは、非常に厚い堅牢な引戸か、観音開き式の二重扉によっておこなう。この遮蔽扉は、その周囲が、銀行の大金庫のぶ厚い扉にちょうど見られるように、さねはぎ状、つまり階段状になっている。火災の時には、閉じた扉の隙間に泥を詰め、防火のため、さらに用心に用心を重ねる。泥土は常備してあって、火急時に、すぐ捏（こ）ねられるようになっている。完璧に建築施工された倉は、その所期の目的にみごと応えると思われる。大火の後など、周囲の建物が灰燼に帰して跡形もなくなった場合でも――なぜなら、アメリカで見る火事あとのように、ぐらぐらする煙突が立ち残り、地下室が陥没し、壁が焼け残っているというようなことがまるでないからなのだが――これらの黒々と薄汚れた倉が、一面の焦土のなかに屹立（きつりつ）しているのを見る。しかし、すべての倉が火災にやられないというわけではない。このことは、火事のあとで、煙を出している倉をよく見かけることによっても分かる。アメリカの場合でも、金庫が必ずしも耐火性とはいえないことがあるのと同じである。

日本の大工職人　アメリカの、いわゆるごく一般の大工の仕事ぶりをある程度見てきた体験から、反論を顧慮せずに言えば、建築技術の点では、日本の大工のほうがアメリカの大工よりすぐれている。日本の大工は、仕事のみならず、創意工夫にたけた能力を持っているということでも優秀である。日本の大工や指物師が、かれらになじみのない方法で描き表わされた設計図だけでなく、かれらがいままでに作ったことのないものが描かれた設計図を前にして苦心惨憺し、そしてみごとに仕事を成しとげるさまは、まさに驚嘆のほかない。わが国の群小の都市や村落では、たいていの大工がきわめて不評である。それはかれらが紋切型の平凡な屋根構造の二階家を建てること以外には、特別注文の仕事に対してまったく無能だからである。かれらは、父親ともども慣れ親しんできた、きまりきった建築方法以外の突出し窓や軒蛇腹のこととなると、拱手傍観のほかなくなるのである。じじつ、たいていの場合、ヨーロッパからアメリカ大陸にやってきた、かれらの父親たちは大工でなかったので、建築上の技法が受け継がれて、その子供たちのなかから腕のいい大工が生まれでるということにはならないのだろう。この点において、日本の大工は、アメリカの大工に対してかなり有利な立場にあるといえる。というのは、日本の大工は、他の職業の場合もそうなのだが、何世代にもわたってその職が引き継がれてきたからである。大工の子供たちは、かんなくずの香りのなかで育てられてきた。――子供らしい手つきで、万力や端喰の段取りをする仕事を引き受けるのである。やがて、子供のころに父親の手伝いをしたときのその同じ道具によって、今度はかれら自身が生計を立てるのである。

アメリカの大工の道具箱は、磨き上げられており、真鍮の象嵌細工などが施されてあって、なかには、数百ドルもすると思われる、研ぎすまされた精巧な機械製の道具がぎっしり詰まっていてかなり重たい。このような道具箱や、その中に入っている大工道具によってなされる仕事ぶり――遊びが必要な箇所であるのにもかかわらず固結してしまったり、固定すべき箇所なのにがたがたであったり、全面的に工夫のなさが目立って手を入れ直すべき仕事が多いのだが——を考え、日本の大工が驚くほど軽くて簡単な作りの道具箱に、粗末で原始的な決して充分とはいえない道具一式を入れているのに想到するとき、——この二国民の大工仕事からみて、わたくしは、文明とか最新の機械器具とかは、そこに頭脳および幾分の眼識と機知が伴わなければ、意味をなさないのだと確信せざるをえない。

こんにち、アメリカでは、真面目に大工職に就くものがいないということは重大事である。この嘆かわしい事情は、まさに機械労働が前代の手工労働を押し退けたことにおおかた由因する。(注3) 扉、日遮(ひよけ)、窓わく、刳形などは、規格一点張りで作られ、しかも仕事はむやみに急ぎ、用材は伐りたての生木であるがために、輸送中に無用の長物とならなければ、建築構造に組み込まれた途端にそうなるのが必定である。にもかかわらず、箱を二、三箇ばかり釘づけでこさえたとか、丸鋸の前に二〜三箇月立っていたとかいう程度の者が、家屋建築という、もっとも栄誉ある技術のすべての職能を果たす資格があると思い込んでいるという情けないことが、依然として現実なのである。(注4)

大工道具および使用法　以上に関連して、日本の大工道具のなかでよく見かける主要な道具のいくつかについて触れておくのは、興味のあることと思う。日本の大工の優秀かつ実用的な仕事ぶり、完全な接合および複雑な枘(ほぞ)接ぎを見たうえで、かれらが、その仕事にあたって、アメリカの大工が不可欠と考えているような機械器具を使っていないことを知って驚嘆するのである。かれらは、仕事台、万力、水準器、まわし柄〔訳注＝回転錐用〕などは何一つ持っていない。労力節減のための機械工具は絶無である。水力を利用できそうな場所が数多くありながら、わたくしたちにはなじみの深い製材場は、かれらには思い浮かばなかったとみえる。(注5) かれらの道具は見るからに簡単な作りで、デザインも原始的である。ただし、金属の部

26図　日本の大工が使う万力。

分は最高に鍛えた鋼鉄製である。大工の仕事台の代用物といえば床面に置くか、二台の馬に差し渡した厚板ぐらいのものである。方形の頑丈な柱が、仕事台ないし万力の手近な寄りつき（アプローチ）となる。細挽きしようとする木塊をこの柱を使って固定するからである（二六図）。大きな木の楔を丈夫な紐でこの柱に固く結わえ付け、この楔を強く打ち込むことで木塊が固定される。かくて、木塊は思いのままに細挽きすることが可能である。

多くの大工道具の使用にさいして、日本の大工の道具の取り扱いかたは、わが国の大工のとはまったく異なる。たとえば、日本の大工は、鉋を前方へ押さずに、手前のほうへ引く。鉋は一見粗末な道具と思われる。その本体をなす台部は厚味のある材質ではなく、幅広のものである（二七図―D、E）。鉋の刃は、アメリカのものに比べて角度が大きい。しかし、なかには刃が垂直になっているものがある。この種の鉋は、研き金具（スティール・スクレイパー）の代わりに、木材の表面の仕上げに用いられる。したがって、わが国の大工がこれを使用すれば、かれらが一般に木材の表面を削るのに用いているガラス片や金属の薄片に代わって、いっそう便利であろう。長さが五、六フィートもある巨大な鉋をよく見かけることがある。このような鉋は、裏返しにした形で傾斜させて固定する。すなわち、刃の面を上向きにすることになる。鉋掛けしたいと思う板や木片をその上で前後に動かすのである。

挽き具（ドロー・シェイヴ）は普通に使用されている。鋸は多種多様で、歯はアメリカの鋸のそれよりも長く、歯の形もさまざまである。鋸の歯の形のなかには、最近アメリカで特許となった形のものがあったと思う。両歯の鋸もあって、この場合、一方の歯は横挽き用（クロス・カット）である（二七図—B、C）。手挽きの鋸は、歯と同じくらいまたはそれ以上の長さの、簡単で真直ぐな円筒状の柄がついている。これは、片手だけで握れるように湾曲した、奇妙な形の柄のついたわれわれの鋸とは異なる。アメリカの大工は、一方の手で挽材を押え、他方の手で挽く。日本の大工は、これとは逆に、背中をかがめて片足で挽材を押え、両手で挽く。したがって挽きかたが速い。仕事上のまたは他のいろいろの事をなすにあたってのこの流儀は、日本人の背中がものを言うので、それなくしてはわが国では望むべくもない。日本人が多種多様な仕事をなすうえで見せるこの身体の使いかたは驚くべきものであった。たとえば、お手伝いが濡れ雑巾で板の間とか縁側とかを拭掃除（ふき）する場合、膝を床面に着けないで、雑巾掛けのあいだ、両足だけを床面に着け、身体をまるめたままの姿勢で、雑巾を押しつつ往復する。このいかにも疲れやすいと思われる格好のま

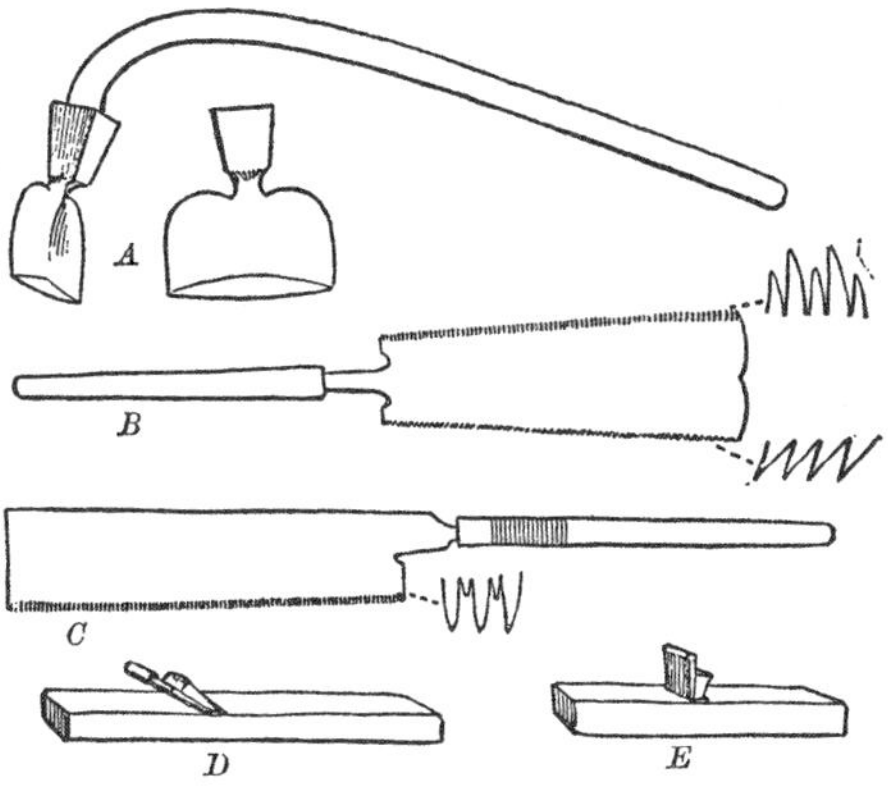

27図　大工道具で一般に使われているもの。

まで仕事を済ませてしまう。

手斧は、ホッケー・スティックそっくりの、下部で大きく湾曲した粗製の柄がついている（二七図―A）。夏になると、大工は、まるっきりというわけではないが、ほとんど裸体に裸足という格好で仕事をする。大工が、一本の材木の上に立って、剃刀のような切れ味の刃に、ひん曲った柄のついたこの道具を威勢よく振い、裸足の足指から一インチと離れていない木材の表面を削り取ってゆく姿を見れば、気の弱い人ならはらはらするだろう。しかし、足の指を失くしたり、この道具を振り下ろす目測を誤まったために受けたと思われる傷痕がある大工を見かけたことがないことは、この重宝な道具の使用にあたり、日本の大工が正確無比であることの何よりの証左といえよう。

穿孔には非常に長い柄のついた突錐を使用する。大工は両方の掌で錐の上端を挟み、掌をもみ合わせるように急速に動かしつつ下方にも押すように力を加える。錐は急速に掌の動きにつれて旋回を繰り返す。手が徐徐に柄を滑り下りると、大工は素早く柄の上部を取り直し、前回の動作を継続して行なう。この単純かつ効果的方法による迅速な穿孔は、見る人を驚嘆させるほどである。大きな穿孔の場合には、螺旋錐を用いるが、これはわれわれのものに類似している。鑿も形のうえではわれわれのものに似ている。両手が届きにくい箇所に釘を打ち込む場合は、頭の一方が尖った金槌を利用する。親指と人差指とのあいだに釘を挟み持ち、その同じ手に持った金槌の尖ったほうの先で釘を打つ位置に孔を作る。この孔に釘を差し込み、これを打ちつけるのである。

28図　日本の釘入籠。

携帯用の釘箱には丸型の籠が用いられる。この籠に短い紐がついており、紐の端には小さな木片か竹片の留め具が取り付けられている。この留め具を利用して籠を腰紐や帯に吊り下げるのである

（二八図）。屋根職人の釘箱は底の一方が長くなっていて孔が開けられてあり、必要に応じて屋根面に釘で留めることができる（六四図）。

日本の大工道具には、かならず三種一組で使われる用具がある。曲尺（まがりがね）*magari-gane*、墨刺 *sumi-sashi*、墨壺 *sumi-tsubo* がそれである。曲尺は、鉄製定規の一種であるがわれわれのものに比べて幅は狭い。墨刺は、繊維質の木で作ったもので両端が刷毛（はけ）状になっている。一方は丸味を持ち、他方は平べったく鋭利な刃物状になっている（二九図）。

29図　大工が使う木製の墨刺。

大工は、墨を滲（し）み込ませた綿を入れた小容器を持っている。この墨刺と墨とを使って、大工は、丸味のある尖端で印（しるし）をつけ、もう一方の鋭利なほうで明瞭な細線を引くのである。このような刷毛は、大工がすぐに作れるという利点がある。墨壺（三〇図―A、B）はアメリカの大工の白墨線引（チョーク・ライン）に当たるものである。墨壺は木製で、奇妙な形のものが多い。一方の端は大きく刳（く）りぬいてあってそこに墨を滲み込ませた綿を詰めてある。他方の端には小さなZ型のハンドル（クランク）のついた巻き車（リール）が取り付けられている。この巻き車には長い糸が巻かれてあり、糸の一方の先は、墨綿の中を通ってこの器具の先端の小孔から外に出ている。この外に出た糸の先に、突錐に似たものがついている。厚板や薄板に線引きするには、この錐を木材の面に突き立て、糸を繰り出してゆく。繰り出すことによって糸に墨がつく。このピンと張り渡された糸を板面に対してピシッとはじくと、板面には黒線が鮮やかに印（しる）しづけられる。この作業が終わると、小さなハンドルを回して、素早く糸を巻いしてま

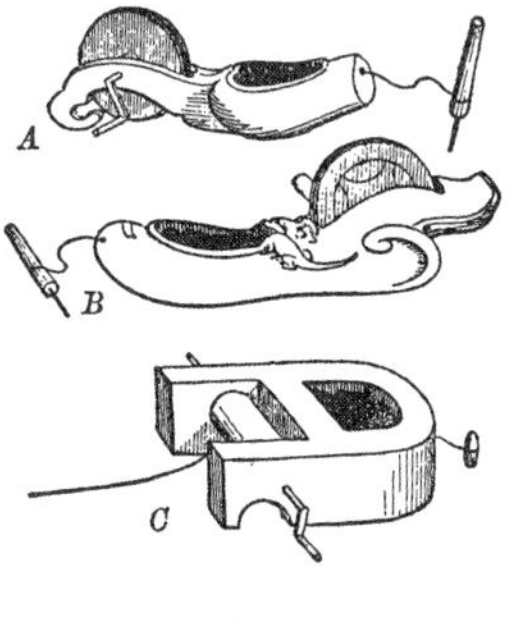

30図　墨壺。

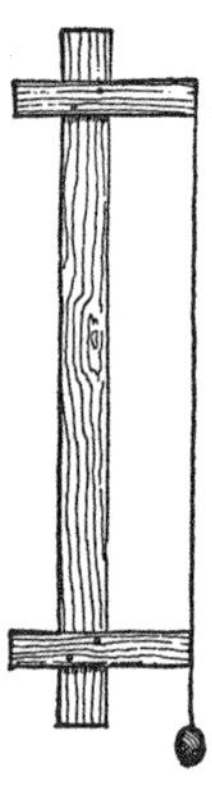
31図　日本の下げ振り定規。

う。この道具はあらゆる面で白墨線引よりも改善されたものである。便利なうえに、板面につく黒線が鮮やかである。これは、線がすぐに消失する、あのぼやけた白墨線の及ばぬところである。この墨壺はまた鉛直線を得るのによく用いられる。この場合、糸を柄に巻きつけて一定の長さに固定し、糸の先の錐を持って墨壺を吊るのである。

鉛直線を得るには、長さ四ないし五フィートの板の両端に四ないし五インチの長さの板を、その板の一方の端が長い板の横に一インチ突き出すようにして正直角に釘づけしたものを使う。この二枚の横板は同等の長さで、台板から突き出す長さも同等になるように精密に調整しておく。この二枚の横板の一方の端から、他方の板の端に向かって、錘をつけた糸を吊り下げるのである。壁面の鉛直を見るには、台板から突き出した二枚の横板の短い腕の端を壁面または、鉛直を確認するべき面に当てがって、長いほうの腕から下ろした糸が、下方の腕の端にちょうど触れるように調整する。ここに掲げたスケッチ（三一図）によって、この簡単な装置の形と使用法とが明白となるだろう。

きわめて薄い板、とくに単板を張り合わせて合板を作る場合、日本人は、アメリカの指物師が一般に用いる方法によっている。すなわち多くの弾力性のある棒または竹竿の一端を堅牢な天井または支柱に当て、他端は、張り合わせた板を押しつける位置に保つ。材料を研磨するときなども、それを固定させるのにこれと同じ方法が用いられる。

やむをえなかったとはいえ、以上の簡単な記述は、日本の大工道具の一覧を試みたものではなくて、比較的よく使用される道具について、目に触れるままに叙述することを意図したものである。これらの道具の多くが持っている主な長所は、それらが使用者によって必要なときに容易に作り出されることである。事実、金属の部分は別として、日本の大工が自らの道具を作ることは珍しいことではない。

古書とか古い図絵とかを調べてみると、現在の日本でなお活用されているもののなかに昔の知恵が活かされていることを知るのである。日本の古物蒐集家の家で、わたくしはかなりの時代物の巻物 *maki-mono*（長い紙を壁紙のように巻いたもので、物語や歴史的な事柄を続き物風に書きまたは描いたもの）を見たことがある。わたくしが見た巻物は京都のタカカナ〔訳注〝『慕帰絵詞』をかいた藤原隆章をさすか？〕の作で、五七〇年前のものである。この巻物には、寺院建築の準備作業からその完成までが描かれている。スケッチの一つは、多くの大工が樹木の伐採と、骨組みの組み立て作業に従事しているところを示している。多くの人人が仕事に従事しており、なかには飲食しているものが若干いる。大工道具が引っ張り出されて、そこここに置かれている。描かれている道具のなかには、――鑿、木槌、斧、手斧（ちょうな）、曲尺、鋸などはあるが、――鉋（かんな）とか長鋸とかはまったく見当たらない。細い角材を作るのに厚板を鑿で縦に切っているところが描かれている。曲尺は現在使用されているものと同様である。鉋の役を果たしていたと思われる道具としては、現在でも桶屋が使っている道具――それは、他の職種の職人が使うことはないと思っているが――が描かれていた。わたくしは、一人の男と少年とが、図示（三二図）したものに類似した道具を使って、長い原木の樹皮を剝いでいるのを見た覚えがある。

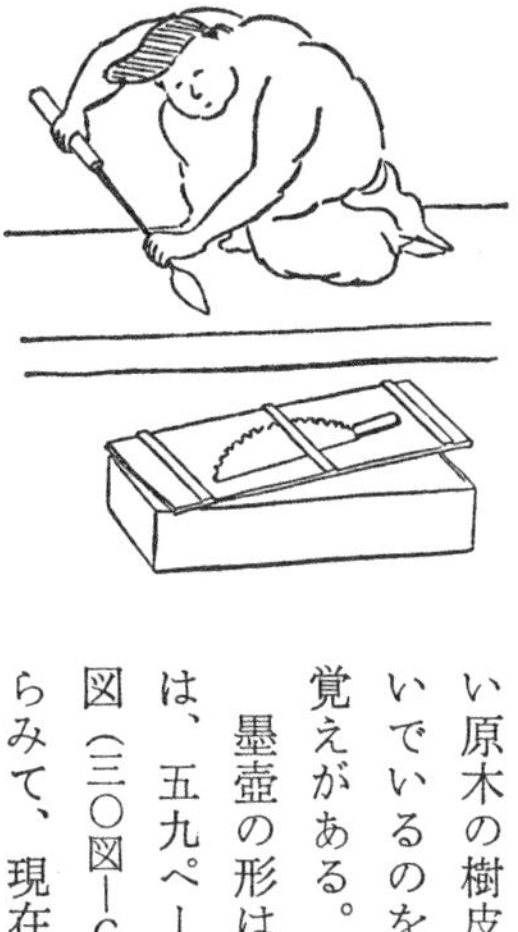

32図 古代の大工（古絵図より転写）

墨壺の形は、昔は、五九ページの図（三〇図―C）からみて、現在のものよりかなり単純かつ原始的なものであった。大工の道具箱は、形態および目方とも、現在使われているものに類似していた。この道具箱の蓋（ふた）（三二図）には、歯にあたる方が湾曲した奇妙な鋸が取り付けられている。歯の部分が湾曲していて、両端に柄がある二人挽の大型鋸は一般に用いられるが、わたくしは、この種の鋸を実際には見たことがない。巻物に描かれていた鋸はすべて歯のついた側が同じように湾曲したものであった。

何にもまして称揚すべきは、日本の大工が足場を組み立てるときに見せる、あの頑丈で、耐久性のある、賢明な方法である。足場の組み立てに釘をいっさい使わないのである。その理由は、大釘（スパイク）とか釘（タイル）とかを打ち込むと用材を損傷し、ひいては足場全体をだんだん弱くすることになるからである。縦材と横材とを問わず、用材はすべて耐久性のある丈夫な綱で連結される。すなわち、綱をできる限り強く締めつけるようにしながら、ぐるぐる巻きつけて括るのである。雲つくような仏塔が建立された場合も、恐ろしい事故の話は聞いたことがない。このことは、アメリカにおいて高層建築物の建設にさいし、足場が崩壊して痛ましい事故が多発するのと対照的である。キリスト教を信奉する異国の同業者が、早晩、みずからを大地に落下させるような足場を組むということを日本の大工が知るならば、なんと引き締まらない愚かしいことをしているのだと思うことだろう。

注

（1） 一二図は普通の二階建家屋の骨組みを示す。この図は、日本の大工が描いた図面から筆写したものである。東京の福沢氏の御厚意によって、遠近画法上の適切な修正を得た。骨組みの各部分はアルファベット文字によって示している。寸法は日本の曲尺による。日本の一尺は、われわれ西洋人が使っている一フィートとほぼ同じで、その十分の一が寸 *sun* と呼ばれる。骨組みの用材は、通常は杉か松かである。隅柱その他の通し柱はすべて柱 *hashira*（H）の名で呼ばれる。柱は五寸角を用い、枘によって台木に嵌め込んで、垂直に立てている。この台木を土台 *do-dai*（D）という。土台には杉材か栗材を使っている。土台は六寸角の角材を用いており、いくつかの石の上に据えている。この石を土台石 *do-dai-ishi*

(Dl)と称する。柱と柱とのあいだに、間柱 *ma-bashira* (M) と呼ばれるやや細い柱がくる。(「はしら」は音便によって「ばしら」と読まれる)。間柱は二寸角である。間柱には、貫*nuki* と呼ばれる木板を通している。貫は、幅が四寸、厚味は一寸である。ここに、西洋建築にいう木摺(ラス)の役目をする竹の木舞(こまい)を張る。二階を支える水平の梁は二階梁 *nikaibari* (Ni)と称する。二階梁は松材を使い、厚味が一尺二寸、幅は十分の六寸である。屋根下 *yane-shita* (Ya) と呼ばれる屋根の合掌は、図に示した骨組みの場合は、長さ九尺、幅三寸、厚み十分の八寸である。棟木を支える棟束を受けている、水平に差し渡された横材 (T) は棰 *taruki* と呼ばれる。一階は、床下 *yuka-shita* (Yu) と呼ばれる梁と、地面に埋め込んだ石に据え立てた柱とによって支えられている。床下は、土台 *do-dai* の上方一・五ないし二フィートの高さのところで柱に固定されている。二階の根太は二インチ角の松材である。床下梁は、厚みが十分の六寸、幅が一尺である。一階の床面を支える材は根太丸太 *neda-maruta* (Ne) と呼ばれる。これは、直径三寸くらいの原木の丸太で、両側面のみ杣掛けを施している。この根太丸太の上に、厚み十分の六寸くらいの松板が敷き並べられる。

(2) 一緒に付したスケッチによって、天井の構築にさいしてとられる、いろいろな工事過程を同時に見てとることができよう。

(3) フランシス・ウォーカー将軍〔訳注＝一八四〇—九七。アメリカの経済学者。南北戦争に従軍した。その後財務省統計局長などを歴任。第九次国勢調査主任〕が、一八八〇年のアメリカ合衆国国勢調査に関する、ローウェルでの講演において明らかにしていることは、大工が地方の建築需要を満たす職人の最大唯一の組織体を構成していること、およびこの組織体が、十年を期として発展増大しているのは、それが人口増に比例してのものであるにしても、そのあるべき形態からはるかに遠のいていることの二点である。さらに、この事実には驚かざるをえないであろうが、それは、ドア、サッシ、ブラインドなど機械製品の増大が膨大なものになっていることをかれは指摘し、それは換言すれば、かつて精巧な造作と精密な指物細工とによって人を訓練したそれらの建具の、現在の製作法に原因があると述べている。

(4) イギリスにおいては、年季奉公人は、その仕事の年季をわれわれアメリカ人の場合よりも忠実に勤めるのは紛れもない事実である。にもかかわらず、拙劣かつ粗略な細工のことで、イギリスの新聞に苦情が出ることは、アメリカの場合と似たような「騙(かた)り屋」が存在することを示している。かれらは、自分を能力以上に吹聴して公衆を欺く。かの奇矯な御仁であるチャールズ・リードは、『ポール・モール・ガゼット』に宛てた、建築屋の手抜かりについての一連の手紙のなかで、イギリスの職人を罵倒してつぎのように言っている。「最後のものを見せられたとき、わたくしは、連中が家と称するものの階下に立っていた。足下には大きな手抜かりがあった——ニス仕上げを施していない、すき間だらけの板張り。頭上にも大きな手抜かりがあった——押しかぶさり、睨みつけるような漆喰塗りの天井、つまり、ひび割れだらけのわずか三か月間ガスを使っただけで煤けて汚れた天井があった」と。

サッシ窓について、かれはさらに述べている。「この部屋の採光は、『非科学的な窓』とでも呼ぶべきものによっている。この部屋、このたった一つの建築物に、非科学的精神を特徴づけている理に走り過ぎた欠陥の多くが見られるであろう。科学的方法はつねに方法的に単純なものである。だのに、この部屋ではすべてが複雑そのものである。窓の半分が上にあがり、他の半分が下におりる。この窓の製作者は、自然法則と争うために、常規を逸したことをやらかしている。かれは、狂気じみるまでに重力にしがみつく。それゆえにかれは、紐と錘と滑車とを使い、さらに、それらを隠すための仕切りを作らねばならぬ。かれは大の隠し屋である。かれが作る木の窓枠は、外気に晒された木の溝を上下する。そしてこの溝はすぐに外気の影響を受ける。その結果はどうであろう。空気が湿り気を帯びる。木の窓枠は、木の仕切りのなかで立往生する。かくて非科学的な窓は動かなくなる。一体どうなっているのだ！　家族中の厄介者のイギリスの職人を呼びにやるか！　紐の一本が切れている（紐はよく切れるのだ）。家族中の厄介者を呼びにやって、非科学的な職人の手抜かりを修繕させるか。」

（5）　開拓使 *Kaitakushi*〔訳注＝北海道とその属島の開拓、行政を司った。一七九〇年創設一八八三年廃止〕と呼ばれる政府機関は、こんにち幸運にも廃止されたが、この機関は、蝦夷に、その労働者の仕事場として、一、二個所の製材所を設けた。しかし、それら労働者が現在も仕事に携っているかどうかは、わたくしは知らない。

第二章　家屋の形態

都市および田舎の家屋　日本について書く人は、この国には大きな堂々とした構えの建築物がないことを、よく議論する。その説明としてかれらが持ち出すのは、地震が多発する国では高い大きな構造物や建物は地震の揺れに耐ええない、ということである。ところが、そのような建造物が数多く現存しており、幾世紀にもわたって存在し続けてきたのである。――古寺、凌天の仏塔、大名 the *Daimios* の城、とりわけ熊本城や名古屋城はその何よりの証拠物件である。事の真相が知られれば、革命と反乱とが主要な破壊的作用をなして、かつて日本に存在したと思われる大きな建築物をほとんど抹殺したのだ、ということにも理解が届くであろう。

アイメ・フムベルトは、大名の城について賞賛に値する多くの事柄を認め、「概して、建物の大きさと調和との均衡を図る結果としての全体的な効果に比して、建物細部の手の込んだ造作はそれほど重視されていない。この点において、城のなかには、東アジアにおける建築上の記念塔となすに値するものがいくつかある」と述べている。

日本の建築に関しては、他の事柄についても同様であるが、日本人と同じ考えに立つか、あるいは少なくとも日本人の仕事およびその仕事を産み出した諸条件に対して、日本人と同じ考えに立ってその良さを認めるのでなければならない。わけても、家屋はどのようなものであるべきかという問題に対して、一切の先入観を排除し、もっぱら日本人の立場に立ったうえで、日本の大工の仕事を評価すべきである。大きな建築物、つまりわれわれアメリカ人の目で見て建築物と呼ぶに値するような建物は、寺院と城とに限られる。建物に見られるかような状況に対する一面の理由は、大多数の日本人がたいへん貧乏であること、そして、屋敷内の侍長屋 the *Yashiki* barracks は別として、協同使用の建物という構想を日本人が持たなかったこと、つまり、個々の家族がほとんど例外なく、自分自身の持ち家を手に入れる努力をしてきたことなどに求められよう。このことの一つの結果として、大多数の家屋は小屋同然であり、雨露を凌ぐという程度のものである。しかし、このように貧弱な家屋ではあっても、そのなかには、稀薄ながらも、寺院建築様式が浸透している。——といっても、それは、アメリカの二階建て木造簡易住宅でいえば、その窓笠（ウインドー・キャップ）にギリシア風をわずかにみとめ、その戸口側柱にドーリア様式をかすかにみとめるといった程度のものであるが。

さらに、日本の寺院を考察するにあたっては、日本人の信仰態度に、正確には、寺院礼拝者がこれらの注目すべき壮大な建築物に対して抱いている通念に注意すべきである。かくて、最後には、これらすべての事物に対して知的共鳴が起こり、それらの事物が一つの新しい相を帯び始める。そして、以前には怪奇で無意味に見えたものが、いまや、じつに深い意味を持った美しいものとなるのである。幅が広く堂々とした構えの寺院のたたずまいにはどこか荘厳なところがある。おびただしい瓦を葺いた屋根が雄大な傾斜をなして聳え立ち、軒が深い。その下部の支柱構造や彫り物（カーヴィング）は複雑に入り込んで迷路のようである。そして、この全体を、巨大な円柱と、この円柱に劣らぬ太い横木とを組み合わせて受けている。確かに、日本人は、そのような造作に対して、筆舌に尽くしがたいほどに霊験あらたかなものを感じるのにちがいない。これらの建築物は、その周囲にある貧弱な、いまにも壊れそうな家屋との対照から、いっそう崇高かつ霊的なものとなるのである。外国人は、ヨーロッパの大寺院建築を見慣れているのだが、このような日本の寺院建築に、賞賛すべき多くのものを認めるに違いない。小さな町や村で、よもやあろうはずもないと思っているところに、時として大きな寺院建築を見かけることがある。それらを取り巻く環境は、いつもきまって一幅の絵のように美しい。村の外の不毛の荒地や無用の砂丘が、純真な日本人には向かないのではなくて、人のこころを魅するばかりのいちばん美しい場所が、つねに、かれらの崇める寺院の建立場所に選ばれている、ということなのである。

外国人が、日本建築について何を論ずるにしても、かれが、少なくとも日本家屋に何らかの独特の建築様式を見出し、あるいは、日本じゅうを旅して、目に触れる多種多様な住居に根本的な変化の跡を認めることはむずかしいものである。しかし、いやでも、そのような建築様式や変化の跡は見られることと思う。なぜなら、昔の家屋と現代の家屋とのあいだの相違は容易に見分けがつけられるからである。また、都市の便利よくまとまった造作の商家と田舎家とのあいだにも顕著な相違がある。しかし、アメリカにおいては、一風変わっているとアメリカ人なら誰にでも分かるあの様式の建築に匹敵するほどの、独特の様式の建築は日本ではまったく見られない。建築物といえば、寺院仕上げや装飾の細部が目につくのであるが、寺院建築に見られるものがやはり圧巻であって、一般建築における仕上げや装飾の原形はまぎれもなくここに発祥する。この建築様式は、やはり、二大宗教の一つである仏教を日本に移入した僧侶によって、日本にもたらされたことが明らかにされるならば、しかもその可能性は疑問の余地のないことであるから、建築上の細部に見られる様々の形態をその源流にまでさかのぼり、あるいは現代に到るその経路を辿ることができるはずである。

上述のこと、すなわち、日本の住居に独特の建築様式をそれと見究めることは困難であるとする点であるが、このことに関連して、日本では家屋建築を扱った図書を入手するのが困難だという点を引き合いに出すのは興味のあることと思う。確かに、この種の本は存在しており、――実際問題としてあってしかるべきものである。わたくしは日本の書籍商に知人があり、教養ある多くの日本人の友人もいて、この種の本を探してみたのだが、入手する幸運には恵まれなかった。寺院建築に関するものならば、その骨組みの設計から完成にいたるまでを記した建築書はいくらでもあり、手に入れることができる。倉、門、鳥居などについても同様のことが言える。さらに、茶室の設計および家屋内部、たとえば床の間と違い棚、書棚、襖と障子その他繊細な造作のあらゆる家具の意匠などに関する本も手に入れることができる。しかし、一般家屋の平面図および立面図などを示した本には、ついにお目にかかったことがない。多くの友人が、わたくしに、大工の建てたかれら自身の家の設計図を見せてくれたが、立面図や細かい外部の仕上げについてはまったく示されていなかった。それはあたかも、少なくとも一般家屋については、設計上は、部屋数とそれぞれの広さを詳細に示すことだけが必要であって、ともかくも雨漏りを完全に防止できればその他の構造部はそれぞれの大工のやりかたにまかせてしまうことを物語っているかのようである。

日本の一般家屋の建築技術を明らかにするような試みがまったくなされないとしても、外国人旅行者は、少なくとも自国においてしばしば体験させられるあのみじめな思いは免れる。つまり、自国においては、わずか数軒の趣味の良い造りの家に出会うまでに、木箱に穴を開けた程度の家を、何百軒も行き過ぎさねばならない。角ばった屋根に赤煙突というあの鋳型にはめ込んだだけで造ったような家をである。また、時には必ずといってよいほど丸屋根小塔(キューポラ)がついていて、両翼の広がった、コリント式円柱のある嫌な感じの家や、これに劣らず醜悪な、あるいは趣味の悪い造りの家に出会うのが落ちである。

昔は地方ごとに、どちらかといえば閉鎖的な社会生活を営んでいたためか、日本の建築様式はかなり多様である。この多様性は、屋根と棟の形態にいっそう顕著に見られる。日本人は、家屋にまつわる多くの事柄に関しては保守的なのであるが、過去二五〇年間に、家屋建築に変化が起こったことは注目に値する。ともかく、むかし建てられた家は、最近の家に比べて、骨組みの梁もずっしりと重量のあるものを用いているし、板材など幅の広いものを使っている。それは、たぶん、往時は、木材が安価であったからだと思われる。さらに考えられることは、以前ほど重量のある材木を使わなくても、充分に堅固な家を建てられることが経験によって会得されてきたからであろう。

日本の住居は、一般に木造平屋建で、塗装はしていない。家並みのなかで、一軒の家がとくに目立ったり、外観が際立っていたりすることはめったにない。確かに、なかには比較的堂々とした構えのものがあるが、それでもうんざりするような単調さはいかんともしがたい。この単調さは、村道に沿って、長々と続くなんの変哲もない家並みにいたってきわまる。ただ絵に描いたように美しい屋根が単調さを救っている。しかし、さらに綿密に研究すれば、田舎家と都市の家屋との著しい相違点のいくつかが判然すると思われる。さまざまの地方の家屋のあいだについても同様のことが言えるであろう。

田舎屋は、たんに風雨を凌げればよいという場合は別として、都市の家屋に比べて構えが大きく堂々としている。そのどっしりとした感じの草葺屋根と凝った造りの棟とが相俟って、いつ見ても絵のように美しい。北国の家屋は比較的大きく、――すなわち、屋根がかさ高く、その屋根の内側はかなりの空間になっている。ずっと南の地方では、このような広々とした空間は、寺院の屋根の内側にしか見られない。ここでは、上流階級の家について述べたが、それは、貧しい小作人や漁師は、都市においてそのような家の原型であったものと同様の、掘っ建て小屋とほとんど選ぶところがないような家に住んでいるからである。一友人の極端な言いかたを借りるなら、「木切れと紙と藁とでできている」からである。しかし、このような粗末な家は、比較的大きな都市ではしばしば密集しているのだが、それでも、キリスト教諸国の多くの都市に見られる、それと同程度の安っぽい賃貸住宅のごたごたした不潔な状況に比べれば立派なものだといえよう。

日本じゅうを旅行してみて痛切に感じられるのは、その住居にも現われているように、中流的な、と呼ぶべき階級が存在しないということである。時おり、大きな草葺屋根の住みごこちのよさそうな屋敷に出会うが、本宅を取り囲むように倉や納屋が立ち並んでいることからして、これは見るからに財産家を思わせる。しかし、このような家は、雨露を凌ぐだけという家——物品類も最低必要なものだけという貧困そのものの家——が立ち並ぶなかで何百軒に一軒という割合で見かけるだけである。そのような小屋まがいの家に居住している人々はねっからの貧乏らしいのだが、活気もあってけっこう楽しく暮しているみたいである。

そのほかの階級の人々も、極貧ではないにしても、やはり文字通りの貧乏であって、至極簡易な造りの家に住んでいる。これらの家の多くは、おうおうにして狭く、ちょっと覗いてみると、部屋数がせいぜい二、三室程度の小さな家で、家全体の大きさは、アメリカの家屋の大部屋一室に及ばない。そしてこの狭い家で三、四人程度の家族が、平穏にしかもこざっぱりと暮している。かくて、少なくとも日本においては、貧困と人家の密集地域とが、つねに必ずしも野卑と不潔と犯罪とを誘発するとは限らないのである。

比較的つくりの良い田舎家および都市家屋は、アメリカの場合と同様に、多様である。——どっしりとした草葺屋根に内部の黒く煤けた家もあれば、こぎれいな瓦葺きか板葺きの低い屋根に内部が清潔な家もあるという具合である。

東京では、通りに面して建っている家は、軒が連なって、牢屋のような様相を呈している。壁は、板張りか漆喰造りかで、小さな窓が一つ二つ開いていて、そこには簡単に竹の格子を取り付け

33図　東京市神田区の通り。

ている。また、なかには角材の頑丈な格子を取り付けてあるものもある。この種の家の入口は通常いずれかの隅か、側面についている。家の裏側か少なくともいずれかの側面には縁側(ヴェランダ)がある。いま取り上げたのは、都市の比較的つくりの良い家屋の場合であって、最上の家屋の場合ではない。最上の家屋は、たいてい表通りから入り込んでいて、周囲に庭をめぐらしている。

ここに掲げたスケッチ(三三図)は、東京市神田区の、ある通りに面して並び合った家の図である。いくつかの窓が出窓になっていて、竹か細い角材の桟を嵌めている。窓障子の表面は丈夫な白い紙を張ってあって、アメリカのガラス窓の代役をしている。家の住人は、この格子越しに、行商人と値段の交渉をするのである。家に入るには、通常は何軒かが共有する門を通り抜け、そこから各戸の戸口に向かうことになる。ただし、この門は大きな扉とその脇に作られた小さな扉とからできていて、荷車とか嵩ばった荷物とかは、大きいほうを、人は小さいほうを利用する。大きな門扉だけの場合は、門扉そのものの一部を四角く切り取って、そこに引戸か格子戸を嵌めて、居住者たちの出入用とすることもある。

家は、木造の場合は黒塗りか、そうでなければ、生地のままにしておかれる。そして生地のままのほうが一般的である。この生地は、風雨にさ

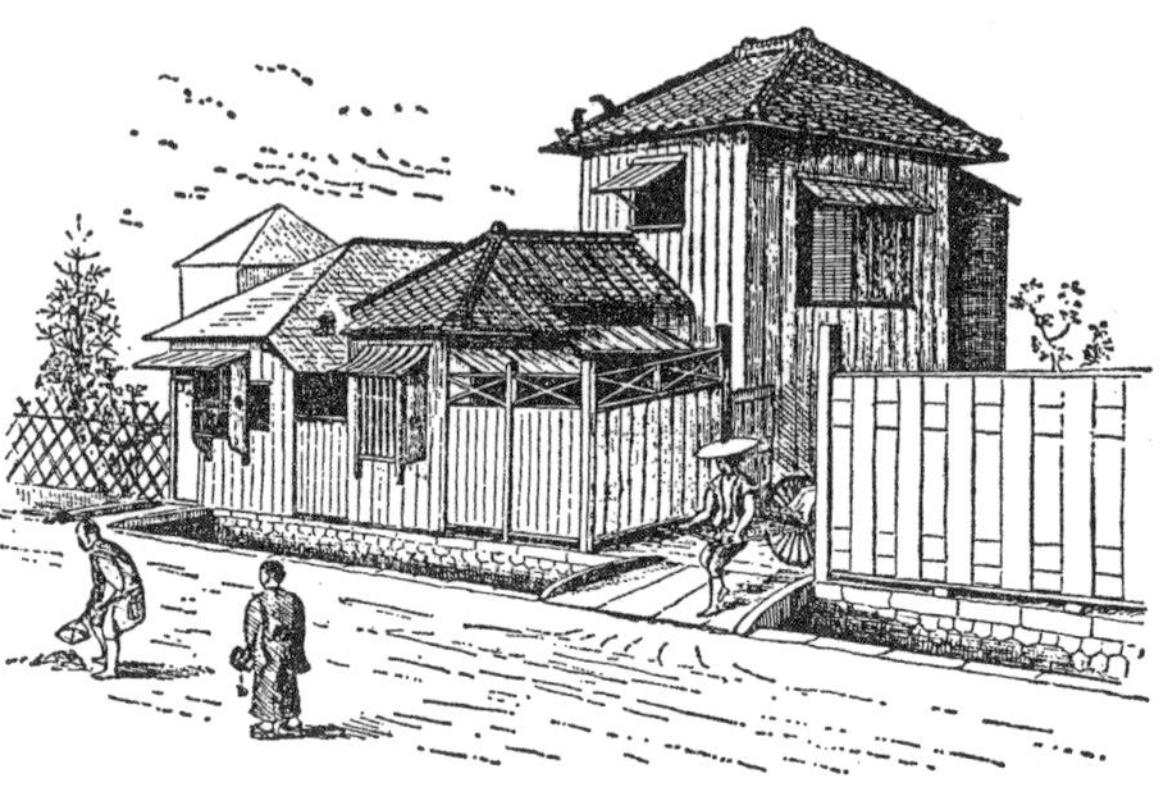

34図　東京市神田区の通り。

35図　東京にある家賃の安い長屋の棟。

らされて徐々に黒ずんでゆく。塗装の場合は艶のない黒色が用いられる。この黒色は見た目によいのであるが、暑いさかりには、この黒塗りの表面が熱を吸収し、ほとんど耐えがたいものとなり、屋内の暑さや不快感を増すにちがいないのである。漆喰仕上げの壁面はたいてい白色で、家の骨組みは黒く塗られる。――したがって、この色の取り合わせは、家の感じを葬式のときのような陰うつなものにしてしまっている。

三四図は、三三図の道路と同じ道路にある別の家を二種示している。そのうちの一軒は後背部が二階建になっている。この家への出入は門によるが、同図ではちょうど開いている。向う隣の家は、戸口が通りに面してついている。通りの両側に、ここに掲げた二つの図に示されているように、整備された排水溝がつけられていることは少ない。溝は、幅が三ないし四フィートで、入念に作られた石垣でできており、戸口や門のところには石橋か木橋が掛けられている。これらの溝には水が流れている。水は台所や浴室からの下水によって汚染されているが、蝸牛（スネイル）や蛙などのいろいろな生物、また魚さえ棲息しうるほどに澄んでいる。歴史の古い都市などで、貧困階級の人たちの住居を見ると、多くの借家が一つの区画にかたまっている場合がしばしばある。出入のためには、全戸に共通の門が一つ設けられている。

一八六八年の明治維新以来、東京に新しい様式の建物が現われはじめた。この建物では、一つの屋根の下にひと続きの借家が並んでいて、入口は各戸ごとに通りに面してついている。三五図はこの種の借家の様子を示したものである。これらは、たいていの場合、平屋建で、現在では東京のいたるところで見られる。各戸はそれぞれ裏に回るとわずかな空地があって庭になっている。貧困階級ではないが、財産の乏しい人たちが一般にこの種の家の住人である。東京に古くから住んでいるさる人に教えられたのだが、戸口や表口が直接通りに面する家が建てられたのは、ほんの維新以来のことだということである。この型の家は、確かに便利かつ経済的で、未来の一般的な建築の型になることは必定である。

商店街においても同様の家並みが見られるが、それぞれの店はおおむね独立した建物であり、軒を接して続いているだけである。比較的小さな店の場合はすべて、また大きな店でも多くは住居と店とが一つ屋根の下にあり、商品は通りに面する部屋に陳列されており、家族は裏手の部屋を使っている。家の造り自体が開放的なので、客は店頭で買物をしながらも、奥の部屋で食事をしている家族の様子をかいま見ることもあり、場合によっては、部屋越しに裏庭まで見通してしまうことがある。退屈な、くすんだ感じの商家の家並みの後側に、風雅でこぎれいな部屋を持った、独立した

36図　通りから見た東京の住居。

居宅があるというのは、外人から見れば驚きの種である。わたくしにも思い出があるのだが、それは東京のもっとも賑やかな商店街でのことであった。ある石版工の仕事場を訪ねると、そこにはインクだらけの印刷機が据えられてあって、インクまみれの職人たちが忙しそうに立ち働いていた。しかしそこを通り抜けると、洗練された風雅な小庭園があらわれ、小さいが本物そっくりの橋を渡ると、粋を尽した瀟洒な建物があったのである。通例、一般の商人は、店舗付き住居か店舗の裏に隣接する住居に住んでいる。しかし、東京では、富裕な商人は、他のどの地域に見られるよりも、店舗からある程度離れた近郊に住居を持つのが習わしになっているようである。

三六図は、上流階級の都市家屋の一例である。家はつくられたばかりの道に面して建てられており、隣りの地所は空地のままである。それでもやはり家屋の周囲は高い板塀が巡らされている。——かくて、日本家屋は開放的構造になってはいるが、必要があればプライヴァシーも、高塀か厚い生垣を巡らすだけで確保される。この三六図に示した家は通りから見えるままに描いたものである。図のなかで、左にある門を入るとすぐにこの家の玄関がある。この正面から見て、何らかの建築様式を特徴づけるようなものはなく、実際、それは正面に限らず、この家のどの部分にも見出すことはできない。大広間とか座敷とかは家の後部にある。裏庭と見られる庭があって、台所がそれに面しているのだが、その庭は、家の正面玄関前の中庭（エリア）と平行していて、中庭とは高い垣根によって区分している。

二階は一部屋のみで、客間として使われる。この部屋へ行くには厚板で造られた急な階段を上がらなければならない。ただし、この階段には手（て）摺（すり）は全然つけられていない。屋根は重い瓦葺きで、外側の壁面には幅広い薄板を縦に並べて張ってあり、継ぎ

37図　庭から見た東京の住居。

38図　東京の九段近くにある住居。

目は目板（ストリップ）でふさいでいる。三七図は、この家の後からの眺めである。図で分かるように、部屋はすべて庭に直面している。縁側ぞいに三部屋が並んでいるのが見える。二階の張出縁（バルコニー）は、差掛屋根がつけられている。その屋根から遮光のために竹の簾が掛けられている。同じ竹の簾が階下にも取り付けられているのが見える。

縁側はかなりの広さがある。そして、部屋の区画に合わせて、敷居が縁側にもつき出ているので、仮に家を二分して使いたいときは、戸や遮断扉（シャッター）をそこに嵌める。図（三七図）のなかで縁側の左端には便所がある。階下はいたるところ開け放たれて、風通しは申し分がない。

東京の家のなかでいま一つの型のものが三八図に示されている。低い平屋建で、通りに直面しており、瓦葺きの屋根が、部分的に一風変わった切妻風になっている。入口は戸締りのため猿のついた引戸になっている。大きな出窓が見えるが、その窓にも戸締りのための猿がついている。板塀越しに竹簾が見えているが、これは縁側の日除けのためである。そして、あくまで推測なのだけれども、家の裏はやはりいたるところ開け放たれていて、おそらくこぎれいな庭に面していることであろう。というのは、急いでスケッチするのが精一杯で、実際に庭を見て確かめられなかったからだが、このようなことはしばしばであった。

以上、二通りの住居を見たことにより、日本の多くの住居についての理解が、わずかであるかもしれないが、得られるであろう。ともかく、日本の家族は、このような家で、こぎれいにかつここちよく暮しているのである。

日本の北の地方では、スイスの絵画的な建築美を髣髴とさせる形態の家が目につく。――切妻の外面は、自然木が、たとえ湾曲していようとも、そのまま粗削りしただけで梁に用いられている様子を見せている。壁面をなすこれらの梁の合い間には、粘土か漆喰を塗り詰めている。棰を突き出すことで、幅広く深い庇を造っている。切妻にな

っている両端とか、突き出した張出縁とかには、優美なかたちに細工した木を取り付けてあるのを

39図　陸前の旅籠。

よく見かける。これに類した粗い造作の延長上にあるものとして、大屋根でも板葺きの場合や、縁側の差掛屋根は、屋根の上にさまざまの大きさの石を重しとして載せて、よく吹き荒れる烈風に吹き飛ばされないようにしている。この形態の屋根は、とくに蝦夷の島において一般的である。

40図　陸前の旅籠。

三九図は、陸前の松島近くで見たこの種の家を示したものである。煙ぬきは屋根の片側に開いており、その形は上部が円形になった屋根窓に似ていなくもない。たいていの場合、この煙ぬきは、

屋根の切妻の最上部にできる三角形の部分のすぐ下にある。

41図　蝦夷の室蘭ちかくの家屋。

同じ陸前地方では四〇図に示したように、この種の別の型の家が見られる。この場合は、煙ぬきは棟のところにあり、三角屋根がついている。この三角屋根の棟は、主棟に対して直角になっている。この煙ぬきには格子の嵌った窓がある。この換気窓の三角屋根も、大屋根と同様に草葺きである。いっぽう、板張りの差掛屋根は石を重しにしている。この図では、瓦葺きの屋根の、漆喰仕上げを施した板塀の好例が、左方に見えている。路上では、多くの人夫が大きな石を運搬している。

四一図に示したいま一つの家は、蝦夷の室蘭 *Mororan* に通じる道路沿いにあったものである。この場合、煙ぬきは、棟の中央部に小さな棟を補助的に重ねたかたちになっている。棟自体は平らになっていて、そこにかなりの数の百合が生えている。この屋根は、大きくて広々とした点では稀に見るものであった。

東北地方を旅行ちゅう、北上川が仙台湾に注ぎ込む地点で、盛岡から川下りして来た舟を降りたときであったが、ここでは、家はすべて昔風であった――これらの家のなかには、突き出した窓の好例と思われるものがある。四二図は、この一帯の家の正面を示したものである。この図では大きな切妻屋根がそのまま張り出して前面が奥深い傍軒になっている――図では傍軒を支えるために突き出した棰と切妻面の繋ぎ梁が見える。突き出した窓は、出窓と呼ばれるのであろうが、横に長く、切妻とほぼ同じ幅を占めている。窓の上部には、黒ずんだ色の木でできた、何枚かの装飾板というべきものが取り付けられており、松と竹の模様が交互に透彫されていた。

42図　陸前の小塚村にある張出窓。

ここに述べた型の家屋で大きなものはたいてい旅籠である。これらはふつう、通りに面しており、開放的なたたずまいを見せている。そして、いかにも旅籠らしいなごやかな雰囲気が漂っている。日本では、いたるところにこのような施設があるので、国内旅行は気楽に寛いだ気分ですることができる。これは日本の近隣諸国での、これと似通った経験に照せばなおさらである。北の地方のこれらの旅籠の大半は平屋建である。しかし、二階建のものも少なくない。きわめて稀ながら三階建

43図　陸中にある三階建の家屋。

のものもある。四三図は、この種の旅籠を示したもので、仙台北部の一寒村で見たものである。

上流階級の家は、通りから引っ込んだところに建てられている。このような家は、高くて、しばしばどっしりした棟のある築地塀を巡らしており、門構えも築地塀に劣らず堂々としている。なかには、生垣を巡らしている家もあり、この場合は、簡単な出入口を設けている。いずれにしても築地塀や生垣によって道路とのあいだに境界をもうけている。長い一棟の離れ家が使用人部屋になっているものだが、このような建物自体が、境界をなす塀の一部をなしていることが多い。大都市の人口の稠密な地域では、古い家はほとんど見当たらない。――それは、これらの都市を幾度となく襲った劫火によって、古建築物がほとんど燃えてしまったからである。しかし、都市郊外および田舎では、百年あるいは二、三百年を経た家屋を見ることは珍しいことではない。一般に家屋の老朽化は、人間に劣らず早く、新築家屋も風雨に曝されるとすぐにくすんでしまうのである。とくにそまつな造りの家は、建物自体はそれほどでなくとも、外観上は古びて見えるようである。

44図　盛岡近郊の街道。

北上川の上流を下ってきて、盛岡にさしかかると、どこまでも続いているひときわ長い通りが素晴しい眺めを見せてくれる。一風変わった形の低い屋根の家々（四四図）が、妻の面を通りに向けている。――草葺屋根の頂上部には、煙ぬきがずきんのような形に張り出している。通りとは、丈のある田舎風の竹垣で画されている。また家と家とのあいだには、鮮やかな色どりの花の咲き乱れた、小さな花壇が作られている。竹垣の内側には植え込みがあり、その小枝が、表通り沿いの歩道にまで顔を覗かせている。

経済的に独立していた侍（さむらい） *samurai* や富裕な農民の田舎家は、大きく広々としており、じつに住みごこちがよい。わたくしは、武蔵地方西部の青山（かぶとやま）にあるこの種の典型的な館で愉快に過したことがあり、今そのときの楽しい思い出が脳裏をよぎる。その館は、高塀によって表通りから隔絶された、数棟の建物からなるものであった。重々しい感じの門を抜けて入ると広い中庭がある。この庭に面して、低い平屋建の長い建物があって、倉庫や使用人の起居するところとなっている。この庭のいちばん奥の、門からみて正面の位置に、住みごこちのよさそうな古びた母屋があって、右手に切妻風の袖が出ている（四五図）。屋根は草葺きであったが、その軒づけの厚さはついぞ見かけないほどのものであった。その袖の切妻面には、格子の嵌った三角形の煙ぬきがあって、そこから薄青色の煙が渦を巻きながら上がっていた。この建物には部屋が二、三あったが、台所はことのほか広々したものであった。——この台所のスケッチは第四章に掲げてある。台所は、直接にこの家の比較的広い土間に面している。その土間は仕上げを施さないままの造りになっていて、薪置場に使っていた。この家の主人によると、この農家はほぼ三百年経っている由であった。この建物の左手には、高い板塀があって、板塀に設けられた戸口を通ると、

45図　青山の古い農家。

あまり広くない中庭があった。ここには、この母屋とは別棟の建物が一軒あり、これは来客用であった。この建物の屋根は、新しく葺き替えたばかりであり、棟の造作が丹精な美しさを見せていて、人目を惹かずにはおかないものであった。――この造りは寺院建築を模したと思われる。家のなかは、大きな部屋が二室あって、幅の狭い縁側に面している。この二部屋は間柱が非常に高く、畳および調度品はじつに瀟洒（しょうしゃ）なものであった。母屋とのあいだには渡り廊下が設けられてあった。この離れの後方には、少し距離をおいてさらに二階建の離れが一軒あったが、その造りは粋を尽くしたものであった。この離れにはこの一家の祖父が住んでいた。立派な風采の老人で、その動作振舞には威厳が漂い、高貴な品の良さがあった。

　この農家の中庭は、アメリカにおいて、これによく似た敷地内の空地ならどこでもよく見かける特徴的な様相を呈していた。家の袖の壁面には、冬に使う薪がうず高く積み上げられてあった。大型の籠、くまで、そのほか農夫が日ごろ使っているいろいろな農具があたりに散在していた。以上において、一応、この古い家について説明を試みたが、屋根が嵩だかくどっしりとしていること、あるいは建物の規模が大きいことについての漠然とした印象を与えるにとどまるであろう。ついでながら屋根のすぐ下に見える格子の嵌った窓は、瓦葺きの差掛屋根がついているが、これは、かなり後で改造してできたものであった。

　比較的つくりの良い都市家屋の場合は、家の周囲をできるだけ田舎風に見せようとの配慮が払われていることが多い。たとえば、風変わりな昔風の井戸をしつらえたり、素朴な田園風の四阿（あずまや）や生垣や門を設けたりしている。これらのなかで、門に特別の関心が払われ、かくて、大都市の建て込んだ地区などで、凝りに凝った構えの門をよく見かけるのである。

　富裕な人々が住んでいる草葺きの家が、東京や京都の郊外でよく見られる。また、奇異に思われ

るかもしれないが、都会の中心部においても見かける。誰しもが想像することは、このような屋根

46図　京都の古い家。中庭への入口。

は、火事のさいに火の粉が降りかかればたちまちに火炎に包まれてしまうのではないかということである。しかし、長い歳月を経た草葺屋根は、塵や煤が詰まって固まっており、多種多様な雑草などの植物、苔などが屋根一面に生え広がっていて、飛んでくる火の粉に対して防護の役目を果たしている。京都に、ここに述べたような屋根の建物の例があったのを思いだすが、それは約三世紀を経たといわれる一軒の家である。この家のたたずまいについて、表通り、門を入ったばかりのところおよび家の裏側の三方から見たスケッチがあるので、以下、順々に述べてみよう。

第一景（四六図）は表通りからのもので、重厚な瓦葺きの正門があって、門の側面には小さな戸口が覗いている。正門の扉は外されてあって、小さな戸口は締切りになっていた。このずっしりした構えの門の一方の側には、低い建物が続いている。外壁には漆喰が塗られ、通りに面して格子の嵌った小さな窓や、門の内外を見張るための格子の嵌

47図　京都の古い家。中庭のたたずまい。

った物見がついている。正門のもう一方の側は背の高い厚壁があり、やはり窓か物見のようなものがついている。外壁は、道路ぎわの排水溝を形作っている壁が、そのまま上部に延長されたように見えるが、この溝は、もっと適切な言いかたをすれば、道端に沿って設けられた小さな濠といってよいだろう。何枚かの大きな板石がこの濠に差し渡されて橋をなしており、この橋を渡って正門に達する。上述した建物の屋根越しに、急勾配の棟をした古めかしい建物が見えている。

四七図は、その建物を正門の内側から見たところである。四六図では、スケッチの右よりに、開けっ放しの正門を通して、格子を嵌めた窓が見えている。また同図で、正門の屋根越しに聳え立っていた大樹は、いまその全容を見せたことになる。前述のあの古風な家は、草葺きであるが、屋根の勾配は著しく急で、棟の部分にだけ瓦が葺かれている。また、草葺屋根の庇の下からさらに瓦葺きの屋根が取り付けられている。この瓦葺屋根の軒下には、火急時用の梯子と消防ポンプが吊されている。しかし、実際には、これら自家製ポンプが役立つことはあるまい。すなわち、いざ使用

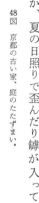

48図　京都の古い家、庭のたたずまい。

というときになって、肝心要の木製角型の圧縮函（シリンダー）が、夏の日照りで歪（ひず）んだり罅（ひび）が入っていたりして、このポンプを必死に作動させようとする人たちに、そのひび割れから飛び散る水を浴びせかけるのが関の山だからである。庭は手入れが行き届いていて、雑草などは見当たらない。しかし、一方の側には、灌木類とバショウの木が混生している。さらに、庭への入口脇には、かなりの樹齢の木が一本まっすぐに立っている。

この種のあらゆる家について言えることだが、この家も、通りから見るとなんの変哲もない感じである。この家の場合は、小さな円窓のついた差掛小屋のようなものが母屋に付随している。この部分は、おそらく台所になっており、台所は菜園に面していると思われる。四七図では、そこに通じる小さな門が見えている。

四八図は、裏庭から見たこの家のたたずまいである。この家の裏側は、同図の手前に見えている池や庭を見渡してまったく開放的である。縁側の上にかかっている瓦葺屋根および別棟の小さな建物は、いずれものちに母屋に附設されたものであった。この家の住人は、古物蒐集家として著名な蜷川式胤氏〔訳注＝一八三五―一八八二。陶器研究家として著名。本書の著者モースと親交があった〕の母堂と妹御である。庭には、灌木の植え込みや花があり、飛石が池に向かって打たれている。池やその水辺には蓮や百合が群生し、また竹を組んだぶどう棚のようなものがあって、この庭は、素朴な古い庭園のよい手本というべきものであろう。

都心にいながら、門を入ったとたんに、繁華街の喧噪と埃とから、即座に田舎風の庭と静寂な田園生活に変わるのであるから、外国人にとってこれほどの驚きはない。東京のある繁華街で、粗末な構えの店の前をよく通ったことがある。その商店の前面は格子作りになっていて、そこが商売のために開けられたという様子もなく、取引のための人がいたということもなかった。わたくしは格子のあいだからたびたびなかを覗き込んでみた。そうして内部に見える、階段状の棚に置かれた木箱の形から、この家の住人は、古陶磁商であることが分かったのであった。あるとき、格子越しに何度も声を掛けてみた。ついに、店の奥の襖を引き開けて一人の男が顔を出し、通りから少し高くなっている狭い路地から入るように手招いてくれた。言われるままに路地に入ると、すぐに門があって、そこをくぐると、これ以上はというくらいにすみずみまで手入れの行き届いた庭園になっていた。男の人は、明らかに茶の湯の準備をしていたと見受けられた。茶の湯は冬によく行なわれる。庭に散らばっていた松葉があちこちからきれいに掃き寄せられて、灌木や立木の根元に、厚い絨毯のように集められてあった。この家の主人は、縁側からすでにわたくしに話しかけていた。そして暖をとるための火鉢を持って来てくれ、さらに茶と菓子を出してくれたあとで、古陶磁器の逸品をわたくしの目の前に置いたのであった。

庭から見た縁側、および家の一部は四九図のとおりである。縁側の端には、古い船板で作った幅の狭い仕切がある。この仕切は太い竹によって家の側面に固定されている。虫喰いになったり、黒ずんだりした廃船の板切れが、珍奇や雅趣を狙いとして、いかに家のさまざまな部分に活かされているかを知りえて、じつに興味深い。――この種の工夫は、日本の家屋建築業者の風変わりな趣向である。巨大で不定形な横木が門に使われていることはよく見かけるところである。また舵柱を土中に打ち込んで固定し、水の入った青銅製や陶製の容器を置くための台とすることもある。だが、破船の廃材がもっともよく見かけるものである。この古材は、色彩に富んで、そして時代がかった感じも与える。このような材質が、

49図　東京の家。

日本人の目にとまらないはずがなく、この種の古材を、ときにはいろいろに組み合わせて、自分たちの意図に適う魅力的なものとするのである。

前述の家の場合、舷側や船底の板が縁側の端の仕切にそのまま用いられている。——この仕切は、そのすぐ後方に手洗いがあるために設けられているものである。手洗いの脇からさらに仕切が張り出しているが、それは一枚ものの、風雨で傷んだ厚板で、端には太い竹が取り付けられている。この仕切は、その向う側の勝手場を遮るものであった。不定形のさまざまな飛石が、黒ずんだ板とともに、敷地の随所に配置され、不思議な美しさをかもし出している。図は、多少とも正確に、この方面における日本人の多様な趣味の一端を示している。

縁側の屋根の棰から、下の板張りにいたるまでの木造部は、油、塗料、目止め（ウッド・フイリング）、ニスなどをいっさい用いていない。大工の仕事ぶりはいとも容易であるが、でき上がった家は耐久性があり、じつにがっしりしている。いっぽう、この内外両面のたたずまいは、どこを見てもこぎれいで、陳列室（キャビネット）を思わせる。この縁側に隣接する部屋の模様は一二五図のとおりである。

五〇図は、東京在住の、さる人の家の袖から眺めた景色である。ここからは、近所の家や庭が見える。隅田川沿いの表の通りとのあいだには、高い目の込んだ塀がある。幅の狭い柴垣が手洗いから斜めに張り出していて、家と小さな戸口とのあいだの仕切をなしている。このスケッチを見ると、張出縁（バルコニー）や縁側の様子や、大きく張り出した屋根によって、それらを巧みに保全しているその仕方が、なるほどと理解されるであろう。

宿屋といっても、とりわけ田舎の宿屋の場合は、非常にくつろいだ、居ごこちの良さそうな感じである。宿泊客は、たいてい、宿屋のなかのどこにいてものびのびできる。少なくとも外国人は、一般に、宿屋（パブリック・ハウス）となればどんなところでもくつろぐ。この点、ざっくばらんな外国人の振舞は、旅館で自分の部屋に引き籠りがちな日本人には印象的に映るにちがいない。台所は大きく広々としていて、煙でまっ黒に煤けた棰、赤々と燃える薪の火（これは、炭が主な燃料である都市ではめったに見られない）、それぞれの仕事に忙しく立ち働く家族の姿などとともに、いかにもくつろいだ楽しい一画をなしている。

50図　東京，今戸にある住居の二階からの眺め。

　小樽から室蘭にかけて蝦夷を横断すると、大きな構えの旅籠を数多く通り過ぎる。その現在の寂（さび）れきった姿は、そのむかし、この地方の大名が、侍（さむらい）その他の供揃えも盛大に、江戸へ参勤交代の旅に上ったころの繁栄ぶりとは奇妙な対照をなしている。

　駿河（するが）地方の三島で、風変わりな構えの古い宿屋を見かけた（五一図）。二階が、正面一階の上から通りに向かって、大きくせり出して、軒がとても広く張り出てい

た。この建物の両側面の破風板（ヴァージ・ボード）はよく目立ち、形も大きく、その下部は奇妙な曲線に切り取られ

51図　駿河の三島にある古い旅籠。

ていた。これは建築上の装飾か、風除け、または日除けのために設けられたようである。いずれにしてもわたくしの見たところでは、これはかなり古い建物の造りと関連がある。日本の中部および南部では、二階が突き出た様式の家は、それほど珍しいものではない。

五二図は、ある街道に面した村の家並みを描いたものである。いちばん手前の家は、旅びとのための休憩所である。その隣は蠟燭（ろうそく）屋で、旅びとや人力車

52図　山城の長池にある村の街道。

jinrikisha の車夫が提燈のための蠟燭を補給するところである。第三番目のは人力車の溜りで、その隣には簡単な板張りの建物がある。これらの建物はすべて住居兼用である。この街道は、奈良と京都との中間に位置する長池村を通る道である。

大隅地方の、鹿児島湾東岸にある家々は、薩摩地方における場合と同様に、どっしりとした感じの草葺きであるが、その屋根を支える壁は非常に背が低く、屋根ばかりが異常に大きくて目立つ。ともかくこの沿岸ぞいに点在する小村落は、奇妙な様相を呈している。見えるのはただ高いずんぐりした屋根ばかりなのである。五三図は、海上から眺めた元垂水というところの風景である。また五四図は、同村の一画で、その独特な家のたたずまいを示している。蛇足ながらこの村は、大隅地方の鹿児島湾岸ぞいに走る街道に面している。これらの家の屋根の棟は、棟押に竹を使っており、棟の両端の上棟は、竹と藁でできた丈夫な当て物によって防護している。この図（五四図）では、標準型のニューイングランド式撥釣瓶が見えている。これは、日本の他の地

53図　大隅の海岸。

54図　大隅の元垂水にある農家。

55図　函館にある漁師の家。

方においてもよく見られるものである。井戸に簡単な屋根が取り付けられている場合でも、水を汲み上げる竿は、屋根に開けられた穴を通るようにうまく作られている。

漁師の家屋　漁師の家は、雨露を凌ぐだけのものである場合が多いようである。また農家に比べてずっと閉鎖的で、それだけに暗くてむさくるしい。大きな町の近辺ともなると漁師たちの生活はわりに豊かであり、その家も、農家に比肩しうるものである。五五図は、函館と蝦夷本島とを結ぶ砂州（サンド）の狭間（はざま）に立ち並んでいる漁師小屋の眺めである。背の高い柵状（ストッケイド）の垣根は、季節的に砂州（バー）に吹き荒れる烈風除けの役を果たしている。五六図は、横浜の少し南に位置する、有名な保養地である江の島の漁師小屋を示したもの

56図　江の島にある漁師の家。

である。当地の場合、家は比較的大きく住みごこちも良さそうであるが、どんなにひいき目に見ても、貧しさと汚ならしさは隠すべはない。図に見える大きな魚籠（びく）は、魚を舟から陸揚げするさいに用いられるものである。

倉　都市では、物置（シェッド）とか納屋（バーン）とかいう類の離れ屋はまったく見られない。比較的つくりの良い家の場合は、本屋に付随して、堅牢で壁の厚い倉 *kura* と呼ばれる耐火建築物があり、火災の時にはそこに家財道具を運び込む。この倉と呼ばれる建物は、前章でも述べたように、西洋人が押しなべて「ゴーダウン」と呼んでいるところのもので

ある。たいていは二階建で、小窓が一、二箇所あるが、戸口は一箇所で、ぶ厚くて重々しい扉が取り付けられている。この建物は、通常、居宅とは別棟になっている。しかし、まれには住居に転用されることもある。五七図は、東京のスケッチで、倉を描いたものである。この倉は、ある温厚な人柄の古物蒐集家のもので、かれは、そのなかに、書画骨董の逸品を保存している。

57図　東京の倉。

五八図は、S・コヤマ氏のスケッチから写させてもらったものである。東京における別の例として、ここに掲げた。この倉のほうは、古物蒐集で著名な蜷川式胤氏邸のものである。これらの建物に、かれは宝物の陶器や絵画を収蔵していた。また、倉を四方から取り囲むようにして、木造の簡易な建物が増築されて、家族が、その増築部分の数室に居住している場合がある。その好例が五九図に示されている。古い家で、函館の下町で見かけたものである。中央部に二階建の倉があって、その周りが瓦葺屋根の増築部である。近くで火事が発生すると、家財道具をただちに中央の耐火構造部に移し、扉を閉じ、扉の隙間に泥土を詰める。火事が燃え広がって、倉に付設した住居部分が焼け落ちてしまっても倉自体はびくともしない。このような構造の建物については、後章においてさらに

58図　倉，すなわち東京の耐火建築。

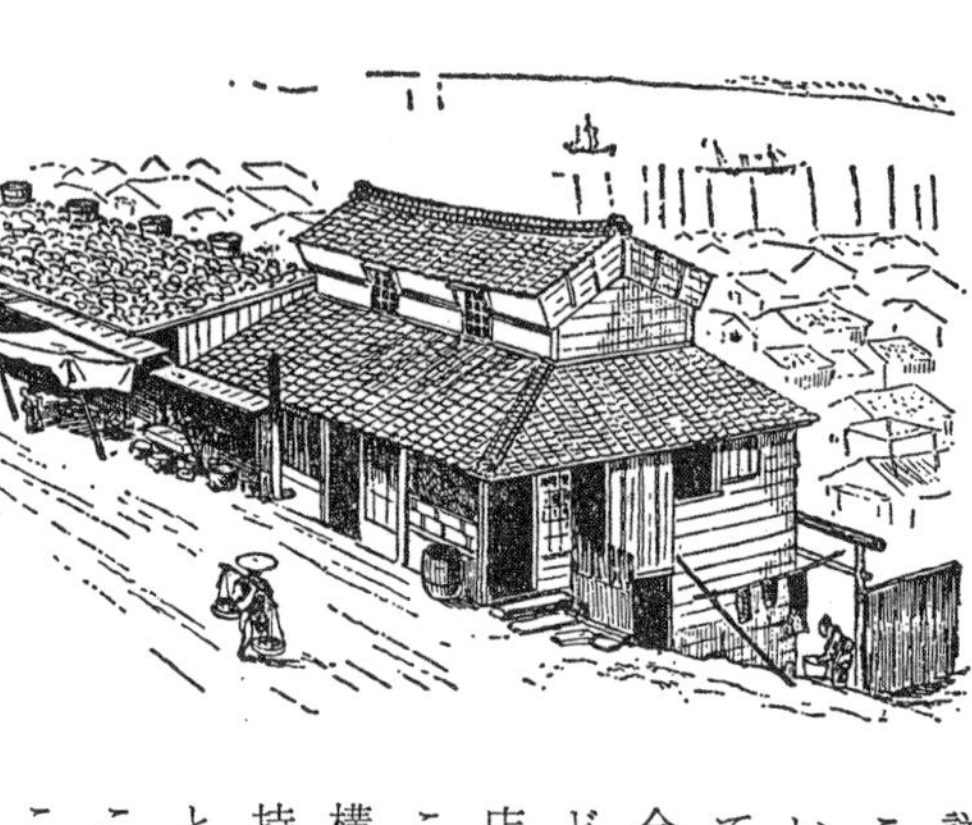
59図　函館の古い家。

詳しく触れることにしたい。それにしても商店の場合は、ほとんどすべてが、店に隣接してこの式の耐火構造の建物を持っていることだけは、ここに述べておこう。

厳密に言えば住居に該当しないような建物について記し、あるいはこれを描写することは、本書で取り扱おうとする範囲からはみ出すことになる。この理由から、東京において、塀囲いした屋敷町をなしている、あの単調な家並みについて言及することは避けたいと思う。かりに、言及することが望ましかったとしても、研究対象として、そのような屋敷を原型のまま、考察することは実際に困難であったろうと思われる。屋敷の多くは火災のために烏有に帰していたのである。残存のものは大幅な改修工事が施されており、こんにち多種多様な政府部局が使用している。たとえば、東京では、加賀藩邸は文部省、水戸藩邸は工廠、その他の藩邸も兵営や政府関係機関に利用されている。街並を人力車で行くと、屋敷町を通ることが多いが、街路から見ると、屋敷また屋敷の、単調な長い家並みが続く。これらの屋敷はたいてい二階建で、重々しい瓦葺きの屋根になっている。一階の壁面は、一般に張付瓦仕上げか漆喰仕上げかであるが、二階の壁面は、板張りか漆喰塗りかになっている。この二階の壁には、一定の間隔をおいて、櫺子窓か、出窓かが開けられている。入口は頑丈な梁の造りで、頭の大きな飾り鋲をたくさん打ちつけた、重々しい扉がついている。しかし、鋲は見掛け倒しなのである。建物は、通りに面した石の基礎の上か、通りとのあいだに溝を設けて建てられているかである。この溝は、あたかも城の濠のようである。これらの建物は、ひと続きに立ち並び、屋敷の外壁の一部をなしている。築地塀に囲まれた敷地内には、領主や家臣の屋敷が棟別に建っていた。前述したように通りに面した建物は、兵営として使用されていた。

屋根の考察　屋根の形態および構造にみられる入念さと多様性を考えると、屋根だけを別に取り上げて賞賛しても充分に価値がある。その理由として、日本家屋のすばらしい形態美は、主としてその屋根に負うものだからである。日本のさまざまの地方において、斬新さと多様さとによって目立つような家があるとすれば、それは屋根によるものだといってよい。丹念に作り上げられた草葺屋根が生み出す線は、均整のとれた美しさの面で特筆すべきものといえる。軒の形のとりかたに発揮される趣向と技術も相当なものである。切妻の軒と側面の軒とが作り出す美しい形は、いつ見ても魅力的であるとともに、日本建築においてひときわ目立つ造作の一つである。多様な切妻屋根を大屋根に組み合わせる、あのみごとな方法に対しては、日本建築に批判的な建築家であっても賞賛を惜しまないであろう。

草葺屋根や瓦葺屋根の精巧な造り、および棟の様式と構造にみる驚くべき多様性は、日本の建築家の今後に期待すべきものがあることを示すものである。ただし、家屋の外観の他の部分に対しても同じような入念さをもって臨み、かつ注意を払うならば、という条件づきでである。

日本の家屋の屋根は、板葺き、草葺きまたは瓦葺きのいずれかである。田舎では、瓦葺屋根は例外で、屋根といえばほとんど草葺きのことをいう。――しかし、小さな家屋の場合、それがとりわけ大きな村落のことであるならば、板葺きや瓦

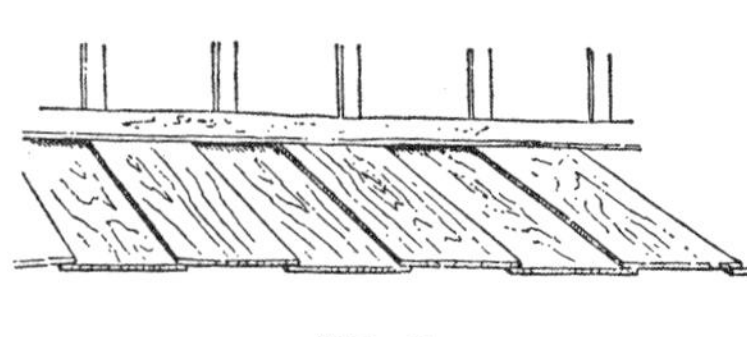

60図　庇。

葺屋根もよく見かける。大きな町や都市では屋根は一般に瓦葺きである。しかし、そうは言っても、板葺屋根もかなりある。また板葺きは瓦葺きに比べて安上りなのだけれども、だからといって貧しい人たちの家にしか見られないということでは決してない。郊外では、町はずれでさえも、草葺屋根が一般的である。このような場合の草葺屋根は、かつて古い農家があったその地域まで都市が広がってきたことを物語るものか、あるいは、この様式の屋根特有の美観とそれがかもし出す田園的雰囲気に心を惹かれた人の家のものかである。

屋根の一般的な形態は、寄棟か切妻かである。草葺屋根の場合、棟木の端のすぐ下が切妻（ゲイブル）になっていて、この切妻部分がきわめて自然に隅棟へと移っている。駒形屋根（カーブ・ルーフ）はめったに見られない。貧困階級の人々の場合は、簡単な差掛屋根（ペント・ルーフ）の家が普通である。母屋に対する増築部とか附属した建物とかの屋根は一般に差掛屋根である。簡易な、幅の狭い補助的な屋根が、主屋根の軒下から張り出しているのをよく見かける。これには、幅の広い薄板を使うのが普通である（六〇図）。この屋根は庇 *hisashi* と呼ばれる。この庇は、一般に家の縁側などのような開放部を直射日光や雨から守る役目を果たしている。その構造は、地面に建てた柱で支えるか、本屋の柱に、その柱と直角をなすように取り付けた細い角材の腕木（ブラケット）によって支えるというもので、見るからに華奢（きゃしゃ）である。しかし、建築上および重力に関する法則の、計算されうる限界を超えた力がかかった場合でも持ちこたえられるのである。ぼたん雪が降りつづいた後では、このような庇にも、かなり降り積もっているけれど、町中を見て回っても、それが、雪の重みのために損壊したのを見ることはない。アメリカのこれに類似した構造物が、いま述べたような雪の重みと同じくらいの圧力がかかった場合にへこんでしまうのを思い起こすにつけ、欧米的概念からすれば、異常ずくめの日本では、重力の作用までが異なるのかと思うほどである。

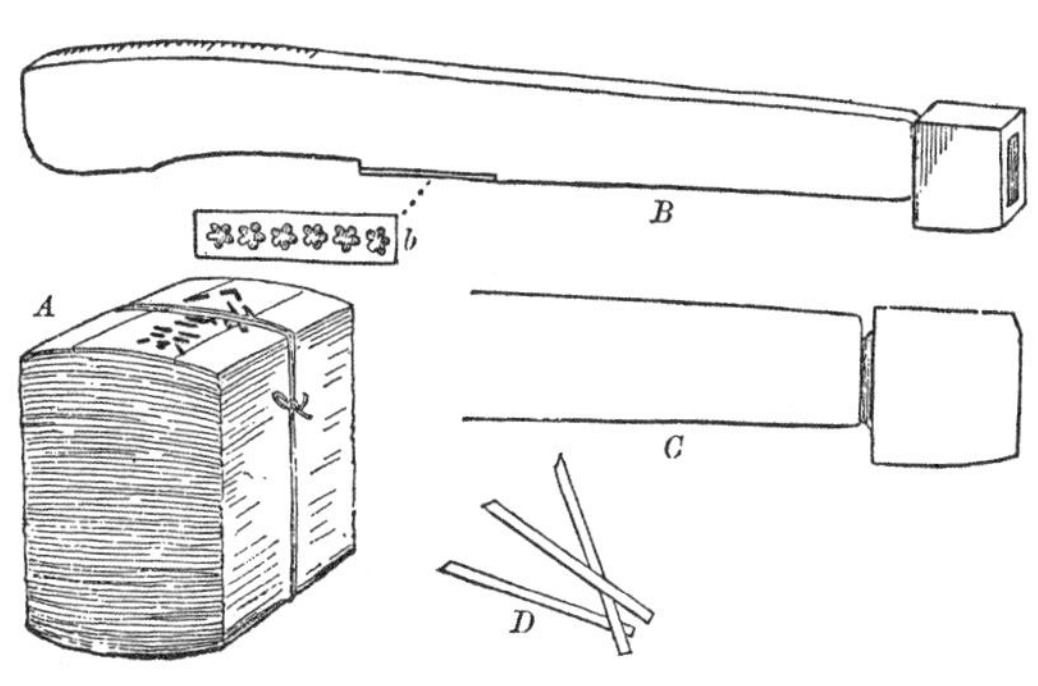

61図　柿板の束，竹釘および金槌。

板葺屋根　通常の板葺屋根の場合は、まず桷に薄い粗（あら）板（いた）を釘づけし、その上に柿板（こけらいた）を互いに他の一部が重なるように釘づけにする。柿板は木材を折（へ）いだもので、非常に薄い——普通の八つ折判本（オクタヴォ）の表紙とほぼ同じ厚さで、大きさも同じくらいである。厚みにもむらがない。柿板は重ねて束にしてあり（六一図—A）、一束はだいたい二二〇枚くらいで、値段は約四〇セントである。

柿板の留め釘としては、靴用の釘を細くしたような形の竹釘（バンブー・ピン）が用いられる。板葺職人は、この釘を口一杯に含んで、素早く正確に、しかも、アメリカのこの種の職人が見せる、あの機敏な動きに劣らぬ身のこなしかたで作業をする。板葺職人の金槌は一風変わった形をしている（六一図—B・C）。鉄の部分は四角な鉄塊で、そのざらざらした打ち面（フェイス）は、柄を延長したのとほぼ同じ面にある。柄の部分で端に近いほうの下側に、いくつかのへこみのある小さな真鍮板が取り付けられて

62図　板葺職人の手つき。

いる（六一図―b）。板葺職人は、親指と人差指双方の指先が、この真鍮板のところにくるようにこの柄を握る（六二図）。職人は、この金槌を持っているその手で、口から釘を一本取り出し、釘の頭をこの真鍮板に当てて、親指と人差指とによってこれをはさみ持ち、柿板に押し込む。すると釘は半分ほど打ち込まれたかたちになる。これに金槌の部分で斜めに一撃を加える。これによって竹釘の半分は折れ曲り、柿板を押えるようなかたちになる。――この打たれて曲った部分は、アメリカで同様の場合に使われる、留釘の頭の役目を果たしている。竹は、強靱で繊維質であるため、ちぎれることなく、簡単に曲るのである。これで柿板の葺きかたが理解できると思う。この金槌の柄の表面には、大工用曲尺の目盛りの一部が刻まれているので、柿板は列をゆがめることなく葺かれる。この屋根葺き作業は非常に迅速に行なわれる。――それは一方の手で柿板の位置を整え、他方の手で素早く釘を打ち込むからである。この葺きかただけでは、柿板は必ずしも屋根に固着されない。それは、長く細い割竹を棟木から軒にかけて屋根に斜めに打ちつけてあるのをよく見かけることからも明らかである（六三図）。これらの押えの竹材は一八インチもしくは二フィートの間隔で置かれている。このような防護策が講じられてあっても、暴風のおりには、あっという間に柿板が剝がされてゆき、秋の枯葉のように空いっぱいに舞い上がることがある。

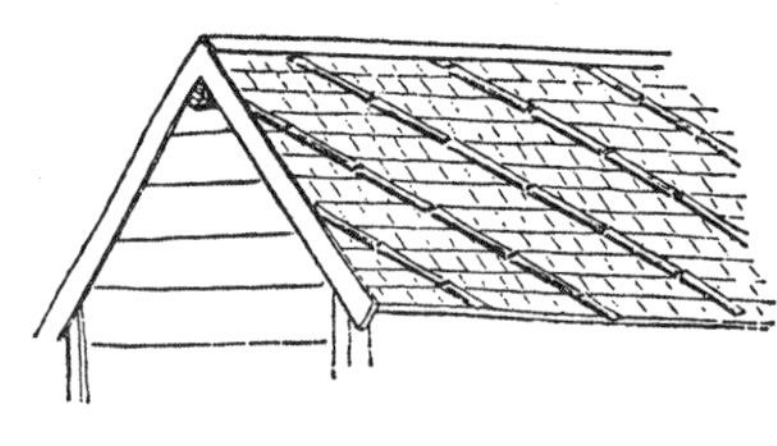

63図　板葺屋根の押えに使った竹。

　六四図のAは、柿板を何列か葺き敷いた屋根の一部、および職人の釘箱が屋根に固定されているところを示したものである。この釘箱は二つに仕切られてあって、大きい枠のほうには竹釘が入っており、小さいほうには、板の打ちつけその他に使う金釘を入れてある。

柿板の葺きかたとしては、前述した以外にもあるが、その場合は、柿板は各列をさらに重ね合わせるだけでなく何層にも葺かれる。この葺きかたの顕著な例は、寺院の屋根のいくつかに見られる。とりわけ京都にある諸寺院の山門の屋根に好例がある。これらの山門の屋根には、何層にも重ねられたごく薄い柿板が、厚さは一フィートかそれ以上もあり、ぎっしりと葺きつめられている。この屋根が持っている多くの美しい線形が見事に保存せられているのはその葺きかたによるのである。屋根の両端は美しい曲線を描いて流れ、軒は方形に、寸分の狂いもなく仕上げられている。そのような屋根を見ていて思い合わされるのは、明らかにこの屋根の形を模倣したと思われる一つの草葺屋根のことである。その屋根では、檜 *hi-no-ki* の濃い褐色の樹皮が同じ葺きかたで用いられている。この樹皮で作った屋根は、目が詰んでいるので、耐久性があると思われる。板葺屋根の入念な仕上げには、楔形の木材を軒に平行に置いて固定し、この部分に、まず三ないし四列までは柿板を釘づけしておく。つぎに、少しずつずらすように重ね合わせて、さらに列を整えながら柿板を葺いてゆく。かくて柿板の厚い層が固定される（六四図—B）。

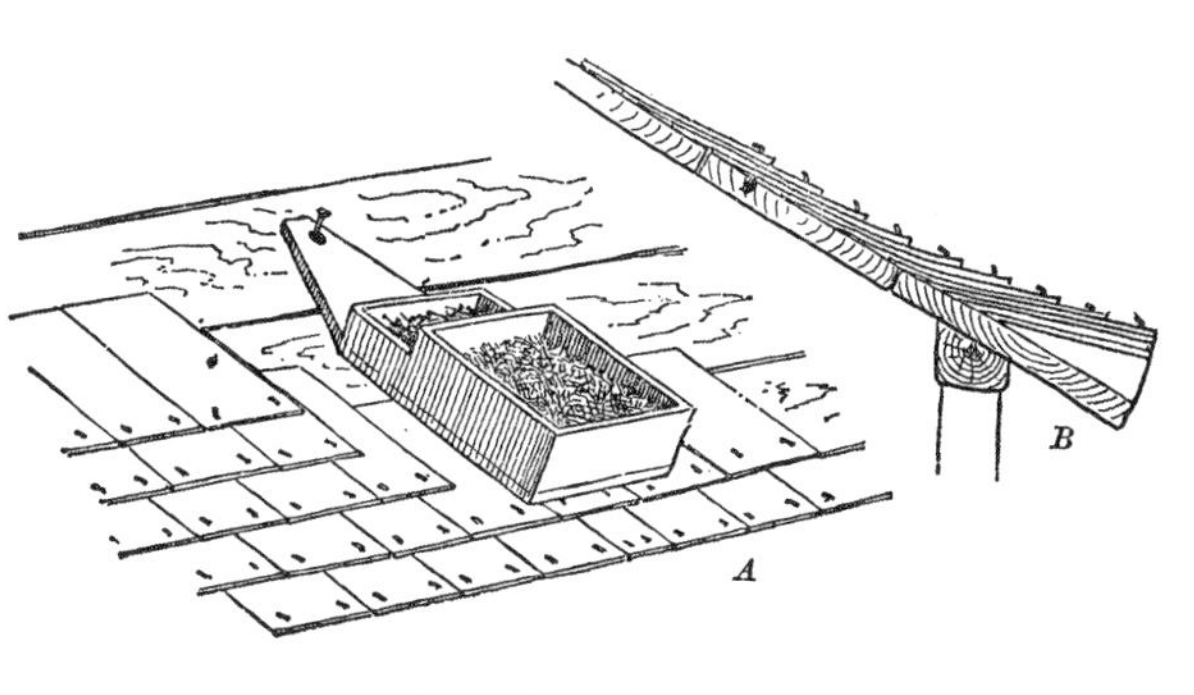

64図　柿板を部分的に葺いたところ。

しかし、板葺屋根の場合、棟の造りかたに少し変化が見られる。棟に幅の狭い目詰（ウエザー・ストリップ）板を二枚

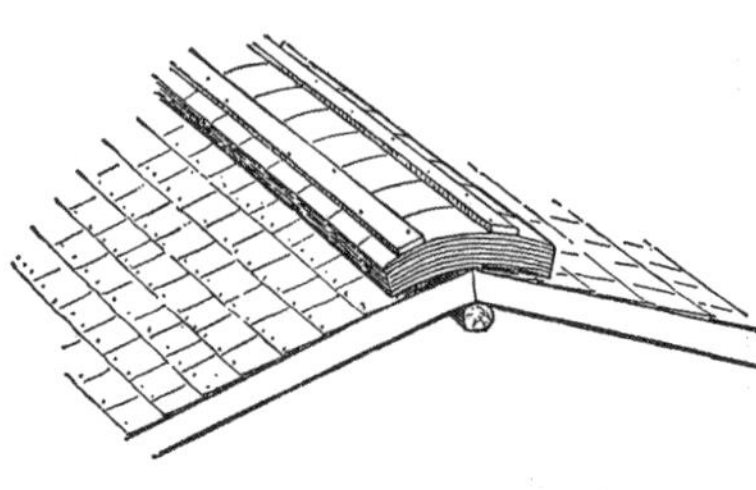

65図　武蔵の板葺屋根の棟。

釘づけして、屋根の合わせ目を塞ぐ仕方がある。この方法は、アメリカの板葺屋根の場合に慣習的に行なわれている。さらに入念な方法としては、一定の長さの薄い板（ストリップ）を棟を跨ぐようなかたちに直接釘づけする。これらの板は薄いので屋根の勾配に合せて容易に曲る。この方法によって五、六枚くらいを重ねて固定する。これらをさらにしっかり屋根に固定するために、この数枚重ねた薄板の両端に近い部分に、棟と平行してそれぞれ細長い木材ないし竹材を釘づけする（六五図）。

板葺屋根は、都市ではもっとも危険な要素である。杮板は厚みのある鉋くず程度のものなので、陽に当たると曲ったり反ったりする。したがって、この屋根に火粉が降りかかろうものなら、アッという間（ま）に燃えあがり、その上、強風に煽（あお）られて舞い上がれば、数マイルにわたって飛火することになるのである。都市や大きな村落では、このような屋根材の使用を禁止する厳しい法律を設けるべきであろう。

雨樋（あまどい）には、大竹を縦割りにして節（ふし）を抜いたものが使われる。この樋は、鉄製の鉤（フック）か、棰に釘づけした細長い腕木によって軒に固定される。この腕木は樋を受ける部分が半円形にえぐり取られていて、そこに竹樋は具合よく収まっている。この樋は、さらに節を抜いて作った竪（コンダクター）樋に通じている。この竪樋の上部は、四枚の長い爪を残した形に細工しておき、この爪のあいだに、方形の先細りになった木製の筒（トンネル）が嵌め込まれる。——竹の弾力性によってこの筒は固定される（六六図）。

東洋諸国における竹の用途はきわめて多岐にわたるため、それについては旅行書などに、必ずといってよいほど記述がある。したがって、ここで、竹について何かを述べるといっても蛇足を免れないであろう。ただ、わたくしに言えることは、これら諸国の家庭的な倹約を考えた場合に、この素晴しい植物の重要性はいくら高く評価してもしすぎることがなかったということである。民族誌的に見た日本人の特性、たとえばそれは家屋、台所用品、そのほかさまざまな模作品にみられるが、――この特性を研究すればするほど、日本人が、自国内のどこにでもある竹に見向きもしなくなるよりも、むしろ、ヨーロッパ諸国から移入した多くの考案物や器具のほうを真っ先に手離しそうであることが納得されるであろう。

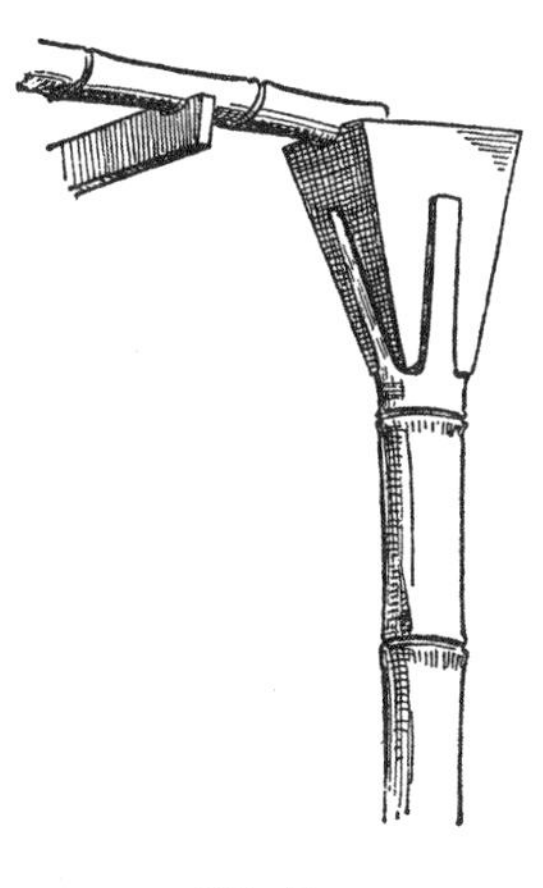

66図　樋。

瓦葺屋根　瓦の葺きかたは、粗板(あらいた)を張った屋根にまずざっとひとわたり薄く柿板(こけらいた)を葺き、その上に泥土を一面に厚く敷く。そしてこの泥土にめり込ませるような要領で、瓦をしっかりと据えてゆく。この泥土は溝や堀を浚(さら)うか、また運河を浚渫(しゅんせつ)して得る。都市では、この泥土を得るため、道路脇の深い排水溝を浚っている人の姿をよく見かける。この泥土は、泥まんじゅうが作れるくらいの粘りがでるまで、鍬(ホウ)や鋤(スペイド)で充分にこねる。こうしてできた泥土を屋根に運び上げるのに運搬容器(ホッド)はまったく使われない。泥土は大きな塊にして、足場や梯子段で待ち構える作業員につぎつぎに抛(ほう)り上げられる。かれは、この泥塊を受けとめると、こんどは屋根にいる作業員に抛り投げる。屋根が高い場合は、途中の、さらに上の足場にいる作業員を経由する。屋根に置かれた泥塊は、厚く均等に引きのばされる。この泥土に植え込むよう

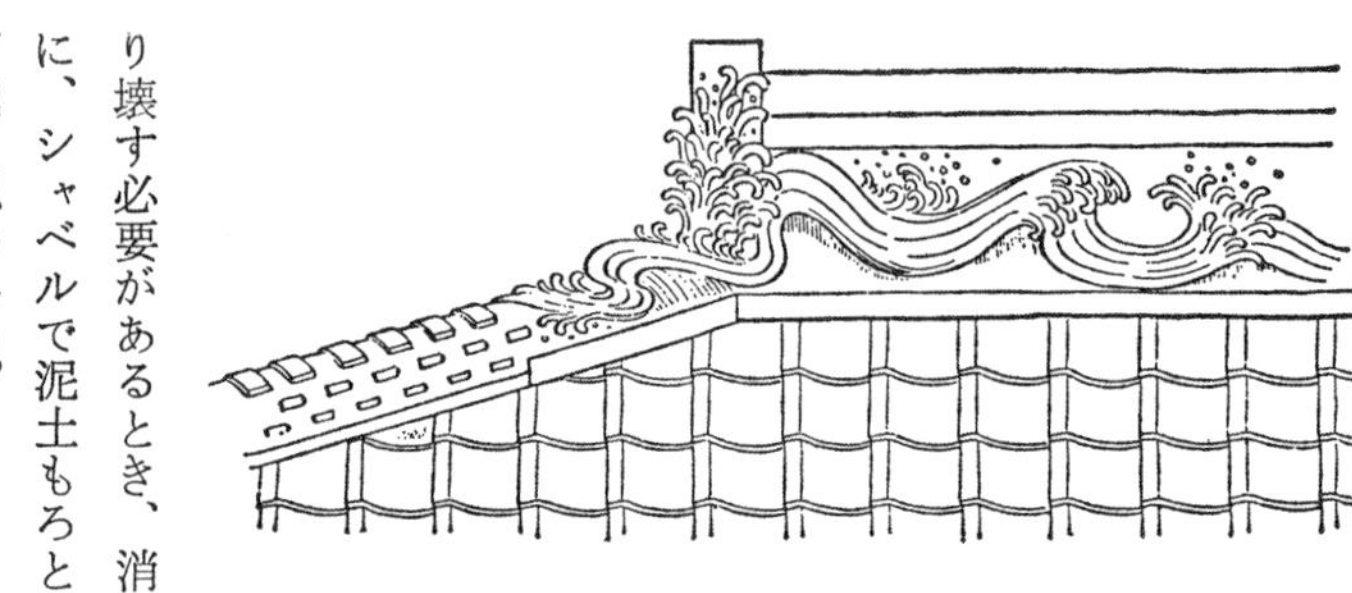

67図　瓦葺屋根の棟。

にして、一列、二列と瓦が敷き並べられる。この下に敷いた泥土は瓦に対して特別な接着力を有しているというわけではないようである。たとえば、このような屋根は強風によって大きな損壊を被ることがよくある。大火が発生して、延焼をくい止めるために、風下に当たる家屋を取り壊す必要があるとき、消防夫は容易かつ迅速に、シャベルで泥土もろとも瓦を払い落すことが可能と思われる。

瓦葺屋根の大棟は、瓦と漆喰を使って、大きな直方体を横たえたかたちに積み上げて、多様な装飾を施してあることが多く、威容がある。寄棟の場合には、四つの棟は前述した棟と同様に、それぞれ瓦を一定の高さまでだんだんに積み上げて、非常に厚みのある重々しいかたちをなし、棟の一つ一つが大きな直方体を横たえたような隅棟になっている。大きな耐火建築物の場合、大棟は三ないし四フィートの高さがある。このような高い棟には白色の漆喰がふんだんに使われている。それはセメントとしてだけでなく、職人が多様な意匠を高浮彫（ハイ・リリーフ）にする素材としても使われる。もっとも愛好される意匠の一つは、激しく打ち寄せて白く砕ける大浪（おおなみ）の浮彫である。意匠そのものは紋切型であるけれども、それを浮彫にするに当たっては、なみなみならぬ技法や腕が発揮される。——それでも、時にはこの仕事にさいして大いに表現の自由が振われることもある。このような意匠は、棟飾りとして確かに一風変わったものと思われる。しかし、この形でなければ、おそらく頭でっかちの重苦しい感じを与えるものが、これにより見た目には非常に軽い浮揚的な感じとなる。六七図は、その感じをよく伝えるとはいえないけれども、このような棟のスケッチである。この意匠が他の何にもまして一般的であることから、火難除けを暗示するものとして、この水に因んだ主題を使うという何らかの気持なり迷信なりが働いたのではないかと思われるほどである。その真偽は別として、田舎の草葺屋根の棟の端に、「水」という漢字が、深く彫り込まれて黒く塗られているのはよく見かけるところである（八二図）。――わたくしが聞いたところでは、この慣習は、「水」という文字に火難除けの霊力があるという迷信に基づいているということである。

瓦葺屋根の大棟の端には、

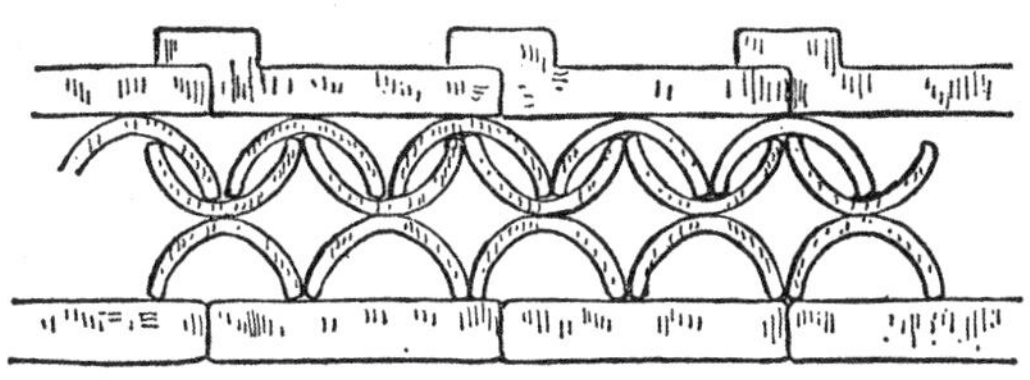

68図　棟の装飾的な瓦の使いかた。

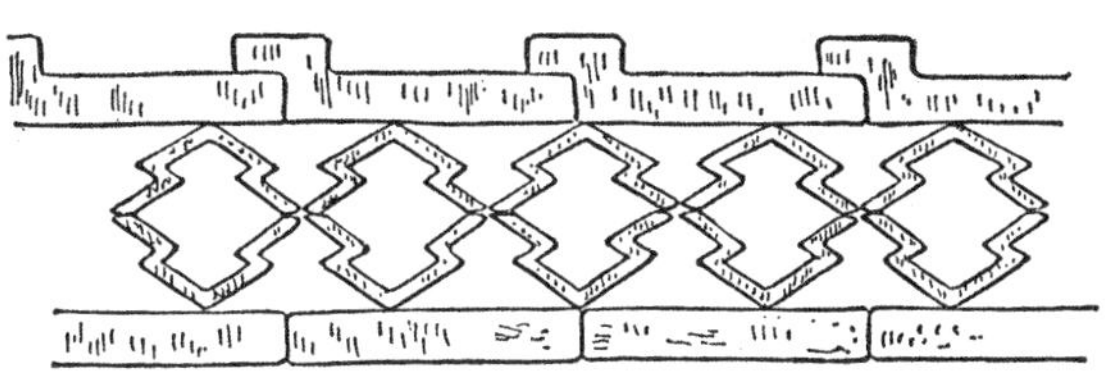

69図　棟の装飾的な瓦の使いかた。

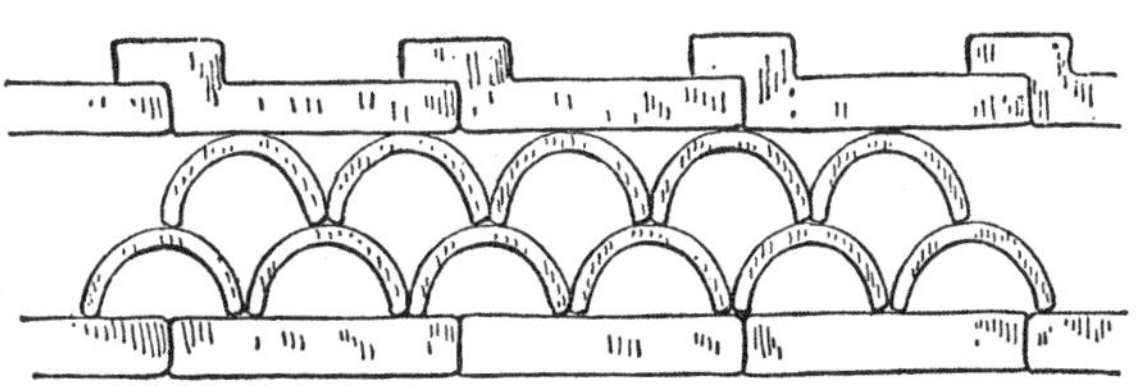

70図　棟の装飾的な瓦の使いかた。

つねに棟飾りとして特別に設計された瓦を据えている。瓦を笠石状に積み並べてできた小さな瓦棒が、寄棟の棟を軒までのびているか、あるいは切妻屋根の螻羽(けらば)との境界をなしているかしていて、多くの場合、この瓦棒の先端には高い浮彫の装飾瓦を据えている。これらの装飾用瓦の意匠には鬼面などが用いられているようである。大棟の場合、半円筒形そのほかいろいろな形の瓦を、伝統的な仕方にのっとって並べるのには、かなりの熟練と技術が発揮される。六八、六九、七〇図はこのような大棟の装飾のいくつかを示したものである。しかし、ここに見るような棟の装飾は、大和地方で見た塀の笠石をふたたび見る思いがする。

重量感のある大棟は見せかけである場合が多く、本体は木製枠の表面を漆喰仕上げしたものである。しかし、外見上は、いかにも瓦を漆喰で塗り固めたように見えるのである。軒をかたちづくる瓦は、それなりの意匠を有している。瓦の形そのものは一般用のそれと同じであるが、軒先となる一端が直角に曲げられてあって、その部分に慣習的な意匠が施されている。七一図はこのような瓦を示している。長い桟(パネル)の部分には花か紋切型の渦巻模様かの浮彫があるのが普通で、円型部には多くの場合どこかの家紋が刻印されている。(七三図を見よ)。徳川家の家紋のついたものは滅多に見られない。

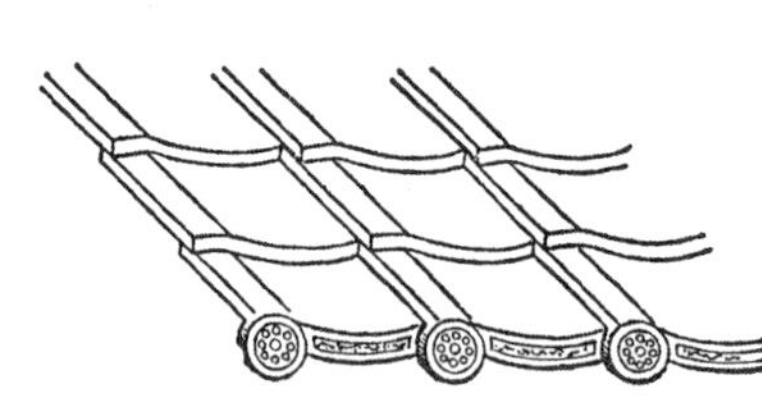
71図　瓦葺屋根の軒づけ。

瓦葺屋根も、立派な造りのものになると、軒ぎわの瓦の列と列とのあいだの接合部分とか、また棟に近い部分とかを白いモルタルで塗り詰めてあるのが普通である。パーシヴァル・ローウェル氏が撮影した朝鮮家屋の写真によると、瓦の列と列とが接する合わせ目を白漆喰で詰める方法が取られており、これは日本の仕方と同様である。

瓦は古いものほど屋根葺き用によいとされている。わたくしがこの点に気づいたのは、一友人が家を新築したさいに、その家に使った瓦が四〇年以上も経ったものであることを、かれが自慢気に語ってくれたことがあったからであった。したがって、古瓦は一般に需要が高い。焼きたての瓦は、多孔質で吸湿性が強い。それに比べると古瓦は、長いあいだに細かい孔に塵埃が詰まっていて、水捌けという点で材質的にすぐれたものになっているのである。

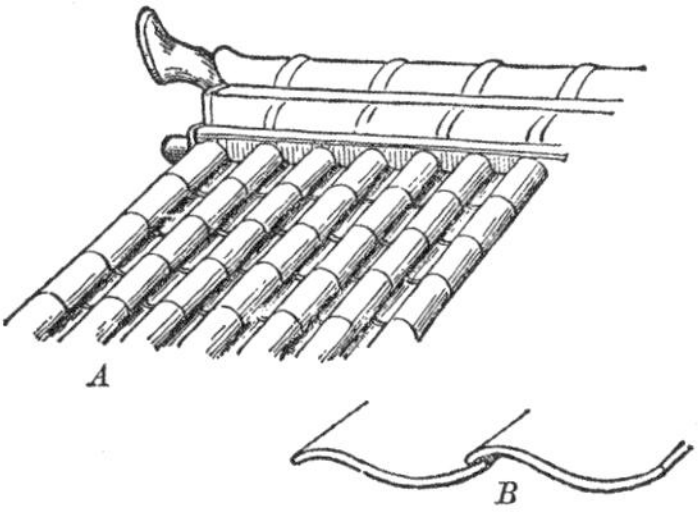

72図　長崎型瓦葺屋根。

A

B

　瓦葺屋根は、都市や大きな村落では一般的で、したがってそれほど高価につくものではないのであろう。上等の屋根瓦は百枚五円である（一円は一ドルに当たる）。安物ならば百枚二円五〇銭ないし三円である。面積からみれば、六フィート平方の面積を葺き詰められる瓦、つまり一坪分は、二円五〇銭から三円ぐらいということになる。

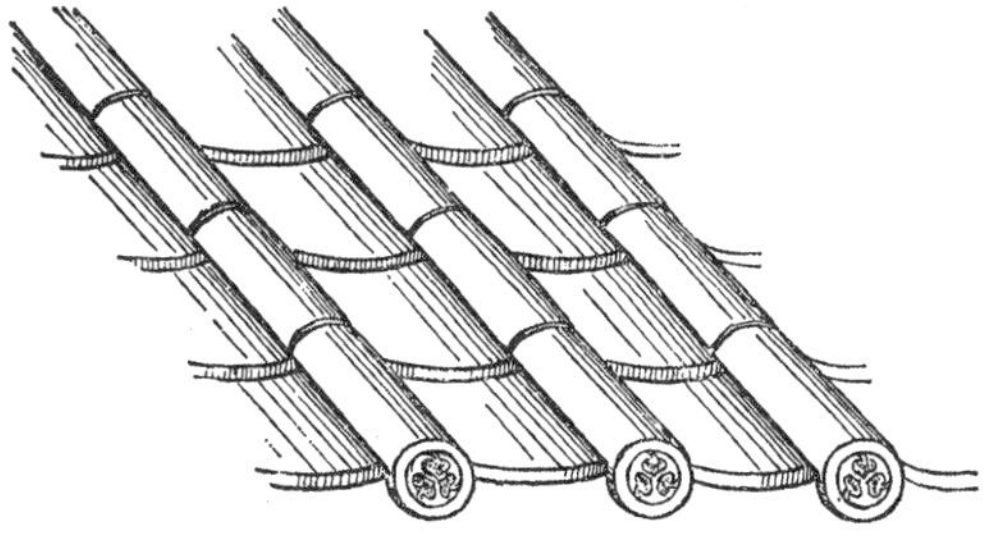

73図　本瓦。

　瓦の形は、日本の地域によっていろいろである。長崎で一般に用いられている瓦（七二図—A）は、形のうえで中国大陸、朝鮮半島、シンガポール島およびヨーロッパで使用されているものに類似している。この形の瓦はゆるやかに湾曲していて、凸面を下向きにして葺く。いま一つの形は、断面

74図　江戸瓦の軒づけ。

が、小さい半円形をなしている。この瓦は、その凸面を上に向けて、下に置いた瓦の列の継ぎ目を塞ぐように葺く。この瓦は、明らかに東洋でもっとも古い形のものである。日本では本瓦 *hon-gawara* の名で知られているものがこれである。七三図は、東京で見た本瓦の例である。

東京でもっとも一般化している瓦の形は七一図に示したもので、江戸瓦 *yedo-gawara* と呼ばれている。この瓦の場合は、継ぎ目の上に置く凸面瓦は不要である。その理由は、この瓦が隣接する瓦の端に重なり合うように作られているからである。七四図は、江戸瓦を葺いた屋根の軒先の図である。軒瓦（ボーダリング・タイル）は七一図のものとは形が異なっている。この形の瓦の変化したものが、日本の最南端（七二図—B）、そしてさらにジャワにおいて見られる。

最近二、三年のあいだに、フランス瓦と呼ばれる新型の瓦が東京で使われ始めている（七五図）。しかし、一般化するところまではいっていない。この瓦を葺いた屋根の建物でわたくしの記憶にあるのはわずか数えるほどしかない。たとえば、中央郵便局に近い三菱蒸汽船会社倉庫、上野の美術館の裏手にある建物および二、三の私宅ぐらいである。

75図　フランス瓦の軒づけ。

このほかにも特別な用途のための形をした瓦がある。たとえば、岩見地方では、草葺屋根の棟に置く屋根型の瓦が特別に製造されている（七六図—A）。本瓦もまた同じ目的に使われる（七六図—B）。

この地方では、瓦に釉薬をかけている。——普通の瓦は茶色の釉薬であるが、上等の瓦は砂鉄を含んだ釉薬である。上野公園の美術館建設の基礎工事現場で地面の掘り起こしをしていたとき、釉薬のかかった大型の瓦が、かなりの数で、発見され、これらは、二百年前に備前地方から持って来られたものだと考えられた。これらの瓦は本瓦の型に属するものであった。

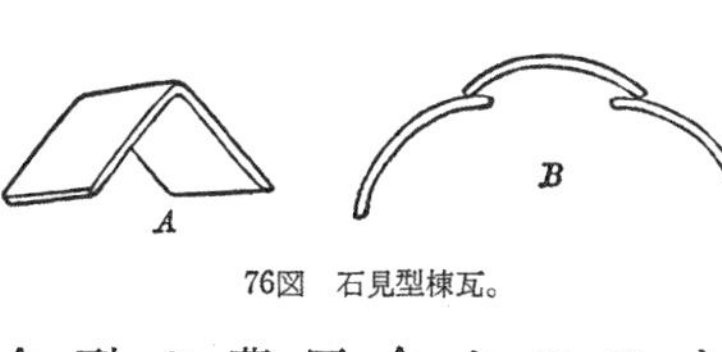

76図　石見型棟瓦。

石葺屋根　下野（しもつけ）地方やこれに隣接する地方では、石倉 stone *kura*（耐火倉庫）が見られる。これらの建物では、しばしば屋根も同じように石で造られている。この場合の石は、明るい灰色の火山性凝灰岩で、細工は容易である。屋根葺き用の石板は、一定の形に細工されているので、瓦のそれぞれの列は順々に重なってきちっと組み合わさり、見るからに堅牢そうである。七七図は、日光への途中で見かけたこの種の屋根の部分図である。わたくしが朝鮮人の一友人から聞いた話では、石屋根は朝鮮半島の北部でも見られるということである。しかし、それが前述のものと同形のものであるかどうかは確認することができなかった。

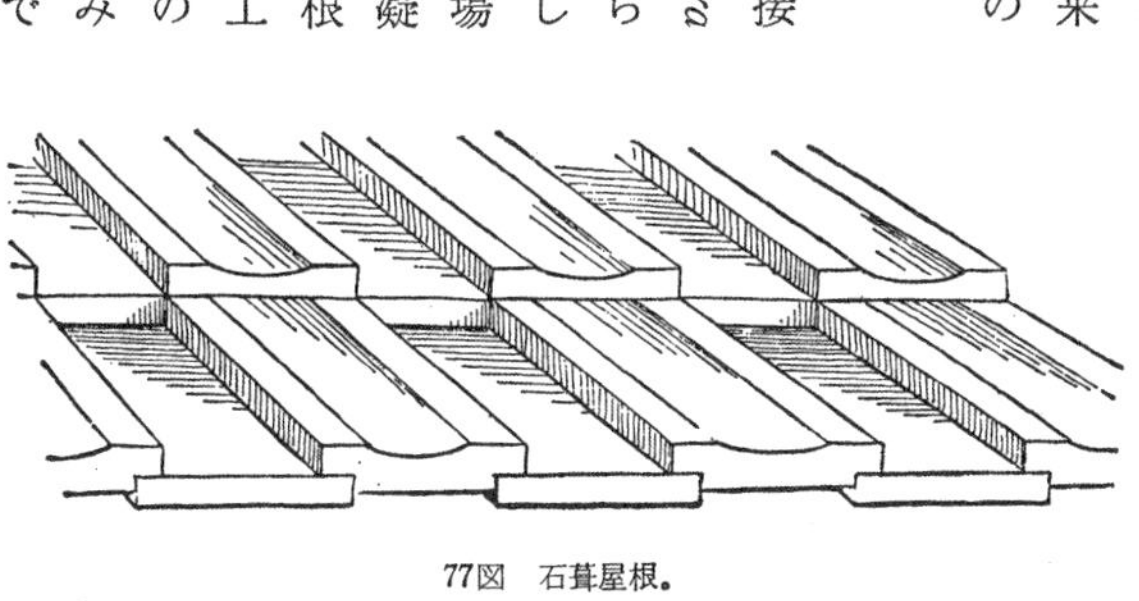
77図　石葺屋根。

草葺屋根　日本では、都市を離れれば、なんといっても草葺屋根が屋根のもっとも一般的な形である。屋根の勾配は、ほぼ一定しているといえよう。しかし、棟の装飾および構造となると、それはもう多種多様をきわめている。東京の南部では、地域によってそれぞれ独特の形態の棟が存在するようである。少なくとも、観察眼を持った旅行者なら、いろいろな土地を渡り歩いてゆきながら、珍しい形の棟があれば、目敏くそれと認めることだろう。そのような形の棟が、ときおり別の土地で見つかることがあっても、それはもとの土地に特徴的なものであるように思われる。この現象はおそらく、封建時代に、地域ごとにそれぞれ孤立化した生活を余儀なくされたことによるものである。というのは、各地域の陶器、その他さまざまな産物についても同じことが言えるからである。

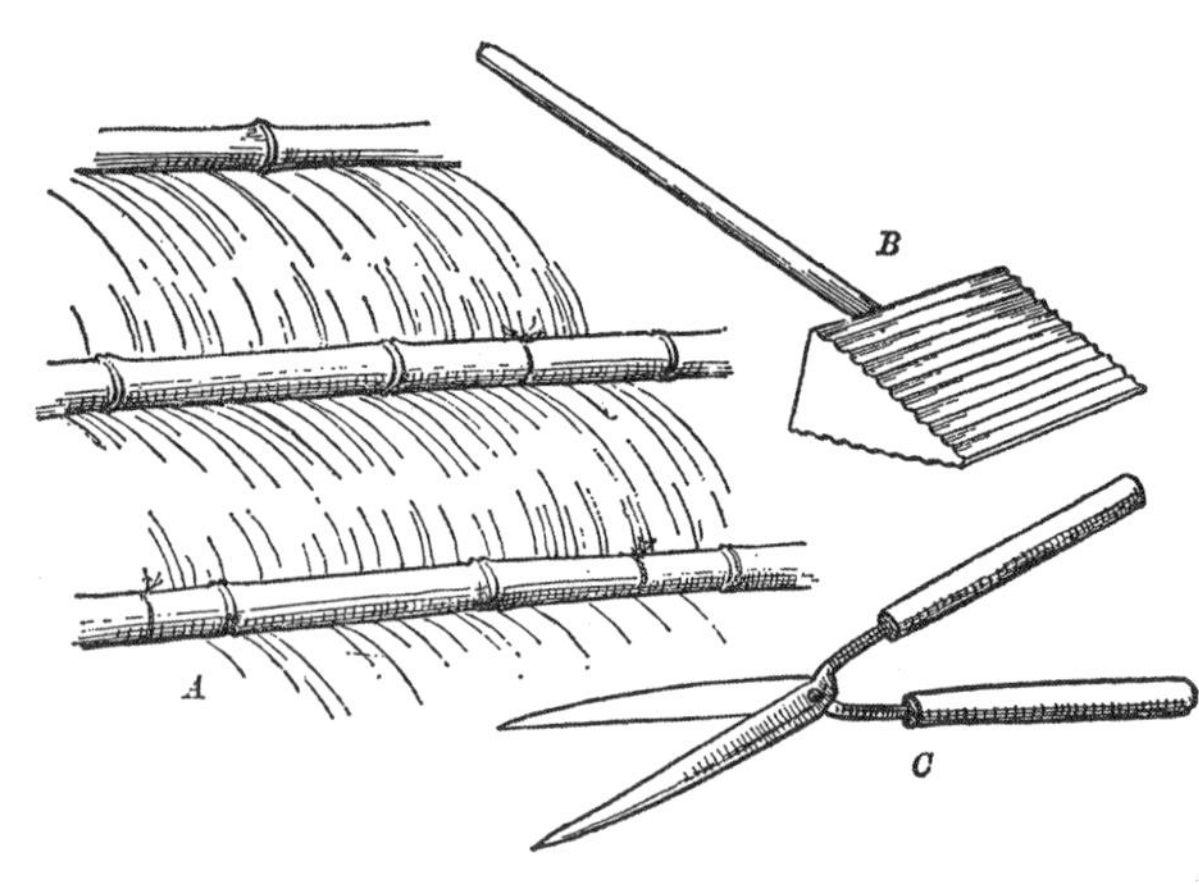

78図　草葺屋根と草葺職人の道具。

草葺きには、いろいろな材料が使われる。もっとも一般的なものは藁である。上等なものになると茅 *kaya* という草を用いる。一種の葦(リード)である蘆 *yoshi* や、ある種の藺(い)も使われる。草葺屋根の場合は、その屋根材を葺くのに特別の準備は不要である。ただ、その屋根材をほどよく固定し支えられるように、棰と屋根伏せ(フレイム・ワーク)とは用材の間隔を充分に詰めておく必要がある。屋根が小さい場合は、屋根伏せに竹を使っている場合でも、充分この屋根材を支えられる。

このような屋根材は適当な厚みをもたせて形を整え、手先や道具を使って、屋根材である茅や蘆をよく梳いて揃うようにする。それから、屋根材は棰に固定され、竹竿で屋根に押えつける（七八図―A）。この竹竿は後で取り除かれる。この方法によって葺き藁を屋根に押えつけておくのは、特殊な形の木槌を使って、その場所に打ち寝かせる作業に備えるためである。その後で、長柄の大鋏で形を整える（七八図―C）。この鋏は、アメリカの草刈鋏に類似している。

以上は草葺屋根を葺く場合を見たままに記したに過ぎない。これ以外にも多くの葺きかたがあるだろうが、わたくしは見ていない。しかし、屋根が仕上がった段階で、その整然として調和のとれた形は、屋根材のもとの姿を知るものにとって驚嘆に値するとだけは言っておこう。軒の部分は方形ないしやや丸味を帯びた形に整えられる。そしてかなり厚みのある場合が多い。――場合によっては二フィート、あるいはそれ以上のことがある。しかし、軒の部分が厚いからといって、屋根全体も一様に厚いというわけではない。草葺きの屋根材は以上のようなさまざまの仕方で形を整えるが、葺き藁の断面が軒づけの部分に見えている。この軒づけの部分に、新しく明るい色と古く暗い色と、それぞれ異なる屋根材が層をなしていることがある。それが、経済的理由から古い屋根材に新しい屋根材を混ぜたのか、あるいは別種の葺き藁を用いたのかは確かめなかった。

草葺屋根も古くなると、葺いた屋根材に煤や塵埃がいっぱい詰まっているので、修理のおりなど作業員は石炭運搬夫と見紛うばかりの姿となる。この屋根材を均等にしかも工合よく葺くには、かなりの技術と相当な根気とが必要とされるが、棟の仕上げには、さらにそれ以上の技術が要求される。棟の構造は非常に複雑な場合が多いからである。これらの特殊な造りの棟には、形態からしても見事なものが多い。これらの棟の型を示すにさいして、その全般的な輪郭を伝えるには、記述より

79図　磐城地方藤田で見た棟の端。

もスケッチによるほうがより的確であろう。

東京の北部で見られる棟の造りは、日本でも南の地域におけるものに比べてはるかに簡単である。屋根自体は大型であるが、若干の例外を除けば、南日本の草葺屋根の棟に見るような凝った造りや形態の変化は、その棟に見られない。多くの場合、棟は平らで、この部分は、「菖蒲（しょうぶ）」の類などを植えたりする。四一図では百合が植えられている。褐色のくすんだ色調の村のたたずまいのなかで、家の棟に、菖蒲の類が鮮やかに咲き乱れた様子はほんとうに印象的である。また、東京近郊でも、ずっと南へ行くと、一段と鮮やかな青色や白色の菖蒲が植えられていて花による棟飾りの美しさは

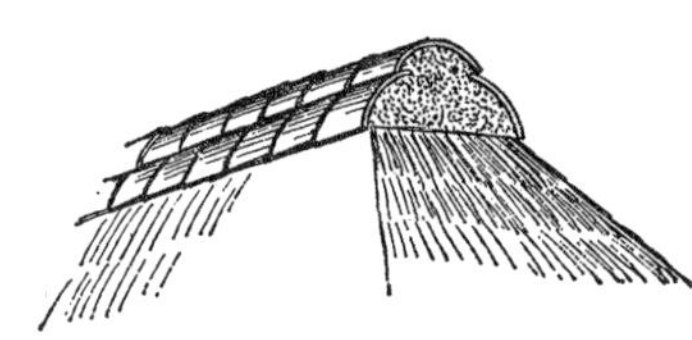

80図　磐城にある草葺屋根の瓦葺きの棟。

まさに格別である。

ある場合には棟木そのものが棟の長さより長く、両端が空中に突き出して、ゆるやかに上反りになっているものがある（三九図）。棟木、門、その他の構築物、とりわけ鳥居(注1)などに見られる同様の特徴は日本建築に一般的なものである。この工夫は、ともすれば、重々しく平凡にしか感じられない構造物に軽やかな印象を与えるうえで効果的である。

磐城地方では藤田をはじめとする各地の家に、棟木の丸太が棟の両端から草葺きの屋根を突き抜けて顔を出しているのが見られる。その突き出したところに水平に平たい突起物が出ていて、これに直角に黒塗りした厚板が取り付けられている。これは棟端から二フィートあるいはそれ以上も突き出している。これは、外部に置いた棟木の名残

りと思われるが、慣習によって保存されている。しかし、このような造りは見るからに脆弱かつ不安定で、華奢な取り付け具合からみて強風にあおられたらとれてしまうにちがいない（七九図）。仙台の南に行くと、棟は瓦造りのものが多い。——東京に近づくにつれてこの様式が一般的となる。このような棟の造りは非常に簡単かつ実際的である。雁振瓦あるいは本瓦の幅を広くした形の瓦が棟飾りに用いられている。そして、この瓦は、棟の両側に並べた同形の瓦の上部に被せられる（八〇図）。まず草葺屋根の棟の上に盛るように置いた粘土あるいは刻み藁を混ぜた泥土に瓦を置き並べるように葺く。また、棟飾りの両側でいちばん外側に並べられた瓦の列を大竹によって支える場合

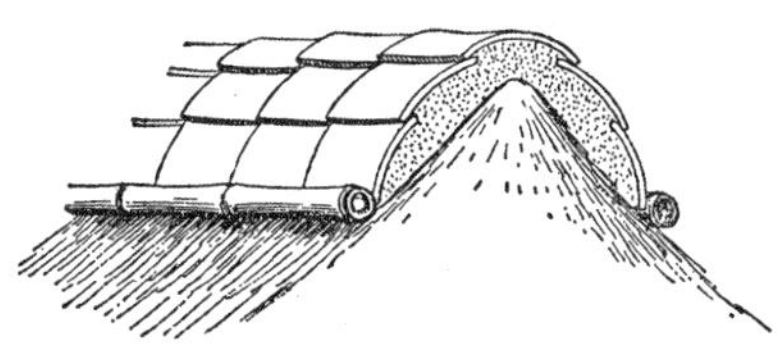
81図　武蔵にある草葺屋根の瓦葺きの棟。

がある（八一図）。棟に載せる瓦を固定するのにいま説明した以外の方法についての知識はわたくしにはない。しかし、この瓦は頑丈に固定されているとみえて、古い屋根の場合でも、この瓦の位置がずれているのを見ることは滅多にない。

　武蔵およびその隣接地方では、一般的に非常に整った耐久性のある棟構造（八二図）になっている。この棟はその断面からみて大きな半円形をしている。この棟はまず細竹を簾状に並べてくるむように蔽っていて、つぎに、竹を割ったもの、または樹皮を帯のよう

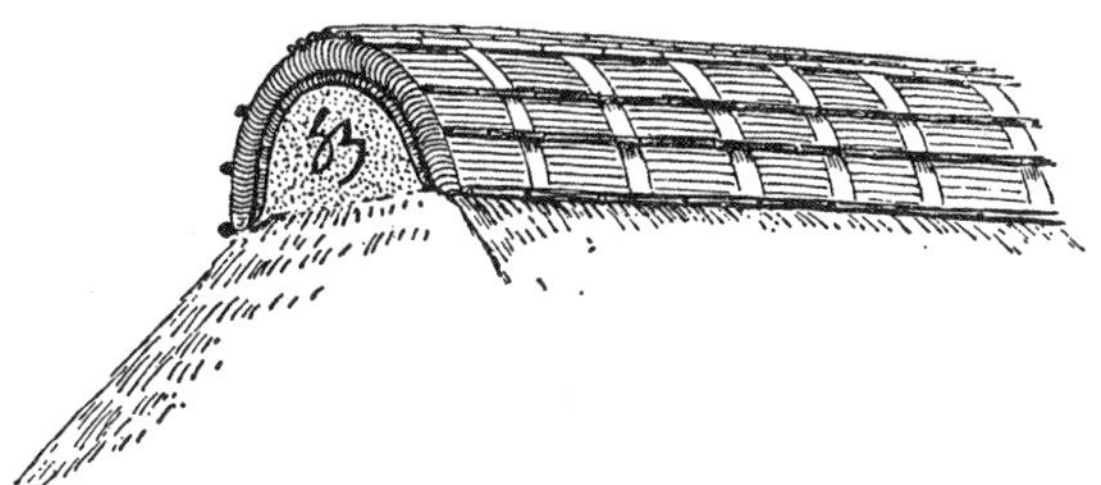
82図　武蔵にある草葺屋根の竹葺きの棟。

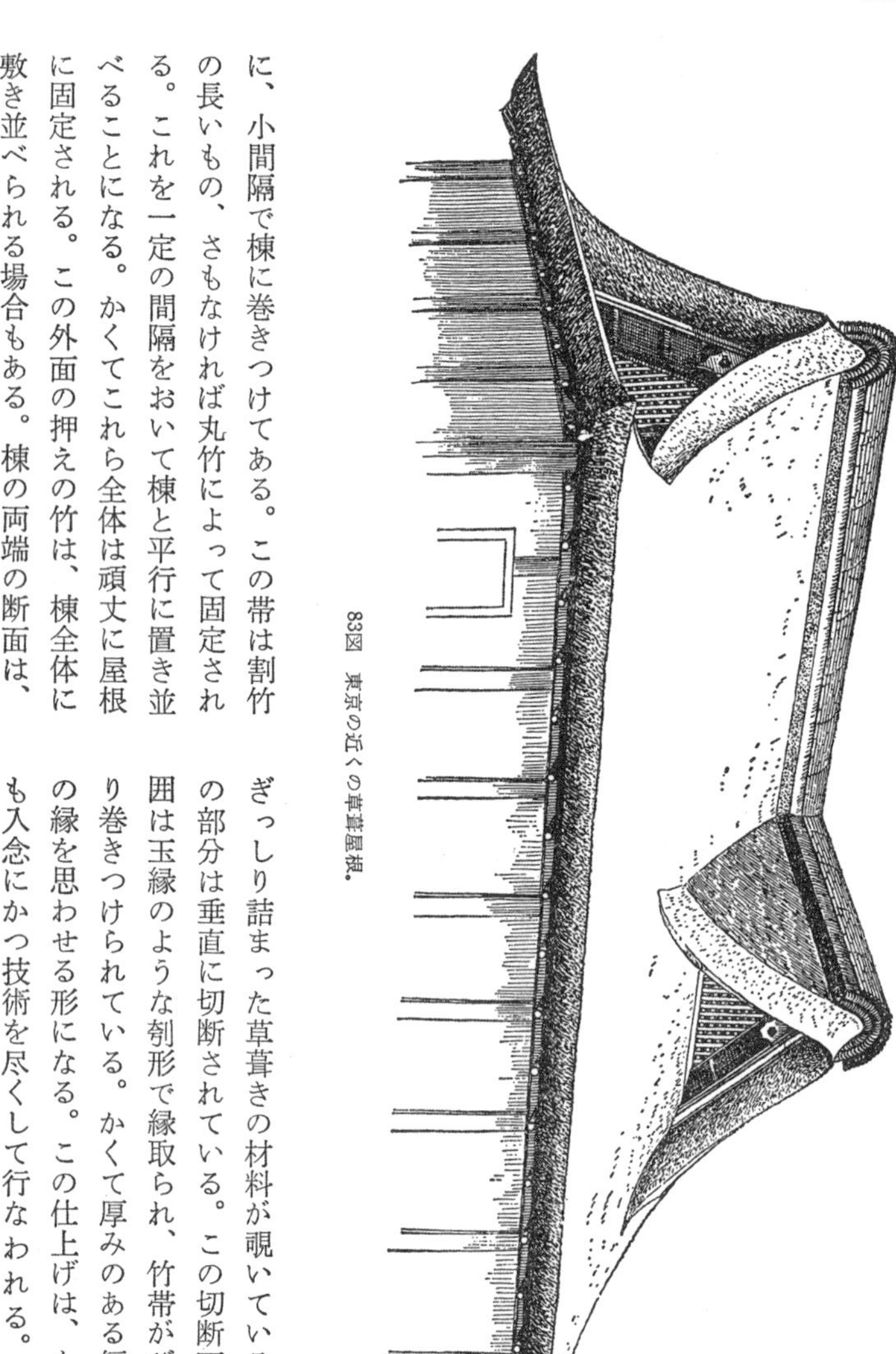

83図　東京の近くの草葺屋根。

に、小間隔で棟に巻きつけてある。この帯は割竹の長いもの、さもなければ丸竹によって固定される。これを一定の間隔をおいて棟と平行に置き並べることになる。かくてこれら全体は頑丈に屋根に固定される。この外面の押えの竹は、棟全体に敷き並べられる場合もある。棟の両端の断面は、ぎっしり詰まった草葺きの材料が覗いている。この部分は垂直に切断されている。この切断面の周囲は玉縁のような刳形で縁取られ、竹帯がびっしり巻きつけられている。かくて厚みのある編み籠の縁を思わせる形になる。この仕上げは、もっとも入念にかつ技術を尽くして行なわれる。「水」

という漢字がよく見られるのは、このような棟の切断面である。この文字の意味についてはすでに言及したとおりである。

屋根端に煙ぬきの窓がない場合は、その屋根は寄棟屋根の部類に入る。北日本では、煙ぬきはさまざまな仕方で棟の上または屋根の傾斜面に設けられる。三九、四〇、四一図は煙ぬきを取り付けるいろいろな場合を示したものといえよう。北日本では、煙ぬきは屋根の端にあるのが普通で、四四図はその一例である。煙ぬきとしての三角窓は、東京南部の草葺屋根に見られる一般的特徴である。それらのあるものについては、建築家や施工主が工夫を凝らし技術の粋を尽した造りのものがある。時として、さらに三角形の煙ぬきを持った切妻構造を屋根の傾斜面に付設する場合が見られる（八三図）。この図は、東京に近い、ある家柄の人の邸で、武蔵地方の草葺屋根のなかでは、卓絶した美しさを持つものである。また八四図は、屋根型は異なるが、時代を経た壮麗な屋根である。

これらの三角窓には必ず木格子を取り付けてある。この様式の屋根は切妻と寄棟の特徴を併せ持っている。――窓が切妻の部分にあり、その窓の基底部の両端から隅棟が形成されている。

軒の部分と切妻の縁部との草葺きの屋根材をほどよく均整のとれた形に整えるには細心の注意を要する。八三および八四図を見れば、この優れた整形の手法

84図　東京の近くの草葺屋根。（注2）

についていくらかでも理解されよう。よく見かけるのは、切妻の頂上部が、屋根材を、円形の凹みが円錐状に外に広がるかたちに、巧妙に刳り貫いた造りになっていることである（八四図）。軒づけの面が、同一平面にない場合、これを厚く、しかも優美な曲線を持たせて葺くには相当の技術を要する。この種の例は三九図に見られる。

武蔵地方では、一般的な棟の形態として、棟木が露出していて、しかも鳥居上部の横木のような形をしているものがある。この棟木は、縦が横幅の二倍から三倍くらいある角材である。いくつかのX字型の組木が、小間隔で、この棟木を跨（また）ぐように置かれている。――このX字型の組木の下部は、屋根の傾斜面にかかっており、上部は棟木の上に突き出している。この組木がかかっている部分の棟は樹皮で蔽ってあって、棟に平行して数本の細い竹が取り付けられている。X字型の組木（クロス・ビーム）は、竹の部分に跨がる格好で、その竹に固定されている（四五図）。

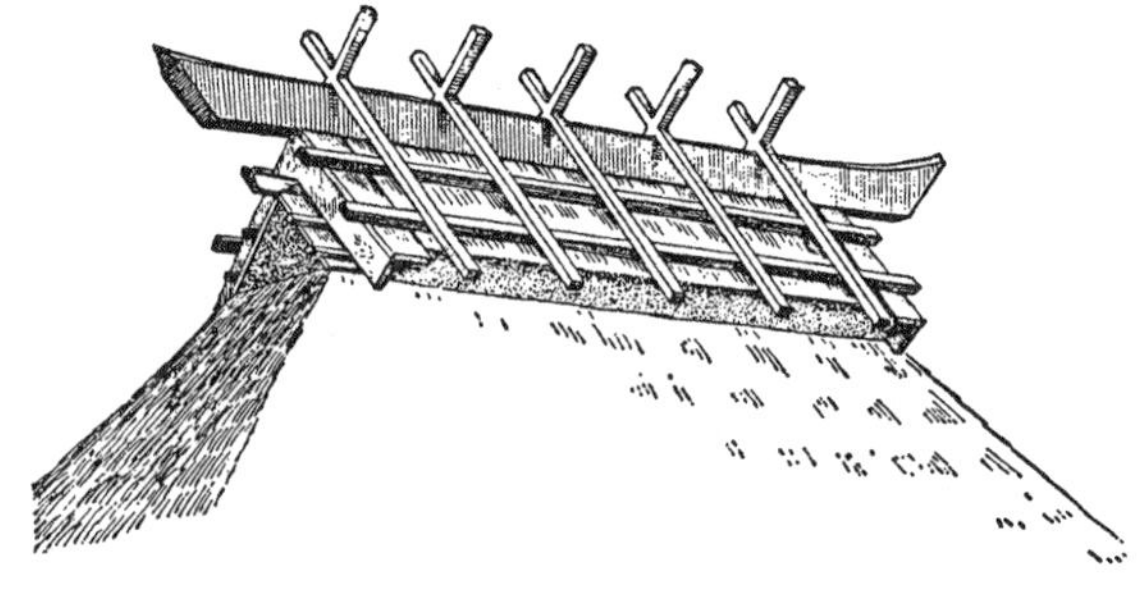

85図　武蔵地方青山の草葺屋根の棟。

この形態の棟の変化したものが、日本南部の各地で見られる。これに類似した形の棟を、わたくしはアンナンのサイゴンやチョロンで見たことがある。伊勢の神路山にある珍しい建築の神社の屋根はかなり古い時代の屋根の形を模倣したものといわれている。この屋根は、切妻をなす屋根の両斜面の端の棰が、棟で交錯して、さらに棟を超えてかなり長く突き出している。シンガポール近郊のマレーの家などに、これとまったく同型のものを見たことがあり、じつに興味ぶかかった。武蔵地方およびそのさらに南のほうでは、棟はかなり複雑な造りである。――棟全体が屋根のような形をなしていて、その軒づけは厚く角をつけて整えられている。見た目には独立した小屋根が、大屋根の上に鞍を置いたような形で乗っかっている。この形式の屋根は、多種多様な変化が見られるとはいえ、山城、三河およびその近隣地域にかなり一般的なものである。この形式の非常に精巧な造りの屋根は八五図に示したとおりである。この図の屋根は、東京の約五十マイル西にある小村の青山でスケッチしたものである。この棟の場合は、補覆屋根としての形がいっそうはっきりしている。それは、その棟のすぐ下に、本来の屋根の棟木と思われる木とさらにそれに平行して走っている押えの木とが、突き出しているからである。この屋根は、絵のように美しくしかも実質的である点で卓絶している。この様式の屋根は、寺院建築に起源を持つものである。

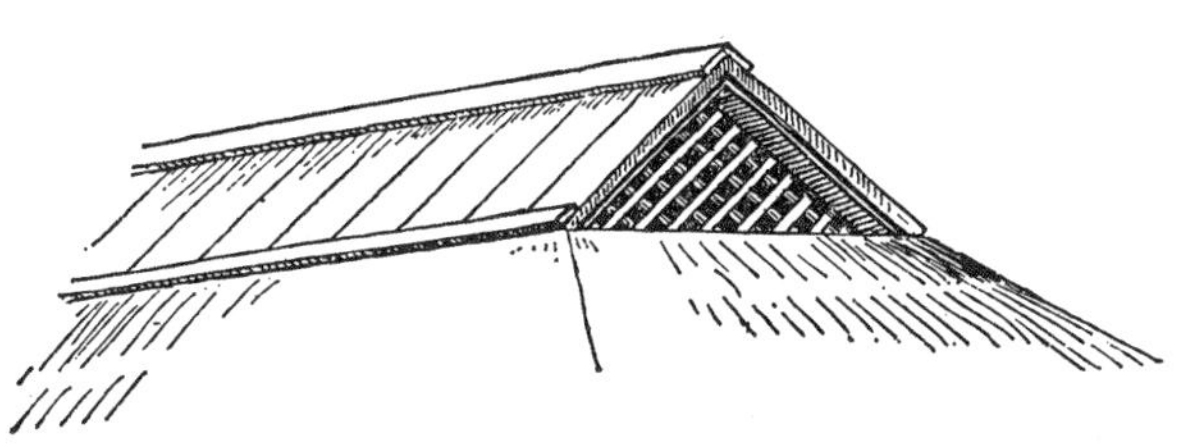

86図　近江にある草葺屋根の棟飾り。

近江地方の棟の型は非常に簡素である。この棟は、少なくとも三フィートくらいの長さの薄板でできており、これらの板を棟のところで直角に組み合わせて、屋根の斜面をなしている。これらの板は、長尺ものの板によって押えている（八六図）。これら二枚が棟を挟むように、さらに二枚が薄板の下端をそれぞれ固定している。近江および尾張地方では、瓦葺きの棟がよく見られる。また、木と瓦との折衷型もある。摂津の高槻村では、風変わりなか

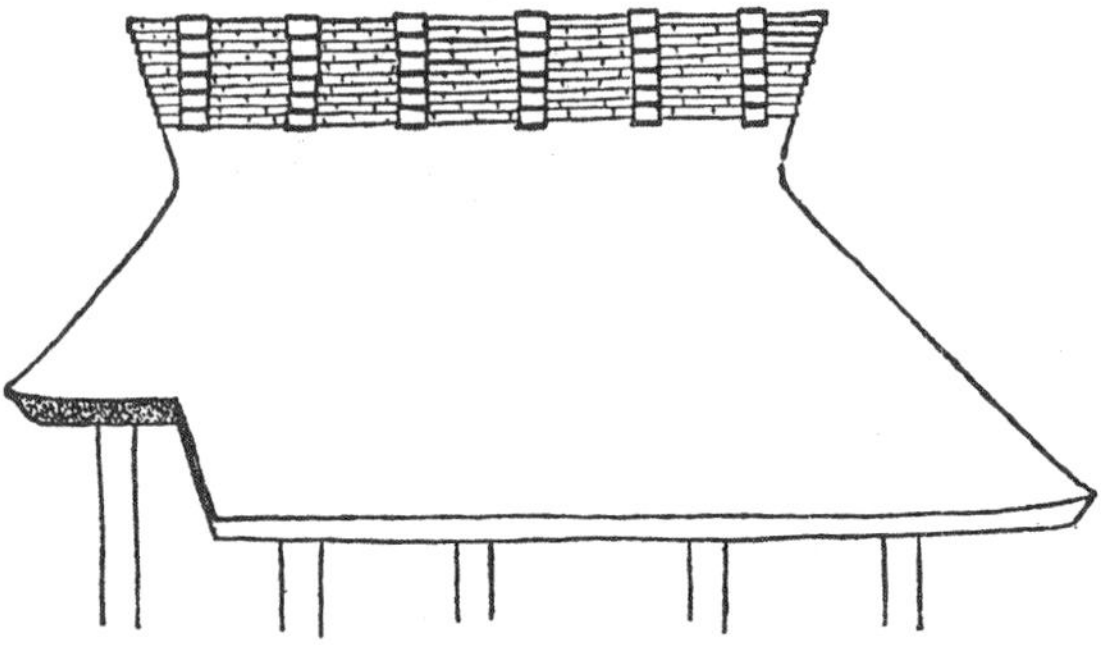

87図　摂津地方高槻の草葺屋根の瓦と竹とで葺いた棟。

たちの棟が一般的である。この棟はかなり急な傾斜をなしていて、割竹を並べ詰めてくるんだようになっている。一定の間隔を置いて、この棟を跨ぐように瓦が葺かれている（八七図）。三河地方ではじつに絵画的な美しさの棟が見られる。屋根が寄棟で、棟屋根（リッジ・ルーフ）は急傾斜をなし、その先端は角形に切り揃えられている。この棟屋根上に褐色の樹皮が、棟を蔽う

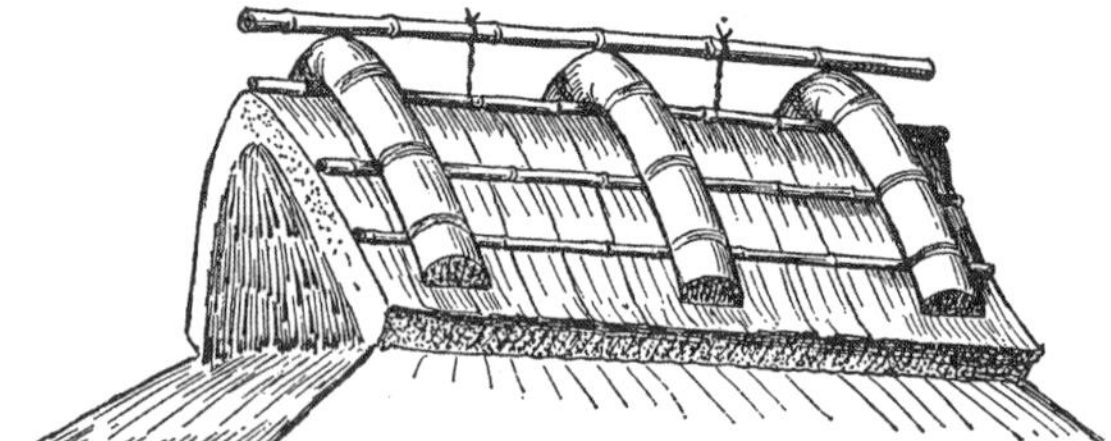

88図　三河にある草葺屋根の棟飾り。

ように並べ置かれ、これを、棟と平行に置いた何本かの竹で押えている。そのいちばん上に、丈夫な半円柱状の鞍形飾り——樹皮でくるまれている場合がある——が、三、四フィートの間隔をおいて、棟を跨ぐように置かれている。八八図はこのような鞍形飾りを三つ載せた屋根を示したものである。鞍形飾りの数としては三つくらいが普通であるといえる。これらの鞍形飾りは屋根に堅く固定されている。これらによる棟飾りの上部、すなわち棟の真上には長い

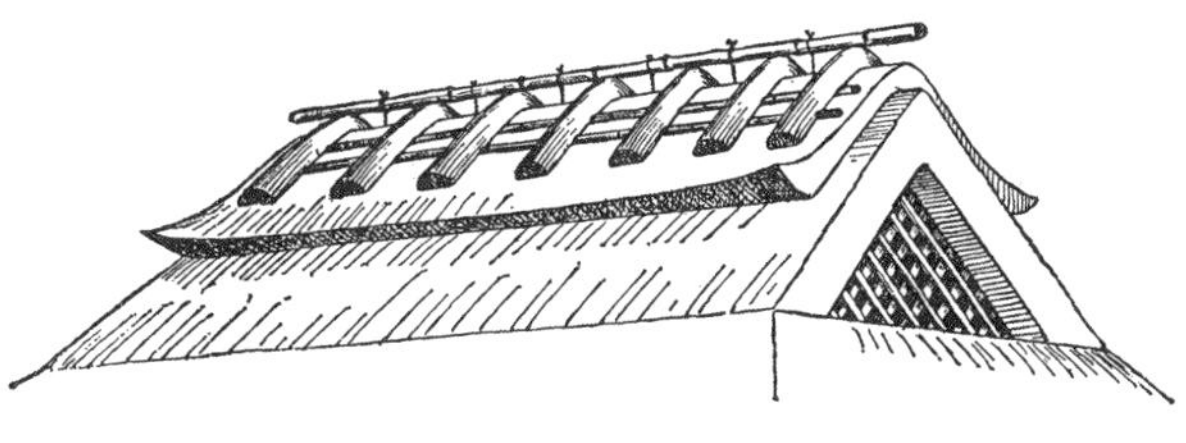

89図　京都にある草葺屋根の棟飾り。

竹がさし渡されている。この竹は、シュロ縄によって、それぞれの鞍形飾りのあいだのところで棟に括りつけられている。この切妻型の棟の端にある煙ぬきは、その窓の頂点から吊り下げられた藁でおおわれている。その藁の感じは蓑にそっくりである。煙はこの藁のカーテンを洩れ抜けるが、雨は入り込まない。

これに類似した造りの屋根はその他の地域においても見られる。京都の近郊では、これによく似た形式の屋根や棟をよく見かけるようである。この場合、棟の上にさらに補覆的に置かれている屋根は、形態的にさらに明確なものになっている。この屋根の四隅は、寺院の屋根に見られるように、わずかに反り上がっている。より具体的に説明すれば、主屋根は寄棟で、その上に低い切妻構造の小屋根が載っている。そしてさらにこの上に、別個にこしらえたもののように見える、草葺きの屋根材でできた大きな鞍形の屋根が据えられており、さらにこの上に数本の竹が、棟と平行に置かれている。そしてこれらを跨ぐように同じ屋根材を束ねて樹皮でくるんだ例の鞍形飾りがいくつか置かれている。いちばん上には、棟に沿って長い竹をシュロ縄で棟に括りつけてある（八九図）。この様式の屋根は、軒が広いだけでなく軒づけを厚く葺いており、入り込んだそして頑丈な格子の嵌った煙ぬきがついている。赤みがかった茶色の草葺屋根が、その付近にある貧弱な造りの家の板葺屋根ときわ立った対照をなしている。

90図　三河にある草葺屋根の棟飾り。

三河式屋根の別型は、九〇図に示したように構造が非常に簡素である。この場合、棟屋根は大竹ですきまなく蔽われている。また、棟の端に位置する棰が屋根を突き抜けて棟の上に出ている。

紀伊、大和地方では、棟の造りは一般に非常に簡素である。紀伊地方でよく見られる一つの型は、棟屋根が主屋根よりもずっと急傾斜になっていて、樹皮で蔽われている。この樹皮のおおいは、棟に平行に置かれる貫板か丸竹によって固定される。この上に、一定の間隔をおいて、樹皮でくるんだ藁束の鞍形飾りが置かれている。これらの鞍形飾りは棟のところでは非常に細く、下部では太くなっている。煙ぬきは小さな三角窓になっている（九一図）。

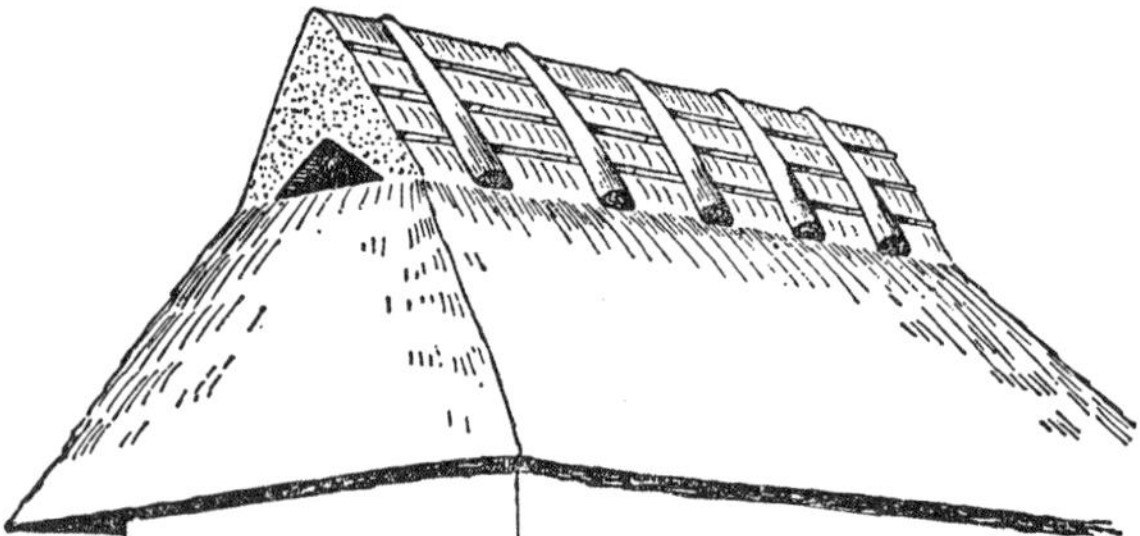

91図　紀伊にある草葺屋根の棟飾り。

大和地方では、二つの型の屋根がかなり一般的である。その一つは切妻で、粘土と刻み藁とを混ぜたものを塗った側壁が、屋根上に少なくとも一フィートは突き出しており、この壁の上には瓦がひと並べ葺かれている（九二図）、――この屋根の棟は九一図で見たものと同型である。いま一つの屋根型も棟は類似しているが、屋根の流れ面は、いくつかの厚い層を軒からずらせたように葺いている。それぞれの層は、柿板のように、その一部が互いに重なり合って、重なったほうの層の断面は厚くなっている。その重なり合う部分は、幅にして十八インチから二フィートくらいである。歴史的に古い大和地方で、蝦夷のアイヌ族の家に見られる屋根に酷似した、特殊な仕上げの流れを持った屋根を見ることは、興味ぶかく不思議に思われたことであった(九章、三〇七図および三〇六図参照)。

92図　大和にある草葺屋根の棟飾り。

遠江および駿河地方では、日本のこれ以外の地方では出会ったことのない形の棟を見かけた。この棟屋根は大きくて流れが急傾斜である。棟木から主屋根に向って、ちょうど棟屋根の流れの半分くらいまで、棟に平行して竹を何本も並べている。この竹を並べた上に、幅の広い、少なくとも一フィート以上の長さの樹皮が何枚か鞍状に敷き渡されている。その間隔は二フィートくらいで、下部は主屋根に接している。棟

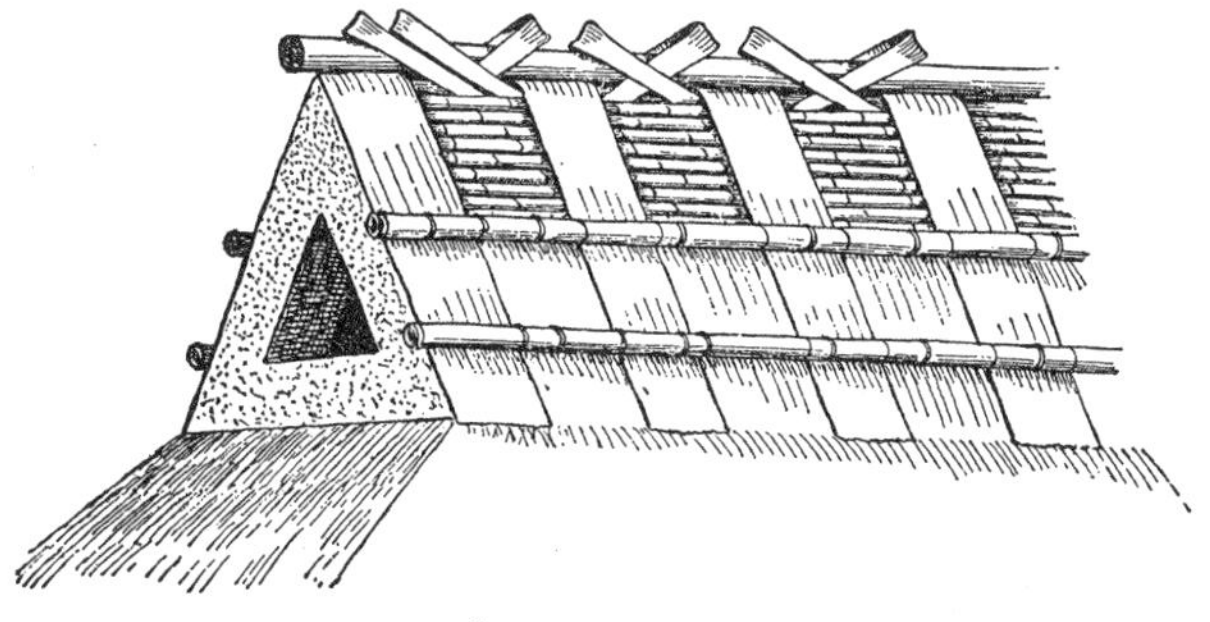

93図　遠江にある草葺屋根の棟飾り。

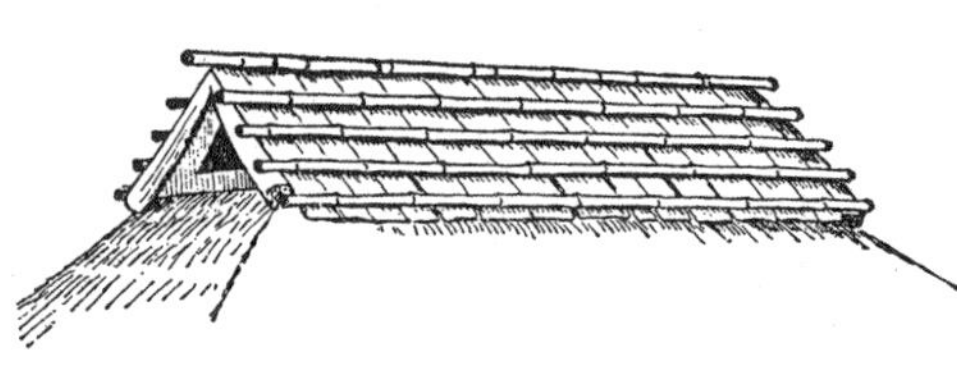

94図　伊勢にある草葺屋根の棟飾り。

屋根の両側に、棟に平行して、鞍状に置いた樹皮を押えるように、大竹が紐で固定されている。鋭角にとがった棟頂には、丸太の長い棟木が置かれている。そして、大竹を削いで、無造作に角砂糖挟みそっくりのヨーク状に折り曲げたもので、この棟木を挟み込み、挟みの脚の部分を斜めに棟屋根の上部に差し込んで固定している。この棟木押えは、二箇一組で十文字型にして、位置的には鞍状の樹皮と樹皮とのあいだに、差し込まれた挟みの脚がくるようになっている。棟の両端では、この竹でできたヨークが二重に使われている。この屋根の様子は、説明するよりも九三図によるほうが一目瞭然であろう。この形式の屋根は、そのユニークさもさることながら見るからに頑丈で耐久性がありそうである。

伊勢地方では簡単な形の屋根が見られる（九四図）。棟屋根が極端に低く、樹皮で蔽われており、多くの竹を使って固定している。その切妻部には、草葺きの屋根材を樹皮で丸くくるんだものが取り付けられており、縁を飾る刳形になっている[注3]。

鹿児島湾東岸の大隅地方では、建物の壁が非常に低い。しかし、この壁が山のような草葺屋根を支えている。これらの屋根は、北日本の屋根に比べて流れの傾斜が急である。さらに棟は幅が広く、おおざっぱに丸味をつけた形になっている。棟の両端は、幅の広い竹筵を当てがって仕上げてあるが、この竹筵は棟を堅固にする役目も果たしている（五四図）。

草葺屋根の形としてはこれまで述べてきた以外にも多々あることはいうまでもないが、例示したものはその代表的なものと考えてよいであろう。

日本家屋の屋根や棟に見られる絵画的な美しさ

と多様性になじむにつれてとかく考えるのだが、なぜアメリカの建築家は、家屋の側面にばかり注意を向けて、屋根に対しても同じような美的感覚を持ち、工夫をこらさないのであろうか。なぜ普通の木造家屋の棟が、きまって二枚の幅の挾い目詰め板で構成されているのか、あるいはなぜ屋根自体が常に硬く、直線的で角ばっているのかということについてのもっともな理由がないのである。アメリカの気候が過酷だといってもこれは弁解にならない。というのは、セント・ジョン川上流域およびメイン州北部地域には、フランス系カナダ人の木造家屋があるが、これらの家屋では屋根が広く張り出しており、軒づけのところで美しく反り上がっている。外観的にも、ニューイングランドの硬い感じの三角屋根に比べてはるかに美しい。

アメリカでは、家屋建築にさいして草葺屋根を復活させることをしないのは、不思議と言うに尽きる。アメリカの建築史では、数多くの古いものが受け継がれているのを見る。草葺屋根がふたたびはやるようになれば、アメリカの風景にまた新しい魅力が増すことだろう。草葺屋根は絵に描いたような美しさがあり、暖かい感じで、水排けがよいのである。日本では、草葺屋根は普通程度のものでも、十五年ないし二十年は良好な状態で機能する。最上の仕上げの場合、草葺屋根は五十年くらいの耐久性があると聞いているが、この数値は信じがたい。風雨による損傷のため、しばしば部分的に補修が行なわれ、最終的には、全面的な葺き替えが必要となる。草葺屋根は古くなると塵埃が詰まって黒ずんだ色をしており、厚い敷物を敷いたようになる。ここに灰色の地衣類が群生するばかりでなくさまざまな草木類、苔類も生える。葺きかたが正しい場合は、きわめて水排けがよく、心配されるような雨水の浸透はない。

草葺屋根で比較的つくりの良い家の場合には、軒先の真下の地面に二フィート幅くらいに玉石を敷いてあるのが普通である。これは雨のしたたりを受けるものである。それは草葺屋根の場合、樋

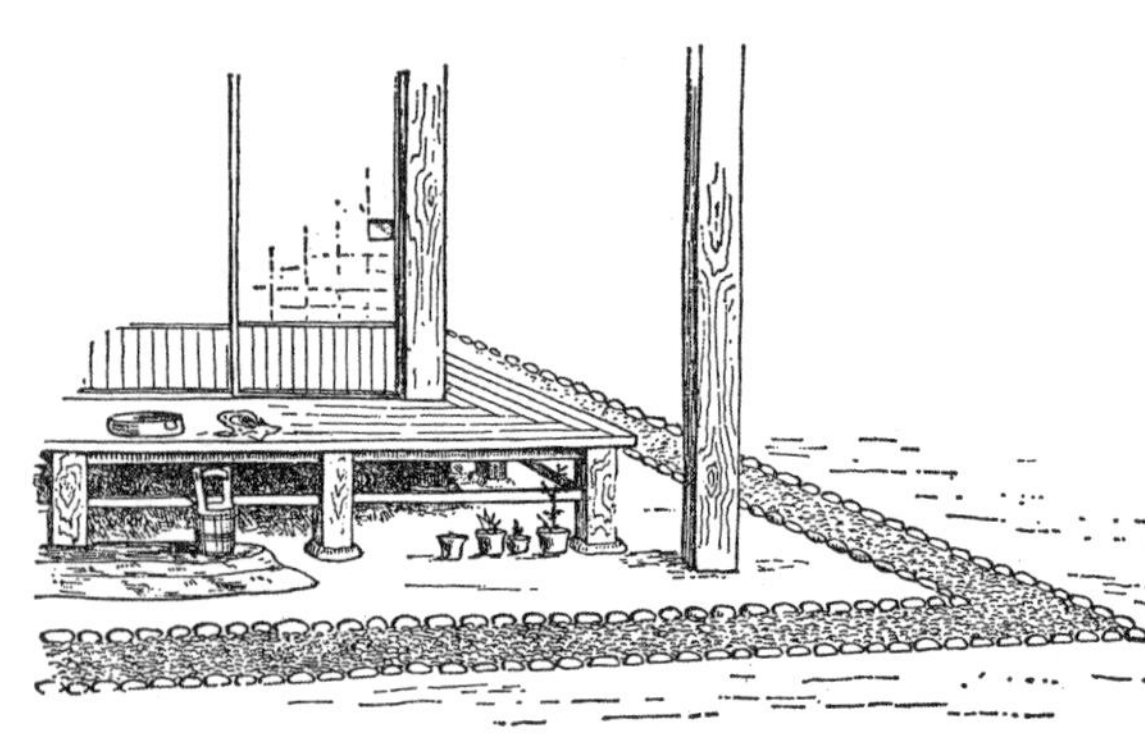

95図　草葺屋根の軒下の砌

や竪樋はどのような形のものであっても取り付けることができないからである。九五図は、家の周囲に玉石を敷いた図である。また八五図に示したのがこの家の屋根である。

家の多くの部分を表わす言葉が、別の意味を併有していることは、じつに興味ぶかい。家の棟（リッジ）を意味する「むね」*mune* は、英語の場合と同じ意味を持っている。この言葉は剣の背および山の背を表現する場合にも使われる。朝鮮では、草葺屋根の棟は、編み上げるか、そうでない場合は、少なくとも草葺きの屋根材を棟のところで結び合わせるか編み合わせるかして棟飾りにしている。棟を意味する朝鮮語は字義的には背骨 back-bone を意味するが、それは棟の形が魚の背骨に類似しているからであろう。

日本では屋根（ルーフ）は「やね」*yane* と呼ばれている。ところで、この「やね」は字義的には「家の根」house-roof である。このような意味の言葉がどうして「屋根」を意味するものとなったのか不思議である。これまでに、わたくしは、この言葉について多くの日本人学識者に尋ねたが、この言葉が「屋根（ルーフ）」を意味するに至った理由について満足すべき回答は得られなかった。一朝鮮人の友人が与えてくれた説明によれば、この名称〔訳注＝屋根のこと〕は、つぎのような連想から生まれたのではないかということである。すなわち根がなければ樹木は枯死し、家の根がなければ家は朽ちてしまう。さらにかれの話では、漢字の「根」は起源を意味するのだそうである。

朝鮮では、家の基礎は家の足と言われ、礎石は靴石と呼ばれている。

天井（シーリング）に当る日本語は「てんじょう」*ten-jo* である。——字義通りに理解するならば「天の井戸」"heaven's well" である。「天井」ceiling といい「天井」ten-jo といい、この両語の語根が「天」"heaven" を意味することは、興味ぶかい事実である。

注

（1）石造か木造かであって、神社などの前に建てられている。門を骨組みだけにすれば、これとそっくりになろう。

（2）このスケッチは、W・S・ビゲロー博士の提案によって、本書のためにパーシヴァル・ローウェル氏が撮影してくださった写真をもとに描いたものである。

（3）以上において、両端を面取りして——換言すれば切妻型にして、特別な仕様を施す部分を棟屋根（リッジ・ルーフ）として特徴づけた。草葺屋根自体の広い傾斜面と棟屋根とのあいだの境界線は非常に明確である。

第三章　家屋内部

概説　日本家屋の内部は、その造作がきわめて簡素であり、また、われわれが慣れ親しんでいるアメリカ家屋の内装細部の仕様とはあまりにも似ていないので、日本家屋の内部を描写するにさいして、両者を比較するのに好都合な言葉を見出すことはむずかしい。実際問題として、スケッチに頼らなければ、日本家屋内部の全体的模様について、とりわけその細部について理解を深めることはできないと思われる。したがって、以下に、多種多様な日本家屋の内部を主として図形によって示し、叙述によって補完したいと思う。

　外国人が日本家屋に入るときに最初に受ける印象は、部屋が狭いことと、部屋の間柱（スタッド）が低いこととである。天井も非常に低く、多くは容易に触れることができる。しかも、一つの部屋から他の部屋に入るさいには、よく頭を鴨居（リンテル）にぶっつけるのである。また、頑丈な柱、支柱、繋材など——目につくいたるところに構造上の特徴を見ることができる。一般に部屋が長方形であること、また座敷に床の間やそれと対をなす違い棚（コンパニオン・リセス）などを設けていることを除いては、全面的に凹凸や壁龕（へきがん）のないことが顕著な特徴といえるだろう。これらの凹所（リセス）はその部屋の大きさにもよるが、奥行は二フィートから三フィートくらいまでで、なかにはそれ以上のものもあり、さまざまである。しかし、その位置はほとんどすべての場合に一定していると言えよう。つまり、部屋の、縁側から見て左か右かの面に位置しているのが普通である（九六図）。また、二階の場合は、張出縁（バルコニー）から見て、やはり部屋の右か左かの側面にある。この二つの凹所は、簡単な仕切によって二分されているが、その仕切は、部分的な場合と全面的な場合とがある。この凹所の仕切りかたは、おおむね等分である。縁側

96図 鉢石にある客間。

寄りのほうを床の間 *tokonoma* と称する。ここには、画幅が一、二幅掛けられる。普通は一幅である。この床板は、座敷の畳面よりも少し高くなっていて、花瓶や置物が置かれる。これと対をなす凹所には、一般に戸棚があり、なかほどの高さのところに棚が一、二枚設けられてあり、また天井近くにも別の長い棚がある。戸棚にはすべて戸襖が嵌められている。再三繰り返すことになって恐縮だが、日本家屋の持つ特殊なしかも優れた特徴について、いま少しとくに触れておきたく思う。

第一章で日本家屋の構造について述べたさい、わたくしは、簡単な造りの木枠に紙を張って作った持ち運びの容易な間仕切について触れておいたが、この間仕切は、高さが約六フィート、幅が三フィートである。すでに言及したことだが、家の骨組みは、床面に敷く畳（マット）の数と同様に、この襖・障子と特別な関連を持っていると言うことができる。部屋の各隅には角柱があり、天井から十八インチないし二フィートのところに鴨居が柱から柱へと差し渡されている。これらの鴨居は、その下部面に、襖や障子を嵌める溝がつけられている。部屋と部屋とのあいだは、ほとんどがこの襖によって仕切られているばかりでなく、外壁の大部分もこれと同様の、簡単な、開け閉て（あ・た）の利く造作になっている。家屋内部は三、四部屋がひと続きになっており、これらの部屋の間仕切はすべて前述の襖・障子と最小限の屋根の支柱とによってできている。——支柱をなすこれらの柱は、部屋の隅にたてられており、部屋と部屋とを区分する位置にある。外廻りの障子には白い紙が張ってあって、締切っても和らげられた光が部屋に入るので落ちついた明るさがある。これらの障子は、簡単に取り外すことができるので、家のその面全体が外気と日光を存分に受けられる。部屋を間仕切る襖には厚地の紙を張ってある。この紙は無地のままか、あるいは、スケッチ風または華麗な図絵が描かれている。

自在戸がほとんど用いられていないことはすぐ

に気づくが、思わぬところに利用されているのを見かけることもある。およそペンキ、ニス、油性塗料、目止めなどは、いずれもアメリカの部屋の美観を損っている場合が多いものだが、日本家屋ではそれらがまったく用いられていないことも、これを見る人がただちに気づくことである。美しい木目の木肌を塗装し、刷毛（ブラシ）や梳き具（コーム）で縞模様をつけて自然を模倣する式の、物笑いの種でしかないような愚行は、日本人の思いもよらぬことである。それどころか、木肌は指物師の鉋の削りあとをとどめた状態のままである。表面はすっきりとなめらかであるが艶はない。――しかし、当然なすべき場所では表面を艶出しする。場所によっては原木のままの木肌が使われることもよくあり、時には樹皮がついたままで用いられる。このようなかたちで自然のままの状態を少しでも保存することができる場合は、日本の職人はいつも喜んでそうするのである。かれは、確かに木材に精巧な細工を施すことに余念がない。それは、竹に奇妙な節目をつけるあの菌状模様とか、樹皮のすぐ下の木肌に、よく奇態な模様を描いて甲虫類の幼虫が作る曲がりくねった道筋とか、あるいは紐の結び目模様とか、何かそういうものの感じである。かれの眼は、部屋を仕上げるにさいして、自然が造ったこのような図案を見逃がすことがない。

　床の板張りは粗造りである場合が多い。その理由は厚さが二、三インチもある畳で床面を完全に敷き詰めるからである。畳の寸法については、家屋構造を概説したさいにある程度触れた。

図面　さらに部屋の細部について話を進めるに先立って、建築家が製図したものから直接写した何軒かの住居の図面を検討してみることは適切であろう。第一の図面（九七図）は、数年前に東京で建築された住居のものである。この図を見ていると楽しくなって、わたくしなどはつい時間の経つのを忘れてしまうほどであった。本屋は奥行二十一フィート、間口三十一フィート。袖は十五フィー

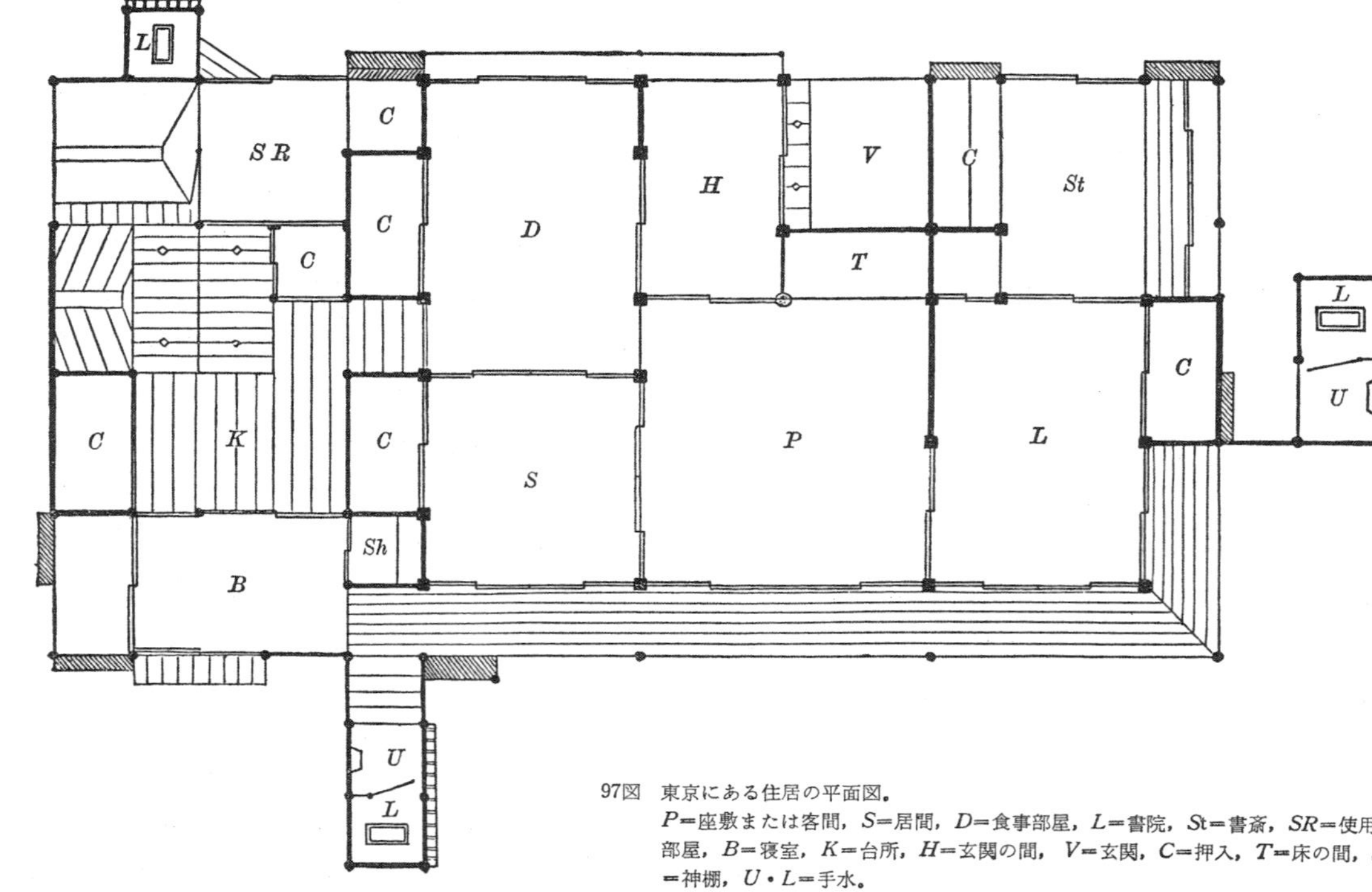

97図　東京にある住居の平面図。
P＝座敷または客間，*S*＝居間，*D*＝食事部屋，*L*＝書院，*St*＝書斎，*SR*＝使用人部屋，*B*＝寝室，*K*＝台所，*H*＝玄関の間，*V*＝玄関，*C*＝押入，*T*＝床の間，*Sh*＝神棚，*U*・*L*＝手水。

ト幅、奥行二十四フィート。塗りつぶした黒い四角は屋根の支柱を示し、塗りつぶした黒い丸は、縁側屋根と袖の屋根の支柱を示す。平行線をつめて引いた部分は縁側で、二重線は襖と障子を表わしている。――太い黒の実線は壁を示す。台所、湯殿および特定の板の間は、縁側部分を表わしているものより、間隔の広い平行線で示している。斜線部は、床面よりもやや低い中央部の排水溝に向かって傾斜している板張り部分を示す。ここには大型の水甕または木製浴槽が置かれている。こぼれ出た水は、この排水溝を通って戸外に出る。家の外面部の影状に斜線を施した小さな部分は戸袋を示している。夜間の戸締りのためにも非常に役に立つ雨戸は、昼間はここに収納する。ここに図示した家は、玄関（ヴェスティビュール）、玄関の間（ホール）それに七部屋があり、そのほか台所と、押入が九つある。この七部屋は、アメリカの家の名称に従えば、書斎（スタディ）、書院（ライブラリ）、客間（パーラー）、居間（シッティング・ルーム）、食事部屋（ダイニング・ルーム）、寝室（ベッド・ルーム）、使用人部屋（サーヴァント・ルーム）および台所（キチン）である。どの部屋にも寝台枠（ベッド・ステッド）のような家具は設備されていない。――つまり、寝床（ベッド）には綿を詰めた蒲団を用いる。就寝時にこれを畳の上に敷くのである。――したがって、寝床は、どの部屋にでもしつらえられることになる。取り付け式の家具がほとんどないので畳面は広々としている。かくて、必要な場合は、全床面を寝床に供しうる。――これは不意に多数の客を泊める必要に迫られた時など、確かに非常に便利である。押入のいくつかは寝具入れとなる。通常、昼は、寝具をここに仕舞っておく。

納屋（バーン）、薪小屋（ウッド・シェッド）その他の離れ屋がまったくないこともとくに目立つことである。しかし、家に地下室がないとすれば、一体どこに燃料を貯蔵しているのかと誰もが考えるにちがいない。台所の床板の一部は取り外し式になっている。この板の端は、指を掛けやすいように少し欠いてある。指を掛けて持ち上げた板を順に取り除くと、その下はかなりの空間があり、薪や炭の貯蔵庫になっている。玄関は土間であるが、その上がり口に床面と同じ高さにちょっとした板張りの部分がしつらえられてある。この場合も台所と同様に板を取り除くことができ、その下の空所には、下駄や傘が目につかないように仕舞っておかれる。中程度の暮し向きの家では、玄関の間にもこの式のものがあるのを見る。しかし、富裕な人々の家では、わたくしが知るかぎり、そのような造作は見られない。

この家では、食事部屋と書院はそれぞれ六畳、客間は八畳、居間は四畳半である。すなわち各部屋には、それぞれの枚数の畳を敷いてあることになる。食堂以外の三部屋は縁側に面している。

この家の総建築費は約一千ドルであった。この家の敷地は約一万八百平方フィートであり、その価格は三百三十ドルであった。これに対する固定資産税は五ドルであった。畳つきのこの家は、生活を始めるために、ぜひ必要な家具は他にはほとんどない。

四、五人の家族が普通に、じゅうぶん暮してゆける程度の家なら、たいして建築費をかけなくともけっこう建てられる。また家に備えるのに必要な家具類(アーティクル)が少なくて済むこと、および安価なことは信じがたいほどである。この程度のささやかな家と家具とについて述べるに当たり、読者は、家族が部屋数の不足から不自由を感じているとか、必要家具を切りつめているとかいうふうに想像すべきでない。そうではなくて逆に、家族はじつに快適に生活できるのである。かれらの入用品はほんの僅かで、その趣味は簡素で洗練されている。日本人の暮しぶりには虚飾的なところが毛頭ない。すなわち、不自然な見せびらかしが原因で過大な借金を背負い込むことがないのである。アメリカにおいて、世帯を持とうとする年若い主婦によくありがちな、絨毯、カーテン、家具類、銀器類(シルヴァー)、陶器類(ディッシュ)などに対する途方もない額の請求書をかかえ込んでしまうこと——まさにこのような請求書を心配する気持が結婚の回避になることもよくあるのだが——は、幸運にも日本人がほとんど知ることのない社会的不幸である。

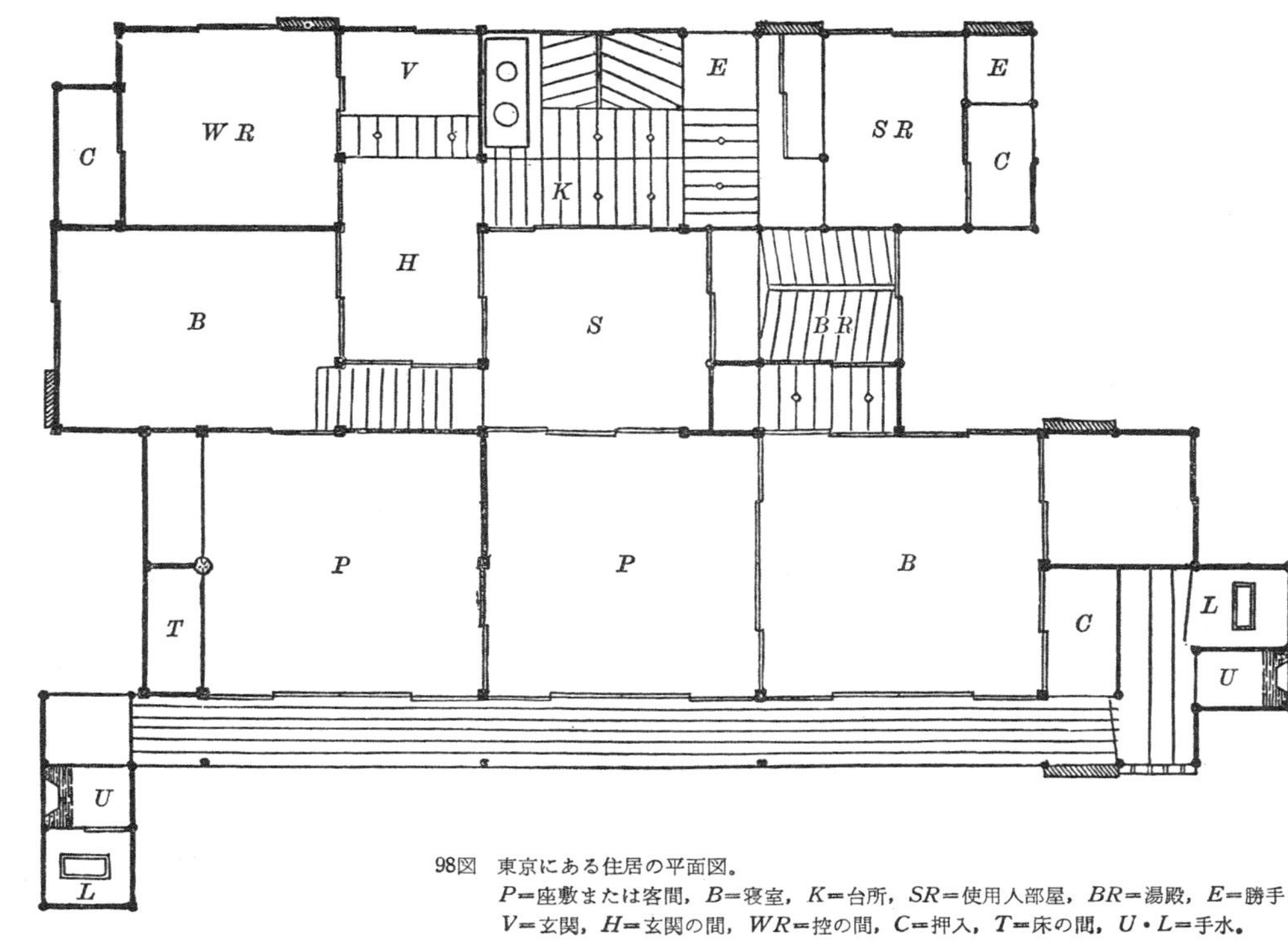

98図　東京にある住居の平面図。
P＝座敷または客間，*B*＝寝室，*K*＝台所，*SR*＝使用人部屋，*BR*＝湯殿，*E*＝勝手口，
V＝玄関，*H*＝玄関の間，*WR*＝控の間，*C*＝押入，*T*＝床の間，*U*・*L*＝手水。

ここに取り上げた家は、一見、簡素であるかに見えるが、部屋の配置はアメリカのそれに劣らず多様である。アメリカの場合と同様に、日本にも安上がりの家がある。この種の家では、一定の順序に部屋が並んでいる。しかし、このような事柄をがぜんぜん別とするならば、かれら日本人は、家を設計するにさいして、おどろくべき多様性を示すばかりでなく、その部屋々々の内装仕上げにさいしても、はかりしれない多様性を示すことであろう。

九八図は、三六および三七図に示した家のものである。その詳細は、前掲の図面で示したとおりである。この家は、一階に台所、玄関の間および浴室、それにあと七部屋がある。前掲の図面と同様に、台所と浴室は間隔の広い平行線を引いた床面で示している。——前図と同様に、斜線部は浴室と洗い場とを示す。

この家の主人は、しばしばわたくしを自宅に招いて、その柔らかな感触の畳と静かな雰囲気を楽しませてくれたことがあった。そういうもてなしのなかで、わたくしは、もし人が自分の家から突然に、一風変わった、そして心たのしい、周囲の造作をこらしたこの目立たない家に移ったとして、そのさいに受けるであろう印象はどのようなものかと考えてみることがよくあった。この家のひと続きになった部屋も家具類が見当たらないことが何よりも先に注意を引く。それから、徐々に、木部の仕上げと淡色の色壁とのあいだに名状しがたい調和がとれているのが観られるのである。風雅の趣のある墨絵や伝統的な図案を描いたこの場にじつに似つかわしい襖。その襖の紙は、よく注意して見なければ、その質を見きわめがたいほどの、艶を消した何ともいえない感触の紙。床一面に敷き詰められている清潔で気持のよい畳。天井をはじめ、室内の目に見える箇所の仕上げに使われている自然木。袋棚や棚がある伝統的な床の間および違い棚、上部に丹精な造りの組格子や彫刻のある部屋幅いっぱいの鴨居——これらすべては、日本人の優雅な趣味と好尚について、消えやらぬ印象を与えずにはおかぬのである。

わたくしは、この家の用材が発するとくに感じの良い香りが、各部屋に芳香を漂わせていることに気がついた。(注1)このことに関連して、わたくしは、アメリカで見なれていた、椅子（チェア）、化粧箪笥（ビュアロー）、食卓（テーブル）、寝台、洗面台（ウォッシュ・スタンド）などがところ狭しと置かれた部屋、埃（ほこり）っぽい絨毯、気違いじみた模様があり、全面的にあるいは部分的に光と外気を遮断してしまい、一対の四角な窓の刳りぬきがある息詰まるような壁紙のことなどを思い起こした。ニス仕上げの家具が作り出す迷路のような部屋を思い出すときに、わたくしの心に甦ったのは、そのような部屋にまともに足を踏み入れようとしたときに、どれほどの労力を余儀なくされたことだったろうかということであった。これと対照的に、部屋の大きさからくる制約はあるにしても、日本家屋が与えてくれる新鮮な空気とふんだんに注ぎ込む光とを享受していると、わたくしは、自国で住み慣れていたあの窒息しそうな部屋々々を、快い気分で思い起こすことは到底できない。

外国人として、日本家屋の調度品が、あまりに質素であること、そして当初は無味乾燥と思わせかねないものであることに満足できず、しかも、それにもかかわらず、その外国人が風流を解する人だとなると、かれは日本家屋に家具や絨毯があまり用いられないおかげで、あの調和のわるい家具類がかもし出すあのいやな気分に取りつかれるみじめさを免れると、仕方なくそう考えることになろう。そのような外国人は、家庭向け工芸品のあるものを思い起して満足するのである。これらの工芸品のなかには、嫌悪すべき卓子（テーブル）がある。つまり、その下部には、よく人が脚を打ちつける不合理な形の天使（ケルブ）の彫像がある。また、翼のある天使（エンゼル）、獅子（ライオン）、虎（タイガー）などを描いた絨毯がある。――もっと低劣な場合は、にやにや笑って顔を赤らめた若い女と、彼女に劣らず顔を赤くした牧童とが恋の語らいをやっているような図形なのだが――この種のものが相変わらず幅を利かせている。このような絵柄の絨毯は、快い気分でその上を歩く気には到底なれるものでない。ただし、白い歯を見せてにやにや笑いながら、泥だらけの長靴を拭うのには向いているかもしれぬ。日本の家屋の場合、外国人旅行者は少なくともこのような忌まわしい事物のごたまぜに気分を害されることがない。かれはまさに、調度品と家具(ファーニッシング)とからなる「文明開化」の生活様式がしばしば与える、あの苦痛を味わわなくてすむ。P・ローウェル氏〔訳注＝一八五五―一九一六、アメリカの天文学者。日本にも滞在し、『極東の精神』などの著作がある〕は、「安ぴかの室内装飾にぺこぺこ隷属することしか能がなく、不毛で無定見のアメリカ式奢侈(しゃし)」と言っているが、まさに言いえて妙である。

ともあれ、話が脇道へ逸(そ)れてきたようだ。前述の図面では、部屋の広さは、各部屋の畳数を知り、そして三フィートに六フィートという畳一枚の大きさを思い起こせば明確になる。また、部屋は、アメリカの家の同程度の部屋に比べてずっと小さいのであるが、家具がないためにむしろ広く見える。縁側ぞいに並んで庭に面している三部屋は、簡単に一部屋に模様替えされる。かくて、長さ三十六フィート、幅十二フィートのひと続きの部屋となる。ただし、一箇所だけは壁によって部分的に仕切られているために、完全なぶち抜きにはなっていない(注2)。

建築方法についていえば、一般に言われているように、構造技法が適正であることが、それだけ様式としても優れているということである。日本の家屋の場合、この原理が完璧の域にまで実践されていることがわかる。板張りの天井、隅柱(コーナー・ポスト)、中束(ミドル・ポスト)、梁(トランスヴァース・タイズ)は外部からよく見える。屋根を支える隅柱は、下部の土台からがっしりと突き出していて、装飾上の一役を果たしている。棰の先端部(フリンジ)は、その下に幅広く張り出した軒の屋根面を肋(リブ)支えしており、この軒は、縁側の端から端まで通っている原木の大桁にしっかり載っている。日本家屋は、その造作のどこを見てもほんとうに魅力的である。長く暑い夏のあいだ、別荘として日本家屋にまさるものはない。しかし、うすら寒く雨の多い冬は、あまり快適ではない。少なくとも外国人にはだめである。――しかしわたくしにとって疑問に思われることは、日本人にとって日本家屋が、アメリカの一般家屋にわれわれアメリカ人が感じている以上に住みごこちが悪いのではないかという点である。つまり、暑くて息苦しいような部屋がいくつか並び合っていて、暖炉(ファーニス)の熱でひび割れしているか、寒さで裂け目ができたりしているあの家、暖炉から出る排気、よく詰まる煙突、目につきながら払拭しようのない煤、ところかまわず降り積もる石炭灰、その他誰もがよく知っているもろもろの嫌悪すべきものと四六時ちゅうつき合っているわれわれよりも、住みごこちが悪いのではないかと思うのである。日本人は、われわれほどには寒さを苦にしないようだ。さらに、家のなかで、かれらはわれわれに比べてはるかに厚着である。ささやかな暖を取りたい場合は炭（火）の入った行火(あんか)が用意される。それを取り込むようにして暖まったり、また、その上に坐って足を暖めたりする。その様子は、卵を暖める雌鳥(めんどり)の姿そっくりである。日本人の、寒さに対する関心のなさは、雪見の宴などのさい、部屋が庭園に向かって全部開け放たれていることがよくあるということでもうなずける。その庭園が、積もったばかりの雪景色、ということもありうる。もちろん日本の冬は、わが国北部の冬に比べるとはるかに凌ぎやすい。しかし、このような日本の冬には、アメリカ人は、本国にあるような、家族が賑やかに寄り集まる暖炉端がないのを淋しく思うのである。実際に、わが国の家庭生活が持つ社会的性格から、日本家屋は、冬には、われわれアメリカ人にとってはこのうえなく住みごこちの悪いものとなるのである。

　貴族の邸宅と士族 *samurai* の屋敷とのあいだの相違は、武家屋敷と農民のあばらやとのあいだの

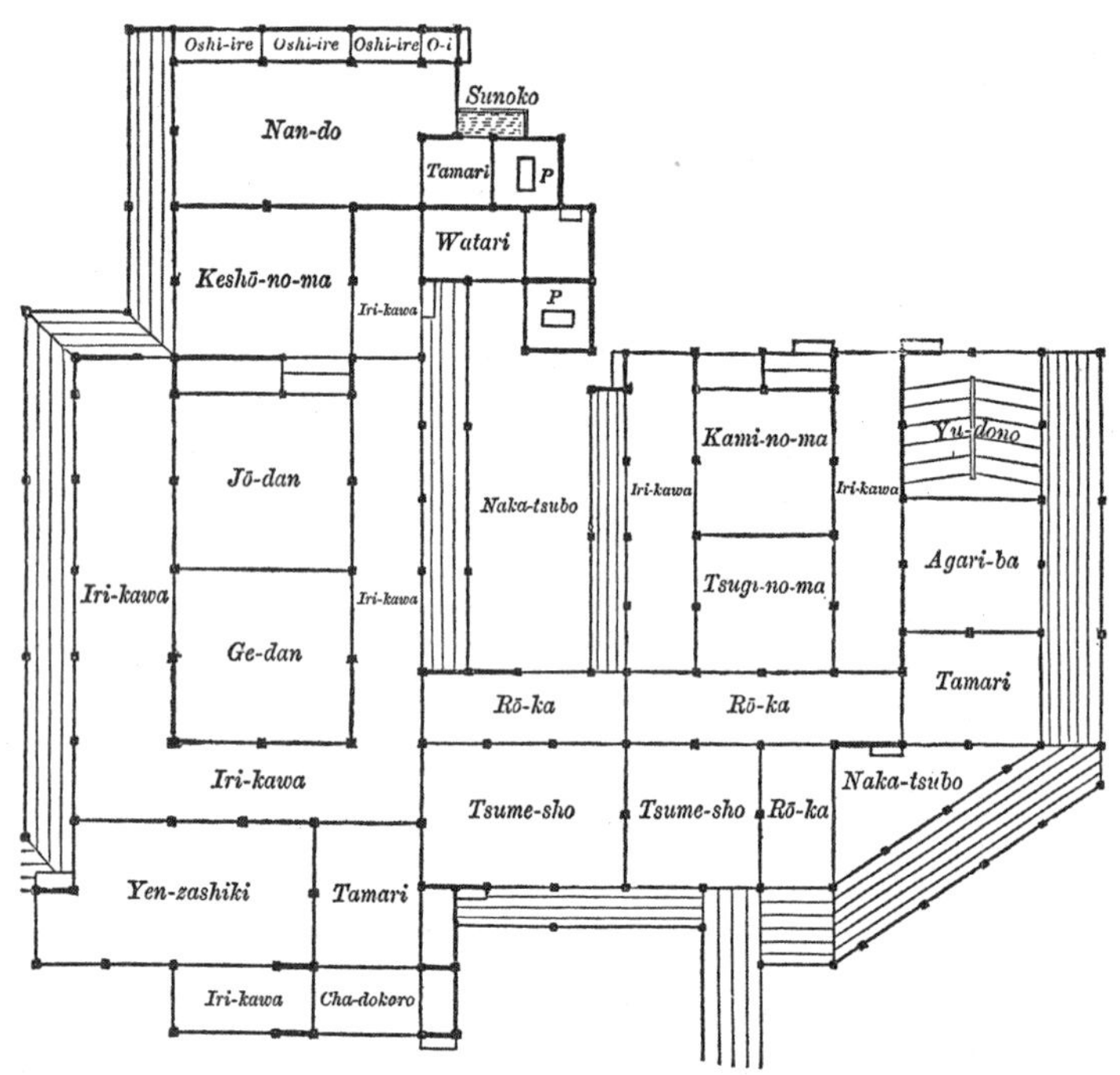

99図　大名屋敷の一部の平面図。（注３）

相違に匹敵するほど大きい。といっても貴族および士族の家屋の内部仕上げには、それほど顕著な相違がない。双方ともに、純木造建築、建築様式の簡素さ、粋を尽くした仕上げに眼目が置かれている。しかし、貴族の邸宅は、門が堂々とした構えになっているのが特徴である。また、部屋や廊下の配置が士族の屋敷に比べてもはるかに大きい構想のもとになされている。ある種の部屋や廊下の配置に行なわれている部分的な変化は、一般家屋では見られないものである。

ここに掲げる大名屋敷の図（九九図）は、東京にある私立の建築学校カイコウシャの学生である宮崎氏の製図になるもので、最近

〔訳注＝一八八四年〕ロンドンで開催された万国衛生博覧会に、他の設計図とともに展示されたものである。わたくしが、これらの図面を調査研究することができるのは同博覧会の日本代表委員手島精一氏〔訳注＝一八四九—一九一八、明治工業教育の先覚者。工業教育視察のため欧米に渡ること十回に及ぶ。明治十四年東京教育博物館長となった〕のご厚意によるものである。

大名が、貴賓や公式訪問者を応待するときの作法に小うるさい仕方は、ひと続きになった二部屋のうちの一室の床面に見られる風変わりな造りに現われている。その部屋の床面は、他の部屋のそれよりも数インチ高くなっており、いわば壇(デイス)のようになっている。これらひと続きの二部屋を、入側(いりかわ) *iri-kawa* と呼ばれる一種の通廊が取り囲んでいる。つまり、入側は部屋と縁側とのあいだを通っていることになる。さらに分かりよく言えば、主賓室の内部には、障子で仕切られた、ひと続きの二部屋がある。このうちの一室は下段 *ge-dan* と呼ばれ、その床面は屋敷の他の床面と同じ高さである。他室は上段 *jō-dan* と呼ばれるが、その床面は、下段のそれに比べて三、四インチ高くなっている。上段の周囲は艶出しした木枠で囲ってあり、これがいわば畳寄せとなっている。下段とは反対側の位置になるが上段の一部には床の間と違い棚とがある。縁側からこの部屋に入るときは、例によって障子を開いて入り、敷畳の入側を横切る。入側の幅は、畳幅くらいであるが、それ以上の場合もある。ここでもういちど障子を開いて入ると前述した部屋である。大名は、新年の祝賀その他重要な用件で訪問を受けるとき、威儀を正して上段に座を占める。大名の家老や家臣は入側に居並ぶ。いっぽう、来賓は下段に入り、大名様 *Daimio Sama* に敬意を表するのである。また、同図に、やはり入側で囲まれた上の間 *kami-noma* および次の間 *tsugi-noma* と称するひと続きの部屋がある。おそらくこれも同様の目的に使用されるものと思われる。

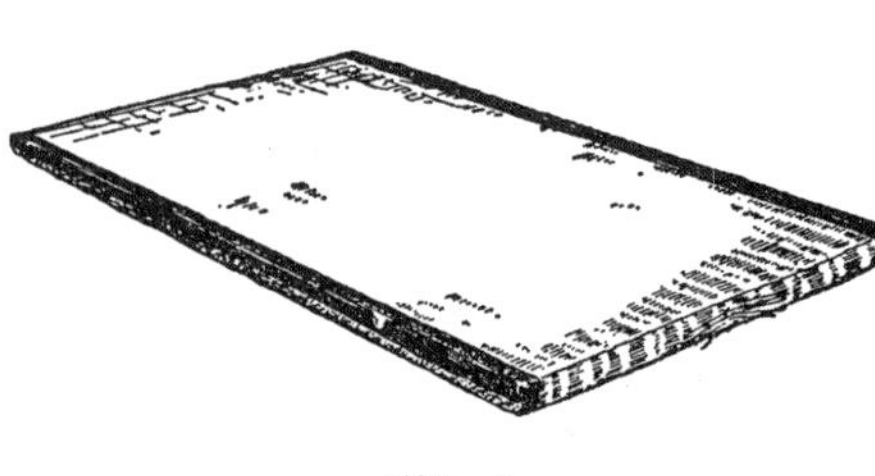

100図　畳。

この図では、間隔の詰まった平行線は縁側を示し、太い線は壁を、小さな四角印は柱をそれぞれ示す。また、細い線は障子および襖の部分を示している。この細い線は、太い線とともに、部屋、通廊、その他を仕切る線でもある。

畳　ここで、畳について少し詳しく説明しておこう。もっとも、畳のことは家屋構造を述べたさいにも、簡単に触れたことがある。畳は、藁を丈夫な糸で約二インチの厚さにさし固めた丹念な作りのものである。——その表面には、われわれアメリカ人になじみの広東（カントン）ござそっくりに藺（い）を編んで張り付けてある。ただし、これは、比較的上等の畳の場合である。畳は、四方のふちを直角に角をつけてあり、長いほうのふちすなわち縁（へり）とその側面上部には、一インチまたはそれ以上の幅の細長い黒のリンネル布で縁取りしてある（一〇〇図）。

畳の床（マット）の製作は、その表面に張る畳表（ストロー・マッティング）の製作とは別の仕事（トレイド）である。畳職人が店頭で、背の低い木枠の上に畳を置いて、かがみこんで仕事をしている様子はよく見かけるところである。

前述したように、建築家はつねに、一定枚数の畳を敷けるように部屋を設計する。畳の大きさが一定なので、設計のうえでも、部屋に何畳の畳を敷くことができるかということで、ただちにその部屋の面積が分かる。畳はつぎのような畳数に従って敷かれる。すなわち、二畳、三畳、四畳半、六畳、八畳、十畳、十二畳、十四畳、十六畳等々である。二畳敷の部屋の場合は、畳を並べて敷く。三畳敷の部屋の場合は、三畳の縁を合わせて敷いたり、二畳はへりを合わせて並べ、残る一畳を、その二畳に対して横向きに置いたりする。四畳半敷の部屋の場合は、半畳の畳を四隅のいずれかに置く。六畳敷および八畳敷の部屋がもっとも一般的な広さの部屋である。このような事実に、通常の日本の部屋と家屋が小さいものであるということがあらわれている。——六畳敷部屋の場合は、短い辺が約九フィート、長い辺が十二フィートである。八畳敷では一辺が十二フィートの正方形。また、十畳敷の場合は、短い辺が十二フィート、長い辺が十五フィートである。ここに掲げた図(一〇一図)は、これらの場合の一般的な畳の敷きかたを示したものである。

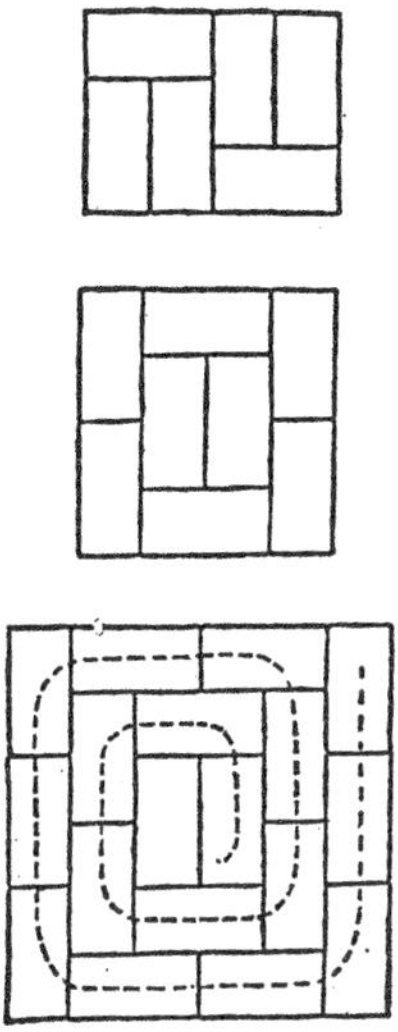

101図 広さの異なる部屋の畳の敷きかた。

畳を敷き詰める場合に、四枚の畳の角が一点に集まるような敷きかたは決してしない。二枚の畳の角が、他の一枚の畳の縁に接するように敷く。畳は、部屋の中央に置かれた二畳を中心にして左廻りに渦巻型に敷き広げられるもののようである(一〇一図の点線を見よ)。普通の畳は、両側の縁に、細長い黒のリンネル布で縁取りしていることは、前述の通りである。貴顕の邸宅では、この畳縁は白色と黒色の模様を施したものが使われている。これは、家屋内部を示した日本の図鑑を参照しても知られることと思う。畳は隙間なく敷き詰められているので、その下にある床板は全然見えない。床板は一般に粗板を突付け張りにしてある。畳面は、その上に足を踏み入れると、わずかに弾性を感じる。畳は古くなれば表面にやや凹凸が見られるようになり、長年のあいだ使ったものは弾性がなくなり堅くなっているものである。床面が柔かな畳敷であることから、土足で部屋に入ることは決してしない。——日本人はいつも、踏石か入口の土間に、つまり屋内に入る前に下駄を脱ぐ。家のなかでも靴を穿いたままというのは、外国人が、よく日本人を不愉快にさせる、浅劣粗野なあれこれの流儀の一つである。長靴や短靴の堅い踵だと、畳面に深い跡形をつけるばかりでなく、突き破ったりすることがある。しかし、幸いなことに屋内に入るにさいして靴を脱ぐという行為は、およそ外国人が受け入れることのできる習慣の一つである。——それは、屋内で靴を穿いたままでよいのかどうか、見ればはっきりわかるからである。春とか雨が降り続くときとかは、畳は湿気を含んでかび臭くなる。したがって、日当たりのよいときには畳を取り出して、家の前に、トランプ・カードのように並べ立てて干すのである。また、ときどき畳を取り出して、ほこりを取るために表面を叩くこともある。畳は、その性質上、全体が蚤にとって格好の隠れ家となる。蚤は、日本を旅行する外国人にとって、じつに耐えがたい苦痛の種である。しかし、この厄介者も上流階級の私宅では滅多に姿を見せない。このことは、アメリカの、似たような害虫の場合でも同様である。

102図　婦人が坐っているところ。

この畳の上で、日本人は食事を摂り、眠り、死んでゆくのである。畳は、寝台、椅子、長椅子を兼ね、ときには机の役も併せ兼ねる。畳の上で休息する場合、日本人は膝を折り曲げた姿勢を取る。——つまり、双方の脚部を折り曲げて身体の下に納める。臀部は、両腓と両踵の内側の上に載っかるようになる。足指は内側へ向いた形になるが、これは、内側へ仕舞い込んだほうの足の甲の上部が、直接に畳面に当たるようにするためである。一〇二図は、婦人の坐図である。老人では、畳に接する足の部分に胼胝ができているのをよく見かける。このような事柄に関して、日本人の生活習慣についての知識がなければ、こんな部分の筋肉がどうして堅くなるのだろうかと訝かるような目で見られてもやむをえないだろう。この端坐の姿勢は、外国人にとっては相当に苦痛で、それに慣れるためにはただ練習する以外にない。日本人でさえ数年も外国暮しをやると、端坐する生活に戻ることがことのほかむずかしくなり、かなり苦痛のようである。日本人は、この姿勢で客に挨拶をする。握手は行なわれない。そのかわりに、両手を揃えて畳面に置き、お辞儀をする。お辞儀の仕方は、その時の気持の籠めようによってさまざまである。頭が、畳面に揃えて置いた両手に触れることもよくある。このようなお辞儀のさいには、背中は、床面(ゆか)と平行か、それに近い状態になる。

　食事のおり、料理は、漆器と陶器の器物(うつわ)に入れられていて、一人前ずつ人数分の漆塗りの盆に載せられて運ばれ、畳に坐っている家族のめいめいの前に置かれる。そして、この状態で食事を摂る。

　夜になると、ずっしりと詰め綿をした蒲団を床面に敷く。これと同じような厚さの蒲団が毛布の役目をする。頭を支えるための小さな枕が用意される。——これで寝床ができあがる。朝になると、これらの寝具は、押入に仕舞い込まれる。寝床作りについては、また項を改めてさらに述べたいと思う。

　上等の畳一枚の価格は一ドル五十セントである。しかし、畳によっては、一枚三ないし四ドルのものや、さらに高価なものもある。もっとも安価な畳は、一枚六十ないし八十セントである。九七図に示した家屋の畳に要した総経費は五十二ドル五十セントである。

引戸　襖・障子についてはすでに触れたが、これらは日本家屋において、非常に重要かつ明白な一つの特徴をなすものである。この観点から、これらについて、さらに特記しておくことが必要と思う。アメリカの家屋では、「リンテル」といえば扉(ドア)の上の横木をさす。この部分は木枠で囲んであって、抱(だき) jamb すなわち、扉が閉まるさいに嵌る

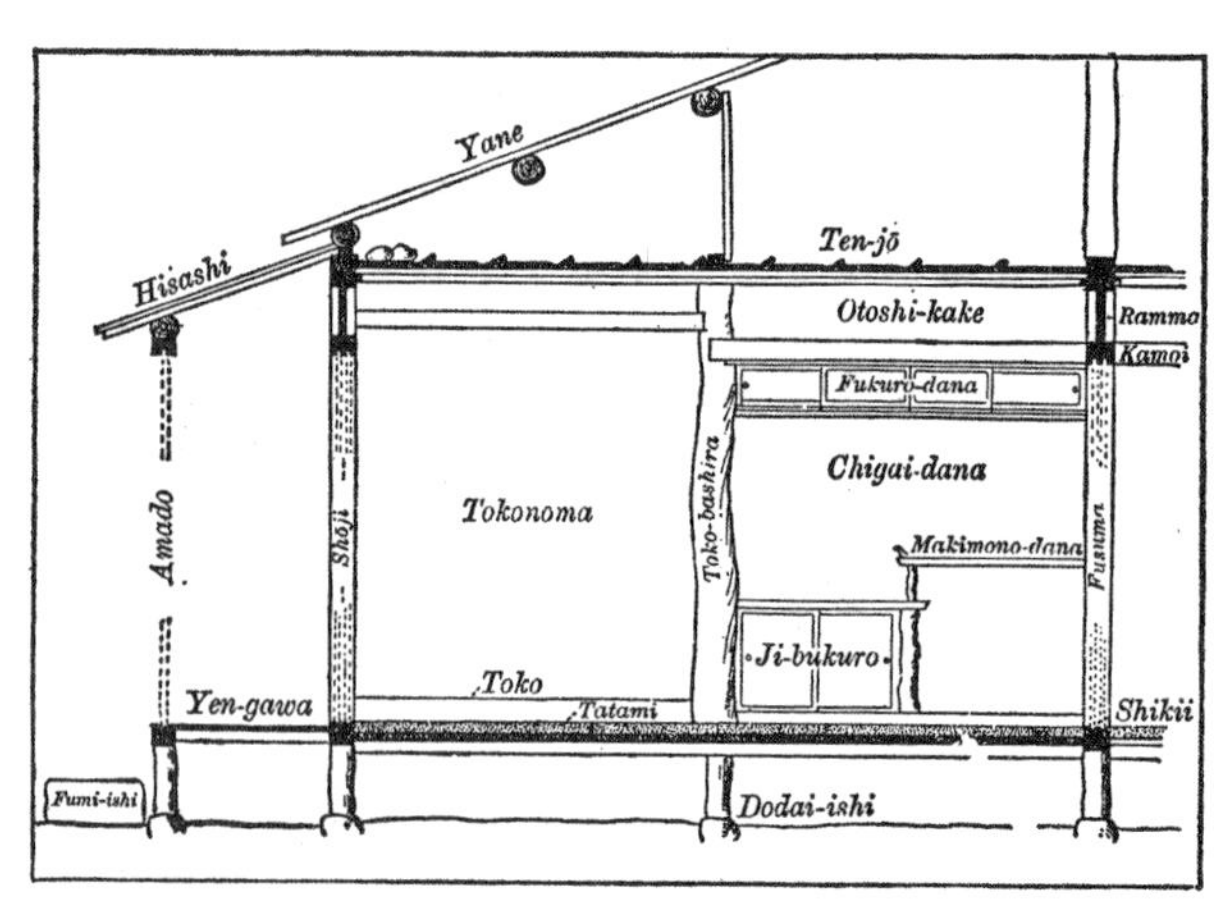

103図　縁側と座敷の断面。

垂直方向の入込(リセス)に連なる水平方向の入込の作りになっている。日本の「リンテル」を理解するには部屋の一方の隅から他方の隅へそのような横木を差し渡してあると想像するのがよい。これが日本の部屋の場合にいう鴨居 *kamoi* である。鴨居は木地のままである。その下面には二本の深い、相近接した平行に走る溝がつけられている。この鴨居の真下に当たる床面の位置に、二本のごく浅い溝をつけた横繋材すなわち敷居がある。敷居は畳面と同一平面にある。これら上下の溝を引戸が滑る。鴨居の溝は深く掘られるが、これは、まず引戸を浮かせて床面の溝から外し、つぎに上の溝から外すことによって引戸を取り除くことができるように考慮されているからである。かくて、続いた二部屋はたちまちに一部屋に模様替えが可能なのである。この鴨居や敷居の溝と溝とのあいだは、引戸の開け閉て(た)にじゅうぶんな間隔がある。このように引戸は、自由に滑り動かせるので、部屋と部屋とのあいだの開き加減が自在である。

　この引戸式間仕切(スライディング・スクリーン)には二種類あって、一方は、「襖」と称して、部屋と部屋とのあいだの間仕切をなし、他方は、「障子」と呼ばれるもので、縁側に面する部屋の縁側との仕切に用いられ、窓の代役を果たす(一〇三図)。

襖　部屋と部屋とのあいだの可動式間仕切といってもよい襖 *fusuma* は、その両面に厚手の紙を張ってある。昔は、この紙に中国の紙を用いるのが慣習であったので、この襖は唐紙 *kara-kami*——つまり「中国の紙」と呼ばれている。この襖の枠組みは、細い桟を横四ないし五インチ、縦二インチの格子に組んだもので、障子の枠組みによく似ている。日本の木製品のほとんどがそうであるが、襖の場合も、その外枠は、多くの場合、木地のままである。ただし、この外枠が塗り仕上げのものも珍しくない。この枠組みに張る紙は、丈夫で、厚手の、耐久性を有するものである。また、見事な装飾画を施してある場合が多い。ときには、部屋の横一面全体に、パノラマ風の連続した絵が描かれていることがある。古い城などには、高名な画家の筆になる有名な襖絵がある。絵画に加えて金箔をふんだんに使用すれば、その装飾的効果は豪華でたとえようもない。一般家屋では、襖は、それに絵を描くのではなく、張ってある紙そのもので装飾の工夫をしていることが多い。このような装飾に用いる素材は、じつにさまざまである。——ある種の紙は奇妙な皺模様になっており、なかには、紙の生地に、緑色の繊細な糸状の海草を漉き込んだようなものもある。さらに、筍の濃い褐色の皮を紙に浮き出させたものもある。これなどは見る人に一風変わった楽しさを感じさせるであろう。襖紙はまったく無地であることも多い。たまたま、友人の画家が訪ねてくれたおりなどに、それを記念して襖面に揮毫を頼むのである。また、襖の表面の一部に風景や花をつけた枝を描いたものもある。古い旅籠では、以上のような仕方で、おそらく自分の宿泊代を支払ったと思われる高名な画家の作品に出会うことがよくある。

襖は、ほとんどつねに厚手の不透明な紙を張ってあるのだが、ときには、奥の部屋で光が欲しいことがある。そんな場合、襖を三等分したとして、上部三分の一および下部三分の一はそのままにして、中央部の三分の一の部分に障子――すなわち、白い紙を張った華奢な木枠(フレイム)――を嵌め込むのである。光は、縁側に面した障子と同様に、これを通して入る。この木枠は取りはずしが可能なので、必要に応じてまた紙を張り変えられる。この木枠は装飾風に作ってあることが多く、幾何学的なあるいは自然風景的な模様が一般的である。夏には、別種の、葦戸(よしど)と呼ばれる木枠が襖に代わる。葦戸は、紙の代わりに葦 *yoshi* と呼ばれる一種の燈心草(ラッシュ)を縦に敷き詰めるように並べたものである。葦戸は通風が良く、光も少しは通す。この場合、襖は、全面的に葦と葦専用の木枠とに模様替えされる。一〇四図は葦戸の一例である。その葦戸の下部は黒みがかった杉板が嵌められてあり、この板面には、蝙蝠(こうもり)の像が透彫されている。この杉板の上部には、淡い色をした杉材の桟が数本渡っていて、この木枠いっぱいに、褐色の葦が縦に敷き詰めて並べられている。最上部は空間になっていて、ここに竹の根元の部分を一本差し渡してある。葦は竹を細く小さくした感じで、その茎の部分は、普通の麦藁ほどの太さで明るい褐色をしている。葦は、家屋の内部装飾の面でいろいろな方法で用いられる。これほど脆く繊細な感じの素材が、家の仕上げ材料に用いられることは、日本人に特有な、閑静を好み高雅を求める心の一端を示すものである。

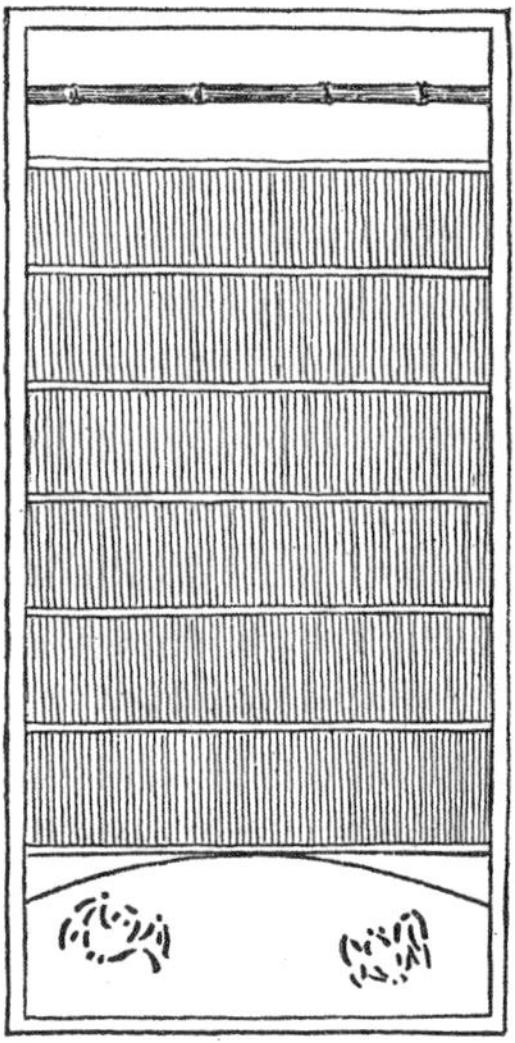

104図　葦戸。

しばしば、襖の幅ほどの通り口のついた、幅の狭い壁があって、これがアメリカでいう自在戸(スインギング・ドア)や開き戸(スラミング・ドア)の代わりをしている。この場合の襖ともいうべきものは、比較的頑丈で、耐久性のある構造になっている。一〇五図に示したものは扉(ドア)の機能を持つ戸である。このような構造をとる理由は、この扉が、玄関の間から各部屋(アザー・アパートメント)へ通じる通り口の戸締り(ガード)となるからである。この扉(ドア)は、明暗さまざまの色合いの竹、はっきりと浮き出た板目のある板、中央部の鏡板に使っている暗色の杉板などの用材を巧みに使い分けて変化に富んだ趣がある。玄関では、見事な板目の杉の一枚板でできた引戸をよく見かける。

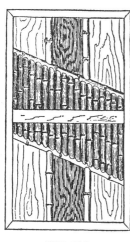

105図 引戸。

引手 襖を引き開くとき、引きやすいようにいろいろ便利な方法が取られている。ごく普通に見られるのは、卵形または円形の薄い金属板で、凹字型にへこんだ形になっており、これを襖の一定の位置、つまり、アメリカ的な言いかたをすれば扉(ドア)の握り玉とほぼ同位置に嵌め込んで取り付ける。これを引手 *hikite* と称し、丹精な彫刻を施したり、ときにはエナメルを被せたりして、見事なものであることも珍しくない。日本人の細工仕事にみられるあの装飾上の奇抜な好みは、この引手の意匠に遺憾なく発揮されている。一〇六図はさる貴顕の人の家のものである。この意匠は、硯と二本の筆で

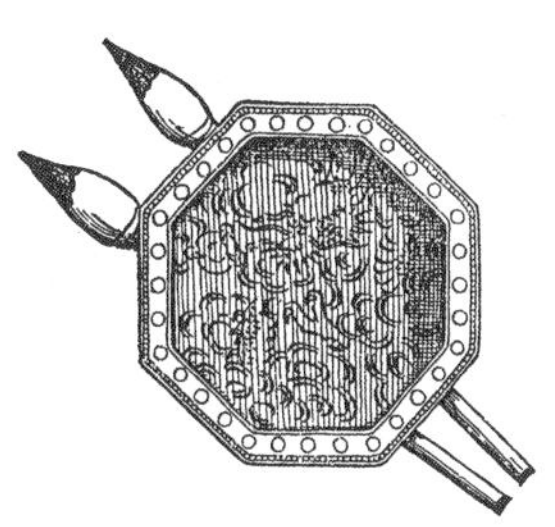

106図 引手。

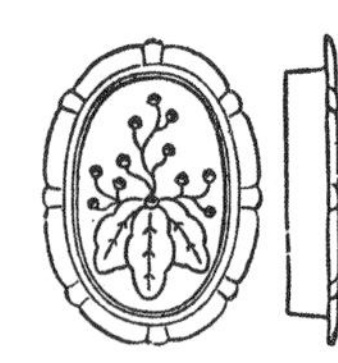

107図　引手。

108図　引手。

ある——筆は銀渡金（メッキ）してあって、穂先は塗り仕上げになっている。また、くぼんだ部分には龍の彫り物を施している。一〇七図のものは銅製で、葉と実はエナメル仕上げである。葉が緑、実が赤と白とに着色されている。一〇八および一〇九図は、前述のものに比べれば安価でしかもけばけばしい感じがする。意匠も手彫りではなくて打刻（スタンプ）したものである。また引手が磁器製（ポースリン）の場合もある。比較的安ものの襖では、襖の枠自体に少し手を加えて、襖の表面を押しへこませただけで引手にしている。

豪華な内装の部屋では、この引手に、両端に房のついた短い絹の紐を、引手のところでこの房を生かした飾り結びにして取りつけてあるのをよく見る。古い絵図などを見ると、引手に、ほとんど例外なくこの種の紐がついている。このことから、元来、襖はこの紐によって開け閉（た）てされていたと考えてよい。しかし、これがしだいに使われなくなり、くぼみのある金属板だけが残ったと思われる。この形の引手は現在ではほとんど見かけない。古い大名屋敷のなかにはいまだにこれを使っているところもある。一一〇図は、『建具雛形』〔訳注＝二巻二冊、嘉永五年、宮城呂成画〕と題する本から転写したもので、この形の引手が二種示されている。

109図　引手。

障子　部屋と部屋とのあいだを仕切る襖と違って

障子 *shōji* は窓の代役をなすものであるが、一般に縁側と部屋とを画する場合か、部屋が家の外に面している場合に使用される。障子は、小さな矩形の空間がいくつもできるように何本かの細い桟を縦横に共がきに組み合わせた軽い組子からできている。ただし障子の下部で床から一フィートほどは、板張りになっている。これは組子を強固にするためと不注意に足が当たっても、蹴破られないようにするためのものである。障子は、嵌めた場合に外側に向く面に紙を張る。障子を締切った場合、部屋の明るさは失われぬばかりか、光がこの紙を通して入ってくることで、部屋のなかは、非常に快い柔かな感じの明るさとなる。障子を開く引手は、組子によってできた矩形の枠の一つに、部屋の内側から紙を貼って作られる。そうすれば、部屋の外から障子を開くときに、指を掛ける格好のくぼみができるのである。

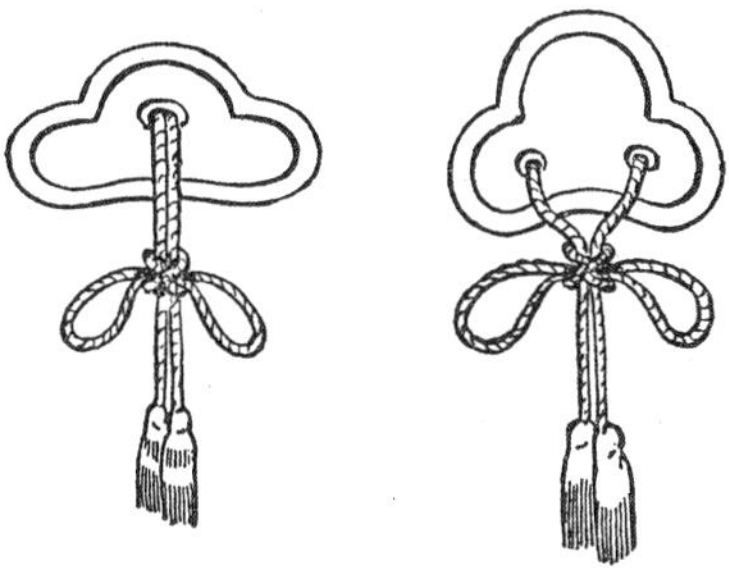

110図　飾り紐のついた引手。

　ときには思いがけず障子紙に小さな穴が開いたり破れ目ができたりする。これを修理するに当たって、つねに真の芸術的感性を発揮する日本人は、われわれアメリカ人のよくするように紙を四角に切り取って貼ることはせず、桜や梅の花といった美しい形に切り抜いたもので破れ目を塞ぐ。このように風流（アーティスティック）な仕方を見るにつけても、わが国の田舎屋などでときおり見かけるのだが、破れた窓ガラスを修理する場合に、残念ながら日本人にたよる必要性があると思うことがよくある。——その修理の仕方といえば、藁を詰め込んだ汚い袋（バッグ）や、さらによく見るのはくしゃくしゃにした帽子（ハット）を割れ目に押し込んであるという具合なのである。ときには、障子の組子が反るなどして、

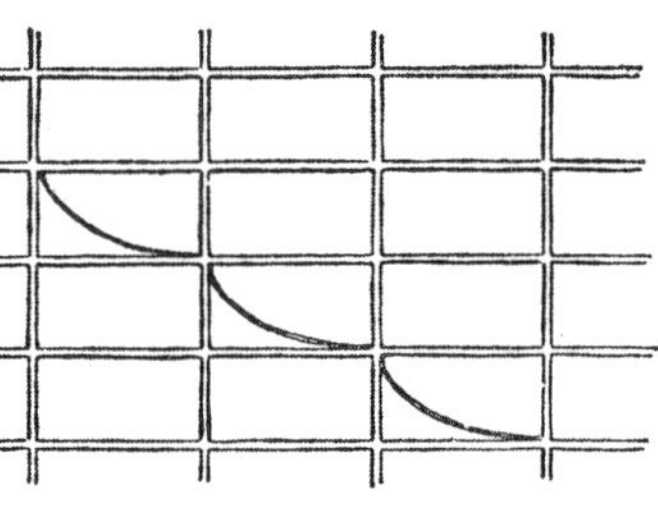

111図　障子の組子の歪みを直しているところ。

それぞれの矩形枠がひずむことがある。この場合は、その枠のいくつかに、一定の間隔をおいて、竹を細く割ったものを嵌め込んでその弾力を利用して修復する。この竹桟によって、一方の方向に絶えず圧力をかけて歪みを直すのである。一一一図は、この仕方を示したものである。曲線は弾力を利かせた竹桟を示している。

障子の意匠もじつに多様である。障子の場合も、他の多くの内装各部と同様に、その豊富な趣味趣向と創意工夫を日本人は披瀝する。一一二図は、装飾的な造りの障子の一例である。現在、都市では、障子の、床面から二フィート程度の高さのところに、幅の狭い窓ガラスが嵌められているのをよく見かける。最初は、ガラスがそんなに低い位置に嵌められていることが奇妙に思われる。しかし、家人は畳に坐るので、ガラスがこの位置にあることは視界の点で好都合であることがやがて分かるのである。一般的に言って、障子の意匠は、窓とみなされる開口（エクステリア・オープニング）部に見られる障子の意匠をのぞけば単調である。しかし、部屋と部屋とのあいだに用いられる障子の意匠はかなり入念かつ精巧である。いずれにしても、この点については項を改めて別記したいと思う。

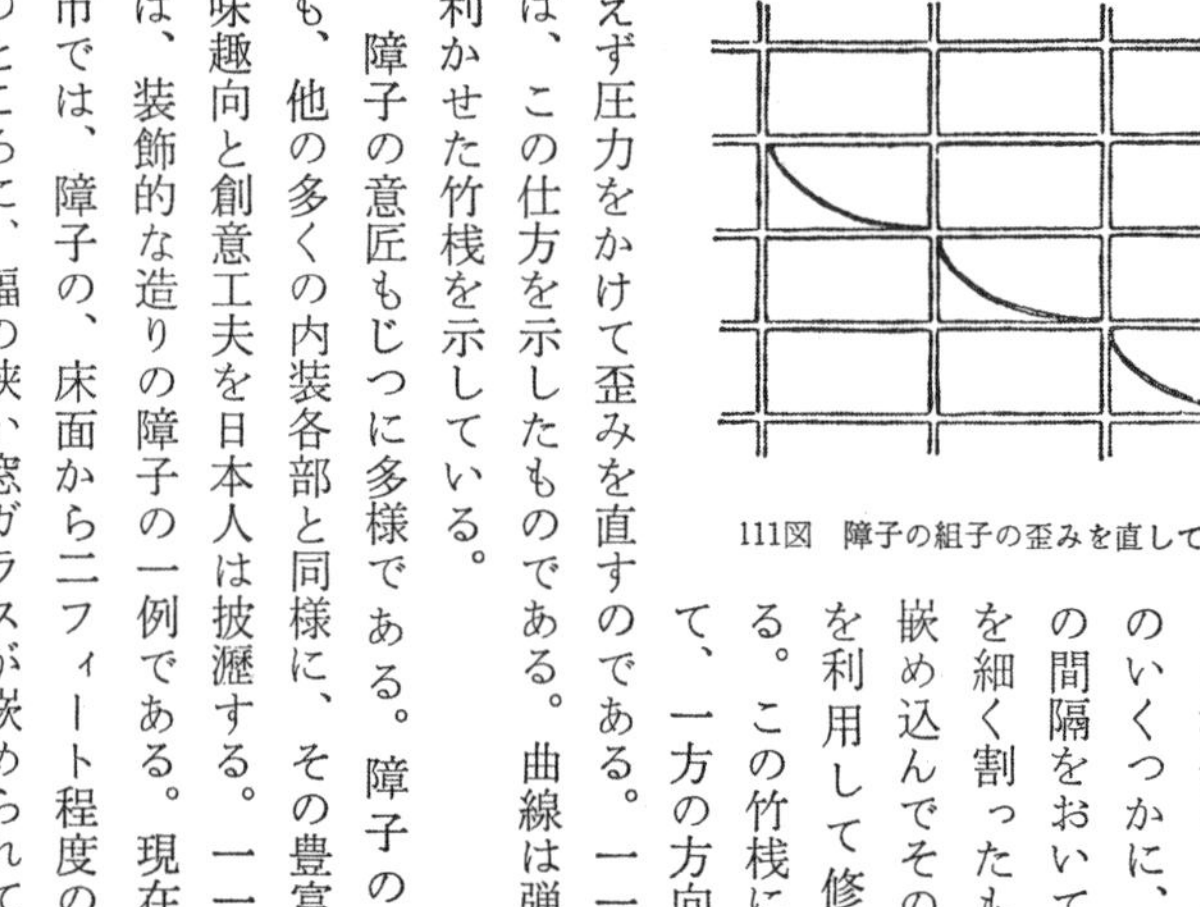

112図　装飾的な組子の障子。

部屋の細部を記述するにあたり、なかでもとりわけ畳とか建具とかについて、あらかじめ述べておかなければならなかった。その理由は、畳や建具が、日本間を作り上げるうえで、不可分の構成要素を成していること、またわれわれ外国人の目から見れば、それらはどれも、なじみのないものばかりであることなどから、それらの性質について明確な知識を持たないかぎり、日本間の内装についてひと通りの理解を持つことはできないと思われたからである。このような特徴的な造作を取り上げたのであるから、どのように部屋が仕上がってるかその詳細をさらに吟味する前に、典型的な部屋のいくつかについて概観しておくのがよいと思う。

床の間と違い棚　九六図の部屋を見れば、二つの小区画、すなわち入り込み部分、日本式に言えば、床(とこ)の間 *tokonoma* と違い棚 *chigai-dana* のある客間の代表的なたたずまいについて理解がえられよう。——床の間は部屋から見て凹所になっており、普通ここには画幅が掛けられている。違い棚には、地袋といわれる小さな戸棚(クロジット)、それに棚(セルフ)があり、そのさらに上方には引戸のついた袋棚がある。このスケッチは隣室から見たもので、両室のあいだの襖は取り外してある。この襖用の溝が、床(ゆか)面の敷居と上方の鴨居とに見えている。この図で、向う側の凹所が床の間と呼ばれる部分である。これは字義的には「寝所(ベッド・スペイス)」という意味である。この凹所の、少なくとも一段高い段の部分は、昔は寝所であったのではないかと推考される。(注4)

ここではひとまず、前述した部屋の特色について考察しておきたく思う。床の間と違い棚とを分ける仕切の柱には、樹皮を取り除いただけの木材が用いられている。この柱、すなわち床柱(とこばしら) *toko-bashira* は、たいていは自然木か、または、たんに樹皮を取り除いただけの木材である。そして、この柱が節榑(ふしくれ)だっていたり、全体がねじれていたり、あるいはまた瘤(こぶ)や節(ふし)が目立つものであったりするとなおのこと申し分ないのである。ときには、柱の断面が八角形をなす造りになっていることがあ

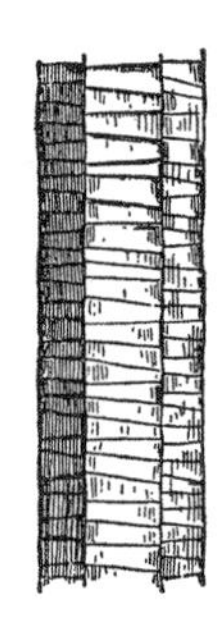
113図　床柱の一部分。

る。――この表面全体に粗い削ぎ目をつけてあることがあり、それが一一三図に示したような独特の形態を生むのである。また、床柱の上部に枝が一、二本出ている場合があるが、これらも装飾的効果を持たせて、床柱を形作る要素として利用される。床の間の天井は、つねにそうだとは言えないとしても、たいていは、部屋の天井と同一平面にある。しかし、違い棚の天井はそれよりもかなり低く造られる。床の間の床の面は、違い棚のそれに比べて高くなっており、その床框は、仕上げを施していることもあり、いないこともある。床框の面を直角体に仕上げた場合でも、原木の曲っている部分は、元の樹肌を残して活かすようにしている。この種の材はその特性のゆえに好まれる。――その形状は、アメリカの大工なら使い物にならない材であるとみなすことだろう。床の間の床は、たいていの場合、艶出しされた一枚の厚板である。違い棚の床も同様に艶出しをした板である。これに比べて広く、奥行の深い床の間の場合は畳敷のことがある。この畳は、白地の布で縁取りがしてあり、部屋敷の畳のように黒地のものは用いていない。畳敷の床の間は大名屋敷に見られる。

床の間の上部には、天井から一フィートくらい下がった位置に落し掛けという仕上げを施した横木がさし渡されていて、その横木と天井とのあいだの部分は、床の間や違い棚の壁面と同じ壁仕上げになっている。床の間と同様の落し掛けが違い棚の部分にもさし渡されているが、位置は、床の間の落し掛けよりいくぶん低いところにある。この横木と床柱との接合部は、他の繫材と柱との接合部と同様に飾り釘が用いられる。飾り釘は、精巧に細工された金属板で、その意匠は、自然の風物とか伝統的なものとか多種多様である。一一四、一一五、一一六および一一七図に示したものは、いろいろあるなかで、比較的安価なものの例である。これらは鋳物製で、模様がつけられているが細かい線だけは手彫りである。この飾り釘はまったく装飾的なもので、その裏側には木材面に留めるための爪がついているにすぎない。

床の間と違い棚とを分ける仕切には装飾的な意味しか持たない狆潜（ちんくぐ）りと呼ばれる開口部があることが多い。この開口部は、竹格子の嵌った小さな窓型になっているか、たんに穴が開けられているかである。あるいはまた、この開口部が床に近いところにあって、湾曲した木材で縁取りされていることがある。いま述べている九六図の場合が、ちょうどその例であると言える。

114・115・116・117図　飾り釘

違い棚の場合は、つねに一枚かそれ以上の棚が互い違いに掛けられている。そして普通その上方には、違い棚の幅いっぱいの長さに、引戸のついた棚がつけられている。また、床の一隅には、図示したように小ぢんまりした戸棚すなわち地袋がある。違い棚の造作には奇態な木材や磨きあげた上材が用いられる。

この部屋は、日本的装飾の際立った特徴を遺憾なく示している。すなわち、できるかぎり左右対称を回避するという特徴である。ここに図示されている二つの部屋は形も大きさもまったく同じである。唯一の相違点は、向う側の部屋には床の間と違い棚があり、手前のほうの部屋には襖のついた大きな押入があるという点である。しかし、向う側の部屋の場合、天井板を支えている桟は床の間と平行に走っており、いっぽう、手前の部屋ではそれは向う側の部屋の桟に対して直角に走っている。この二部屋の畳の敷きかたをみるに、いずれも八畳敷の場合の通常の敷きかたによっているが、畳を敷き始める位置が違っている。すなわち、床の間と違い棚の前では、畳はつねにそれに平行して敷かれ、残りの畳は、その二枚の畳を基準にして、八畳敷の場合の規則にのっとって敷かれる。手前の部屋の場合も、その敷きかた自体は同じであるが、まず二つの部屋を仕切っている敷居線と平行に畳が二枚置かれる。もちろん残りの畳は、その二枚を基準にして、八畳敷の場合の規則にのっとって敷かれる。もちろん、この左右非対称の原理は、床の間と違い棚の造作にも表われており、この両者が細部に至るまで相違しているのはもちろんである。――この双方の床面も、落し掛けの高さに違いがあるように、やはり高さが違っている。また、違い棚の細部を見るに、左右対称の造作は必ずといってよいほど回避されている。床面の一方の側に小さな地袋があり、この地袋の端から、そこに取り付けた一本の支柱で支えられた棚が、違い棚の他端へ渡される。この上にさらに棚を設ける場合も、これと同様に左右非対称にする。実際、畳、天井その他の細部のあらゆる面において、左右対称は注意ぶかく回避されている。

　アメリカにおいて、部屋を仕上げるにさいして、相似形で処理する仕方となんと異なっていることか。わが国の共同式住宅（アパートメント）、会堂（ホール）、校舎などまでも、その外面と内部とを問わず、単調な左右対称を作るために苦心が払われている。それはきわめて微細な部分にまで及んでおり、たとえば対をなした腕木（ブラケット）や羽刻み（ノッチ）にまで見られる。暖炉は部屋の中央に位置し、暖炉前飾り（マントル）およびそれに付随する細工はすべて、中央の線を基準として寸分違わぬ左右対称形をなしている。暖炉棚の上の装飾もすべて対になっていて、これがまた同様に中央の線に対して左右対称である。フランス時計のような一つしかない物は、この棚の真中に据えられる。したがって、少しの狂いもなく暖炉棚を二分すれば時計も真半分に二分されよう。下方の一対の薪台と上方の左右に掲げられた祖先の肖像画とが、この耐えがたい単調さにさらに輪を掛ける。この反対側の、それぞれの左右にカーテンを取り付けた二つの窓、そのあいだに置かれた左右対称形の卓子や飾り棚までがことごとく、この無意味な室内装飾の一役を担わされている。そして、家の外側はどうかというと、その単調なことといったら内装の場合の比ではない。垣根（フェンス）、馬車道（キャリッジ・ウェイ）、花壇（フラワー・ベッド）も単調そのものである。まさに、慣習的な仕方を愚かしくも保存することに執着するあまりに、盲窓などという代物が考え出される。ここ十年ぐらいのうちにアメリカの比較的つくりの良い家屋では、以上のような見せかけのかつ退屈な趣向（アイディア）を払拭する方向に進展し、そのことによって以前よりはずっと見るに耐える家屋形態となってきている。装飾の面においても同じように長足の進歩が見られたのであるが、これも日本的手法の影響によるものである。

　床の間および違い棚については、これまでに概説してきたことで、それらが持つ典型ともいうべき一般的特徴を示したことになるのだが、そうは言っても、その形式と特色から見ると、やはり多様な変化が認められるのである。任意の二軒の家屋について、違い棚の棚や戸棚（カバッド）の配置を見るに、二軒ともそれらの配置が類似していることはきわめて稀である。このことは、以下に述べるさまざまの形態を研究してみることによって明らかとなろう。通常は、床の間と違い棚とは並んでおり、その並びかたは縁側に対して直角をなしている。床の間はほとんどつねに縁側に隣接している。しかし、この二つの凹所が、部屋のなかで縁側とは反対側にある隅をはさんで互いに直角をなしている場合もある。また違い棚がなくて床の間だけのこともあり、さらに、床の間が部屋のいっぽうの壁全体を占めている場合もある。この場合は、二ないし三枚一組の画幅が掛けられていることが珍しくない。床の間と違い棚が並んでしつらえられる場合は、それぞれの前に一畳分の畳が敷かれる

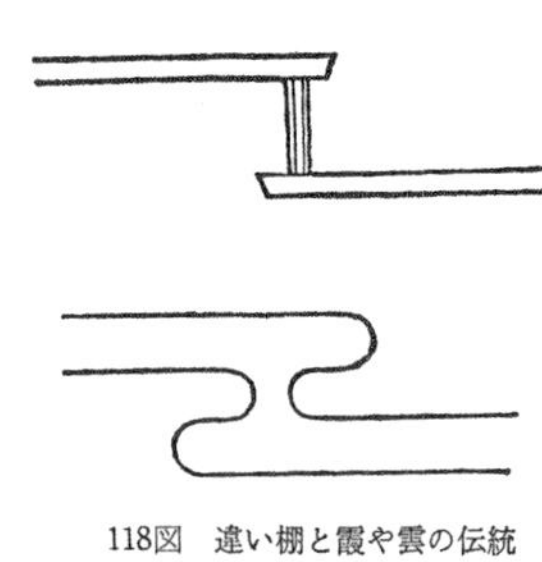

118図　違い棚と霞や雲の伝統的な意匠との対照。

のが普通である。主賓は床の間の前の畳に座を占め、お付は違い棚の前の畳に坐る。

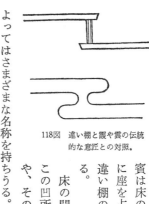

床の間と対をなすこの凹所は、棚の形や、その配しかたによってはさまざまな名称を持ちうる。まず、ふつうは違い棚と呼ぶ。――〈違い〉は「異なった（ディファラント）」を、〈たな〉は「棚（セルフ）」を意味する。つまり棚が交互に掛けられているという意味である。これはまた〈うす・かすみ・だな〉と言われるが、語義は「薄い霞のような棚」である。この場合、二枚の棚が伝統的な意匠の霞や雲の形を象（かたど）るように配置されていることが多い。図示したものはその典型的な意匠である（一一八図の上図は、実際の棚の形を、下図は雲の伝統的意匠をそれぞれ描いたものである）。棚が一枚だけの場合は〈いち・よう・だな〉と呼ばれる。棚の形によって柳葉棚、魚棚（うお）などという名称もつきそうである。この違い棚には、すでに見てきたように、棚や戸棚がしつらえられていることが普通である。そして、それらの取り付けかたは、家屋の様式と同様にほとんど数えきれないくらいある。――少なくとも相似かよった二つのものを見ることは滅多にない。違い棚の棚は、その端に筆返（ふでがえし）と称する小さな横木を胸出しとして取り付けてあり、巻物棚 *maki-mono-dana* と言われる。この棚には巻物 *maki-mono* と呼ばれる、巻紙に絵を描いた物が置かれる。冠もまたこのような棚の一つに置かれた。戸棚の上には塗物の箱を載せるのが慣習であった。この箱には硯（すずり）、筆、奉書が入っているのである。この硯箱は金蒔絵（ゴールド・ラッカー）を施すこともあり、豪華なものであることが多かった。貴族の家宅では戸棚の上に、笏 *shaku* と呼ばれる細長い薄平たい板が置かれた。――笏は往時、貴族が天皇臨席のさいに手に持ったものである。笏は、さらに、古くは備忘の目的で用いられ

119図 座敷。

たが、後には、宮廷の儀礼という、一つの形式としてのみ用いられている。戸棚の上にはまた刀掛けが置かれることもある。高貴な客の場合には表敬の意味から、刀掛けは床の間の床板の上――すなわち床の間の中央部の、掛軸の真前に置かれた。――しかし香炉が中央に置かれた場合は、刀掛けは脇に移された。床の間や違い棚は、通常は自然木、またはざっと鉋をかけた程度のもので仕上げられたが、貴族の家の場合は、豪華な塗り仕上げであることが多かった。

家屋内部の叙述に筆を戻すことになるが、ある身分の高い人の家で見た、独特な形式の部屋を図示しておく（一一九図）。この部屋の場合、床の間がそれと対をなす違い棚に比べてずっと大きく、しかも違い棚が縁側に隣接している。この違い棚は間口が狭くかつ低く、棚の下は引戸つきの地袋になっている。床の間は間口が広く、奥行が深く、床には畳が敷かれ、その一方の脇には花瓶が置かれている。

床の間の奥行は、一般に部屋の大きさによって決まる。床の間の調度もやはり床の間の大きさとつねに釣合いが取れている。――前述した床の間の画幅や花瓶が大きいのもそのためである。

東京のある大広間では、床の間の奥行が六フィートあり、間口もかなり広いものであった。この床の間に置かれていた花瓶や画幅は特大のものであった。一一九図のつぎに掲げた部屋では、床の間は部屋の一隅にあって違い棚は床の間に対して直角に位置していた。床の間の右手は壁になっていて、その壁の中央には円窓があり、障子が入っている。この場合の障子は壁内部にしつらえられた溝に嵌められているか、壁の外側に溝をつけた枠が取り付けられていて、そこに嵌められているかである。この円窓の上方の天井近くには横長の長方形の窓があってここにも障子が嵌められている。この障子は換気のために開け閉てされるのであろう。違い棚の左手には奥行のある戸棚が並んでいて、一組の襖が嵌められていた。その上は幅広い棚になっていて、その棚の上には壁はなく、代わりに障子が入れられており、それを開くと向う側の部屋を見ることができた。この凹所の障子の上にある小壁は波浪模様が透彫されていた（一二〇図）。

120図　座敷，隅に床の間がある。

日本間は簡勁素朴が主調であると思われるが、

また装飾的な工夫もいかに多く施されているかは一二〇図によっても明らかであろう。さまざまの形の格子を嵌め込んだ装飾上の窓、戸棚などの、

121図　円窓のある座敷。

風景や樹木を見事に描いた引戸、自然木、まさにこれら多くの特色は、そっくりわがアメリカの室内装飾に取り入れて差し支えないと思われる。

絹糸の糸巻機（シルク・リーリング）の発明で有名なさる人の部屋の場合（一二二図）は、床の間は、縁側に接していないが、それは、この部屋の縁側に面した側の半分くらいを間仕切っている壁があるためである。この壁には竹による美しい枠組みのついた大きな円窓があいていた。この窓の裏側には、掛金がついており、そこに掛けられてぶら下がった格好の障子によって窓は蔽われていた。この障子は必要に応じて取りはずしができるようになっていた。このような造りになっているから、床の間の前に座を占める主賓には、部屋が開けっ放しの時でも風や日差しから守られるのである。比較的つくりの良い家屋の場合は、このような壁の位置に、下部に低い戸棚があり、上部に飾り窓のある凹所が造られているのをよく見かける。これが付書院（ライティング・プレイス）である（一二三図）。この棚に、硯、水差し、筆懸、

筆、文鎮そのほか文人の小道具が置かれる。上方にはよく鐘と木槌が吊されていることがあるが、これは必要なさいに使用人を呼ぶためのものであ

122図　付書院のある座敷。

る。また付書院の壁の上部から釣り花入を吊してあることも多い。このような付書院を例示するに当たってスケッチがなかったので、『大工棚雛形』第二巻〔訳注＝おそらく、嘉永三年成立の落合（大賀）範国著のもの〕から一図を採ることにした。東京・芝の紅葉館のクラブ室を見たことのある人なら、丹精な美しい幾何学模様を細工した鏡板（パネル）が、このような付書院の窓に嵌められているのを思い出すだろう。

一二三図では床の間が部屋の一方の側のほとんど全面を占めており、したがって、違い棚は隅に押しやられて三角型の戸棚になっている。上部から天蓋風に小さな仕切が下がっている。脇には竹格子の嵌った小窓があって別室を覗くことができる。この種の床の間は、三ないし四幅の画幅を並べて掛けられる利点がある。この部屋は昔の大名屋敷のものであった。

つぎの図（一二四図）では、縁側に隣接した床の間のみの小室が示されている。床面に近いところ

に位置する小窓は床の間のなかに向かって開いている。小窓のある小さな壁の後側も、位置からいえば、ちょうど柱のうしろまでが床の間となっている。床の間の一方の側面を形作っている床柱は仕上げを施していない変形柱である。この柱は、上部と下部とを少し残しているだけのかたちで、構造上の有効性はほとんど持たないが、部屋に対し一風変わった趣向を添えている。床の間上部の

123図　広い床の間のある座敷。

124図　小座敷。

横木、すなわち落し掛けには、仕上げを施した角材を使うのが普通であるが、ここでは樹皮を剥いだだけの自然木がそのまま用いられている。

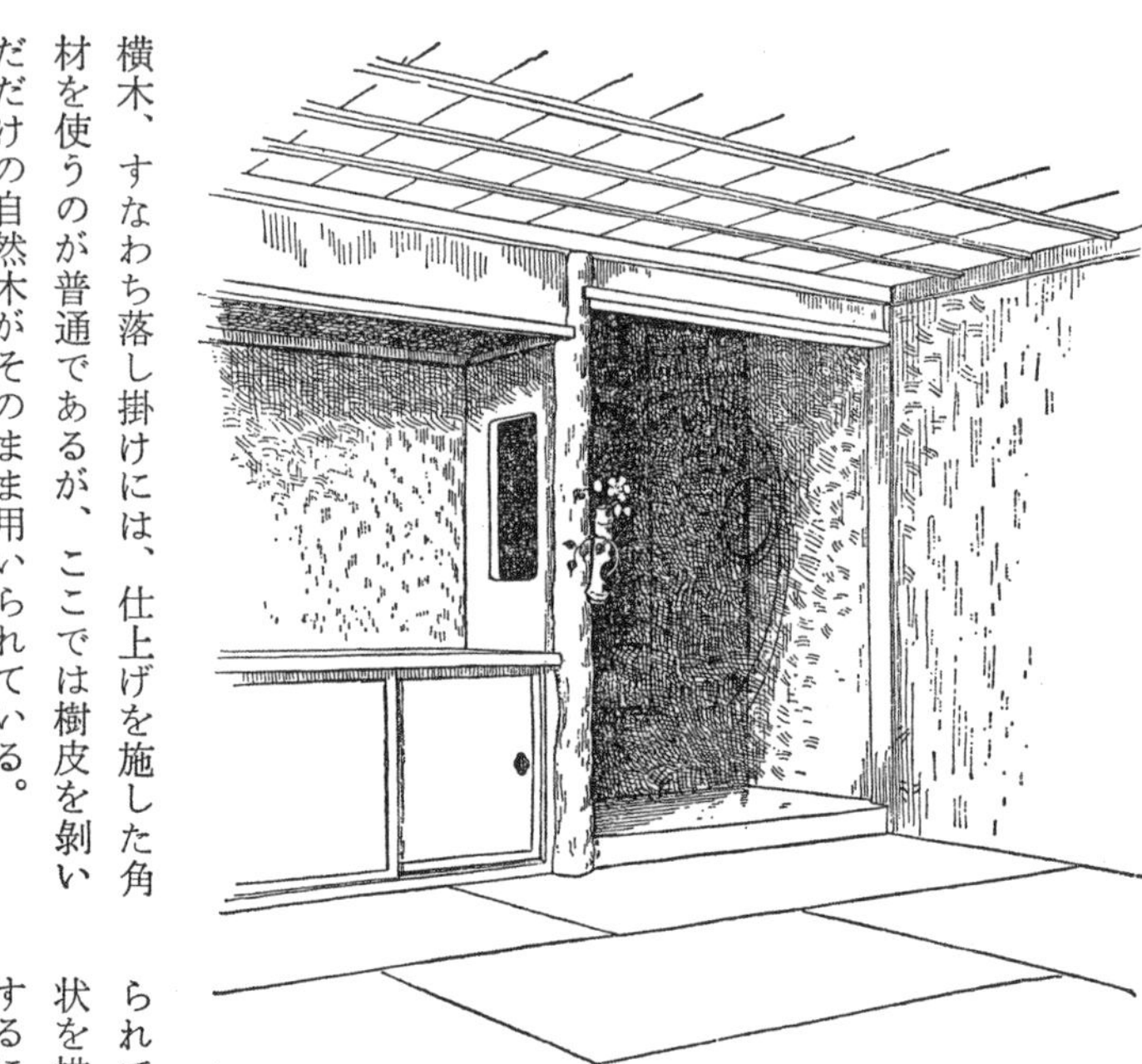

125図　東京にある住居の座敷。

一二五図はもっとも簡素な種類の部屋である。この場合は、とくにこの簡素という点で際立っている。この場合でも、床の間は、部屋のなかで、縁側と直角をなす側にあるのだが、違い棚との位置関係は、通例とは異なり、縁側に隣接するのは違い棚のほうであった。ここに見られる床の間と違い棚はかなり奥行が深く、――違い棚には奥行に等しい幅を持った一枚板の棚があり、その棚は下にある大きな戸棚の天板をなしている。この場合、床の間と違い棚とを分ける仕切壁には縦長の矩形の窓が開いている。床柱には小さな竹製の花入が掛けられてあって、二、三輪の花とともに長い柳枝が二本活けられていた。この柳枝は床の間の正面で優美な形状を描いて枝垂れていた。この部屋の特徴から察するに、この家の主人は茶の湯に嗜みのある人と見受けられた。

一二六図は、京都在住のさる高名な陶芸家の居宅の二階の一室である。この部屋は、全体として

126図　京都の清水にある座敷。

飾り気がないのが特徴的である。床柱には、材質の堅いある種の木の、異常にねじれた材を使っていた。樹皮を剝いだだけの表面には一種独特の滑らかさがあった。違い棚の上部の落し掛けには太い暗褐色の竹が用いられている。違い棚のもう一方の側を間仕切っている柱は、黒い材質の八角形で、その表面は手斧掛け仕上げを施してあり、手斧掛けが作り出す風変わりな横縞模様になっている。この違い棚の袋棚の引戸には金紙が貼られていた。引手は竹の節を嵌め込んだものである。この床の間と違い棚の塗壁は、暖かそうな暗褐色であった。天井は杉から取った板目のよく通った大きな正方形の板であった。この部屋は一八六八年に建てられたので、多少とも近代的である。

一二七図は東京のある二階の一室を示したものである。この場合、床の間と違い棚は、非常に華美であり、かつその役割を遺憾なく発揮している。この場合の床の間と違い棚は、編目造りの天井を共有しているので、部屋の一方の側面全体が一つ

の凹所をなしていた。この部屋の床の間と違い棚は、それぞれに高さと奥行の異なる落し掛けが、

127図　東京にある住居の座敷。

天蓋風についている。――このような床の間と違い棚は、一般に壁に接して立てられた柱だけで仕切っている。以上に述べた床の間と違い棚の特徴は、叙述よりも図を見てもらうほうがよく分かるであろう。天井は、それなりにかなり特徴的なものであるが、これについては後述する。

　つぎに掲げる部屋の内部（一二八図）は、やや貧弱な造りの田舎屋のものである。ここに見る床の間と違い棚はもっとも簡素な種類のものである。床の間は、落し掛けが段違いになっていることによって一風変わった造りになっている。この部分的に変化を加えた落し掛けの下方には、古い難破船のものらしい黒い虫喰板を応用した棚がしつらえられてあった。違い棚には、いっぽうの隅に三角形の棚が設けられており、その反対側の隅には一本の小柱を支柱として小さな棚が二段に取り付けられていた。この違い棚（リセス）の床は畳面と同一面であるが、床

の間のそれはわずかに畳面より高くなっていた。

以上述べきたった部屋の内装の特徴的な造作からして、この家のなかで座敷（ベスト・ルーム）であることを特徴づける床の間と違い棚に見られる変化きわまりない造作（デザイン）についていくらかでも理解することができよう。典型的な様式の床の間と違い棚は九六図に示したので、それを踏まえれば、床の間や違い棚が、その様式と造作とにおいてじつに多様でありながら、なおかつ床の間および違い棚としての明確な形態を保持していることを理解できると思う。床の間には、多くは絵の掛軸が掛けられている。ときに掛軸にはなにか道徳的な教訓を意味する漢語や古典的な詩行が書かれていたりする。この床の間には花瓶、陶磁製の置物、香炉、飾石などが置かれるが、塗り仕上げの物置台に載せて置かれることが多い。違い棚には、便利な棚や戸棚がしつらえられており、それらの配置も多様で、さまざまな用途を考えて工夫されている。

床の間と障子の造作に用いられる横繋材の配置は一二九図に示した通りである。この図では、部屋の一隅が描かれていて、床の間と障子の上部が示されている。鴨居と隅柱との接合部には飾り釘が用いられている。

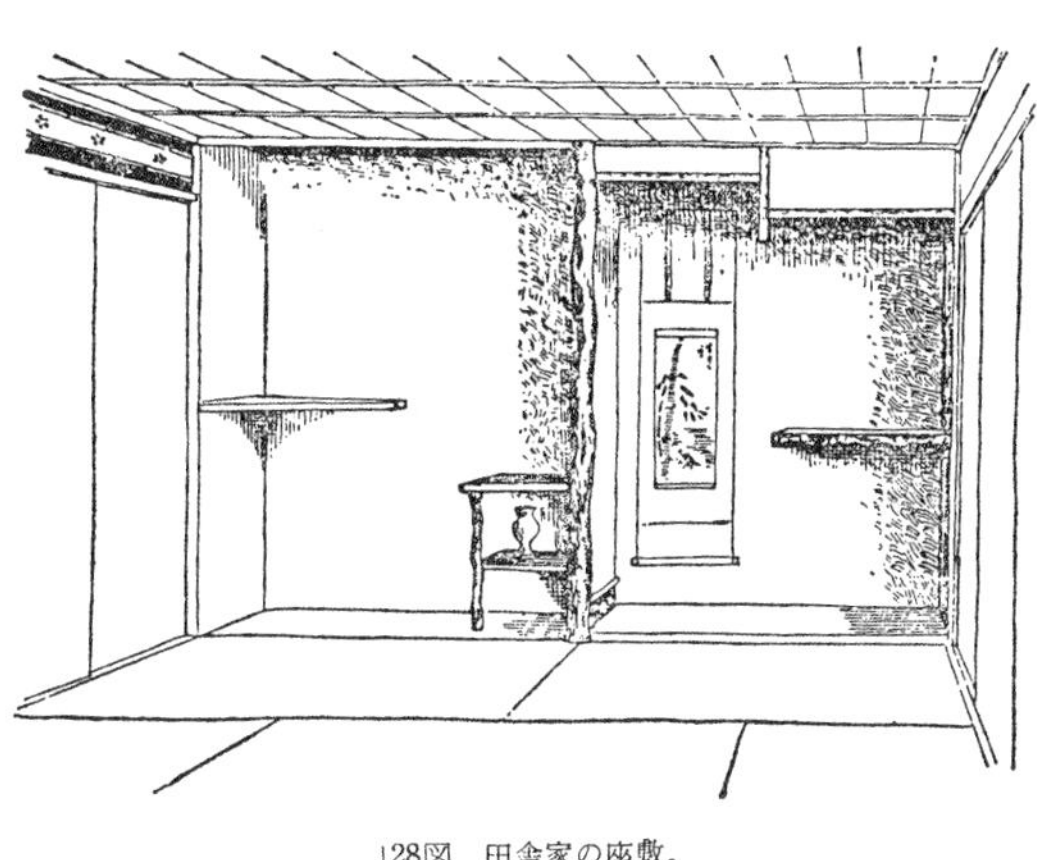

128図　田舎家の座敷。

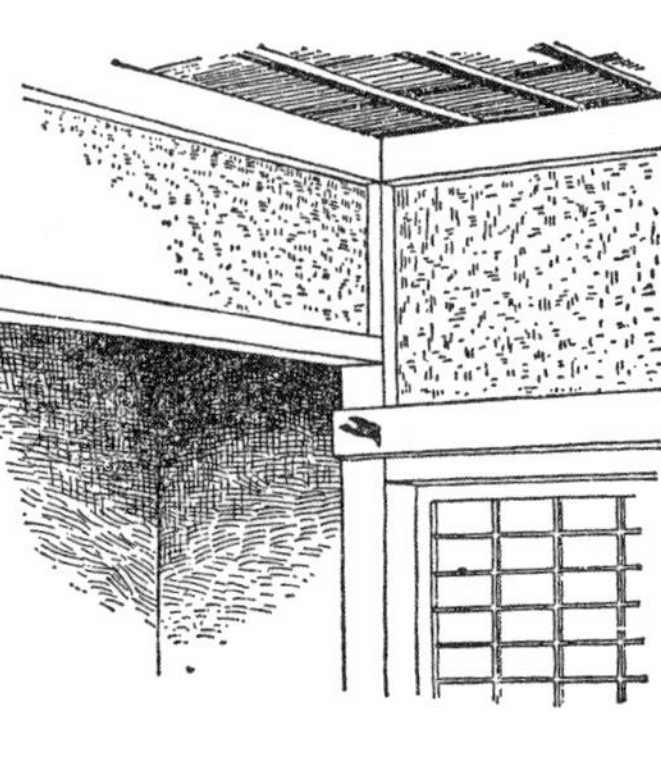

129図　座敷の隅。

二階建の場合では、床の間や違い棚のしつらえかたは比較的自由が許される。この場合、床の間と違い棚は張出縁（バルコニー）の反対側に位置することもある。そして違い棚の背面の壁には丸型、三日月型その他の形に穴が開けられていて、そこから下方の庭園や遠景が望まれるようになっていることもある。

以上において、アメリカのいわゆる応接間または客間に対応する種類の日本間を考察してきた。これ以外の部屋は、この部屋から変化して、さらに面積の小さい、そして、そのことから当然の結果として前述したような床の間や違い棚のまったくない部屋へと移ってゆくのである。本章の冒頭部分に提示した設計図を吟味するならば、部屋の多くがいかに簡素なものであるか分かるであろう。――床の間や違い棚であるはずの部分が何段もの抽出や棚、あるいはたぶん押入になったりしているが、全体として、もとの矩形の輪郭を損うことはないのである。ただ、その場合、横開きの襖か壁によってその周囲を間仕切っている。

茶室　つぎに別種の部屋について考察しよう。これから言及する部屋の細部は、前述したばかりの部屋に比べて、さらに簡素な造りになっていると言える。これらの部屋は明らかに茶会用に供する部屋として建築されている。このような儀式的な催物に関係のある多種多様な様式の建築物について叙述すると、改めて一冊の本が必要となるかもしれないし、また、茶道のさまざまの流派ごとに存在する、ささいな違いまでも述べたら、さらにもう一冊の本が必要となるであろう。

簡単に言って、茶会は、主人（ホスト）が、茶の湯に同席する四人の客を招いて催される。主人は、客の面前で一定の作法に従って、茶碗に茶を点（た）て、それを客に勧める。この茶の湯の作法についていま少し明らかにしておきたいと思う。——茶は、まず微細な粉末に挽かれる。このようにして作られた抹茶は、客が揃う前に使用人が作っておくか、茶舗で挽いてもらっておく。また、主人みずから挽く場合もある。この抹茶は茶会ごとに挽き、たとえば象牙の蓋のついた小さな陶製の壺（ジャー）——それはさる蒐集家が持っている有名な茶入であるが——に入れておくのが普通である。また塗り物の容器が用いられることもある。茶の湯に用いられる主な道具にはつぎのようなものがある。陶製の風炉 *furo* すなわち、火壺（ファイヤー・ポット）（この底の窪（くぼ）みに部分的に灰を入れ、その上に炭火を置く）、湯を沸かす茶釜、湯を汲むために用いる竹製のもっとも精巧な細工の杓（ひしゃく）、茶釜に水を補給するための広口の水差、茶碗、抹茶をすくうための茶杓（ちゃしゃく）、卵あわ立て器のある種のものに似ていて、抹茶に湯を注いでからす早くかきまわすときに使われる茶筅（ちゃせん）、水差や茶杓を作法にしたがって拭く方形の袱紗と呼ばれる絹布、陶磁とか青銅とか竹の節とかで作った茶釜の蓋置、茶碗を洗った後の濯（すす）ぎ水を捨てるための建水（こぼし）、風炉端の塵を払うために鷲、またはそれに類する大型の鳥でもよいがその羽三枚を束ねて作った羽箒、そしてさらに、補給用の炭を入れる浅い籠だけでなく、炭を挾むための火箸（ひばし）*hibashi*、茶釜を炭火の上から取りのけるさいに用いる、環の一部をねじ開けた二箇の鉄環、茶釜を置くための丸型の釜敷（マット）、および香料や焚（た）くと特有の芳香を発する香木などを入れた小さな箱などである。風炉および茶釜は別として、さきに述べた主要道具はすべて主人が茶室に持ち出すことになっている。それにさいしては、厳正な作法、一定の順序があり、それぞれの流派の定めるところにしたがって、畳上の所定の位置に置かれる。この場合、寸分の誤差(くるい)もあってはならない。茶を点(た)てるにさいしても、道具はすべて、きわめて厳正にかつ一定の作法にのっとって用いられる。

　茶道をまったく知らないでお点前(てまえ)を見るとすれば、それはなんとも奇妙な振舞に見えることだろう。茶道に関する形式(フォーム)の多くはむだと思われるほどに不条理である。しかし、お点前について大いに勉強した結果、わたくしが理解したことは、ほとんど例外なしに、それが自然な、そして容易なものであるということであった。お茶会に出た人々は、一見したところ緊張しているようであるが、つねにまったくくつろいだ状態にある。道具をそれぞれ所定の位置に置き、それを一定の順序に従って取り扱い、お茶を点てることは、繰り返すようだけれど、それぞれきわめて自然かつ容易なことなのである。水差を軽く拭いたり、茶の湯の一連の手数のこんだ動作によって茶碗を濯(すす)いでそれを拭ったり、茶筅を濯ぐさいにカチッと音をさせて茶碗の縁(ふち)に当てるように置いたり、そのほか普通に行なわれている動作のなかには確かに奇妙に思われるほど形式張ったものがある。しかし、わたくしが疑問に思うことは、アメリカで行なわれる儀式的な夕食会の作法でも、食器の一つ一つを正しく扱うことを要求されるのだから、初めてこれを経験する日本人から見れば、アメリカ人が日本の茶の湯に接して感ずるものに劣らず奇妙で理解しがたいものなのではないか、という点である。

　以上、きわめて簡略かつ不完全ながら、茶の湯に言及したのは、日本人が茶道をことのほか高く評価しており、そのため茶の湯に客を歓待するという明確な目的にそって、離れの小さな建物が特別に建築されることを説明したかったためである。この目的に当てる建物、すなわち茶亭がない場合は、特別な一室がそれに向けられる。多種多様な書物が茶道諸流の解説を試みている。それらの本ではさまざまの道具の置きかた、各種の茶室の模様(プラン)、しきたりのうえで守るべき詳細な事項が図示されている。

茶の湯が日本の多くの芸術に及ぼした影響は多大である。とりわけそれは日本陶芸に大きな影響を与えてきた。その理由は、茶室および多くの茶道具を特徴づけている、あの厳しいまでの簡素性が、一種の粗末さと貧弱さを気取るような態度を覗かせていながらも陶器の多様な形態に特徴的に出ているからである。この簡素性は、また日本間に一般的である数少なく質朴簡素な装飾にも影響しており、さらに、日本家屋の周囲の庭園、門、垣根に至るまで支配的である。まさに、茶の湯が日本人に与えてきた影響の大なるは、初期の清教徒に及ぼしたカルヴィン主義のそれに劣らないほどのものであった。さらに、この簡素性が、芸術を愛好する人々の溢れ出るばかりの心を鎮静し、ともすれば装飾本位に向おうとする衝動を抑制して、安らいだ感じの純一な簡素さに導いたのであった。しかし、清教徒とその直系の後裔の場合には、出し惜しむべきほどの芸術精神は持っていなかったとはいえ、かれらが奉ずる陰鬱な教義が、芽吹く可能性のあった芸術に対するささやかな愛までも打ち毀ち、われわれアメリカ人の祖先の生活と住居を、耐えがたいほど佗しく陰気なものとしたのであった。芸術的装飾を試みようとする動きが各地に現われたといっても、そこに見られたものは軽蔑すべき刺繍を施した布地と、愛人の死を嘆く柳の木か臨終の有様を冷たい鋼鉄に彫り込んだ慄然とするような墓石とであった。J・G・ホイッティアーは、その詩〝Among the Hills〟において、その類の内装の模様を見事に描き出している。

「本もなく、絵もなく、
暖炉の上に掲げた刺繍を施した陳腐な布を
除いては。
さもなくば、陰気な絵を除いては——
それは、みどりの髪の女がひとり、頬を紅
く染め、
奇態な柳の木の下にたたずむというもの。

広口の暖炉は萎れた松の枝で充満し、暖炉のうしろに積みあげたがらくたは隠すすべもない」

さて本筋をそれたようだ。正式の茶の湯の場合の特徴についてある程度の解説をしたので、特別の部屋または特別の建物が、もっぱら茶の湯を行なうという目的に沿って設計され、建築されるということも不思議でなくなったと思う。茶の湯に使用される部屋の内部模様（インテリア）をいくつか図示してみよう。

一三〇図は、京都の南禅寺の一室で、十七世紀初葉に、小堀遠州によって特別に設計されたものと言われている。——遠州は茶の湯の大家であり、その一つの流派の創始者でもあった。この部屋はかなり狭小なもので、四畳半程度のものであったと思う。しかし、部屋自体としては一般的な大きさのものである。この図では、遠近画法によって、実際よりも広い感じを与えるものになっている。天井は藺（い）と竹とで作られている。壁は青みがかった灰色の壁土が粗く塗られていた。梁および柱は樹皮がついたままの松材である。部屋のさまざまの壁面のいろいろな位置に、大きさの異な

130図　京都の南禅寺の茶室。

った小窓が八つしつらえられている。それは遠州の趣向に適ったものであった。この部屋は床の間だけが見られる。――茶会のさいにはここに画幅が掛けられる。茶の湯のある特定の時点で、この画幅は籠の釣り花入に、掛け替えられる〔訳注＝千家流の初座と後座とのことか〕。炉は、床の一部を切り取って、かなりの量の灰を入れられるように掘り込んだ部分のことで、ここに三脚台を置いて茶釜を載せる。

一三一図は、名古屋市の不二見焼窯元にある一風変わった茶室を示したものである。訪問したおり、この茶室で、ここの陶芸家の令嬢がお茶を点

131図　名古屋の不二見焼窯元の茶室。

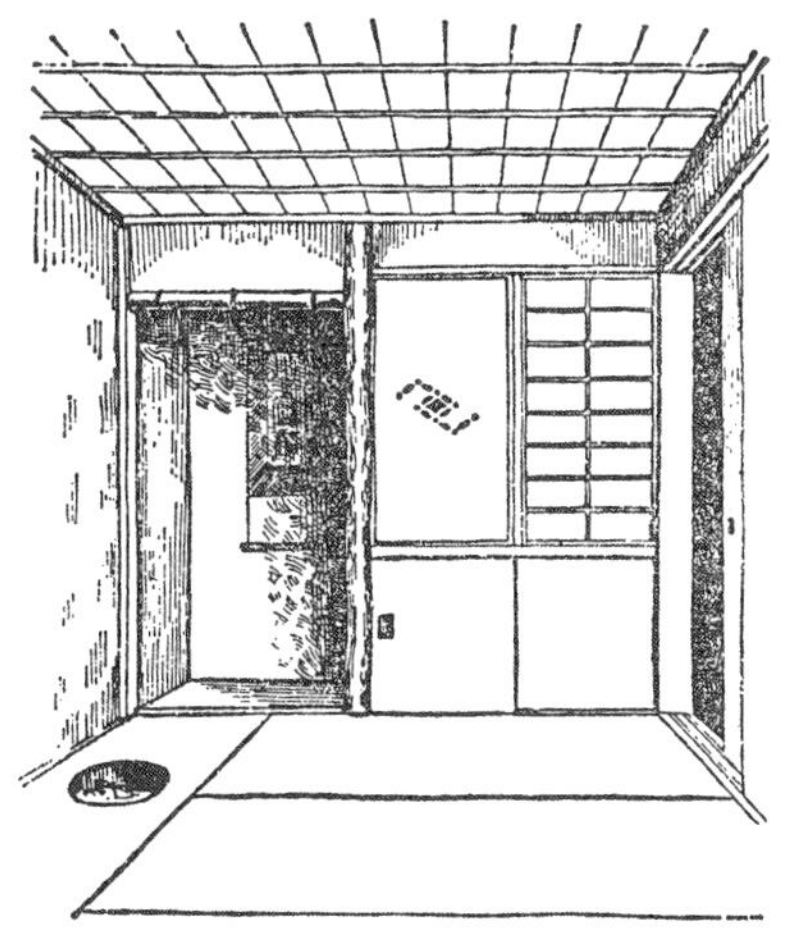

132図　宮島にある茶室。

133図　茶道具を収納する水屋。

て、もてなしてくれた。部屋は簡素そのものであるが、先に図示したものに比べればかなり華やかである。天井は帯状の挽き割を並べて桟で留めたもので、竹や赤松材が横木や柱に用いられている。床の間の床柱は竹で、図の左の端に見えている。この茶室の炉は三角形であった。

一三二図は、宮島で見た小ぢんまりした茶室を示したものである。その簡素な仕上げぶりは、図によってどうにか伝えうるのみである。この部屋では、炉は円形で、艶出しをした幅広い板張り部分にしつらえられている。この茶室は他室に連接していて、それだけで独立した一軒家をなしてはいなかった。

家によっては、茶室に接して特別な場所（プレイス）ないし部屋がある。この部屋に茶道具を整然と配置しておき、お点前にさいしてここから運び出すのである。茶会が済むと茶道具は一定の手順に従ってここに仕舞う。一三三図は東京の今戸のある家に見られるこのような部屋の一つを示したものである。この部屋においても、茶室同様の簡素な仕上げが見られた。この部屋にはいくつかの棚と茶道具を収納する小さな戸棚がしつらえられてある。床の一部は一段低くなっていて、捨て水の水捌を考えて、竹を格子状に敷いてあった。この竹格子の床に陶製の大きな水甕（みずがめ）と銅製の普通の洗面器とが置かれている。床は磨かれた材でできていた。一方の端に、茶道口と呼ばれる入口があって襖が嵌められている。

134図　東京の今戸にある茶室。

一三四図は、東京のさる家の一室を示したものであるが、その仕上げはきわめて華美であった。持主によれば、建築後ほぼ三十年経っており、その設計および備品について中国風を意図したということであった。かれのこの考えが書物によるものであるか、かれ自身の内から出てきたものであるかはわたくしには分からない。実際に中国建築の多くの特徴を、この部屋の造作に採り入れているのであるが、わたくしとしては、中国の建築についての観察が充分でないので、この部屋の内装や建築に類する様式のものをまったく見る機会がなかったことは断わっておかねばならない。部屋

135図　前掲図の茶室の隅。

の感じは確かに魅力的で、高価な材木が用いられ、丹精を込めた最上の仕上げであった。この仕上げは、総じて茶の湯には華美に過ぎ、日本人の趣好に合うとは思われなかった。天井はとくにユニークであった。それは、部屋の一方の隅からもう一方の隅へ、対角線上に大竹(スタウト・バンブー)がS字のような曲線を描いて走っており、この竹の表面に漢詩が彫られていたからである。この竹で仕切られた一方の側の天井は、見事な板目の大きな正方形の板(パネル)が嵌められており、他方の天井は、小さな正方形の杉板が嵌められていた。外国産木材、シュロ、竹、赤松などが横木(クロス・タイ)および柱に用いられていた。小戸棚の戸板には美しい図案が描かれているものもあり、またなかには、さまざまの色彩の木を象眼細工風に施したものもあった。――この図に見える楽器は琵琶(びわ) *biwa* であるが、これはまさに象眼細工による図案であった。壁は落ち着いた茶色である。これは、わたくしが日本で見た部屋の内装のもっともユニークなものの一つであった。床の間の右手には、階段に通じる小さな出入口がある。というのは、この部屋が二階にあったからである。床の間の位置から見たこの部屋の一方の隅の模様は、一三五図の通りである。低い位置に造られた長い窓（これは一三四図にも見えているが）は、階下の入口の上にかかる屋根に面していた。もう一つの小さな高窓は、その家の袖の屋根に面していた。高窓の側面をなす壁と部屋の入口とのあいだの壁面のなかほどの高さのところを半円形に刳り貫いてできた小さな凹所の一方の縁をなす隅柱は、湾曲部のある材が使われていた。——この凹所には通常、画幅や籠の花入が掛けられていた。

倉　商店の二階は居間になっていることが多い。一三六図は、武蔵地方の川越にある商店のこの種の居間を示したもので、約三百年前の建築だという。表通りに面した二面の長大な低い窓は、深く入り込んだ造りで、頑丈な格子が嵌められてあった。この二面の窓の上部は奥行の浅い戸棚になっていて、横長の引戸がついていた。この部屋はごみっぽく、使用されていなかったが、わたくしは、アメリカの時代がかった建物の場合と同様に、この古い建物のなかで、否応なく目に入ってくる重厚な骨組みに感嘆の念を禁じえなかった。

これに関連して想起されるのは、耐火建築とし

136図　武蔵の川越にある古い建物の二階の部屋。

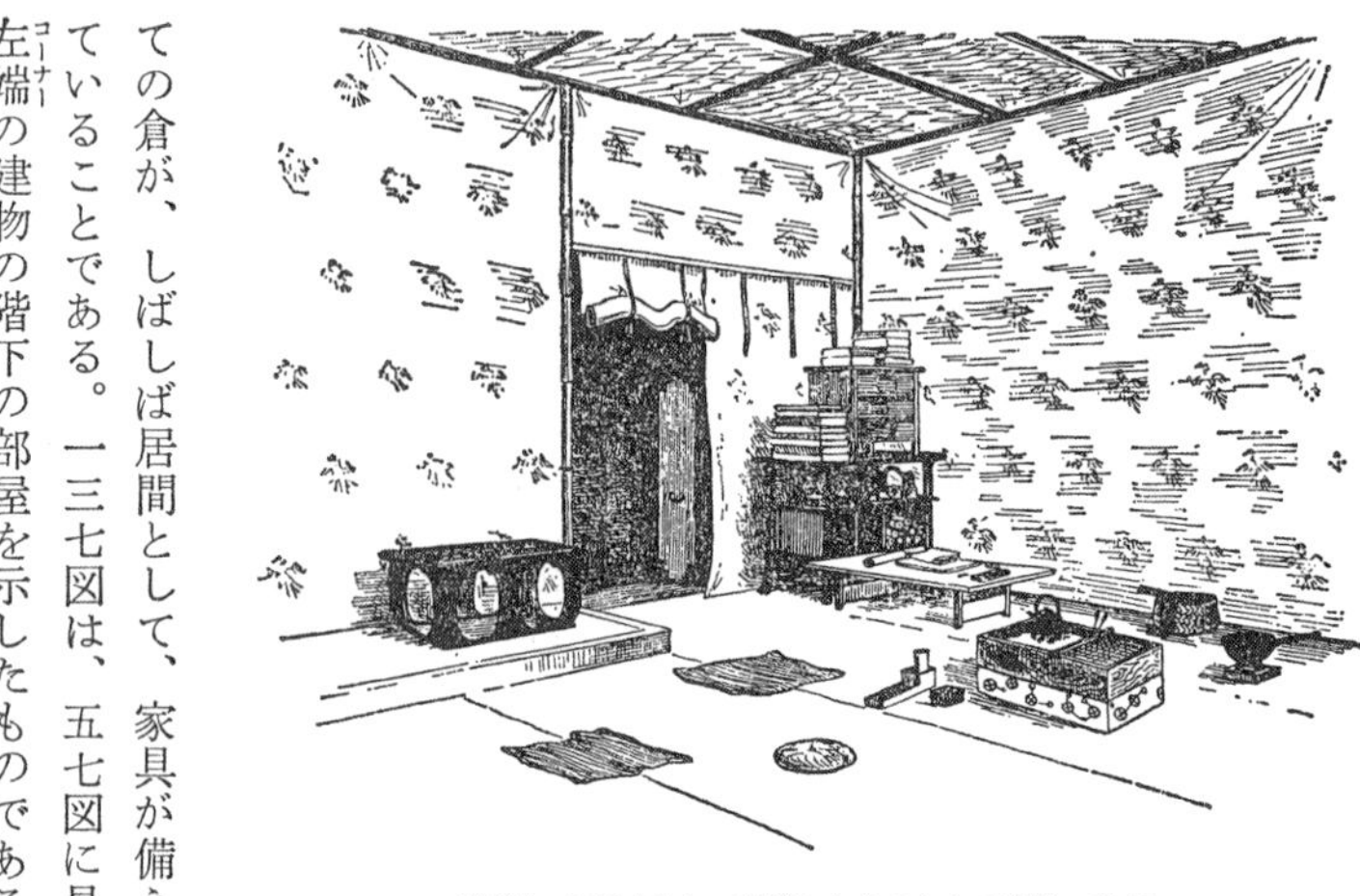

137図　書見室として設備した倉のなかの部屋。東京。

ての倉が、しばしば居間として、家具が備えられていることである。一三七図は、五七図に見える左端（コーナー）の建物の階下の部屋を示したものである。この種の建物の場合、四囲の壁は相当の厚味があり、開口部としては、一つの小窓と入口だけということが多いという点は前述したとおりである。このような建物の壁は、その結果として、季節によっては冷たく湿っぽいのである。

この種の部屋に家具を設備し、居間とするに当たって、壁面とは二、三フィートのあいだがあくようにして、簡易な竹の枠組みをしつらえる。この枠にカーテン風に布（ぬの）を張る。天井にも同様の枠組みを取り付ける。この設備によって、粗仕上げの壁面および天井の梁は隠れてしまう。張った布は、その一部を脇でカーテンのように巻きあげておく。ここから布の外へ出ることになる。この部屋の所有者は有名な古物研究家（アンティクウォリアン）であり、部屋の壁面に沿って戸棚や箱が並んでいて、それらは古書珍籍、書画骨董（こっとう）の類で溢れていた。二階へ上がるには危険な梯子段を登るのであるが、そこにはあらゆる種類の遺物がところ狭しと置かれていた。それは石器類、古陶類、風変わりな書き物机、珍しい写本などであった。この部屋の壁を蔽っている布地は、軽い薄手の生地であった。家主がその布の裏側へ物を探しに入っていったときに、布（カーテン）の向う側の家主の動きを、わたくしはかれの持つろうそくの灯りによって見てとることができた。この図に示されているように、この部屋で用いられている家具は、――書棚、机、火鉢等々であるが――そのほとんどが高価な骨董品であった。

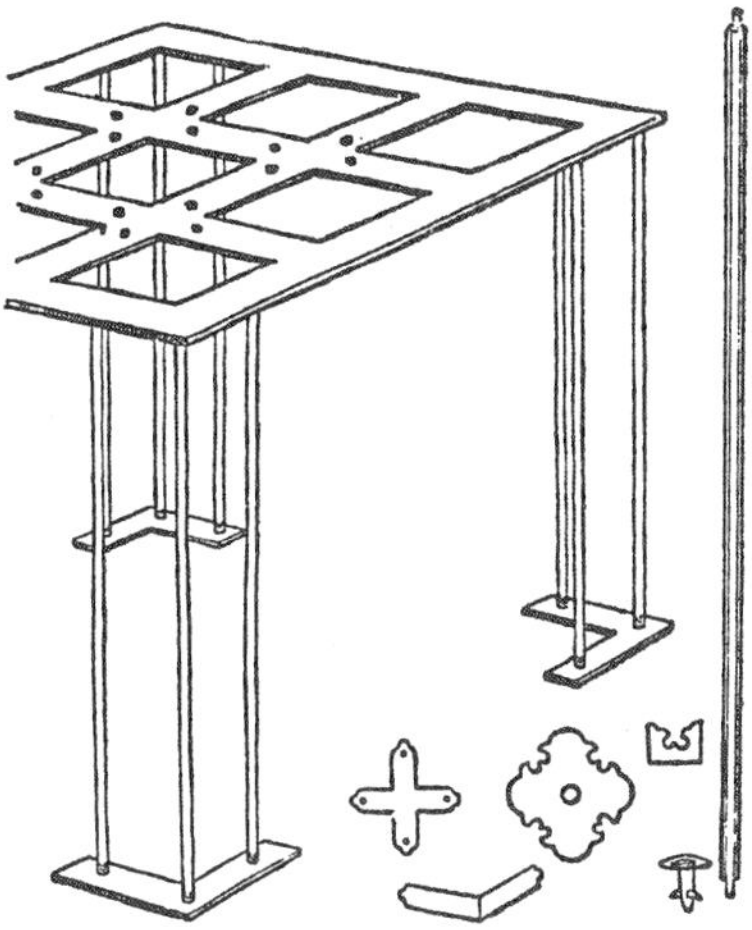

138図　倉のなかの部屋に垂幕を張るための骨組。

部屋として使われる倉が、昔も前述のようにして内装を工夫したということは、古書の挿画にこの方式を描いたものがあるだけでなく、この枠組みの構造の詳細が示されていることでも明らかである。K氏の所蔵になる一八〇年前に出版された古書には、この種の枠組みの一つが図示され、その構造、縁座金物、閂などの詳細が出ている。一三八図はその古書から写し取ったものである。

　この部屋とその内面に張り巡らした布を一方の脇のところで巻き上げてあることに関連して、わたくしは、学識のあるこの部屋の所有者から、表装した日本画、すなわち掛け物の上部から吊り下げられてある二本の細い紐の意味について、初めて納得のゆく説明を聞いたのであった。これらは実用性を持った付属部品の名残り――いわば痕跡器官であることには疑問の余地がない。K氏によれば、往時においては、絵画は主として宗教画的なものが多く、一つの木枠から吊されていたのであった。長い紐が画幅の背面に垂れていたのであ

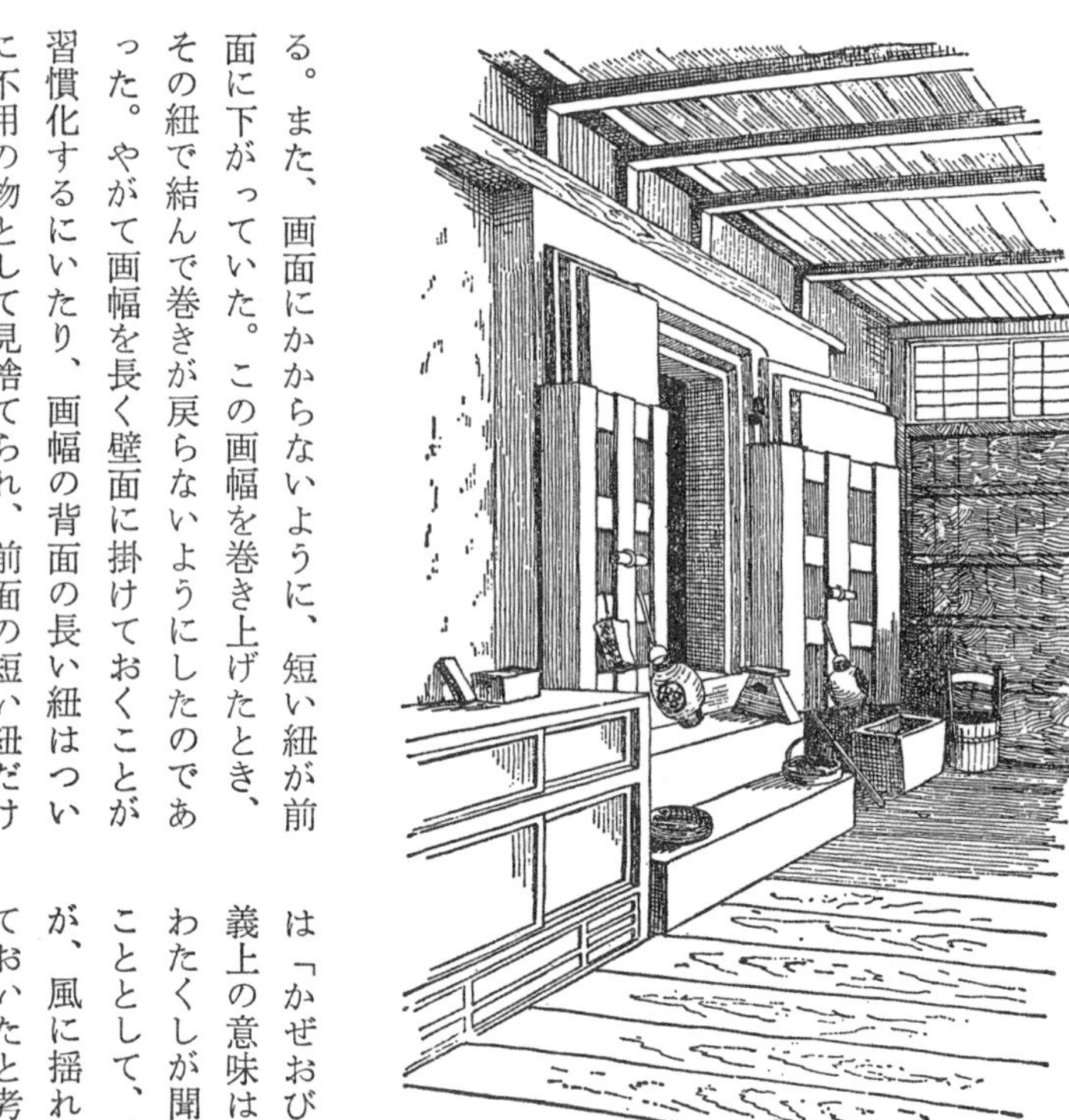

139図　住居と倉とのあいだの部分に家根を取りつけて台所にしている。東京。

る。また、画面にかからないように、短い紐が前面に下がっていた。この画幅を巻き上げたとき、その紐で結んで巻きが戻らないようにしたのであった。やがて画幅を長く壁面に掛けておくことが習慣化するにいたり、画幅の背面の長い紐はついに不用の物として見捨てられ、前面の短い紐だけが残った。古書には、カーテン様の帷が、この方法で枠組みの上部に巻き上げられているのが図示されている。――帷の後面に長い紐があり、前面には短い紐が取り付けられてある。部屋に風が入ってくるときは、帷は巻き上げられた。そして、奇妙なことに、掛け物に取り付けられている紐は「ふうたい」*fū-tai* または「かぜおび」*kaze-obi* と呼ばれていて、その字義上の意味はまさに「風の帯」である。以上が、わたくしが聞いた説明である。しかし、ありうることとして、壁面に掛けられている大きな画幅が、風に揺れるとき、これらの紐で上に巻きあげておいたと考えても、少しも不思議ではない。

倉は、一般に居宅とは別棟で建てられているが、屋根付きの簡易構造の木造建物によって居宅と連絡している場合が多い。この簡易構造の部分は火災にさいして容易に取り壊される。この部分は台所とか、台所への通路とか、家財の物置(ストア・ルーム)とかというようにいろいろに使用される。一三九図はこのような建物の一例を示したものである。ここに見られる建物は倉の側面に簡単な構造で付設されている。図の部屋は物置として使われているもので、木箱、提燈(ランタン)、桶(バケツ)その他アメリカの家の物置にもありそうなものが置かれている。

倉のいかにも重々しい扉は、たいてい、開かれたままである。この扉には板で作った木枠が取り付けられている。この板枠は扉の壺金に木栓を差し込むことで固定されている。この板枠は扉を保護するためのものである。つまり扉は壁と同様に、頑丈な枠組みに泥土と漆喰を塗り固めたものなので、損傷を避ける意味からである。またいっぽうでは、火災発生のような緊急時にはこの板枠を迅速に取り外し、扉を閉められるようにも工夫されている。居宅とのあいだの簡易建築物は瞬時に焼け落ちるであろうが、倉はそっくりそのまま残る。

倉の外壁には、胴縁によって幅の広い囲い枠を取り付けてあることがよくある。胴縁を倉の外壁に固定されたいくつかの折釘に掛けて外壁をおおう囲い枠を留める。この掛金は五七図に示されている。しかし、この五七図の建物の場合は、この囲い枠はまったく取り付けられていなかった。この種の囲い枠はさまざまの天候に対して倉の外壁を、より充分に保全するために設備されるものである。

一三九図の倉は、もとは、本屋から約一五フィート隔てて建築されていたものであるが、その後、この両建物のあいだの空間に屋根がしつらえられたものである。

倉の扉は重量のある構造で、通風を考えて開け放してあるのが普通である。しかし、厚い外扉が

140図　京都にある古い倉の戸口。

開け放しの場合は、頑丈な格子扉で戸締りをする。一四〇図は、京都の古い倉の戸口を示したものであるが、格子戸の様子をよく表わしている。一四一図の大きな鍵は内側の格子戸のもので、一四二図は外扉用の南京錠である。

141図　倉施錠用の鍵と鍵束。

倉の階上はよく物置として使われ、その場合、田舎屋の屋根裏部屋に似た使われかたをする。ここには、何束もの乾草、取り入れたままの穀物類、古い紡ぎ車、箱その他アメリカの家屋の屋根裏部屋と同様、そこに入れられたら二度と取り出されることのないような物品が置かれている。

ここまで述べてきて考えることは、「床の間」と「違い棚」とを別個に独立して取り扱ったほうが、より系統立った叙述となったのではないかということである。しかし、部屋の内装について記述するとなれば、床の間や違い棚を、部屋の他の部分と同じ配慮のもとに扱うのでなければ、不可能な話であった。というのは、床の間と違い棚は日本家屋の部屋を形作るうえで、必要欠くべからざる要素だからである。

天井　家屋構造について述べたさいに、天井に言及し、その張りかたや取り付けかたにも触れた。そのときに述べた天井の様式はほとんど日本全国に一般的なものであった。英語の「シーリング」に対する日本語は天井 *ten-jō* であり、——これは文字のうえからは「天の井戸(ヘヴンズ・ウエル)」という意味である。

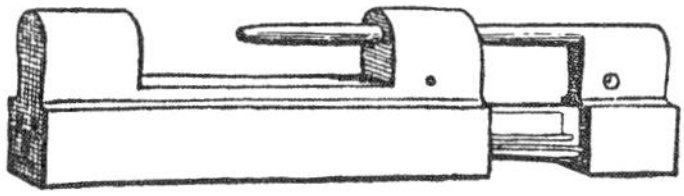

142図　倉施錠用の南京錠。

天井板の選別にはじゅうぶん注意することが必要である。それは、天井板は板目が整然として節のないものでなければならないからである。天井材として賞揚される材質は、他の内装についてと同様、箱根その他の日本各地の沼沢地から掘り出された一種の杉材である。この材は、濃い赤味がかった灰色ないしは褐色である。また、このような色合いを出すために、かなりの厚い杉板が何枚も沼沢地に埋められている。この材は、神代杉(じんだいすぎ) *Jin-dai-sugi* すなわち「神代の杉(ゴッド・エイジ・シーダー)」と呼ばれている。檜 *hi-no-ki* もよく天井板として用いられる。

天井は、竿縁といわれる軽くて細い角材に直角に薄板を渡し、その板の端を重ね合わせて張ってゆくのが慣習的な造りであるが、これ以外のものは滅多に見かけない。日本の北から南にかけて、旅館、私宅、商店を問わず天井といえば前述した様式のものである。この様式は日本全国に一般的であって、アメリカにおいて白漆喰(ホワイト・プラスタリング)の天井が一般的であることと好一対をなしている。それはそれとして、他の多くの様式の天井の場合では、これ以上はないというくらいの曲りくねった板目を有する木が珍重される。

茶会向きの小さな建物では、天井は簡素な様式(デザイン)のものが多い。——たとえば、竹の棰(ラフター)の上に藺を並べたものや、幅広い薄板を籠細工のように編んだものがある。

場合によっては天井面は、水平面でなくてアーチ状に作られる。すなわち、天井が寄棟風に迫り上ってゆき、頂上で四角形(スクエア)の平板(フラット・パネル)に連なっているものである。正方形(スクエア)か長方形(アングラー)の板を何枚も嵌め並べたものなどもある。

一二七図の天井は、入念な造りで形態美に富んでいる。この構造は、田舎の草葺屋根を模倣したものと思われる。中央の板は杉の一枚板である。この板の不規則な線形の板目は、それがくっきりと浮き出たように見せるために、木材を挽いて作られたもので、老木の感じを与える。つまり、老木の場合に、板目の比較的薄い部分が擦り減った形になるのに似るからである。その四角形の天井板の周囲の枠をなす丸太材、天井の四辺を形成する丸太材、および天井の四隅からこの中央頂上の板の四隅にも渡されている丸太材は、いずれも樹皮をつけたままの赤松である。中央頂上の板から放射状に伸びている棰は黄色の太い竹である。天井の四辺に平行に並べられている竿縁としてのやや細めの竹は、暗褐色の磨き竹である。天井の本体ははぎ *hagi* といわれる一種の褐色化した藺(ラッシュ)のようなものでできている。――これが草葺屋根を象徴する。この天井はまさに魅力的であった。それはまた均整美があり、飾り気がなく、かつ、印象的でもあった。この天井は、部屋の雰囲気を格調の高いものにしているが、それにも増して構造的に完全無欠といえるものであった。アメリカの建築家がこれを模倣することがあっても、その特徴的な造作の一つすら、改修の手を加える必要はないであろう。

一三四図に示されている天井は、正方形の杉板を、天井の隅から隅へ対角線状に走るS字型の竹の両側に張ったものである。この竹の表面には、文字も美しく漢詩が刻まれてある。この天井の美しさは、その全体的に一風変わった趣の効果にのみならず、その造りの随所に見られる上質材と見事な細工にある。この点は、一二六図の天井についても言えるであろう。この場合、まさに部屋全体がえり抜きの陳列室の感がある。最近、この種の板張天井はますます使用されるようになってきた。一四三図は、竹または欅材 *keyaki* の枠で縁取った方形の杉板でできたもので、天井としてはときおり見かける。

少々奇異におもわれるが、屋根のすぐ下の空間（屋根裏のこと）が活用されることはまずないといってよい。夜、鼠がどんちゃん騒ぎを演ずるのは、まさにここである。天井材として使われる薄くて音のよく響く板の上で、これらの有害小動物が走り回り、取っ組み合いをやるために、人によっては不眠を訴えることがある。鼠は、一方の隅から隅へ家の端部に差し渡された梁を往復路とするのである。この梁は「ねずみばしら」*nedzumi-bashira* と呼ばれるが、——まさに文字通り「鼠の柱」である。

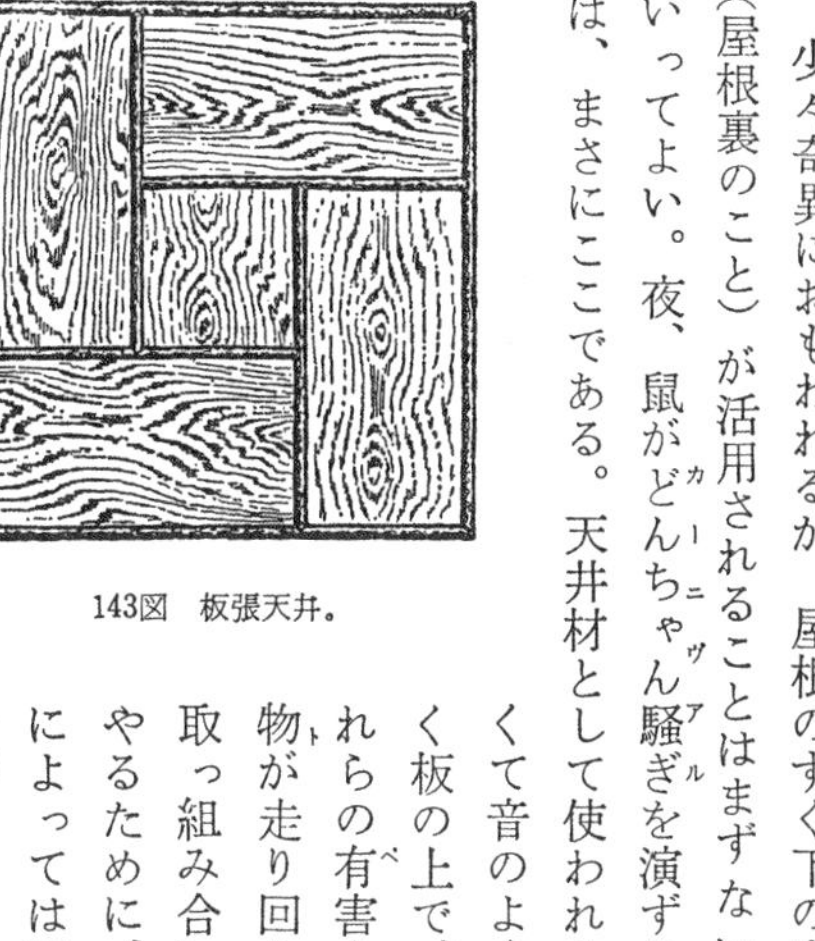

143図　板張天井。

壁　家屋構造について述べたなかで、漆喰壁および漆喰に用いられる多種多様な色の砂に触れた。壁面の処理法はいろいろあるが、その仕方によって思わぬ変化を楽しむことができる。漆喰に灰色や白色の小砂利が混和されることがある。また淡水産の二枚貝 Corbicula〔訳注＝シジミガイ科〕の貝殻を微塵に砕いて漆喰と混和する。わたくしは三河地方で鉄灰色の漆喰を見たが、それは大麻を細かく刻んで短い繊維にしたものを混合してあった。この繊維が漆喰のなかでキラキラ光るのであるが、奇異で目立つというのがそれから受ける印象であった。近江地方では、壁を白漆喰仕上げにするけれど、漆喰が乾く前に表面全体にむらなく吹きつけてあった鉄粉が酸化して、壁面全体が暖かい感じの褐色がかった黄色を呈しているのを見るのは珍しいことではない。

壁紙を貼るのに米糊(ライス・ペイスト)を用いない。その理由はある種の昆虫の幼虫が、とかく壁紙面を蝕(むしば)むからである。米糊に代わってアイスランド苔に似かよった一種の海藻が用いられる。この海藻が出す粘液質が接合剤(セメント)の役を果たすのである。この物質を壁紙の貼付に使うのである。これはまた、紙を何枚も張り合わせて作る厚紙にも使われているものである。

部屋の壁面には紙を貼ることが多い。壁面が色壁仕上げあるいは壁土の地肌仕上げの場合を問わず、腰貼(こしばり) *koshi-bari* と呼ばれている紙を貼るのが慣習になっている。すなわち壁面の二フィート程度の高さまで紙を貼付するのである。これは衣服が壁面に触れないようにするためのものである。腰貼を貼るということはどの部屋でも見られる一般的なものである。

欄間　日本家屋の内部は簡素で虚飾ばらないように見えるのであるが、一見無造作なつくりにみえるその部屋のじつに多くの部分に、指物師の工夫と芸術心(アート・テイスト)が働いていることは驚嘆に値する。当然のことながら、茶の間および違い棚は、いずれも、その大きさは大同小異であるものの、その様式(デザイン)と仕上げの仕方はまったく多様である。その理由は、敷居と柱、棚と戸棚(リトル・クロゼット)、画布ともなるべき面を持った襖、多種多様な用材など、職人が、その特技を発揮するのに事欠かないからである。天井は構造面では比較的変化に乏しいが、やはり装飾的な細工を施すのに格好の場であることに変わりはない。しかし、慣習的な様式によらずに、この方面で何か新しい仕様を打ち出すにしても、天井は、面積が大きいことおよび経費のかかる指物細工が要求されることのために非常に高価につく。室内装飾における重要性のなかで違い棚に次ぐものとして、(もちろんすでに見てきたように、薄板とそれを直角に受ける竿縁というほぼ一般的な様式以外にめったに工夫されることのない天井は別として)、わたくしが思うには、内装設計者の最大の注意を惹き、指物師の一層細心な仕事を必要とするのは欄間 *ramma* であろう。仕事をすべき面積は小さいけれども、彫刻や格子作りの意匠は、――すなわち幾何学的な格子細工や板の透彫(すかしぼり)である――室内の他の仕上げに見られない力感の籠った卓越性のあるものでなければならない。

すでに触れたが、鴨居は、床から約六フィートの高さのところで部屋の一方の側の端から端まで差し渡した横木のことである(一〇三図)。鴨居の下面には襖を嵌める溝が二本走っている。この鴨居と天井とのあいだには、もちろん天井の高さにもよるが、少なくとも二フィートくらいの間隔がある。鴨居の床面(ゆか)からの高さはほぼ一定しているが、アメリカの家屋の戸口の高さに比べて低いのが普通である。その理由は、日本人の平均身長がアメリカ人のそれよりも低いことによる。したがってこの鴨居はたいていの外国人にとって癪の種となる。このことは、部屋から部屋へ通るさいに、かれらがよくこれに頭をぶつけることによって明らかである。鴨居と天井とのあいだの部分が欄間と呼ばれるもので、これが、日本人の場合、きわめて自然に装飾の才能を発揮させるいま一つの場となっているのである。アメリカの家屋でひと続きになった部屋と部屋とのあいだにある幅の広い折りたたみ式扉の上部の、これに類似した部分を、われわれがつねに何の工夫もなく壁にしてしまっているというのに。この部分を全面的に壁で塞いで事足れりとしてもそれなりのものである。しかし、日本間にあっては、この部分を左右二つまたはそれ以上に区分するのが慣習的である。――たいていは、二面に区分している。そしてこの面を、内装設計者(デザイナー)および木細工師(ウッド・ワーカー)は、日本の室内装飾に見られるあの魅力的な驚嘆すべき意匠を創り出す場となすのである。

この欄間の意匠はもちろん多様であるが、菱形(ダイア)模様細工(バー・ワーク)や幾何学的模様(デザイン)になっていることがあ

144図　箱根村で見た欄間。

る。また欄間（パネル）は、模様を細工した一枚板であることがある。この場合、模様以外の部分を刳り貫くが、一方の部屋の暗い影が、この模様を浮き出させる、いわば地をなすのである。さらに、欄間の模様は、薄い杉の一枚板に、鳥、花、波浪、龍その他さまざまの形を透彫にしたものであることもある。また、欄間の装飾には透し繋ぎ細工（フレット・ワーク・パネル）が施されることが多い。この欄間に類似した図柄のパネルが、こんにち日本からアメリカに輸入されている。しかし、この場合、図柄は、日本で用いられているものよりは大胆になっている。このような細工は一見、華奢（きゃしゃ）で壊れやすそうであるが、どうしてなかなか丈夫なのである。このことは、欄間がはずれたり部分的に損傷を受けたりしたものを見ることがめったにないことによっても明らかである。

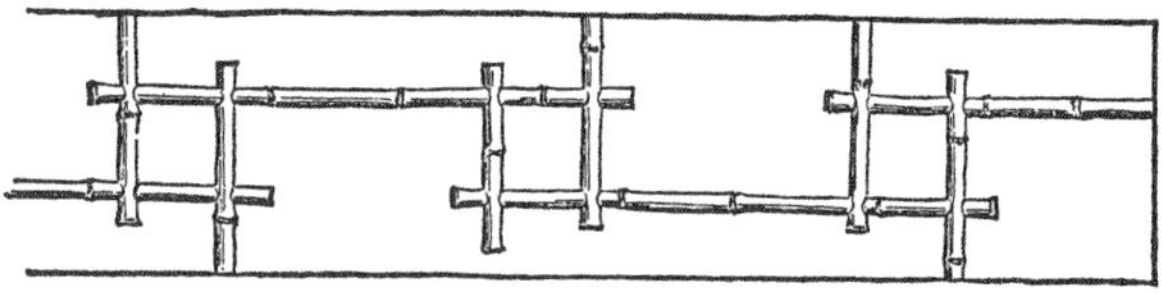

145図　竹の欄間。

一四四図に示した模様は、箱根村の旧家の欄間のものである。その部屋はかなりの大広間で、欄間は四面からなっており、欄間の長さは約二四フィートくらいであった。竹の簡素な格子細工は欄間には格好のしかも一般的な意匠（ディヴァイス）である。一四五図はこの種の素朴なものの一例で、よく見かける。東京のさる家で、同様の意匠で磁器製のものを見たことがある（一四六図）。――中央部縦の模擬竹はあざやかな紺色（ダーク・ブルー）で、水平にしつらえた細めのものは白色であった。透彫でなくとも、模様のあいだの部分的な空間はそのままつぎの部屋に通じている。この素通し(オープン)の欄間があるため、襖を締めきった場合でも、部屋の通風がじゅうぶんに確保されるのである。透彫板と竹格子とを組み合わせたものもよく用いられている(一四七図)。

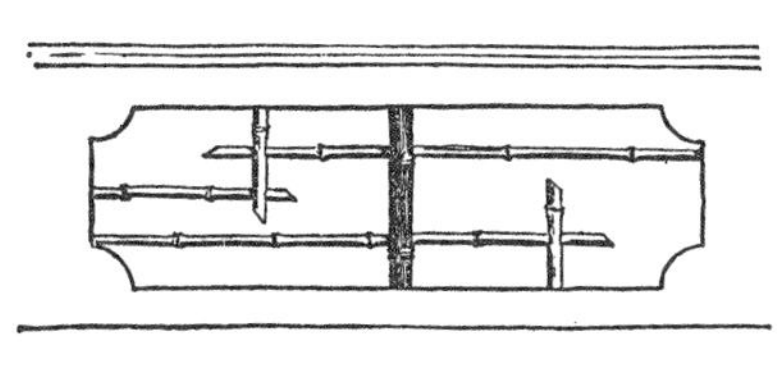

146図　東京にある磁器製の欄間。

　意匠と製作の面で高度な技術を必要とする欄間の場合は、木彫職人(ウッド・カーヴァー)は硬質の板(ソリッド・ブランク)に下絵(デザイン)を描き、ついで下絵の周囲の木部を削り取り、これによって下絵を浮き出させる。そして、丹念に仕上げてゆく。

　大和の五条にある旧家の欄間は、部屋の間幅と同じ長さがある。一四八図はこの欄間の意匠を示したものである。この意匠は菊花を竹格子で支えた作りになっている。菊花と葉の挾間飾りとが、欄間をなす一枚板に、そのいずれの面から見ても同じ丹精をもって彫り刻まれていた。実際に欄間の意匠は、すべてその欄間を挾んだ両側の部屋から眺められるようにできているのである。旧家の場合、

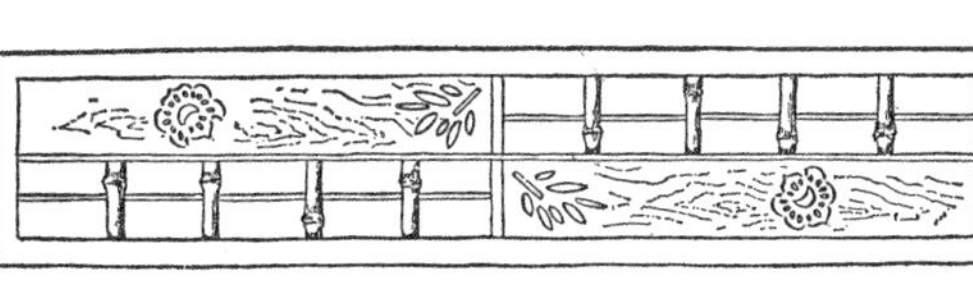

147図　竹と透彫の板とを組合わせた欄間。

　欄間が、このような図柄を特徴としていることにしばしば気づいたのであった。肥後八代(やつしろ)のさる旧家で、わたくしはこの種の欄間の非常に優美なものを見た(一四九図)。その欄間は左右二面になっていて、図柄は、一方の面から他方の面へ連続したものであった。それは、股になった木枝や二本の棒を括り合わせたものを支柱にして支えた木樋によって水を引く造作を図柄にした、いかにも素朴なものであった。何かの水生植物の長い葉の葉端が枯れ気味にところどこ

148図　彫刻を施した欄間。大和の五条村。

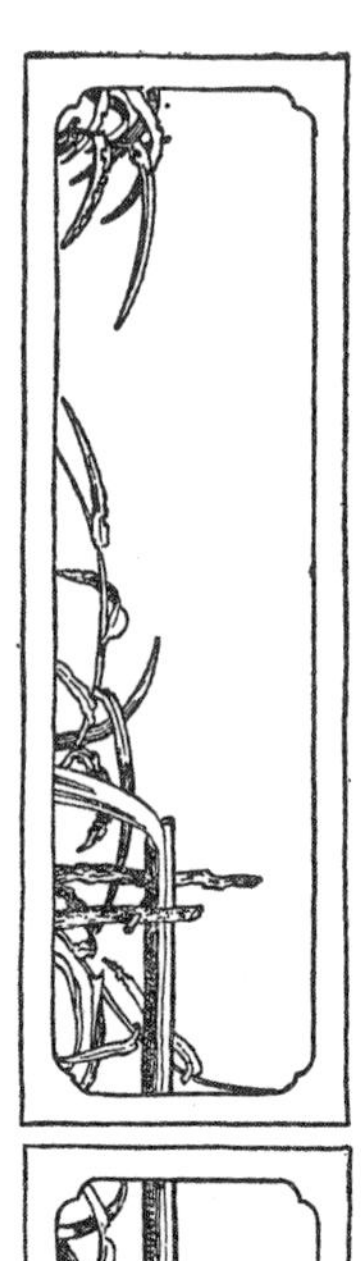

149図　彫刻を施した欄間。肥後の八代にある。

ろ傷んでいる様子までも、見事に表現されていた。この図形が彫り刻まれてある板の厚さは一インチ以下であったに違いないが、浮彫のでき栄えは驚嘆に値するものであった。白墨に似た白色の物質を彫刻の隙間に充塡（じゅうてん）してあるので、当初は、この図形全体が白色仕上げであったものが、のちに塗りつけ面がすり減ったというような効果を出していた。この家はかなりの旧家で、欄間は名もなき地方の職人の手になるものであった。

遠隔のさまざまな地方の、比較的小さな町や村に前述のような素晴しい芸術的香りの高い彫刻（カーヴィング）の図形（デザイン）を考え、これを彫るという能力を持った工芸家がいるらしいことは顕著な事実であると同時に、注目に値する事実である。——なぜならそのような作品が確かに存在するからである。日本の地域を問わず、われわれは多種多様な優れた作品に接するとともに、あらゆる職人は、仕事を覚えたのであって——たんに、年季奉公をつとめあげたのではない——、したがって、自由な気持で働いているという事実を知るのである。換言すれば、日本人はどこに赴いても、芸術的意匠とその見事なできばえとを賞揚する人々なのであって、その結果として、一般にさまざまな方面に能力のある人々は、何処の地に身を置こうと自分の仕事振りが求められることを知っているのである。右に概説したことによって、わたくしは、日本の優秀な職人が、仕事欲しさに大都市に惹かれることがなく、むしろずっと小さな町や村では、どこでも優秀な職人に事欠いていないとか、またこのような職人がアメリカの場合とは比較にならないほどに、どこにでもいるとかと言っているのではない。その辺の事情がアメリカの場合とどれほど相違するかはつぎの事実を見れば明らかであろう。つまり、大工が、たんに風雨を凌ぐだけの建物を建築しておればよいという町や村が、アメリカには数百、数千も存在することである。そして、もしも大工がそのような建物を美しくしようとすれば、——だが、わたくしは、軒といわず、窓や戸口といわず、ペチコートのスカラップなみの縁飾りを施して、言い知れぬ憎悪を抱かせ、さらに、ありうることだが、そのうえペンキを塗りたくって醜悪きわまりないものにしてしまうことだけは思い起こしたくない。

三千六百万人が住む日本には、芸術的創作力を有する人たちや、その作品を鑑賞する力を持った人々が溢れている。人口五千五百万のアメリカの場合、日本の場合に類するほどの作品を求めるには、巨大な人口の集中地に探索の目を向けねばならない。――その理由は、それ以外の地域では優秀な作品とかその鑑賞とかいうことがきわめてまれだからである。

名古屋のある貧しい暮しをしている人の家で、わたくしは、簡素で独創的な作りの欄間を見た。この欄間は、明色と暗色の二枚の杉板をそれぞれ山形に刳（く）り貫いて作ったものであった。この二枚の板は並置されて、その両面から二つの山なみが見えるようになっていた。一五〇図で、この簡易な欄間の概観は把握されると思う。小壁（フリーズ）の一部を装飾と実用との両面から工夫して通風を図るためにさまざまの方法が考えられている。このような小壁がアメリカの家屋に採用されれば、室内装飾を完璧にするうえで有効であろう。

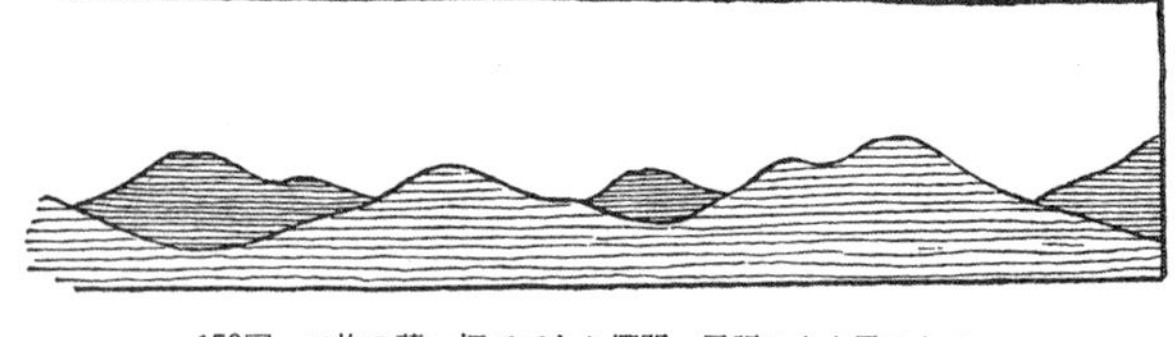

150図　二枚の薄い板でできた欄間。尾張の名古屋にある。

窓　部屋を締め切っている場合に、光は障子を通して得られるので、窓本来のほうは、――壁に開けた一定の開口部が窓とみなされよう――たいていの場合、窓としての機能を喪失し、装飾的な性格を強めてきた。げんに、窓の多くは本来の機能を完全に失い、装飾としてのみ活用されている。このような窓は、その形態がじつに多種多様であるが、またその位置が部屋の上下四方を問わないことにも驚かされる。ある場合は床に近い低い位置に、またある場合は天井に接するくらい高い位置にある。まさに、部屋と部屋とを仕切る壁にも窓がしつらえられてある。同様の様式の窓は床の間と違い棚とのあいだの仕切壁にも見られる。床の間の外縁の仕切壁に窓がひとつしつらえられていることが多い。この場合の窓は一般に四角形で、障子がついている。障子の上框は両端が突き出していて、これを鉄製の掛金（フック）に掛ける（一五一図）。この窓が床の間に近く位置している場合は、掛障子は部屋の外側に掛ける。その理由は、掛障子をこのように掛けたとき、部屋の内側からこれを見ると一段と趣を増すからである。またこの様式の窓が手水鉢（ちょうずばち）附近の壁に設けられている場合は、掛障子は部屋の内側に掛けられる。また、窓の上下に溝をつけた桟を固定し、ここに障子を嵌める場合がある。そのほか、障子が仕切壁の内部に嵌められている場合も少なくない。——すなわち、障子は二重になった仕切壁に内蔵されていることになる。この場合の障子は二枚で、左右に開き分けられるようになっているものがよく見られる。この種の窓を形成する障子の組子は趣向の粋を尽している。模様は一五二図に示したような幾何学的なものが多い。その他、一五三図に掲げたように山容をあしらったものもある。これらの模様は白松（ホワイト・パイン）のごく細

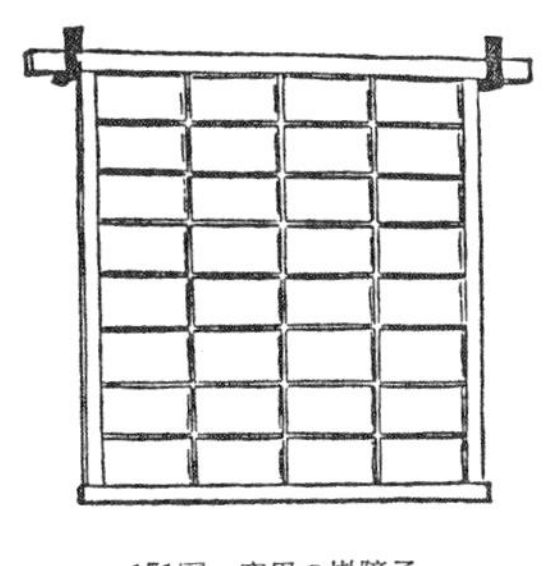
151図　窓用の掛障子。

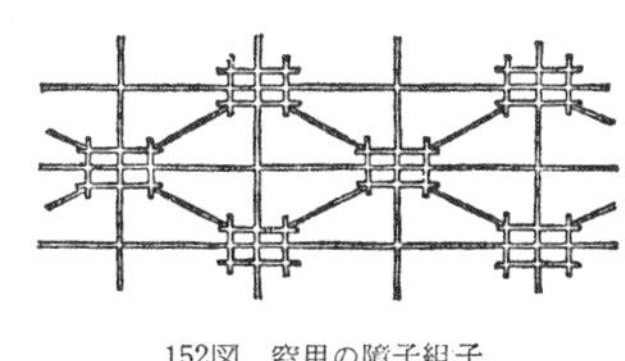
152図　窓用の障子組子。

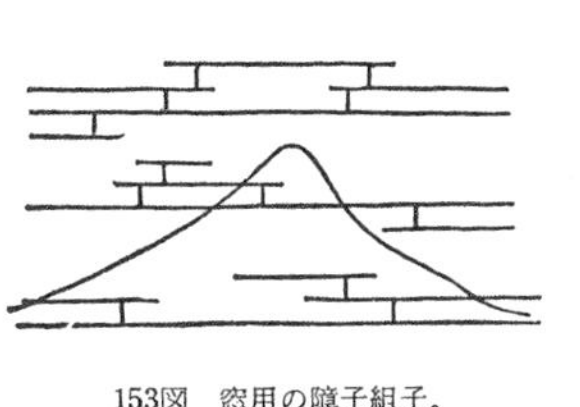
153図　窓用の障子組子。

い桟で作られているが、ここに例示した模様の場合、障子の組子は、模様が崩れないように障子紙に取り付けられているように見える。なぜなら、そうでもしない限り、このような組子は固定の方法がないからである。

名古屋のさる旧家で、わたくしは黒みがかった杉を使った素晴しい間仕切を見た。この間仕切には直径五フィートばかりの円窓があって、ここに杉の薄板が嵌められている。この板に波浪が打ち貫き模様になっていた。そしてその模様の優美なことも群を抜いていた。羊歯の若葉を思わせる、何枚もの舌を巻いて並べたような、奇妙に造形めいた波の姿、大浪の美しいうねり、砕ける波がしらに散る丸い飛沫は、見る人を魅惑するにじゅうぶんであった。その向こう側の光が、この変化に富んだ打ち貫き模様を通して洩れるときは格別であった。

この種の窓が二階にしつらえられる場合は、美しい庭園や遠景を望みうるように配慮されている。このため窓は円形が普通である。しかし三日月形または扇形のものもある。まさに、このような窓の装飾模様の多様なことは際限がないように思われる。部屋と部屋とのあいだのこの様式の窓には、障子が嵌められていることもあり、いないこともあるが、いずれにしても一般に竹格子または何か他の材料で装飾的工夫を凝らしてある。外側の窓にも障子だけでなく、装飾的な格子が嵌められている。一二一図は、床の間に隣接した大きな円窓にしつらえられたこの上なく優美な竹格子を示している。

書院に設けられた窓には細心の注意が払われる。この場合の窓枠は塗り仕上げで、格子および障子は指物師の粋を尽くしたものであることが多い。一風変わったつくりの窓が、廊下または手洗いがある場合は、そこに通じる縁側の一端に面してしつらえられることがよくある。一五四図は外側から見たこの様式の窓を示したものである。窓に嵌められているのは鉄棒で、この窓の下方は、杉皮と明るい色調の板とを交互に組み合わせた羽目板づくりとなっている。

これらの窓は、窓 *mado* という名で呼ばれてはいるのであるが、様式は数百にも及ぶ。以上に述べた窓は数としては少ないにしても、その説明によって、これらの開口部が、ほとんど装飾的な性格を持つものであることを理解するのに幾分かは役立ったことと思う。それぞれの窓は、その様式にふさわしい呼び名があることは注目に値しよう。また専門的な書物があって、窓の多種多様な様式(デザイン)やその構造を扱っている。

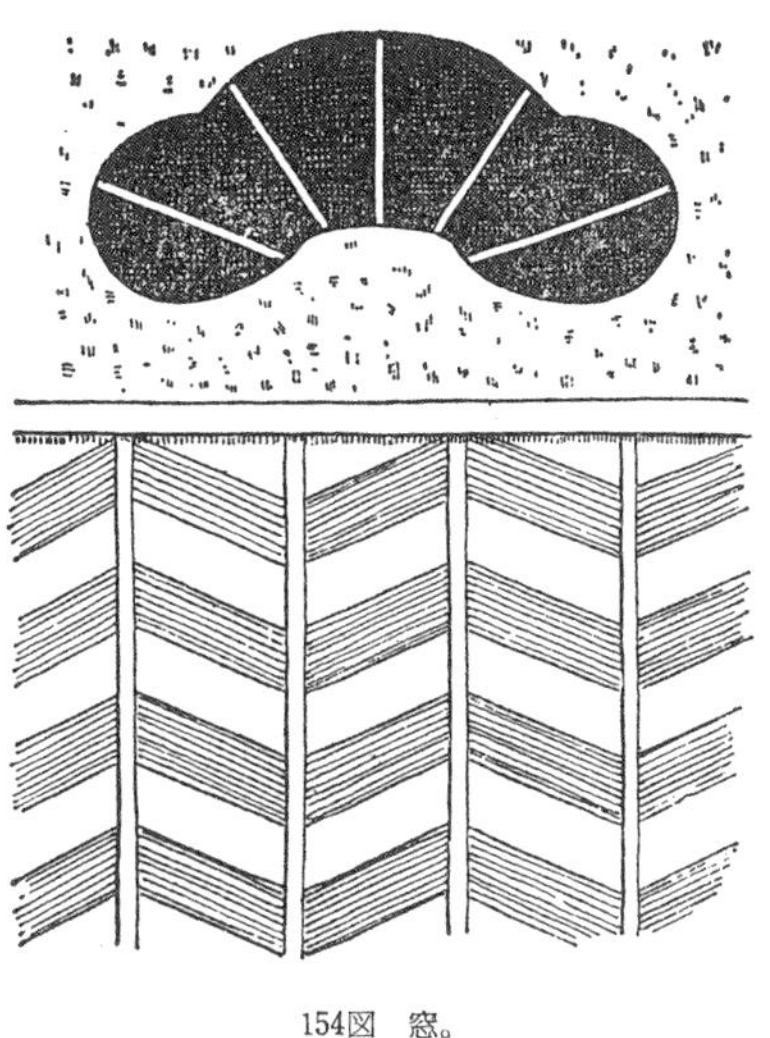

154図　窓。

その他の窓については、庭園に関する章において、四阿(あずまや)の窓について少し述べるとともに、その略図(スケッチ)を示すことにする。

屏風と衝立　日本家屋の開放的な性格が、さまざまの形の屏風・衝立(ポータブル・スクリーン)、竹簾(バンブー・シェイド)、暖簾(カーテン)などを発達させる原因となったのであるが、そこに注がれてきた構造上の創意工夫は相当なものであり、芸術的技量は計り知れないものがある。屏風(びょうぶ) *byō-bu* すなわち折りたたみ式衝立(フォールディング・スクリーン)は、簡単に触れるだけでは済まされないものであることは言うまでもない。屏風は、両面に丈夫な紙を貼った木枠(パネル)をいくつも縫(つな)ぎ合わせて、折りたためるようにできている。外枠は細身の角材でできており、生地のままか塗り仕上げである。木枠の上下の角には、それぞれ模様細工を施した金具を取り付けている。木枠のすぐ内側には錦模様の帯状の部分があるが、その幅は多様である。さらにその模様の内側に接して細い帯状の錦模様がある。そして、さらにこの内側の無地の部分が画家の腕の見せどころとなる。屏風の折りたたみ面のそれぞれは、独立した絵が描かれていることがあるが、もっともよく見かけるのは、屏風の片面全体に風景画なり、構図なりがひと続きに描かれたものである。日本の大画家の多くは、その秀作のいくつかを屏風に残しているのである。したがって、このような秀作の描かれた屏風の値段は法外である。

絢爛（けんらん）豪華な金箔の屏風は、現在では、ほとんど入手できないが、その装飾画は驚嘆すべきものである。屏風の表面は雄大な構図の風景画で、裏面は全面が金箔張りか、竹や松をスケッチ風にあしらった墨色の単色かである。わたくしが聞いた話だが、古い時代の屏風の多くは、その金箔が非常に厚く、それから金を再生するために屏風を壊すという冒瀆的行為がしばしば行なわれたということである。

室内装飾を目的として、かつて考案された道具で、家庭的に使用されるもののうち何が豪華といっても、六枚折の金屏風に及ぶものはない。これほど多様な装飾的技芸を凝らした道具は屏風をおいてほかにない。見事な塗りの枠、精巧な金属細工、金襴（ゴールド・ブロケイド）の縁取り、画家の揮毫（きごう）にゆだねられる一大画布（なぜなら六枚折屏風の両面に装飾を施すとなると、その面積はほぼ縦が五フィート、横が二四フィートにもなるからである）が、豪華壮麗な装飾を施すうえで、どのようにでも活かしうる場を提供するのである。屏風を蔽っている豪華な燻（デッド）した金箔は反射光をやわらげ、その光を暖かく晴れやかな感じのものにする。また屏風は気に入った角度に折り曲げられるので、明るさに応じてその画面を楽しめる。もちろん、いま述べているのは二枚一組になった正真正銘の時代物の金屏風についてである。このひと組の屏風の所有者は、自分ほどの幸運児はいないと思っていることだろう。その一つは一五五図に示したとおりだが、狩野常信〔訳注＝江戸木挽町狩野家二代目の画家〕の筆になる冬景色が描かれていて、約一七〇年前のものである。これと対をなす一方の屏風には、同一の画家による夏景色が描かれている。裏面には明るく力強い筆致の松と竹の絵がある。一五六図は、金属細工を施したこの屏風の木枠の一角を示したものである。この種の屏風は、二枚折か三枚折のものが普通であるが、この場合のように六枚折のものもある。屏風は使用しないときは絹製の袋に収納して、長く、幅の狭い木箱に仕舞っておく（一五七図）。この木箱は、化粧箪笥や整理箪笥などの家財道具同様に、鉄

155図　屏風。

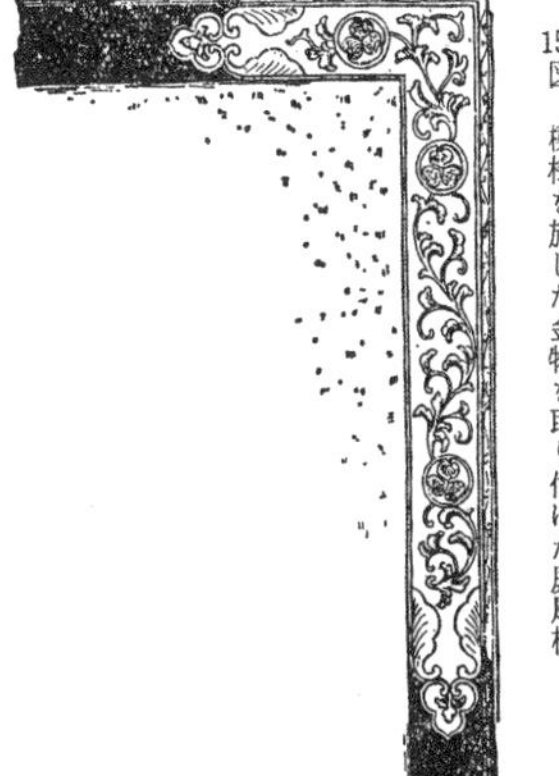

156図　模様を施した金物を取り付けた屏風枠。

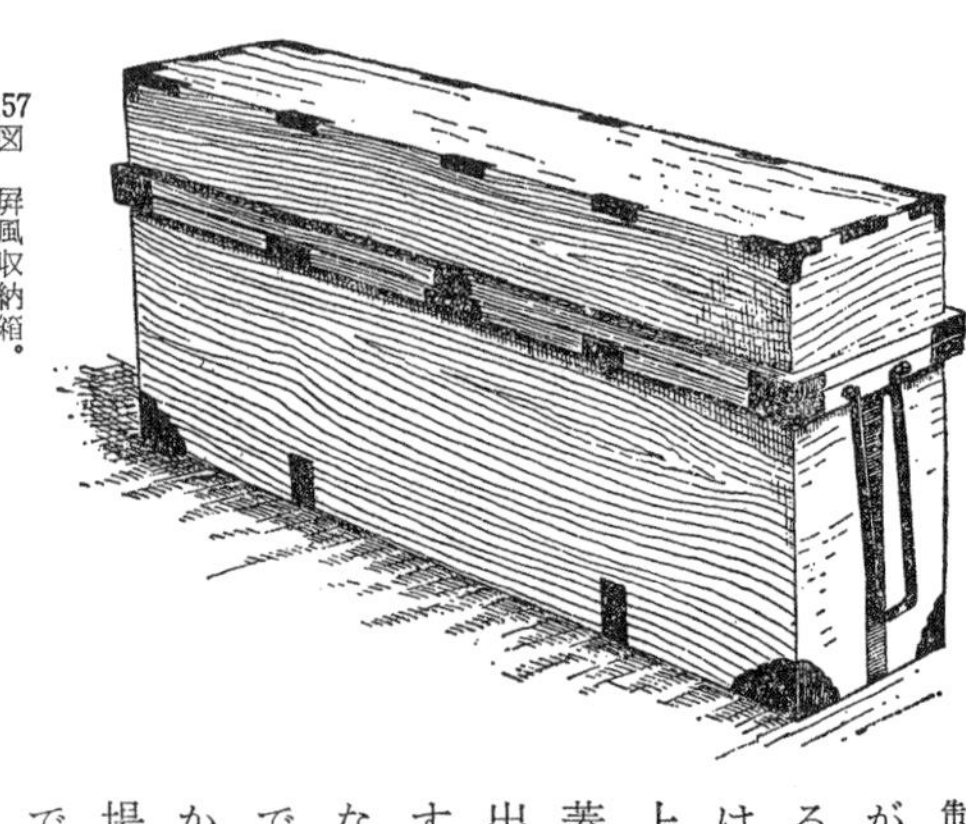

157図　屏風収納箱。

製の長い把手が下がっている。この把手は上方に持ち上げると箱の蓋の上に突き出し、棒を通すのに好都合な環となるのである。——かくて火事の場合など二人で肩に担いで持ち出すことができる。

屏風を開いて、床に立てるにさいして、その両端の一面が風で動かないようにさまざまの工夫が施されている。それらはたとえば金属性の止め具や一五八図に示したような陶製の重しがある。この重しの場合は、その溝に屏風の下端を嵌め込むのである。何かの祭日には、比較的幅広い通りに面して住んでいる人々は、家を開け広げて、秘蔵の屏風を公開する習慣を持っている。京都では、このような時機に出会うと、道を往きつつ素晴しい屏風の陳列を楽しめる。

158図　屏風止め。

京都、およびおそらくそれ以南の地方に特有と思われる一種の屏風がある。この屏風は、藺草とか簾様に細くした竹とかを敷き並べて嵌め込んだものである。このような屏風は立ててあっても空気と光とをある程度は通すので、夏に用いられるのであろう。

二枚折で背が低く風炉先屏風 *furosaki biyō-bu* と呼ばれるものは、茶の湯の湯を沸かす「風炉」の前に置かれる。この屏風の目的は、風炉に風が入らないようにすることと、灰が室内に飛散するのを防止することにある。この種の屏風(スクリーン)は、屏風の面と直角に袖をつけた、固定的な木枠でできており、その面は、藺の茎でできており、屏風をなす二面がつくる隅の部分には小さな棚が取り付けられてあって、そこには茶の湯に使う道具を置く。一五九図に示したものはその一例である。この種の屏風(スクリーン)も多くの意匠がある。

159図　風炉先屏風。

古風な玄関では、二つの足がついた、頑丈な枠組みの重厚な仕切板が置かれている。この仕切は衝立(ついたて) *tsui-tate* と呼ばれているもので、玄関(ホール)に欠かせない家具である。この衝立は多くの場合、金塗りの豪華なもので、普通のものに比べて高さのかなり低いものが一般的である。日本の古い絵図にはこのような衝立がよく登場する。この衝立の小さな模型(一六〇図)を陶器や磁器でつくったものがある。これは硯の前に置いて、墨を磨(す)るさいに畳(マット)に墨が飛び散らないようにするのである。いま一つ別の型の衝立がある。この衝立の場合は、二叉状の垂直の支柱が二か所についた台があって、四角形の木枠に丈夫な紙を貼った仕切か薄板がその台上に置かれ、二か所の支柱で垂直に固定される。一六一図がこれである。

160図　陶製の豆屏風。

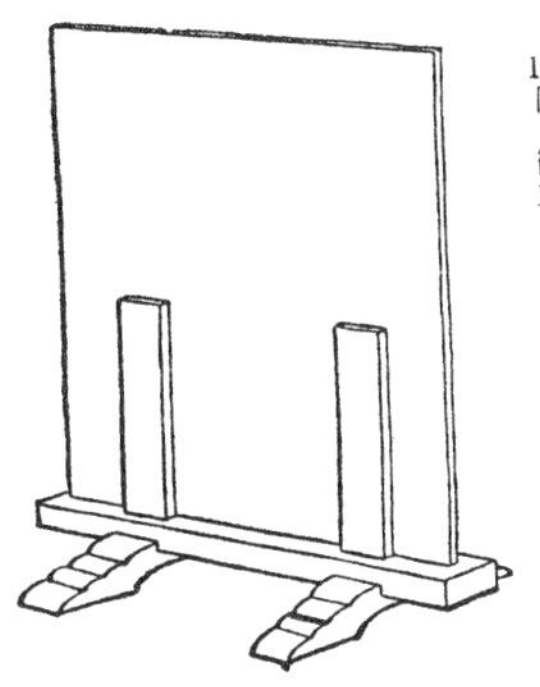
161図　衝立。

障子を取り外すと、部屋はからっと開け広げになり、明るさと通風は申し分がない。この場合、籔か藺で作った簾（すだれ）が、日除けとして用いられる。簾は通常、庇端か部屋の外面に吊される。簾は巻き上げて括（くく）ったり、好みの長さに垂したりすることができる。簾は無地のものか、または葡萄（ぶどう）や瓢箪（ひょうたん）や伝統的な模様のものなどである。これらの模様は、竹の節（ふし）を一六二図(A)のようにジグザグ型その他の模様に並べたり、また一六二図(B)のように竹の薄い挽割の下側に、四角形に切り込みを入れたりして作られる。この場合、部屋の内部の暗さ（シェイド）が、格好の地となってこの模様を浮び出させる。一六三図はその一例である。これが暖簾（のれん）*noren* と言われるもので、竹を編みつづって作ったものを簾 *sudare* と称する。

図鑑では一六四図に示したようなものをよく見かける。これは、塗り仕上げの台（スタンド）、この台から垂直に突き出した二本の支柱、その支柱上にタオル掛のようなかたちに取り付けられた横木、そこから床面に裾を引くほど長く垂らした掛け布（カーテン）でできている。わたくしはこの実物に接したことがない

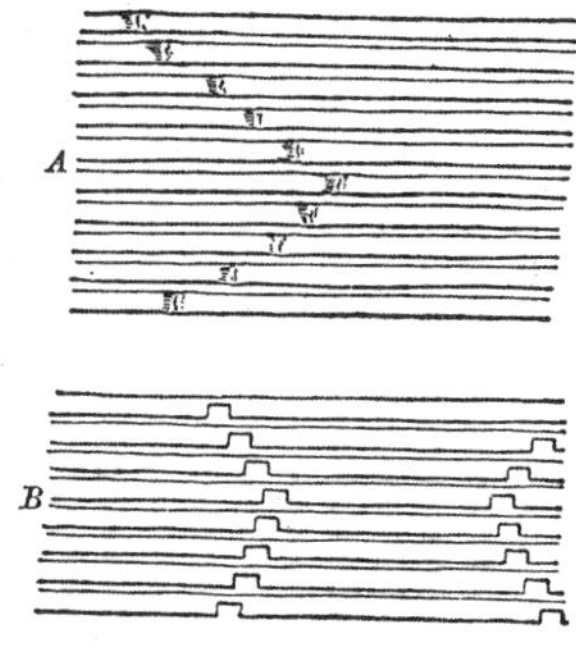

162図　竹簾。

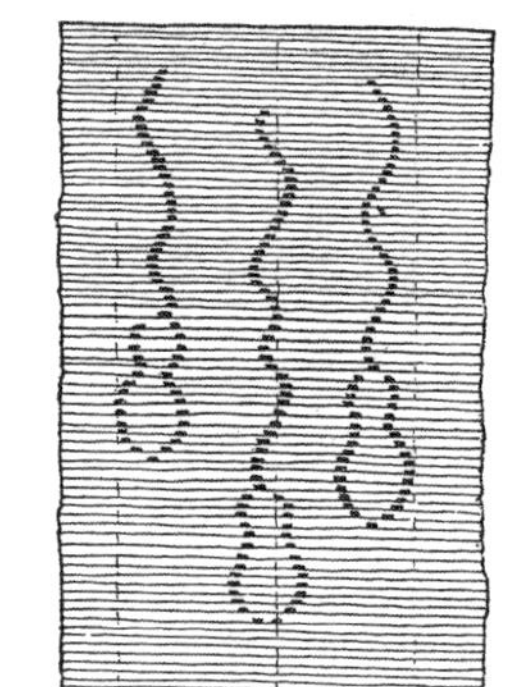

163図　竹簾。

164図　几帳。

が、おそらく大名屋敷で用いられたものであろう。

戸口や通路でよく見かける簾（スクリーン）や暖簾は、縁飾り状に垂れ下がった何本もの紐の一本一本に、竹の節間の短い輪切りを連ね、その所々に黒い木の実を加えてビーズ状に通したものである。一六五図はこの種の玉暖簾（フリンジド・カーテン）の一部を示したものである。この種の暖簾の利点は、仕切として有用であるだけでなく、家人が、いわば持ち上げる手間なしに通り抜けられることにある。この種の暖簾（カーテン）も多種多様で、こんにち日本は、ガラス玉や藺（い）で作った多彩な、美しい簾や暖簾を輸出している。

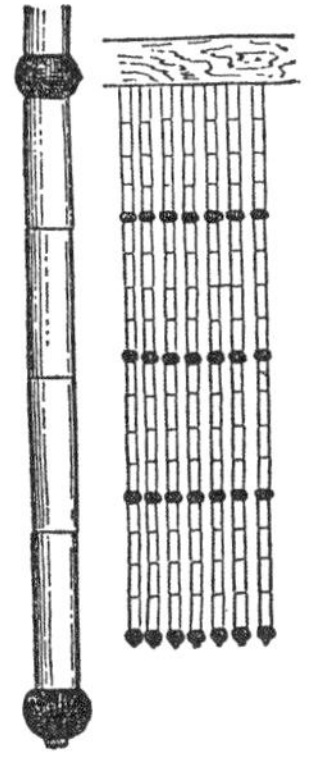
165図　玉暖簾

台所への入口や戸棚風に入り込んだ部分の前面には布製の暖簾（クロス・カーテン）が用いられている。この場合、布地には長い切れ目をいくつか入れるので、いわば長い垂れ布（フラップ）を連ねたようである。このような暖簾は風にすぐ揺らぐということがなく、通り抜けるのが楽である（一六六図）。日本の商店の店先では、これに類似した長い切れ目の入った暖簾をよく見かけるが、これは風などに吹きあおられることのないようにするためである。

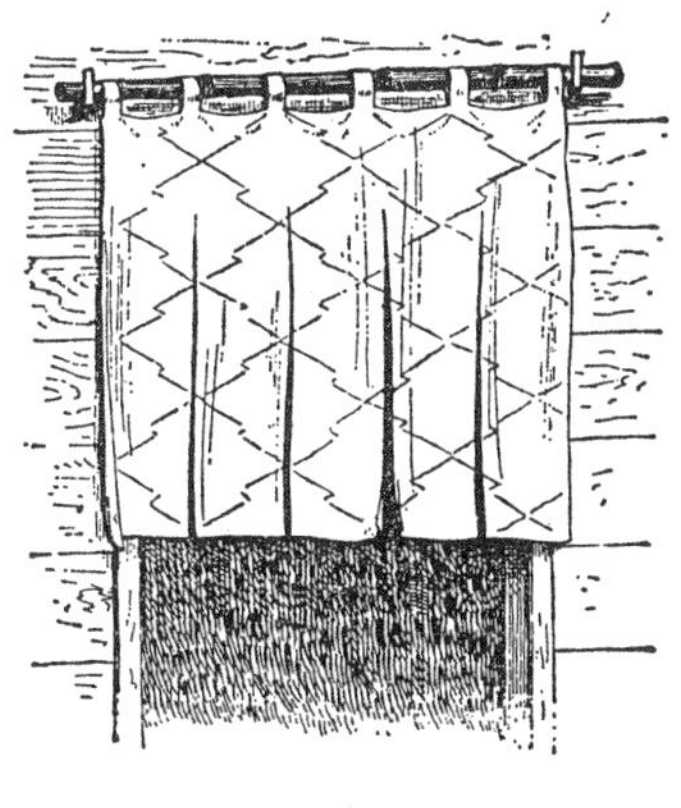
166図　暖簾。

ここで言及し得なかった屏風や衝立、および簾や暖簾は多くあるが、ほぼここに述べたものが普通に見られる一般的な様式である。

注

（1） アメリカにおいて、「ジャパニージー」という名でわれわれになじみの香りは、日本製品を包装している木箱から発散する匂いである。

（2） 九七図では、Pは八畳の間、DおよびLは六畳の間、Sは四畳半の間、B、HおよびSt.は三畳の間、S、RおよびVは二畳の間である。

九八図では、P、PおよびBは八畳の間、Bは六畳の間、WRおよびSは四畳半の間、HおよびSRは三畳の間である。

（3） 以下は第九九図に示した各部屋の名称についての簡単な説明である。上がり場 *Agari-ba*（*Agari* は「うえへ上がること」、*ba* は「場所」の意味）は「一段高い所（プラットホーム）」すなわち風呂から出て上がる場所をいう。茶所 *Cha-dokoro* は「茶を供する場所」の意。下段 *Ge-dan* は上段より一段低くなっている部屋。上段 *Jō-dan* は下段より一段高くなっている部屋。入側（いりかわ） *Iri-kawa* は縁側と部屋とのあいだの部分のこと。上（かみ）の間 *Kami-no-ma* は高貴な場所または部屋の意。次の間 *Tsugi-no-ma* は上の間に次ぐ場所または部屋の意。化粧の間 *Keshō-no-ma* は容姿を整えるための部屋（*Keshō* は「白粉（おしろい）を使って顔を美しく引き立てる意」）。納戸 *Nan-do* は屋内収蔵庫のこと。中壺 *Naka-tsubo* は建物に周囲をかこまれた庭。押入 *Oshi-ire* は蒲団などの収納場所（字義的には「押して」、「入れる」意）。廊下 *Rō-ka* は板張りの屋内通路のこと。溜 *Tamari* は控所に同じ。詰所 *Tsume-sho* は使用人が詰めている部屋の意。湯殿 *Yu-dono* は浴場のこと。縁座敷 *Yen-zashiki* はいちばん端に位置する座敷をいう。渡り *Watari* は渡ってゆく場所の意。簀（す）の子 *Sunoko* は竹で作った棚または台のこと。

（4） 寝所に関するより詳しい考察については第八章を見られよ。

第四章　家屋内部（つづき）

台所　ひとつの区画としての台所は、アメリカの場合と同様に日本においてもかなり多様に使用される。またその多様な使われかたが相似かよっている。つまり、田舎の比較的つくりの良い家に関しては、日米双方とも台所の造りは大きく、広々としていることが多いので、採光、通風ともに申し分ない。したがって台所は、食事の準備や皿洗いの場所だけでなく食事を摂るところでもある。両国における都会の、普通の家屋の台所は暗くて狭く、かつ採光が悪い。だから、気持ち良く調理できるような場所ではまったくない。日本のこのような都会の家屋の場合、多様な日本間のなかで、台所は部屋としてはっきり区分しにくいのである。それは台所には、他の部屋を特徴づけているような簡素さとか明確な間仕切とかがないことによる。台所は狭い張出し表口（ポーチ）のようなものか差掛屋根だけの小屋のようなものが多い。天井があることはめったにない。棰（たるき）は露出しているので煙で煤（すす）けてまっ黒になっている。煙の捌（は）け口は天窓であるが、それは薄暗い台所内部の唯一の採光窓でもある。都会の家屋では、台所は通りに面した側にある場合が多い。その理由は、庭園が家の裏にあって、座敷がその庭園に面していることにある。また台所が通りに面していることは、魚菜の行商人などが台所へ出入りするのに好都合なのである。台所が通りに面していないアメリカの場合だと、そのあたりのささやかな芝生にきまって肉屋の包装紙やその日の楽しい食事の回想物が一面に散らばってしまうということになる。田舎では台所は、一般的に家の一方の端にあって、張出し表口のような形に広がったものになっているのが普通である。そしてここに、桶（タブ）、手桶（バケツ）などが置かれ、冬期間の薪が勝手よく積み蓄えられている。

宿屋、大きな田舎家、その他多くの都会の比較的大きな茶屋では、しきたりとして高い床面の一部を割(さ)いて幅狭い土間を残している。そこの地面は堅く踏み固められている。この部分が、表通りから家の内奥部、さらに裏庭への通路ともなっている。これによって、履物(はきもの)を脱がずに奥座敷にまで行くことができる。担ぎ人夫や使用人は客の荷物を直接奥の間に運び込む。旅籠(はたご)では、駕籠(かご)を奥の間まで運び入れることができるのでいっそうプライヴァシーが守られる。客は自分が泊る部屋の入口で駕籠を降りればよいからである。この通路を横切るのに板(プランク)を差し掛けたり適当な台(プラットホーム)を置いたりするが、それは宿泊客が素足か足袋ばきのままで屋内の各所へ行けるようにするためである。宿屋では、帳場、納戸、台所などがその通路の片側に並んでいる。納戸では、太い棰で支えられた草葺屋根の下で、赤ん坊の世話や裁縫、その他さまざまの家事が行なわれる。屋根は台所の竈(かまど)の煙で黒く煤け、それに負けないくらいに煤けたくもの巣が、花綱(はなづな)のように掛かっていて、炉の火がパッと紅(あか)く燃え上がると一種不気味な様相を呈する。これは、アイヌの家のように、とくに炉が床の中央に位置する北日本の田舎家に見られることである。田舎家でも比較的つくりの良い家の台所は広くゆったりしている。井戸は手近な便利のよいところにあるのが普通で、台所内にある場合も少なくない。日本の家では、台所で使われる水の量は莫大なものである。したがって、井戸が屋外にある場合、井戸に接して函樋(トロフ)をしつらえてあり、井戸から汲み上げた水をここに流し入れる。水はそこから竹の管を通って台所内に置いた大型貯水槽に達するようになっている。井戸の周囲はこぼれ水のために乾く間がない。野菜、米、食器類などおよそ飲食に関する器具・品物の類(たぐい)で、水に濡れっ放しのこの井戸端に置かれないものはないといってよいくらいである。

一六七図は武蔵地方西部の冑山(かぶと)で見た古風な台所のスケッチである。この台所は約三百年前のも

ので、様式としては富裕で楽な暮し向きの農家のものである。正面に大きな木製の、円形の井戸側（いどがわ）

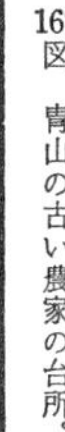
167図　青山の古い農家の台所。

があり、その上部には綱を通した滑車が見える。井戸わきには函樋（トロフ）があり、そこから竹管が家のもう一箇所に設けられた函樋へと通じている。竈（かまど） *kamado* は左手にあり、その向こうには襖を一枚分だけ開けた小部屋が見えている。井戸のすぐ向こう側では夕餉の支度に忙しい二人の女の姿が見えている。それは塗り仕上げの、低い足つきの膳

168図　竈。

に料理を並べているところである。それが完了すると膳は運ばれてゆく。竈の近くには凝灰岩（ソフト・ストン）製の、小型で持ち運びの可能な道具が見えているが、これは七輪である。床は少し高くなっており幅の広い厚板（プランク）を張ってある。台所の床はきまって

板張りであり、たいていなめらかでつやがよい。

台所用竈の普通のものは一六八図に示したとおりである。この竈は瓦屑と泥土ないし粘土とを練り固めて造ったもので、外面はきれいな黒の漆喰塗り仕上げになっている。この竈は火を燃やすための焚口が二つあっていずれも前面に開いている。そしてこの竈は、頑丈な木造の台に据えられていて、この台の上面が灰受けになっており、この台の下の空間は薪炭を入れておく場所になっている。また同じような様式の竈で、銅製のものを時おり見る。この場合、竈の内部にじかに水を入れ

169図　竈と煙ぬき。

るようになっている。小さな口が開(あ)いていて、そこに徳利を浸けて暖める。酒 *sake* は湯を加えるのではなくて、そのものを燗(かん)して飲むものだからである。

170図　都市の家屋の台所。

いま一つ、東京今戸のさる家の台所では、排煙用の薄い鉄板(シート・アイアン)製の天蓋が取り付けられていた。これはおそらく近代的な考案である（一六九図）。

一七〇図は東京のある台所のスケッチであるが、ここに見られる竈は石造りの密閉型で、アメリカのストーヴのように隅に煙突がついている。この家の主人の話によると、かれの家庭では少なくとも三代にわたってこのような竈(ストーヴ)を使っているということであった。この台所では土間の部分があって、そこに流し(シンク)を据えてあり、その流しの上には逆さに置かれた釜が見えている。流しの脇には大きな水甕があり、その手近に手桶と柄杓(ひしゃく)とが見えている。上方には棚があってさまざまな手桶や桶が載っている。柱のひとつには竹の節間を刳りぬいた杓文字(しゃもじ)掛が取りつけられていて、焼き串、木製杓子、飯匙(いいがい)などが覗いている。その下方には魚肉を調理する包丁を仕舞っておく包丁差(さし)がある。竹竿には手拭(てぬぐい)が二、三枚と大きな魚の頭が

171図　七輪。

二箇掛かっている。この魚の頭は出汁（スープ）を取るためのものである。竈の焚口脇の柱には目の粗（あら）い篩（ふるい）が掛かっている。この篩は燃え残りの炭の灰を落すために用いる。燃え残りの炭はつねに節約の目的で取っておく。近くに見える蓋付容器はこの消し炭を入れておくものである。お茶を入れるための湯を沸かすのによく用いられる七輪が竈のそばに置かれている。

一七一図は、七輪 *shichirin* と呼ばれる焜炉をとくにスケッチしたものである。この七輪は、簡単な煮物や湯沸しには便利かつ経済的である。燃料は炭である。焚き付け時や火力を増すときには、鞴（ふいご）の代わりに団扇（うちわ）を用いる。また火吹竹も使われる。これは調理人の肺が鞴代わりになって同じ効果を挙げる。

一七二図は、竹製の杓文字掛とその下の包丁差を拡大して示したものである。これはふつうどこの台所にも備えられている。宿屋で

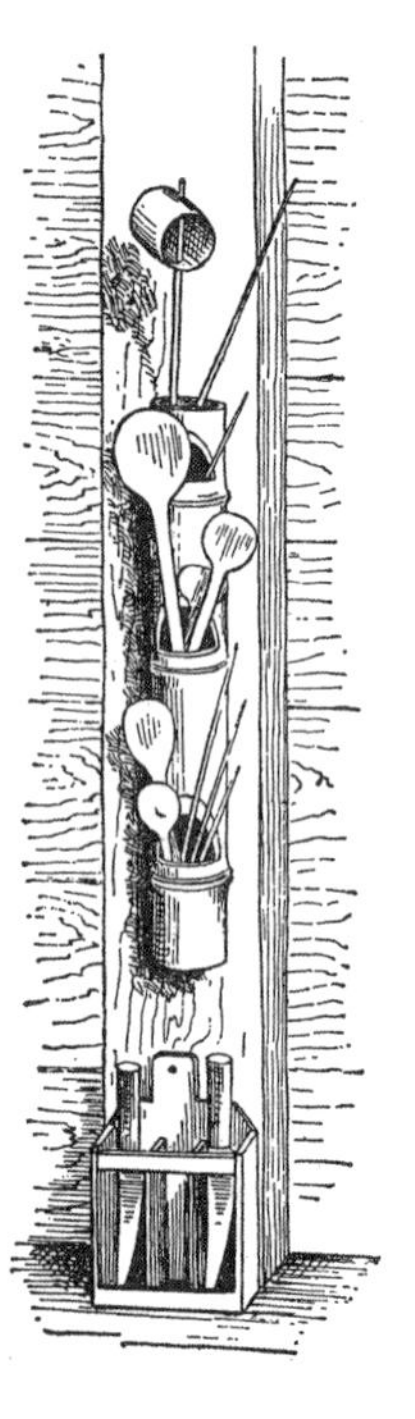

172図　竹製杓文字掛と包丁差。

173図　自在。

は多くの場合、台所は通りに面しており、したがって、仕事中の調理人の姿がよく見える。アメリカの軽便な料理店でも、表からよく見えるところで焼肉料理やシチュー料理をしているところが多い。この狙いは食欲を刺激して客を呼び込むことにある。

一七四図は、北日本、そして地方でならどこでも台所の設備としてよく見られるものである。この場合、炉は部屋の中央に位置している。湯沸しが一つ、鎖で焚火の上に吊されている。その回りにいくつかの湯沸しを、無造作に並べてある。その上方には格子棚が下げられていて、そこに魚や肉がぶらさげられる。かくて焚火から上る（のぼ）煙はそれらの魚肉を薫製にする働きをする。また煙が上るあたりに大きな藁の束（クッション）が吊されていて、先の尖（とが）った串に通した小魚が針山に刺した針のようなぐあいにこの藁束（パンチ）に刺し立てられている。

一七五図は、さらに凝った造りの釣り下げ装置で、やはり湯沸しが吊

174図　田舎家の囲炉裏。

されている。これは継ぎ手部の構造がうまくできているため上げ下げが自由である。

農家では簡便な竹製の釣り下げ装置（一七三図）を見かけるが機能は同じである。これが、吊したものを「意のままに」上げ下げできることから字義通りに「自在」*ji-zai* と呼ばれるものである。

175図　最上の造作の囲炉裏。

一七五図では正面に、二つのまるい口の付いた銅製の四角い箱が見えている。この箱には水を入れる。水が焚火に暖められるのを利用して酒を燗するのに用いる。炉の一隅には火箸が灰に刺し立てられている。火箸は長い一対の鉄製の箸で、その一端は大きな鉄環で継がれているので、その片方だけがどこかに置き忘れられるということがない。この火箸で熱い燃えさしを挟むには、かなりの熟練を要する。なぜなら、不慣れでぎこちない手つきでは、鉄環が邪魔になって火箸の両先端を合わせにくいからである。

176図　湯わかしの位置を調整する装置。

ここでいまひとつ焚火に鍋（ポット）を掛ける道具について触れておくのがよいと思う。それは北上川を下る舟のなかで見たものである。おそらく北日本で使用されているものであろうが、わたくしは屋内では見たことがない。これは中央部を溝型に刳りぬいた直立柱でできている。この溝に、腕木が水平面で止まるように取りつけられていて、上下を加減できる仕組みになっている。多く語るより一七六図を見るほうが、その仕組みが理解できよう。

床面　部屋の床は前章で触れたように畳で覆われているので、特別に配慮されているようなことは何もない。ともかく畳下の床板（ゆかいた）は粗板（あらいた）で、その張りかたは隙間だらけである。ただしきちんとした玄関を構えた家では、そのような部屋の床は幅の広い厚板（プランク）張りである。この板張りがすべすべと象牙色によく艶出しができているのをよく見るが、これは驚くべきことである。

田舎家では、表に面した部屋の一部が艶のよい板張りになっているのは珍しいことではない。そしてその表通りを馬でゆくときなど、その艶やかな表面に、部屋を通して板張りの向こうに見える庭の景色が映っているのを見るのは珍しいことではないと聞く。また田舎の旅籠(はたご)では、正面入口の床はたいてい厚板(プランク)張りである。しかし、日本では全国どこへ行っても、家屋の床といえばやはり畳で覆われているのがふつうである。

街道(ストリート)に面する商家では、畳敷の部分はもともと沓擦(シル)の数フィート手前までである。この沓擦と畳敷の床とのあいだは土間になっている。床面が高くなっているので、床の角(エッジ)と地面とのあいだは多くは板張りで塞いでいる。もっともこの板には花や伝統的な模様が刻まれている場合もある。これらの板は取り外せるようになっていて、床下の空所には履物や傘などを仕舞っておく。

外国人が日本家屋になじむにつれて驚くことの一つは、アメリカの場合のように、物置を乱雑にし、屋根裏部屋をリスの巣同然にする、あの多くの物品がまるでないことである。――これは一般家屋についての話であることはいうまでもない。その理由は、日本人が雑品や廃物(がらくた)を、またいつか役立つだろうとの考えのもとに死蔵するという、けちな気持をまったく起こさなかったことにある。この気持は気違いじみてくると、屋根裏部屋や物置を屑物屋にしてしまいかねない。日本人は、その使用する数少ない必需品を箱、戸棚あるいは床下の空間などに仕舞い込む。

台所の床は板張りときまっているが、これは玄関(ホール)の間、縁側(ヴェランダ)、廊下の場合と同様である。床下の地面は、上層階級の家では、砂利と粘土(クレー)モルタルを塗り固めるか砕石を敷き固めてある。

押入　日本家屋の物入は多種多様である。襖で締め切られた大型の押入は、衣類や寝具を仕舞うのに用いられる。箪笥 *tansu* ――アメリカの寝室用箪笥(ビューロー)にそっくりである――は、しばしば押入のなかに置かれる。押入はまた櫃(チェスト)や行李の置場にもなっている。丈の高い押入はあまり見られない。アメリカの家屋においては、部屋ごとに押入の設備のあることが必要であろうが、日本家屋では寝室にこのような便利な設備のあることはめったにない。背の低い食器棚（カバッド）ないしは戸棚（クロジット）が壁面の入り込んだところに置かれていたりするが、その天板の上面は奥行をもつ棚になっている。台所では食器を仕舞うために抽出つきの食器棚、もしくはそれに類するものが使われている。近江地方では、下部が戸棚になっている食器棚が一般的で、この上部の棚に、大きな食器を載せる。また台所では、階段下に、階段の一段ごとに高くなってゆく空所を活用して作った戸棚がある。戸は蝶番による開き戸が多く、この戸棚には寝具、枕、燭台、行燈（ナイト・ランプ）などを仕舞っておくことが多い。一七七図はこのような戸棚の外観である。また玄関（ホール・ウエイ）にも戸棚が置かれていることがあるが、このような戸棚には下駄 *geta* が仕舞ってある。この型の戸棚については後述する。

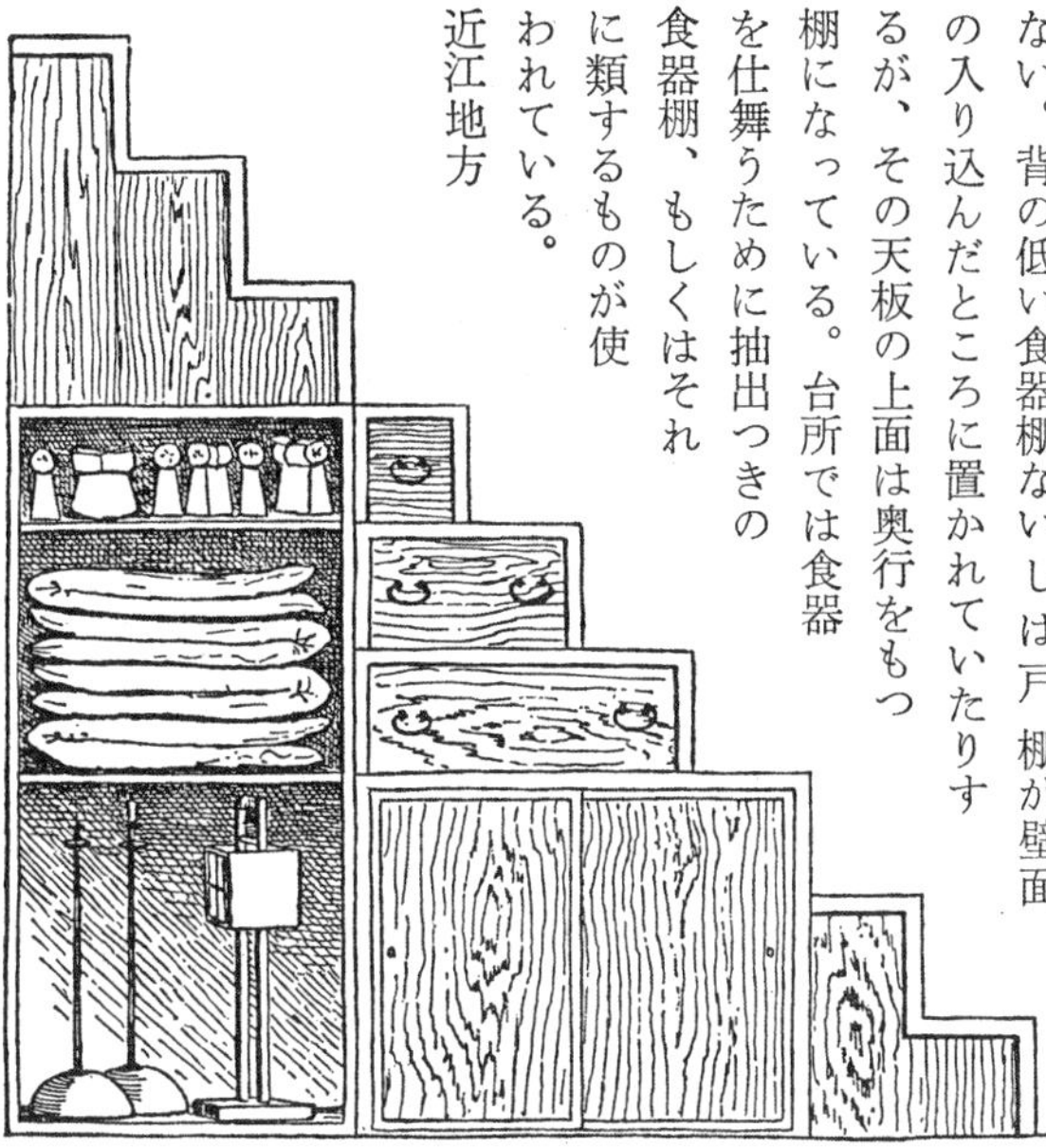

177図　台所用物入，抽出，戸棚が一つの階段をなしているもの。

階段　日本の家屋はたいてい平屋で、しかも天井と屋根とのあいだの部分（エリア）がアメリカの家屋の場合と同様に活用されることはめったにないので、階段は一般的でない。階段が設けられていることがあっても、その構造は原始的（プリミティヴ）である。日本の階段で、建物の構造の一部をなすように取りつけて、階段下の部分を壁で固めたものをわたくしは見たことがない。また、アメリカの家屋でわれわれになじみの深いあの幅広く段差の低い階段への

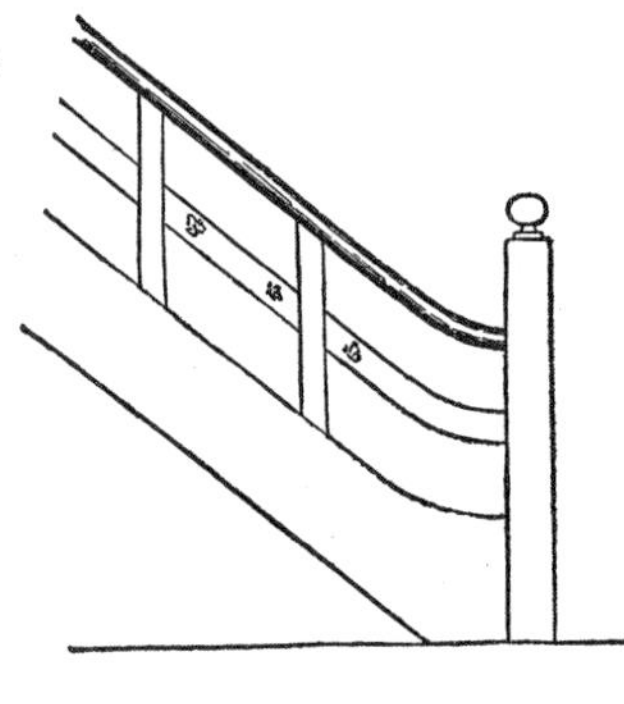

178図　階段手摺。

上り口や踊場、あるいは螺旋階段も日本では見かけない。二階建の場合、階段はどちらかといえば急傾斜の脚立のようなものになっている。つまりこの階段は側桁が二枚あって、この二枚の側桁に段板が枘によって接合されている。この階段はあまりにも急傾斜なので、これを上がるには身体を横向きにしなければ、膝が上の段板に当たることになる。手摺があることはまれで、たとえあるとしても、壁面に長い桟を固定したものか、これと同じように綱を張った程度のものである。段板の前部は空いたままである。——つまり蹴込板がないのである。しかし、階段の裏側に部屋がある場合は、蹴込部分に薄板を張ってある。

最近、皇居の庭園の一つに建築された屋敷には、きわめて純日本的な素朴な階段と手摺が見られる（一七八図）。

旅籠や大農家では脚立型の階段が多い。しかも、これは場合に応じて取りはずしが可能である。またこれと同程度の家屋に一般的な階段でいまひとつのものは、たくさんの長方体の箱を一箱ごとに高く積み重ねたような形で、いろいろな大きさのブロックのセットという感じがする。しかし、構造的には強固で、しかも、多くの箱を積み重ねたものなので分割ができる。この種の階段にもさまざまな様式がある。一七七図のものは、下二段が板張りで塞がれていて、次が引戸入りの低い食器棚になっている。その上角は三段目の段板をなしている。この食器棚の上方に、もう三段の

179図　縁側への踏段。

踏段が載っている。その踏段の一つ一つが抽出になっていて階段の横から手前に引いて開ける。これに接して背の高い棚があって、これが上部の二ないし三段の踏段を支えている。この棚には普通自在戸（スインギング・ドア）が取りつけられている。――この戸は純日本的な家屋ではめったに見られないものである。いちばん下の棚には行燈や脚（あし）高の燭台を仕舞い、上部の棚には寝具や枕を仕舞う。また盆（トレイ）や鉢（ディッシュ）・皿の保管にも使われることがある。階段は脚立の場合のように急傾斜ではないので手摺子または手摺はまったく設けられていない。そして造りはじつに頑丈である。ここで述べておいてよいことは、階段の用材は、ある箇所の板の間と同様に仕上げが念入りで、その表面が象牙色に光っていることも珍しくないということである。わたくしは、その用材の表面に塗布されたと思われるワックスないし磨き剤を吟味するため表面を検査したが何も検出できなかった。この研究の結果えられたものは、その表面を拭（ふ）く雑巾を濡らすのに、浴槽に使用した水を用いているという奇妙な知識である。ここで明らかなことは、人間の皮膚の分泌物ちゅうの脂肪が木材の美しい光沢を出すうえに効果があることであった。玄関の間がある家の場合、上がり段は二、三段くらいであるが、段幅は玄関広間の間口と同幅で、一般に、踏段はアメリカのものよりもいくぶん高い。上がり段はすべて建物の床部分に構造的に組み込まれている。縁側（ヴェランダ）から地面に降りるさいの段の普通のものは、四角形か不規則な形の石製か、または木製である。木製の場合は、段には巨木を原木のまま適当な厚さに横挽きしたものか、かなり厚い板かを使っている。木製の踏段にはいまひとつ、二枚の側桁に厚（ブラ）

板の段板を枘で固定した形のものがある（一七九図）。さらにもっと構造が簡単で低い手摺つきのもある。この形式のものはすべて取りはずしが可能で、縁側（ヴェランダ）のどの部分にも取り付けられる。

公衆浴場　日本の社会的生活のなかで、大勢で入浴するという慣習ほど、多くは無知から、またある場合には故意に非難されるものはない。にもかかわらずわたくしがあえて言いたいことは、日本人の生活を特徴づけるもののなかで、躊躇することなく、その筆頭に挙げうるものは、大勢で入浴するという慣習を措いてほかにないということである。しかしこのように述べたからといって、わたくしは、ただちに日本の様式を模してこの種の浴場の建設を促進したり、日本の流儀にのっとって入浴することにしてはどうだなどと言うのではない。日本人は、他の東洋人同様に、幾世紀にわたって裸体を見馴れているのであり、しかも相互に気にするわけでなく、とにかくみだらな感じを起すことがないのである。反対にアメリカの場合は、そのような場面の与える影響が日本の場合とは異なっていた。その不幸な結果が、アメリカにおける古典劇をほとんど廃絶させるまでになり、結局は舞踊劇（ダンシング）や道化芝居、——実際には衣装らしいものをほとんどまとわない女体を卑俗な衆目に晒す程度のものに取って代わられてしまった（注1）。トルコ女性は、妹であっても、キリスト教を信じていると、彼女を不謹慎、低俗のみならずふしだらきわまるとみる。それは、キリスト教国の女性がイスラム教国の女性と違って顔面を隠すことなく、赤面もせずに街頭を往くからである。しかし、キリスト教国の女性は、自国では、顔面を隠したりしないことが、まったく礼儀にかなったものとされていることをわきまえている。アメリカでは、化粧着（ローブ・ド・シャンブル）で家族の前に出るのは無躾と考えている若い女性が、それにもかかわらず、明るいガス燈の強い光の下で、何十人もの見知らぬ人に囲まれて丈の短い胴衣（コルサージ）姿を見せているとすれば、そのような格好は、トルコ婦人には不可解な行為としか映らないであろう。夜会服(デコルテ)を着飾って相手の男性(パートナー)と腕を組み合わせ、エキサイティングな音楽に合わせて踊り回るという、目も眩(くら)むような舞踏場の光景は、日本人の目にはほとんど想像できないくらいに狂気じみた放蕩と映るにちがいない。なぜなら日本においては男女は、低学年の場合を除いて席を同じくすることが決してないからである。女の子と男の子とがともに自由に楽しく遊ぶ遠足(ピクニック)、橇乗り(スレイ・ライド)、舟遊び(ボート・セイル)、夜会(イヴニング・パーティ)などは日本にはまったくないし、握手や友愛のキスもない。アメリカを訪れる日本人が狭量愚昧な三文文士なら、その人はおそらくキリスト教信者の不道徳きわまりない特性を描き伝えて、故国の友人たちを驚愕させることだろう。かれは、通りを往く女の子を街角に立って眺めている遊興児や、見つめられるために街路に出てくる娘たちを眺めるためにだけその辺りに屯(たむろ)しているような連中にはなじみがない。そのようなかれが、アメリカの海辺の避暑地を訪れて、前述したような若い娘の姿を見たとき、アメリカ人の性格をどのように考えたくなるであろう。――しかも、そのような娘たちはわんさと集まっているのである――彼女らは素脚(すあし)で、着ているものは簡単な化粧着(ラバー)だけという姿で輝く太陽を浴びつつ砂浜を軽やかに歩き回っているのである。この化粧着は水に濡れると女体にぴったりくっついて、海浜の縁飾りにたとうべきほどに青春を謳歌する、多くの若者の注視の的となるのである。

日本の下層階級では、男女混浴であるが、そのさいの貞淑と礼儀正しさは、外国人には、実際に見ない限り信じられないことであろう。裸体であっても身体をみだらに晒すことはまったくないのである。入浴ちゅうかれらは身体を洗うことに熱中している。もっとも喋(しゃべ)ったり笑ったりはお互いに気安くしているように思われる。日本人の銭湯の慣習についてきわめてひどい中傷が多くなされている。しかし、わたくしは、反駁を恐れることなく、あえて自分の見解を述べておきたいと思う。すなわち、知的な日本人ならば、われわれアメリカ人の持つ慣習の、多くを育くんできた生活条件についての知識がないまま、初めてそれらに接したさいには、日本のある種の慣習が当初は何を意味していたかをよく知らないで、その慣習に初めて触れた知性のある外国人の場合に比べて、不謹慎だとして非難すべきものをはるかに多く見出すことになろうということである。

清潔が信心深い生活と隣合わせのものであるなら、まさに、日本人こそは信心深い種族である。(注2) 銭湯でかなりの人数の日本人が、同一の湯で湯浴(ゆあ)みすることは、無条件にそして単純にこれをうんぬんするならば、不潔な慣習に見えるであろう。たしかに、そのような言いかたが、アメリカの下層階級に関して事実通りを伝える言いかたであるならば、それは非常に不潔な慣習である。しかし、日本の労働者階級――たとえば大工、石工などであるが――は日に二、三回も入浴することがよくあること、しかもかれらは、アメリカの労働者ならまれにしかしないことだが、必然的にある程度は身体を清潔にしてから湯舟に入らねばならない、ということなどを理解するならば、前述したように銭湯を、不潔な慣習だというような言いかたは支持されなくなるだろう。さらに、日本人は浴槽内で身体を洗わず、しばらく浸(つ)かり、やがて洗い台の上で、別に手桶に汲んだ湯と手拭とで身体を洗い、そして拭うという事実がつけ加えられるならば、このような入浴行為に対する不潔感はもはや不潔感とは言いがたいものとなる。風通しのよい納屋のような造りの演芸場、広々とした(オープン)天幕に似た建物での公開朗読会(パブリック・リーディング)、真冬でも一方ないしは四方が開け放しになっているような部屋での会合に馴れている日本人の目には、講堂、教室その他締め切った部屋で、公共的な集(つど)いが持たれるアメリカに一般的な状況は、どのように映るであろう。そのような室内ではしばしば空気の汚れがひどくなり、気分の悪くなった人々は、新鮮な空気を求めて戸口のほうへ押し分け押し分け出ていくことになる。――わたくしが言わんとすることは、日本人は以上のような実情（プラクティス）を極度に不潔であるとみるだろうということである。そして、たとえば、汗だくで興奮した状態の人々ばかりの垢汚れした一大群衆が、実際に、繊細な膜質の肺臓を、何百人もの人間が吐き出した息のなかに浸しているあのアメリカの一大政治集会に対して、日本人は何と言うであろうか。

しかし、現在のところ銭湯はアメリカ人の生活に関わりがない。――もっともこの点に関してアメリカと日本とを対照させるのはおもしろいことかもしれない。日本では、町村はいうに及ばず、都市ではほぼ一区画ごとに銭湯がある。銭湯には、一銭ないし二銭を払えば熱い風呂に入浴できる便利さがある。これに反し、アメリカの公衆浴場（パブリック・バス）は比較的大都市にしかなく、また、それらの公衆浴場でも、日本の銭湯で味わえるような楽しさを自慢できるようなものはほとんどない。湯浴（ベイジング）みが慣習となっているアメリカの個人の家に関しては、調査の結果、浴槽のような便利な設備のあるものがほとんどないことが明らかとなっている。アメリカの多くの人々のあいだでは、土曜日の夜に身体を洗うかどうかといったところである。洗う場合は、やかんで沸した湯を使って台所がその場となる。しかし、日本の上・中流階級の家ではほとんどすべてに、かなり広い湯殿がある。また、田舎と都会とを問わず、貧困階級の家でも湯殿がないのではない。しかもこれは、入浴したい気持になればどこででも入浴できる銭湯のほかにあるものなのである。

浴槽　浴槽の形態は多様であるが、大きくて深いことではすべてに共通している。直火（じかび）を取る工夫はいろいろ考えられている。もちろん直火がいちばん燃料の節約になることはいうまでもない。一般的な型式のもの（一八〇図）では、浴槽の底に近い一端に小さな銅製の窯が嵌め込まれている。

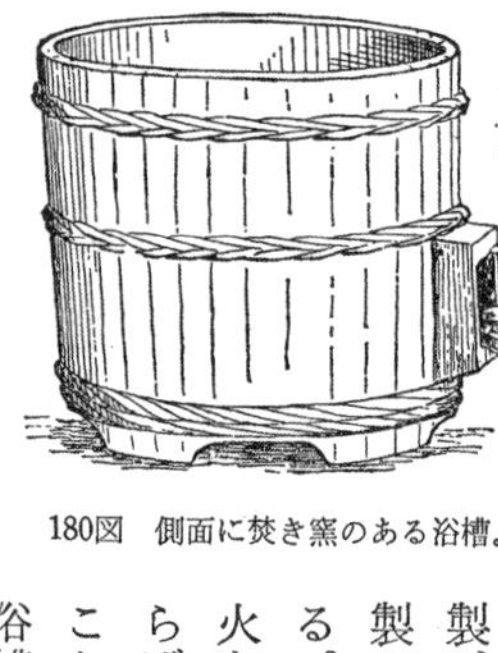

180図　側面に焚き窯のある浴槽。

――窯の口部には石製、粘土または漆喰製の枠がついている。この窯の内部で火を焚くが、必要ならば湯を沸騰させることも可能である。浴槽内には二～三本の横木を差し渡してあって、燃えている熱火の窯に触れないようにしてある。

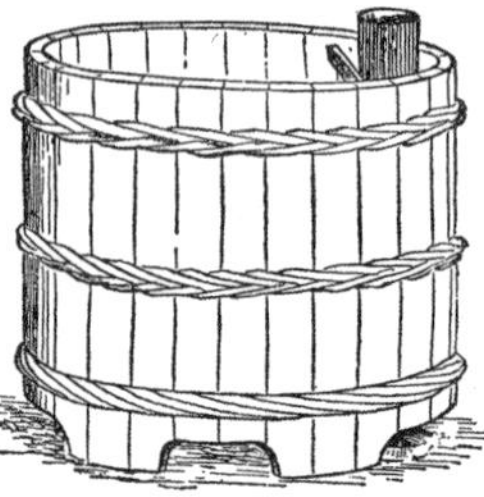

181図　内面に炎管のある浴槽。

別種の型式の場合は、浴槽の底から煙突ないし筒(チューブ)がまっすぐに通っている（一八一図）。この筒の底は細い鉄線の格子になっている。この筒に木炭を入れる。木炭の燃焼によって水が急速に暖められる。この筒の下部には平鍋(パン)を置いて格子から落ちる炭や灰を受ける。さらに手の込んだ型式のもの（一八二図）では、浴槽は部屋と屋外とを仕切る間仕切によって二分されたかたちになっている。仕切られてできた浴槽の二つの部分は多くの竹筒ないし通水管によって通じており、したがって、水は自由に循環する。二分された浴槽のうち窯のあるのは部屋の外側のほうで、その中で火が焚かれる。このように浴槽を二分することによって入浴者は、煙の不快さを免れる。

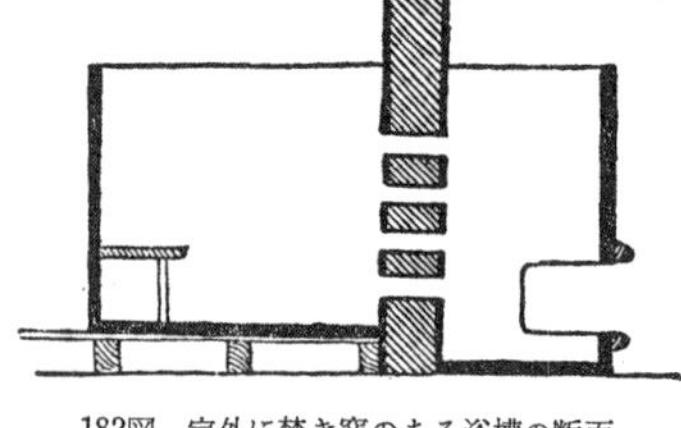

182図　室外に焚き窯のある浴槽の断面。

非常にすぐれた浴槽としては一八三図に示した型式のものがある。この浴槽では、浴槽の外部に両端を閉じた小さな木樽そっくりの装置(チエインバー)が取りつけられている。この装置(バレル)を突き抜けて銅製の円筒が通っており、この内部で木炭(チャーコール)を燃やす。この装置は太い竹筒で浴槽に連結されている。この竹筒の浴槽内の部分に小さな四角形の戸がついていて、湯の温度が上がりすぎると入浴者がこれを閉じられるようになっている。多くの場合、焚き口から出る煙に悩まされないように天蓋が工夫されている。これらの浴槽は広い板の間に置かれるが、その床面は中央部の排水溝へ傾斜をなしている。この板張りで入浴者は、別に手桶に汲んだ湯で身体をごしごしこすって洗う。もちろんこれは文字通り「入浴」、つまり湯に浸かってからのことである。浴槽内の湯はかなり熱(あつ)く、外国人は我慢できないほどである。

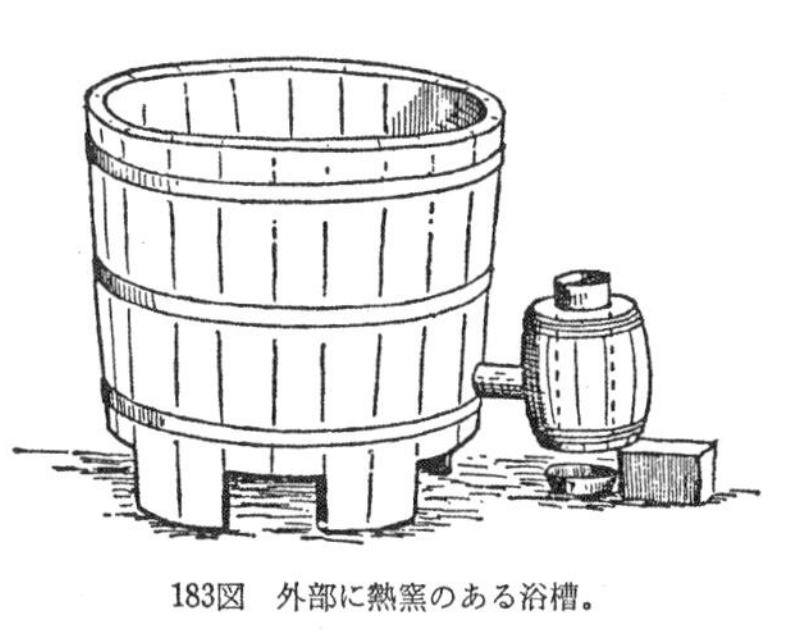

183図　外部に熱窯のある浴槽。

田舎で見られるかなり一般的な型式の浴槽は、大きな浅い鉄製の釜(かま)と、その上部に湯をじゅうぶんな深さにするために取りつけた、大きな樽の胴のような木の側(がわ)とでできている（一八四図）。釜の下で薪を燃やす。——入浴者は棚(ラック)板のような板を持ちこんで、これを足の下に沈め、その板の上に乗って足の火傷(やけど)を防ぐ。この浴槽は「石川五右衛門」にちなんで五右衛門風呂 *Goemon-buro* と呼ばれている。この人物は豊臣時代の悪名高い大盗賊で、煮えたぎる油の釜茹(かまゆ)での刑に処せられた。

ほかにも湯を沸かすさまざまの工夫を凝らした浴槽があるが、型式としてはここに挙げたものが主なものである。アメリカにおいて、水道を利用できない場合に、この日本の風呂に類似した工夫が採用されてしかるべきものと思う。さまざまな形の洗

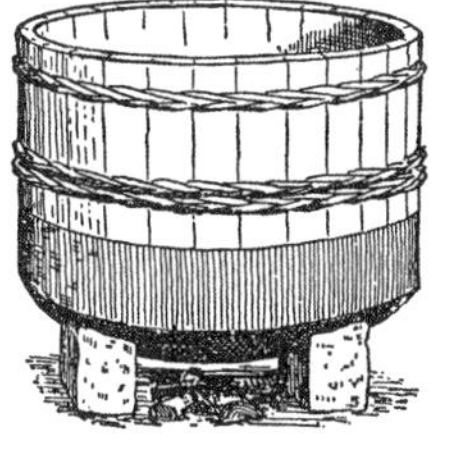

184図　底部が鉄製の浴槽。

桶や高い把手のついた大きな手桶があって、やはり湯を入れて使う。しかしこれらについては、ここに述べるまでもないと考える。

洗面および手洗い所　以上見てきたように、日本家屋では温浴にしても冷浴にしても、そのための設備はこの上なく整っている反面、顔や手を洗うための設備は簡単なものでもそれほど整っていない。顔や手を洗う場合に、誰でもよく思い起こすのはアメリカの初期の田舎屋(カントリー・ハウス)のことである。そのような田舎屋では、人は台所へ行き、手桶(ペイル)や鍋(パン)がとり散らかっているなかでどうにか顔や手を洗うか、またはブリキの洗面器を持って外の井戸端へ行くことになる。——爽快な涼しい朝などは後者のほうがよほど快適である。田舎では、日本人は、手桶(バケツ)や浅い桶に水を汲んで庭先とか道端とかで顔を洗っている。旅籠(はたご)では、また個人の家でもそうなのだが、銅製の洗面器(ベイスン)が出される。番頭が汲んできた手桶の水を使い、宿泊客は縁側(ヴェランダ)の一部を洗面台代わりにする。このために工夫された設備が現実に存在することは、つぎのスケッチによってただちにそれと分かるであろう。

185図　田舎の旅籠の洗面所。

一八五図に示したものは、北国の田舎の旅籠で時おり見られるものである。これは、脇取盆に似た大きな浅い木箱で、縁側か廊下の端の床に置く。この木箱のなかに、蓋つきの丈夫な手桶と銅製の洗桶(ウオッシュ・ベイスン)とが置かれている。

一八六図に示した設備は、東京のさる私宅のものである。この場合では、このような木の箱は、ひと続きの部屋の縁側をなしている廊下の入り込んだ部分の、床面よりやや高い所に置かれている。その周りはかなり念入りな造作がこらされている。丈夫な白い紙を貼った障子からの採光は充分

186図　個人の家の洗面所。

であり、いっぽう、真茶色の陶製の甕、白木で作った杓（ひしゃく）、銅製の洗面器、風変わりな手拭掛（タオル・ラック）などがいずれも飾り気がなく簡素（シンプリシティ）であるため、かえって魅力的であった。手や顔を洗うための前述した脇取盆のような木の箱のほかに二、三の質素ながらうまく考案された器具だけというきわめて単純な事柄に熱心になるのはどうも解せないと思われるかもしれない。にもかかわらず、アメリカの家屋の客間と対比した場合は、このように質素かつ気の利いた（センシブル）設備はひとつの救いである。アメリカのそのような客間では、両腕を伸ばして水の中に突っ込むといういささか元気のよい動作をやろうとする人は、その伸びやかな動作が、自分の洗面器の周囲に所狭しと並んでいる、中味が減って香りの抜けた化粧品の瓶、マッグ、蓋のがたがたする石けん入れ、小さな坐りの悪い水差、そのほか白大理石の板上に並べられたもろもろの無粋な洗面用品により、両腕の動きが極度に抑制されるのを知ることになる。これらの化粧用品の底は、

187図　日本の書物から模写した洗面所。

大理石の台上に戻すさいに力が入り過ぎると壊れてしまう。このような点を考えると、耐久性のある平底の洗面器や容量の大きい陶製の甕を備え、壁紙に水のとばっちりがかからないかとひやひやしたり、またごたごたと並んでいる無用の化粧用品を洗面中にひっくり返したりすることなく自由に使える広さを持つ日本式流し（シンク）は素晴しいということになる。

いま述べたものは日本の私宅ではどこでも見られる一般的なものである。この種の設備で床（ゆか）面の位置に下（おろ）した形のものは、それに馴れている日本人には何の苦痛もないが、外国人にはことのほか扱いにくいと思われる。それは屈（かが）んだ姿勢での洗面を余儀なくされるからである。

洗面所は、装飾的な造りが木工部に施されていることで非常に魅力的なものであることが多い。

一八七図は、『八重垣の伝』〔訳注＝籬島軒秋里著『石組園生八重垣伝』のことか〕という日本の書物にある洗面所の図である。ただし、わたくしは、西洋流の遠近画法を用いて、同図に若干の修正を加えてある。これは縁側の一端にあって、床（ゆか）面と同位置にしつらえられている。背の低い仕切りが一方の側にあり、目隠しになっている。この仕切りによってできた囲いの内部には、陶製の水甕を置く低い棚があった。この流しの底は、竹の簀子（すのこ）になっていて、排水は排水溝によって戸外に導かれる。壁面に掛けた行燈（ペイパー・ランタン）、杓（ひしゃく）、手拭掛などが便利よく手近に備えられている。形態のうえでこのほかにもいくつかの洗面所があるようだが、顔や手を洗うという欠かすことのできない日常的行為に適するように、これらの設備がいかに整っているかは、ここに示したものだけでもじゅうぶんに理解されよう。さらに手を洗うときだけに使う設備は「手水鉢（ちょうずばち）」として掲げることにした。それの記述および諸特徴については、「手水鉢」の項目のもとに扱いたいと思う。

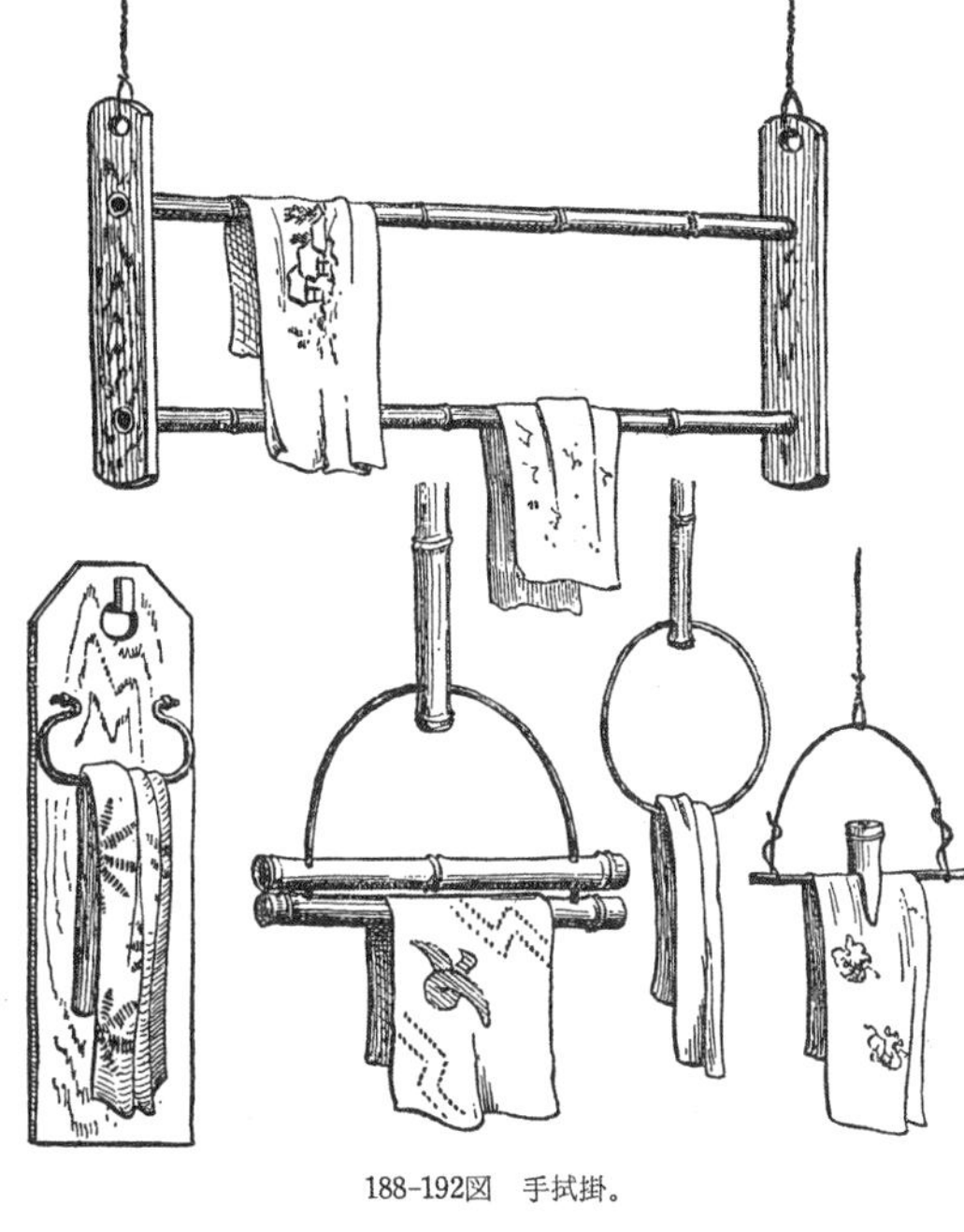

188–192図　手拭掛。

手拭掛　手拭掛は、その構造が非常に簡易であるという点でぜひ見ておきたく思う。形態は多様であるが、その大半は素朴（ラスティック）で、釣り下げ式になっている。ここに掲げたいくつか（一八八—一九二図）は一般に使用されているものである。もっとも簡単なものは太目の竹の一端に細い竹の輪を下げてあるにすぎない。いまひとつは、かなり一般に広く使用されているものだが、これは細い竹を頸木形に曲げてその両下端を太い竹に固定し、同時に、その太い竹と同形のもう一本の竹を頸木形にした竹によって上下に動かせるようにその両端を刺し通してある。この太い竹がその重みによって、下の固定してある竹に掛けられた手拭を押える働きをするのである。さらに別型のものは、壁面に掛けられた手拭大の板面に掛けた細い竹の輪でできている。

手拭は、木綿（コットン）ないし亜麻の薄地で、紺色の濃淡を二色に活かしたスケッチ風の模様が描かれているのが普通で、きれいなものである。

寝床と枕　日本でしばらく生活してみて感じることは、寝ころびたいと思うときになくてはならない物があまりにも少ないという点である。さらに思うことは、アメリカでなら、寝ころびたいときに不可欠と思われる多くの用品が日本にはないのだが、むしろそのことによって、日本では寝ころぶということの在りようが次元の高いものとなっている点である。寝床（ベッド）とそのしつらえかたについてみるに、日本人はこの作業をこの上なく簡素化した。床面（ゆか）全体、まさに家全体が寝床となるのであって、通風が良くても悪くても、また二階でも階下でも、すべすべした畳上に身を投げ出せばよいのである。そこにあるものは感触が良くて安定感があり、かつなめらかな畳である。眠るのはその上である。――ばねが軋（きし）んだり、堅いこぶ状の部分や感じの悪い凹（へこ）みがあったりということはない。寝床となる畳面の広さは、部屋そのものと同じくらいに広く、ほんとうに寛（くつろ）げる。もう少し明確に言えば、寝床は畳の上にしつらえられる。寝台枠（ベッドステッド）、骨枠、そのほかマットレスを載せたり置いたりするのに一定の場所（エリア）が占拠されるということがまったくない(注3)。寝具（ベッドクローズ）は、布の偏平な袋に綿を軽くまたは厚く詰めたもので、蒲団（カムフォーター）と呼ばれるものを床面に敷く。敷蒲団として一枚ないし二枚敷き、別の一枚を掛蒲団（カヴァリング）とする。蒲団の詰物は一般には綿を詰めてあるが、極上のものは袋が絹製で、真綿（フロス・シルク）を詰めてある。個人の家では、何枚ものこれらの絹蒲団の寝床が用意されることも多い。――このような絹蒲団の寝床で寝るのは快適である。夏季には、外国人にとってはこのように綿を詰めた蒲団は、あまりにも暑苦しく、空気が通らないように思われる。外国人は、自分の国では寝具と身体とのあいだにある清潔な二枚の敷布が、日本の寝床には無いのをいつも気にする。しかし、こちらが要求すれば、さらの寝巻を持ってきてくれる。これがシーツ代わりになる。昼間は、蒲団は折りたたんで押入などにしまっておく。

193図　普通に使われている枕。

　枕の一般的なものは、底が平面かやや凸面の、密閉した軽い木箱でできている。この箱の上部に蕎麦殻（そばがら）を詰めた小さな円筒形の括り枕（クッション）が取りつけられている。この括り枕は木箱すなわち枕箱に紐で括りつけられているが、この紐は、それと同時に枕カヴァーを枕に取りつける働きをする。この枕カヴァーは、図示したように（一九三図）、大きな一枚の柔かな手ざわりの紙を数回折りたたんだだけのものである。

　このほか、枕は、固い台蒲団（クッション）のものや直方体（スクエア・オブロング）の形をしたものがあって、なかなか多様である。直方体のものは両端が木で、胴体部が籠のようになっている。磁器製の枕もあるが、めったに見かけない。さらに携帯用（ポータブル）の枕もいろいろある。なかには小さく折りたたんでしまい込めるものや、箱型のものがある。この箱の部分に抽出と物入れ（スペース）とがついていて、提燈、マッチ、手鏡、櫛その他さまざまの化粧用品を入れる。この種の枕はたいて

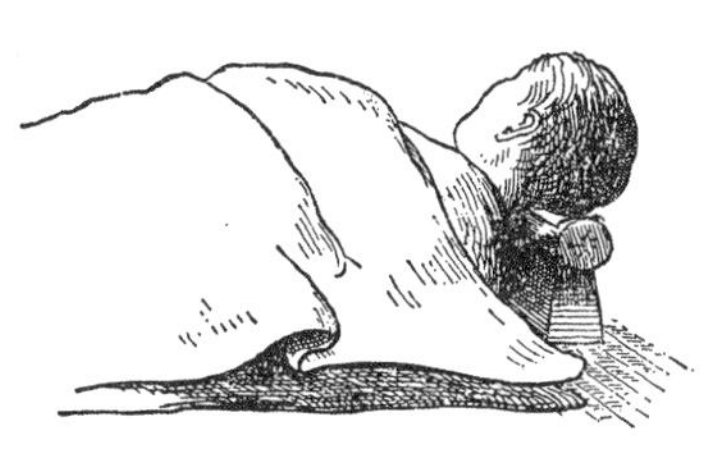

194図　枕に載せた頭の位置の様子。

い旅に出たときに使われる。このような枕を使っている日本人は、文字通り寝床を提げて歩くことができる。なぜなら、そのような手回り品（コンヴィニエンシーズ）を収納した枕があれば、日本人は日常に困らないからである。いずれにせよ、枕は頭部を自然な状態に支えるもので、肩の一方は床面に接する（一九四図）。外国人には、日本の枕は使い馴れないうちは非常に扱いにくく思われる。外国人が初めてその枕を使った翌朝はきまって首が凝ってしまう。また就寝中でも時々寝台から落ちるような気持に襲われる。なぜなら、少しでも頭を動かそうものなら、枕からはずれて落ちるにきまっているからである。しかしこのような枕も使い馴れてみると、よいところが一つならずあることが分かる。頸部は、その下を空気が通る状態に保たれているので頭部が熱っぽくなることがない。この独特の形をした枕は、髪を丁髷（ちょんまげ）にきちんと結っていたあいだは日本人には欠かせないものであった。とはいえ、髪型にもよるが、婦人には現在でも必要物である。しかし、男のほうでは全面的に丁髷を結うことをやめてしまったことにより、一部のものはアメリカ人が使っているものよりはずっと小さく硬いが、形のよく似た枕に移行しつつあるようだ。概して、日本人の多くはこの改良型枕のほうを頭の載せごこちという点から好んでいるように思われる。

　寝床は前述したように様式が簡素なので、アメリカでの寝室回りの作業に比べて、女中にそれほどの仕事の負担を掛けない。大きな旅籠（はたご）でも、女中一人で全室の作業をこなせる。実際に、この仕事はばかばかしいくらいに簡単である。蒲団は迅速に折りたたんでしまい込むか、または張出縁（バルコニー）の手摺（てすり）に掛けて外気に当てる。女中は、軽い枕を沢山両腕に抱えて、階下の部屋へ運ぶ。その部屋で、女中は台蒲団を括りつけている紐を解（と）き、汚れた枕カヴァーを折りたたんだ真新しいカヴァーと取り換える。——これで寝床の整備が完了する。細い竹の先に丈夫な質の紙を長く裂いたものを束ねて取りつけたはたきで部屋の塵を払うと、もう次の客を迎える用意は整ったのである。洗面に付随する事柄は座敷以外の場所で済ませるので、部屋の取り片付けは信じられないほどの短時間に完了する。

満室状態の旅籠では、客一人当たり畳一畳程度しか占有できなくなることがある。かくてそのようにして全室を客が占める。冬には、厚く詰綿した搔巻が出される。これは、広い袂がついた外套風の着物である。多くの部屋には床面に四角形の穴を開けている。この穴は、必要に応じてそのなかに炭火を入れる。これが炉 ro と呼ばれるものである。炉の上部には小さな櫓が置かれる。この木枠を蔽うように薄蒲団を掛けるのでじつに保温がよい。したがって寝床を最高に暖かくして就寝できる。昼間に炉を使う人は、自分の回りに掛蒲団の一部を引き寄せると、なかの炉に少し炭火を入れておくだけで暖かくしていられる。一九五図は、床面に開けた穴の上部に木枠を置き、掛蒲団が下の炭火の上に落ちかからないようになっている様子を示したものである。炭火を入れる土製容器を中に入れるのに小型の木箱が用いられる。これは寝床に持ち込まれる。アメリカでも同様に暖を取るのによく使用されている熱した石や煉瓦に代わるものとみてよい。このように寝床が燃えやすい性質のものであるため、この贅沢な設備の使用上の不注意が多くの火災の原因となるに違いない。

195図　掘り炬燵。

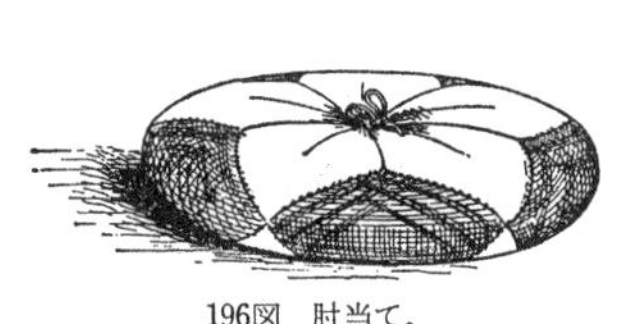

196図　肘当て。

これに関連して、小さな正方形のかたちをした座蒲団が客に出されること、また身体を横にしたときに肘当てに使う丸型の小さな蒲団をよく見かけることを附言しておく(一九六図)。

蚊帳(かや) *kaya* のない家はなく、文無しと言われるような人々でも蚊帳を持っている。蚊帳は張ると四角形の箱型になるのが普通で、その容積はほぼ部屋の大きさと同じである。蚊帳はその四隅に付いている紐を部屋の四隅の掛け釘(ペッグ)に結わえて張る。子供用の小型の蚊帳は、竹を籠(ケイジ)のように組んだ枠に網を張ったもので、畳面のどこで子供が眠ってもその上から被(かぶ)せればよいのである。

火鉢とタバコ盆　金持と貧乏人とを問わず、日本の家庭ならばどこでも必ずある道具の一つは火鉢 *hibachi* である。これは容器にきれいな灰をある程度まで入れたものである。使用するときは灰の上に炭火を置く。この容器は、青銅(ブロンズ)製、鉄製、磁器製、土製などのほか木製でも銅板を裏打ちしたもの、あるいは木箱に土製容器を収納した形のものなどがある。もっとも一般的な形の火鉢は、四角形の木箱に銅板を裏打ちしたものである。この場合、銅板と木部とのあいだには、粘土または漆喰を詰めてある(二〇〇図)。非常に安価で一般的な形のものは、木箱の中に円筒形の黒い素焼きの容器(ジャー)を収納したものである(一九七図)。一対の細い鉄棒で、一端を鉄環でつないだものをよく見るが、その使いかたが、箸と同じであるところから火箸と呼ばれる。火箸は灰の中に突き刺しておく。また、木箱の中に容器が置かれている形の火鉢の場合は、箱の一隅に取り付けた竹筒に火箸を立てておく。

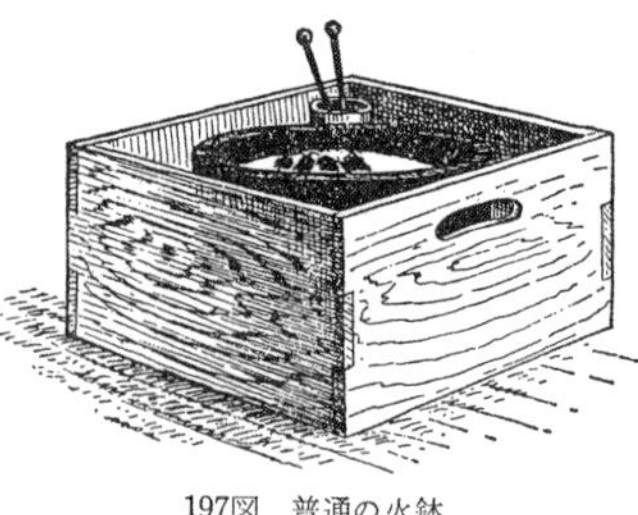

197図　普通の火鉢。

青銅製火鉢には、持ち運びに便利なように把手(ハンドル)ないし下げ輪(リンク)がその両側に取り付けられている。四角形の箱火鉢では、相対する位置に滑り止めの桟を釘づけしてあって、これが把手の役を果たしている。さらにもっと一般的なものは、箱の両側に指を突っ込めるくらいの口の狭い穴が開けられている。前掲の図（一九七図）のとおりである。

青銅および鉄製火鉢の場合はかなり技巧を凝(こ)らしている。日本の家庭ならばどこにでもありそうな形の火鉢が、アメリカにおける骨董蒐集の立場からは宝物とみなされるであろう。木製の火鉢でも風雅の趣のこよなきものが珍しくない。ここで思い起こすのは、見事な板目の木で作られた古い火鉢である。この火鉢は、一方の側に抽出がついていて、煙管(きせる)やタバコをしまってあった。この箱の底部に接する側面には、真珠と、轡(くつわ)の馬銜(はみ)を方々にあしらった模様の、象眼細工を施した黒塗りの幅広い帯(ディープ・バンド)を巡らしてあった。そのようなデザインに見られる驚嘆すべき装飾は、まさに多様かつ名状しがたいほど見事なものであることが多いので、その装飾を施した人は、目隠しをしたままで、何らかの事典をひもといて、最初に目に触れた言葉を自分の取り組むべき仕事のテーマとしたのではないだろうかと思われるくらいなのである。

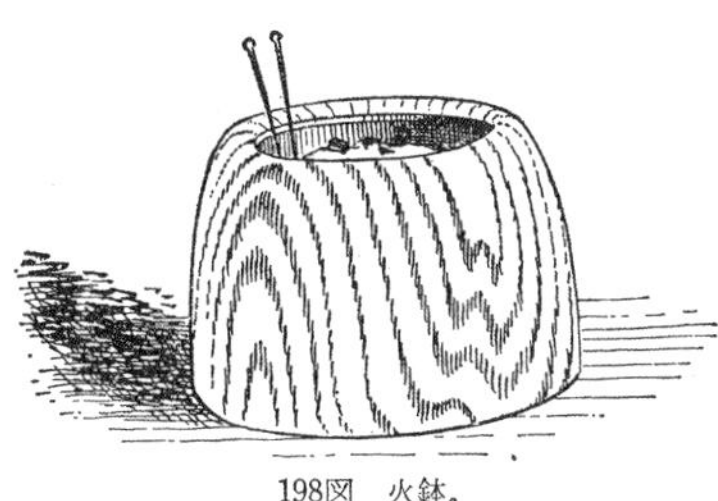

198図　火鉢。

199図　火鉢。

木造(きづく)りの火鉢で人気があるのは、一九八図に示したものである。この火鉢は樫または材質の堅い木を円筒形に作ったもので、特殊な細工によって板目が表面に浮き出ている。その内側は銅張りになっている。時代がかっ

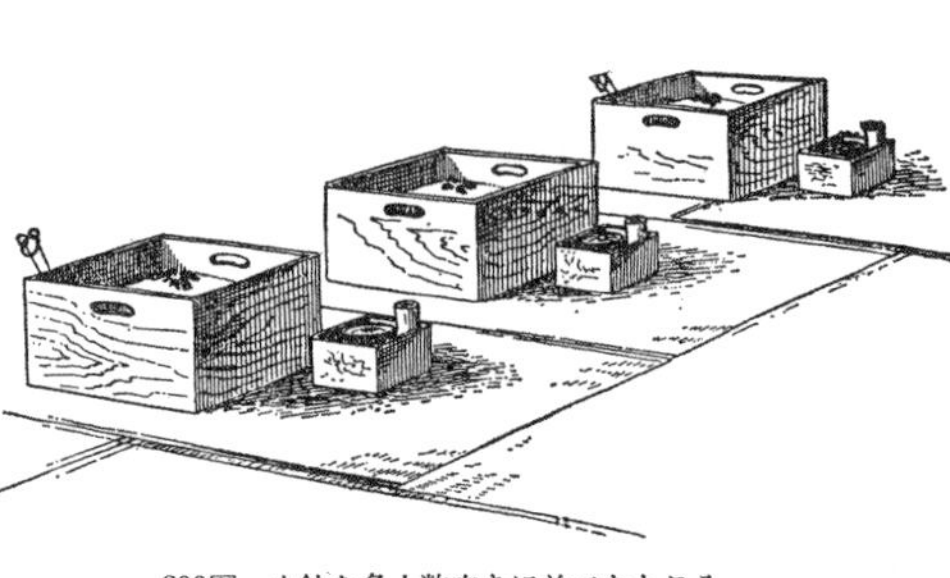

200図　火鉢を多人数向きに並べたところ。

て色つやのよいものは非常に珍重される。

火鉢が果たす役割は大きく、暖炉(ストーヴ)としての機能も備えている。三本脚(あし)の五徳を置くか火鉢の枠に焼き網(グリッド)を差し渡して、その上に湯沸しを載せる。またこの上で魚を焼くこともある。火鉢はいわば持ち運びのできる炉である。これを囲んで家族は集(つど)って談笑し、お茶を飲み、暖を取るのである。一九九図は、子供が暖を取っているところである。子供は厚手の縕袍(どてら)に身をくるんでいる。日本人がただぼんやりと、火箸で炭火や灰をいじっているのをよく見かけるが、その姿は、アメリカでわれわれが好んでするあの暖炉の火をいじる格好にそっくりである。

火鉢に火を絶やさないようにしようという気持はどこの家庭でも同じである。わたくしが聞いた話では、東京のある家では二百年にわたって火を絶やしたためしがなかったということである。

雪見の宴などでは、それに先だって使用人が火鉢を準備する。火鉢は客一人に一基があてがわれる。客が占めるべき座は、小さな正方形のかたちをした座蒲団によって示されることが多い。二〇〇図は大勢の来客があった場合の火鉢の並べ方を示したものである。

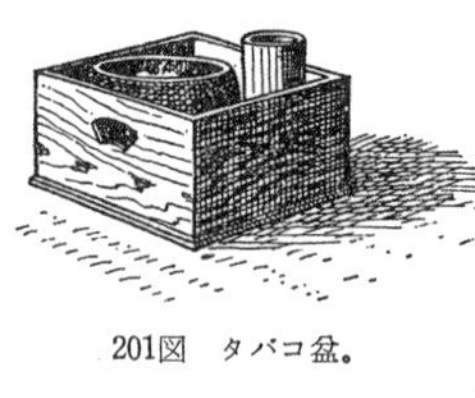

201図　タバコ盆。

冬と夏とを問わず、知合いを訪れたとき、もてなしの意味を込めて何よりも先になされることは、目の前に火鉢が据えられることである。商店でも火鉢が店先に置かれているか、あるいは客が来店した

202図　タバコ盆。

ときに火鉢を奥から持ち出して、客の前に据える。

タバコ盆 *tabako-bon*（二〇一図）と呼ばれる、火鉢を小型化したようなものもよく来客に出される。これは喫煙家には便利な道具である。この道具の一般的な形は、四角形の木箱に、炭火を入れる小さな土製の容器と短い竹筒をしつらえたものである。この短い竹筒には蓋があるものとないものとがある。これは軽便(ハンド)な痰壺(たんつぼ)であるが、その使用にさいしては、顔を横に向けるか口を片方の手で蔽うかするので上品そのものである。痰壺はアメリカでも一般に使用されているが、日本人のそれに比べると野暮ったい。タバコ盆は、樫の木の瘤が自然に凹んだものでできていることがある（二〇二図）。この形のものは日本の図鑑によく登場する。二〇三図は別の形のものである。この便利な道具の意匠は多種多様である。

203図　タバコ盆。

204図　台十能。

なかにはかなり奇抜なものがある。火鉢に炭火をつぐには、台十能(じゅうのう) *dai-jū-nō* と呼ばれる浅い鉄製の鉢(ボウル)を用いる（二〇四図）。この鉄製の鉢の底部には小さな鉄板を折り曲げたものが鋲で取りつけてあって、さらにその鉄板の脚部を台板に固定している。この鉄製の鉢には鉄でできた円筒形の差し込み口がついていて、ここに木の把手を差し込んである。使用人は炭火をこの台十能に入れて持ち運ぶのである。

火鉢を作法に従って据える場合は、灰を炭火のまわりにピラミッド型に積み固めて、その表面に放射状に線模様をつけるのが習慣（ならわし）になっている。炭火につぐ炭は籠に入れておくのが普通であるが、時には下（さ）げ手つきの深い木箱が用いられる。この目的で使われる籠はたいてい凝ったものが多く、なかには時代がかって艶よく褐色化したものがよく見られる。籠のなかには、真鍮か銅製の古風な火箸を入れてあって、これで炭を挾む。棒状の炭火だと、灰の中に縦に埋めておけば、一箇で数時間は保つ。炭屋は、小さく砕けて粉状になった炭の、一風変わった利用法を心得ている。それは、粉状の炭とある種の海藻とを捏（こ）ね合わせて、大きなオレンジ様の球（たま）を作ることである。この球に丸める様子は、雪玉を作るときにそっくりである。これらの球は陽（ひ）に当てて乾燥させるが、火つきは良いようである。乗り物で街の通りを行くと、脇取盆のような箱にこの黒い粉炭の球をいっぱい並べて陽にさらしているのをよく見かける。

ろうそくと燭台　日本に灯油（ケロシン）が伝えられる以前は、照明の手段はこのうえなく貧弱なものであった。小さな燈心（ウィック）から出る微弱な光や木蠟で作ったろうそくなどの不安定な明りを頼りに中国文字を勉強した学者の困苦は、われわれには実感として理解しがたいと思われる。——その光は、行燈の場合に一段と微弱なものとなるのである。そのむかし敬虔な漢学者は、夜は、紙面に真近く線香の火をかざして、そのかすかな明りで、一度に一文字ずつ読んだものだと言われている！　日本人が西洋諸国から取り入れ、即座に重宝するようになった事物は数多いのであるが、灯油ほどありとあらゆる人々にとって多大の恩恵（ブーン）となったものをわたくしは知らない。現在、西洋医学が、経験主義的な漢方に急速に取って代わりつつある。その交替が成就した暁には、西洋医学は、まさに最大の恩恵となるであろう。しかし、都会人のなかでも何千人という人々がいまだそうなのだが、現在も漢方に依存している地域が地方には多く、疾病に対する純理論的処方の効能が恩恵として広く感ぜられるには至っていない。とはいえ、日本全国にわたって、灯油による明るい燈火は、一日の時間を長くしてきたのである。

日本のろうそくは植物性のもので、芯は、普通の点灯用の紙とそっくりの紙を巻いたものを使っている。ろうそくの芯部は煙突状に刳りぬいてあるので、燭台に取りつけられている約一センチくらいの長さの鉄の爪に差し立てる（英国では釘つきの燭台は二〜三世紀前に使用されなくなったが、日本では今なお保持されている）。ろうそくの上端から堅い芯がしっかりと突き出ている。ろうそくが燃えて小さくなると、それを燭台から取り除き、新たに爪に差し立てたろうそくの上端に接ぎ足すのである。この単純な工夫によって、ろうそくはまったく無駄なく燃焼する。

会津地方で作られる高級なろうそくは、花とかその他の装飾的絵模様が、明るい色調で描かれていて美しい。

部屋の照明はろうそくが頼りであるが、このことは、夜道を歩く時や、屋内で使われる提燈の照明源であることにおいても同様である。——屋内で使われる手明りは、小さな四角形か六角形の枠に薄い紙を張ったものに短い柄を取りつけてある。

日本の燭台の普通のものは手燭 *te-shoku* と呼ばれているもので、二〇五図に示したとおりである。この手燭は鉄製で細工が粗い。三本の脚と大きな円盤とがついている。この円盤は、溶けたろうが畳に落ちるのを防止するためのものである。さらにろうそくが倒れて落ちないように金属製の輪がついている。この手燭は脚の一本が長く柄状になっているので床面から持ち上げるのが容易である。

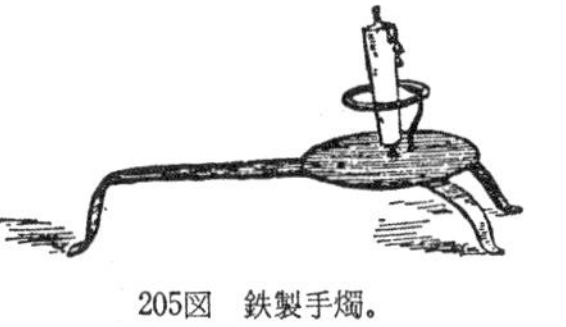

205図　鉄製手燭。

別の型の燭台で一般的なものは、直径一〇ないし一五インチの真鍮製の半球型の台に、二フィートあまりの真鍮の棒が立ててあって、その上端に普通の受け皿(カップ)と爪を取りつけた作りになっている。その例として一七七図を見るとよい。

芯切りは一般に刃先(ブラント)のない毛抜きのような形のもので、これで燃えた芯を取り除く。しかし、使用人は、よく火箸で芯を取り除き、それを火鉢の灰の中へ捨てる。

日光その他の保養地では珍木を使った素朴なデザインの燭台が作られている。その場合、実用の道具としてよりも記念品として求められている。

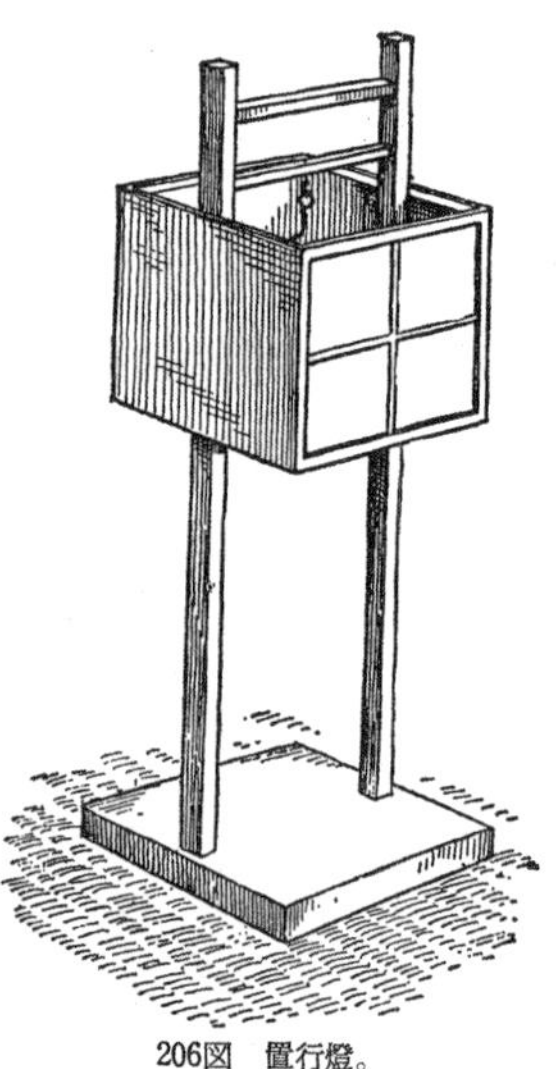

206図　置行燈。

行燈と提燈　日本の燈火(ランプ)は、普通は浅い受け皿(ソーサー)の形をしており、そのなかで植物油を燃やす。芯(しん)は長いほっそりした形で植物の髄(ピス)でできており、これは小さな鉄輪で押えられている。この鉄輪には突起がついていて撮(つま)みあげられるようになっている。芯のまだ燃えていない部分は受け皿の反対側からはみ出していて、一端から燃えてゆくに従ってずらすのである。受け皿(ソーサー)は、紙を張った木枠内部の一定の位置に取りつけられた円盤または鉄輪の上に置かれている。このような燈火の一般的な形のものが行燈(あんどん) *andon* で、二〇六図のものがそれ

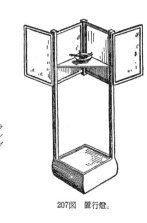

207図　置行燈。

である。これは四角形の木枠に紙を張ってあって、その枠の上下は開いており枠の一方は開閉の利く蓋になっている。この蓋は、燈火の具合を見る必要があるときは上に引きあげられるようになっている。この枠は木製の台に立てた二本の柱に固定されている。台には抽出が付いていることもあり、予備の芯（しん）や芯（しん）切りが入っている。この二本の柱は行燈の上にまで出ていて、そこには横木（クロスピース）を取りつけてあり、行燈を持つときはこれが柄の役をする。さらに横木が一本通っており、そのすぐ下に油皿が位置している。この行燈の明りは微弱なため、夜間は部屋のなかで動くときに足許がどうにか見えるくらいのものである。

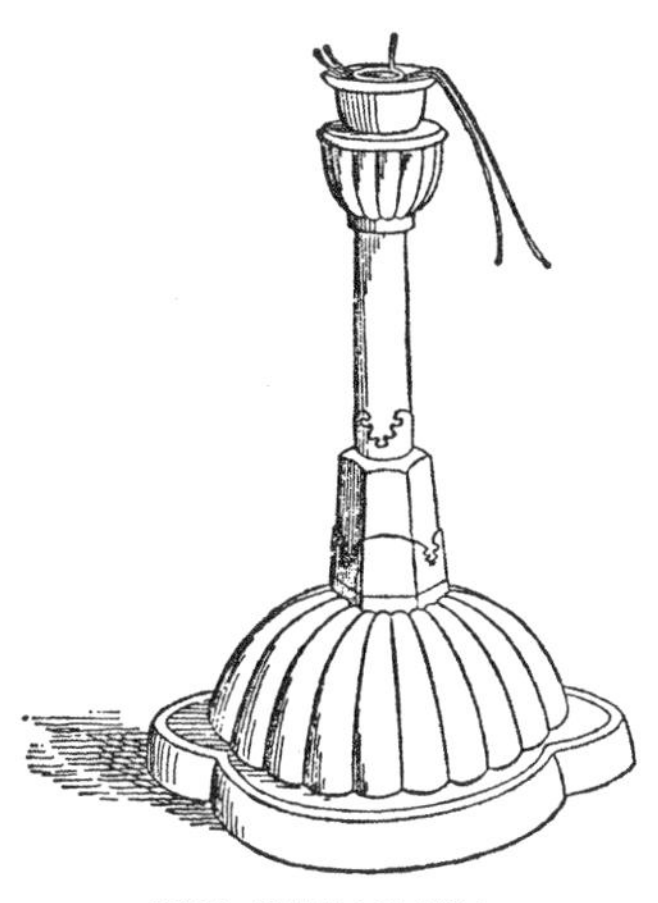
208図　燈明皿と塗り燈台。

行燈も種類が多く、なかには非常に独創的な形のものがある。その一つは円筒状で、二重の円筒形の枠でできている。一方の枠を他方の枠のなかに嵌め込んだ作りになっていて、外枠は台（スタンド）につけられた溝（グルーヴ）によって回転する。外側も内側も行燈の面の半分だけに紙を張ってある。したがって外側の円筒形の枠を回転させることによって、開口部が重なり合うので燈火の世話が容易にできる。行燈の別形のもの（二〇七図）は一風変わった開けかたをするが、行燈の一隅に小さな棚をしつらえてあって灯油の受け皿をその上に置いている。

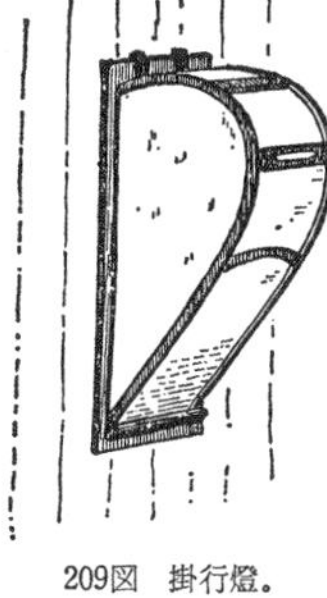
209図　掛行燈。

さらに別形のもの（二〇八図）は昔の画譜から描き写したも

210図　釣燈火。

のである。この行燈は、金属製の半球型の台にラッカー塗装を施してあり、その頂上部に立てた支柱に燈火（ランプ）が置かれている。

廊下や階段の最上端では、燈火はよく壁面に取りつけられている。わたくしは、大阪でその風変わりな形のものを見たが、それは二〇九図に示しておいた。この燈火の枠は蝶番（ちょうつがい）によって、壁に固定した板面に取りつけられている（蝶番は上部にある）。枠はその板の覆いのように板面にぴったりくっ取りついていた。燈火の具合を見る必要があるときはこの枠を上に持ちあげるのである。わたくしが大阪で見た行燈は、燈火を吊す金属細工にかなり工夫を凝らしたもの（二一〇図）であった。

211図　置燈火。

212図　陶製手燭。

陶製の油皿は珍しい。二一一図は、わたくしのコレクションのなかの織部（おりべ）焼の古い油皿のスケッチである。燈し口内部の傾斜面で芯（しん）を支え、蓋（カヴァー）は芯を通せるようにその前後二箇所を切り込んである。同じコレクションのなかの別形のものは、伊賀地方で作られたものであるが、二一二図がそれである。この燈火の場合、芯（しん）は何らかの繊維で作られていたにちがいない。芯を通す管（ウィック・チューブ）の口が見えているが、この口を通して芯の出し具合を加減することができる。把手には硬貨差入口のような小さな縦長の穴があるので、壁面にも掛けられる。これら二種の燈火、少なくとも後述のものは神棚 *kami-dama* 用と思われる。——「神棚」は屋内で神を祭る棚のことである。

　陶製の油皿に関連して、陶製の燭台を見掛けることがあるので、そのことに触れておこう。二一三図の燭台は、わたくしのコレクションのなかのもので、尾張焼である。

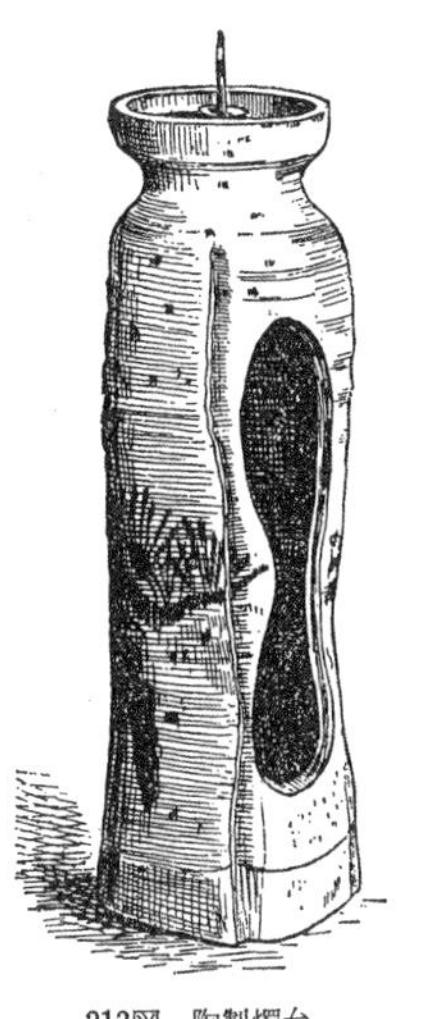
213図　陶製燭台。

　手水鉢(ちょうずばち)の近くには、鉄製の行燈が縁側(ヴェランダ)の屋根先から鎖によって吊されているのが普通である。たいていは、古風で趣があり、行燈全体に銹(さび)が出ている。明りをつけると、側面の打ち抜き模様を通して、かすかな光がちらちらするのが見える。二四〇図および二五三図に示した行燈(ランタン)は、ここに述べた形のものである。

　街路灯(ストリート・ランタン)は、住居の門または戸口脇の塚柱に取りつけたものが多い。このような街路灯の枠組(フレイム)および燈火(ランタン)の一般的な形のものは二一四図に掲げた。高さはせいぜい五フィートくらいまでで、公道に設置されて風雨に晒(さら)されるものとしては見るからに華奢(きゃしゃ)である。しかし、このような造作の街路灯(オブジェクト)が、華奢であり軽便であるにかかわらず、行き来の激しい往来わきに、何の損傷も受けずに風雨に耐えていることが少なくないので、これは日本人の事物に対する細やかな配慮を示すものであり、一驚に値する。このように優美(デリケート)な街路灯(ストリート・ランプ)が、アメリカの文明社会で、その唯一の産物でしかないと思われるあの群集のひしめく往来に設置されたら、はたしてどのくらいのあいだ無傷のま

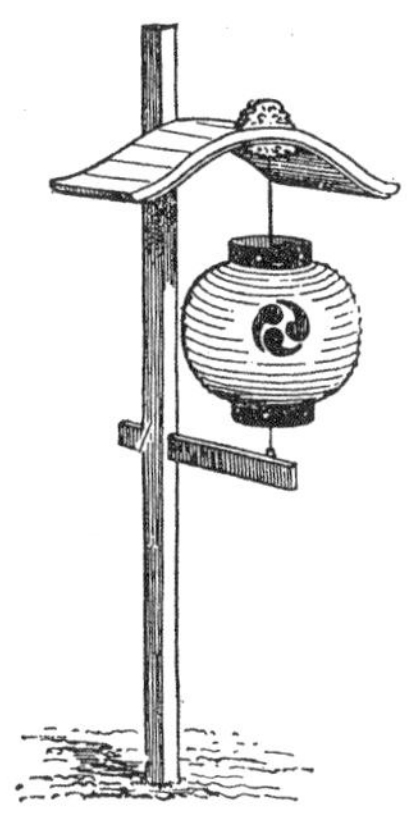
214図　辻提燈。

まで保つだろうか。一つの街路灯の維持をめぐるアメリカと日本の違い、そうして多くのこれに類する対照点は、必ずや識者をして、この二大文明社会の風俗習慣について考えさせずにはおかないであろう。

神棚　ほとんどの家で、神棚 *kami-dana* と称する棚に、風変わりな小型の工芸的な造りの神殿が置かれている。これをさらに細かく調べてみると、神道の神社の模型か神道の祭壇の本尊、すなわち一枚の円鏡かであることが分かる。神棚の上には数個（あるいは一個）の燈明、および時にはお供物としての酒食を盛る素焼の小皿が置かれている。その社が箱型の場合は、それに附随して、真鍮製のさまざまの燭台や文字を書きしるした神符、その他明らかに実際の神社で用いられている神具一式を小さくした雛型が置かれている。神棚は壁面の、天井に近い高所にしつらえられている。古い家では、神棚の周囲は煙で煤けて真っ黒になっているが、これは、お燈明を一世紀もの長いあいだ毎夜ともし続けてきたことを物語っている。以上は神道の場合である。

屋内で祀られる仏壇のほうは、仏陀とか仏陀の弟子とか、あるいは何か他の仏像が祀られているが、神棚に比べてはるかに飾りが多く、また床の上に安置されている。――少なくともわたくしの知るかぎりではそうである。またわたくしが聞いたところでは、大多数の日本人は神社にも寺院にも参拝し、およそ仏教徒は、非常に厳格でないかぎりにおいては、家のなかに神棚を祀っているということである。まさに、仏教徒だけでなく、仏教僧侶までが、大阪のローマ・カトリック教会堂に入って、異国の宗教の祭壇や神像の前でうやうやしくお辞儀をしている。このような行為に見られる許容の精神と寛大な態度には、キリスト教会の二大宗派の間の睨み合いを想起するとき、なんとなくわれわれアメリカ人の心を動かすものがある。

屋内に安置する仏壇には供花と焼香がつきものであるが、神棚では焼香をしない。仏壇の場合には、真鍮製の燈明を置くか吊すかしているが、神棚では社の前に植物油脂製のろうそくを点す。土器 *kawarake* と呼ばれる素焼の手製の陶器のなかで油を燃やすが、この土器はまた神饌を供えるのにも用いられる。酒を供えるには、首の部分が細長くなっている玉子形をした独特の瓶を用いる。この瓶は神酒徳利 *miki-dokkuri* と呼ばれる。——神酒とは神に供えられる酒であり、徳利は酒を入れる瓶のことである。神棚の前では、家族一同が頭を下げ、柏手を打ち、懇願するような格好で両掌を擦り合わせて一心に祈っている姿をよく見かける。わたくしが調べたかぎりでは、どの家でもこのような祭壇を安置している。商店でも神棚が置かれ、豪商ともなると神棚もかなり高価な造りのものであることが多い。東京のさる有名な絹織物の問屋では、上部の梁から鉄棒によって大型の神棚が吊されている。この神棚の前には一対の大きな金属製の宝燈が吊されている。敬神をこのようなかたちで表わすことは、どちらかといえば見えを張るところがあり、またそれが、アメリカでも見かけることのある、これに似た飾り立てに共通するところがあることはわたくしにとって驚きであった。しかし、以上の比較推測が正しいかどうか、確信はもてない。知識階級のあいだでは、神棚は家族のなかの女性のためにのみしつらえられていると思われる。男性はこのような迷信を卒業したであろうからである。他国におけると同様に、日本においても女性たち——一般的に知識に乏しいのだが——が大衆的信仰に参加するものの大半を構成していることは興味あることであった。

215図　仏壇。

　ここに掲げた仏壇のスケ

ッチ（二一五図）は、非常にみすぼらしい家で見たものである。さまざまの器には、御飯や餅米で作った鏡餅 the loaves of *mochi* や熟していない桃が盛られている。下段の右端には、さつま芋や大根に四本の脚をつけたものを置いており、一見したところ小物の鹿か、何かの動物のようである。これが子供の仕業か、それとも神が乗る馬を象徴するものであるかどうかについては確かめられなかった。

家のなかの燕の巣　子供たちがみずから進んで、また自然に熱中する、いわば神棚と言ってもよいものは屋内に作られた鳥の巣であろう。ヨーロッパ種のものと識別しがたいのであるが、ある種の燕が屋内に巣を作ることは、田舎のみならず東京のような大都市においても共通した事柄である。――この燕の巣作りは屋内の人気のない場所ではなくて、家族が忙しく家事に従事している部屋とか、往来の激しい通りに面した店頭とかに見られる。燕が屋内に巣を作ることはきわめて一般的な事柄であるが、これは、日本人の優しさの在りようと、かれらが動物に対して表わす憐みの心を示す多くの実証的事柄の一面を物語っている。

216図　屋内の燕の巣。

燕が屋内で巣作りにかかると、早速その下に小さな棚がしつらえられる。したがって直下の畳が汚損されるということがない。燕が屋内に住みつくことは吉兆とされている。子供たちは、巣ができ上がってゆく様子や、雛が巣立ちまで育つのを見守るのが大変たのしいのである。わたくしが気づいたのは、屋内に作られる巣は、屋外のものに比べて作りがはるかに入念であることであった。巣作りの多くの場合に見られる左右対称的な作りかたから推して、日本人に生来的な芸術的才能が燕にも乗り移ったのではと思わせるものがある。二一六図は、一軒の家に燕の巣がいくつか作られている例を示したものである。

便所　便所にまったく触れないようでは、詳細を尽くさなかったことになるであろう。なぜなら、便所といえども、日本家屋では、芸術的感性ある日本の職人はこれに注意を払っているからである。屋内に設備される便所の位置によっては、とくに宿屋においては、非常な不快源であることが多い。しかし、日本の個人の家でも比較的設備の良いところでは、便所は、アメリカの大都市における富裕階級の多くの家屋で使った経験に比べると、そのような不快源が原因で困惑することはアメリカでの経験ほどひどくはなく、まして使用上あぶないことはほとんどない。田舎では、便所は家屋から離れて位置するあまり大きくはない箱型のものが普通である。入口は自在戸で下半分が遮閉されている。比較的つくりの良い都市家屋（シティ・ハウス）の場合は、便所は家の一隅に位置している。普通は縁側（ヴェランダ）の一端にあるが、家のなかの対角的な二隅に置かれている場合もある。この点は図（三章の九七、九八図）を参照してもらうとよい。家屋のどこに便所を造るかは、多くの人々のあいだに根をおろしている奇妙な迷信にかかわりがある——中国の風水〔訳注＝墓地や住宅につき方位を按じて、吉凶を判断する一種の迷信。『岩波中国語辞典』〕の影響と思われるのだが。便所は通常二つの小室から成っている——手前の小室には木製または陶製の小便器が設備されている。陶製の小便器は朝顔 *asagaowa*（ママ）と呼ばれるが、これは、朝顔の花に形が類似しているからだと思われる。この語は文字どおり "morning face" つまり「朝の顔」である（二一九図）。木製の小便器には唐檜の枝がたくさん入れてあることが多い。この枝はひんぱんに補充される。内部の小室は、床（ゆか）に矩形の開口部がある。やや行き届いたつくりの便所では、この開口部には長い木の柄のついた蓋が用意されている。時としてこの開口部

217図　便所内部。

周辺の造りが塗りになっていることがある。便所では、専用の藁草履(サンダル)か下駄を置いていることが多い。

これらの小室の内部は一般に簡素である。しかし、時には手の込んだ造作であることがある。便所の出入用通路(アプローチ)や外回りの仕上げには、技巧と趣向を凝らしていることが少なくない。

二一七図は普通の形の便所の内部を示したものである。二一八図は、日光に近い鉢石の旅籠(はたご)で見た便所の外観である。同図の手前に見えている板張は縁側である。この縁側と直角に、幅の狭い渡廊下が出ている。その縁(ふち)取りには自然木の幹が使ってある。図の左手には小さな戸棚の一角が覗いている。天井は細木(シン・ストリップ)を敷き並べた造りで、下部の腰羽目は竹である。二室からなる便所の手前の小室への入口は、葡萄(ぶどう)づるで縁取りをした潜(くぐ)りになっている。また、これとは別に自然木を巧みに利用したところが数箇所も見えている。このアーチ型の入り口の向うに、さらに入口があって自在戸がついている。この入口が普通は家のなかで、おそらく台所の、階段下の背の高い物入れの戸を除けば、唯一の開き戸(ヒンジ・ドア)ではないかと思う。便所の屋根には、すでに触れた小さな柿(こけら)板を厚く葺いている。外側には幅の広くない竹垣がしつらえられてあり、そのすぐ前には二、三の小さな植木が趣味よく植えられている。——これで比較的つくりの良い典型的な便所の体裁が整う。四脚台の上には木製の脇取盆風の箱が据えられ、そのなかに水の入った桶と手洗桶とが置かれているので、外国人客には一段と使いよい設備であることははっきり言えよう。手水鉢(ちょうずばち)はその上方から吊された手拭掛とともに、すでに述べたように、便所

218図　日光，鉢石村の旅籠の便所。

219図　浅草の商家に付随した便所。

に欠くことのできない付随設備である。

日本のある地方の村の旅籠で描いたこのスケッチを細かく検討したならば、キリスト教国の多くの村々に、はたしてこれに類似した便利な設備があるかどうか、ひとつ公正無私に想い起こしてみるとよいのである。

二一九図は東京の浅草にある商家の便所である。戸にはさまざまの色の材質の木を用いた象眼細工による模様があって、美しい指物細工の見本のようである。この便所の内部（二二〇図）も入念な仕上げで清潔そのものである。

肥壺は油樽を二分したものか、大型の土製の容器かで、外から汲み出しやすい位置に、地中に埋め込まれている。この肥壺は、主として農夫が数日おきに汲み取りに来て空にする。農業に利用した場合の人糞尿の価値を示すものとして、わたくしが聞いたところでは、広島では設備の良くない共同住宅を賃借りするさいに、三人が共同で一室を借りる場合は、三人分の糞尿が一人分の間借代に充当し、五人が同

220図　浅草で見た便所の内部。

条件で一室を賃借する場合は間借代は不要であったということである。実際、糞尿の価値と重要性は日本の農夫にとってはかけがえがないほどである。なぜなら農夫は地味を肥沃にさせるのにもっぱらこれによっているからである。したがって、田舎では、旅行者用に、手桶ないし半樽（たる）状の容器を地中に埋め込んだ便所を路傍に設けている。

　これらの事柄に関するアメリカ人の標準的な嗜みに照らして判断するかぎり、これらを重要視する日本人に風雅の心があることを証明するものはまったくないように思われる。あるいは、わたくしとしてはさらに適切な言いかたをすれば、おそらく、日本人にはまやかしのお上品を気取るところが全然ないのだ——まやかしのお上品とは、つまり、英語を話す人々のあいだでひときわ排他的になりつつあり、さらにはそのなかの一部の人々のあいだに、しばしば重大な結果を招きかねないほどの愚の骨頂にまで募っていったあのような感情のことであり、そんなものは日本人にはまるでないのである。しかし、日本人を見ていると、かれらが、この問題（マター）に対する感受性（センシティヴネス）を、かりにかつては持っていたのだとしても、日常、あからさまにこのように重要な肥料を集めることにより、その感受性をあたかもすっかり麻痺させてしまったかのように思われる。（注4）まさに百万になんなんとする人口を抱える大都市——たとえば東京のような——においては、糞尿を深い円筒型の担桶（たご）と呼ばれる容器に入れて、毎日郊外の農場まで人と馬とによって運搬するということを考えると、この点で人目につかないようにすることは不可能であろう。繊細な感情の持主がこれらの事態を不快に思うとしても、汚物処理という隠し事を、日本人は幾世紀にわたって実際的に解決してきたのであり、かくて万事むだがないのだということをそのような人であっても容認せざるをえないのである。さらにまた、汚物処理にさいして、われわれアメリカ人が努力している割に成果が挙がっていないひとつの結果として、アメリカ社会に天罰の苦しみを与えているあの疾病について、幸いにも日本人がほとんど知らないことは、前述したことと同様に重要である。汚物を長期にわたって貯めておくために土地を汚染する深い地下（ヴォールト）の汚物溜場、あるいは汚物を浅い湾や入江まで導き、そこで大気を汚染し疾病と死をまき散らしている地下埋設管は日本には存在しないのである。

他方、日本の上水道については、汚物を下肥として施した水田からの汚水が河川や井戸に流れ込むため非常に深刻な影響があること、また毎年のように南日本の都市の多くに荒廃の影を落すコレラ汚染は、灌漑（かんがい）方式によって土地が全般的に耕作されていることに原因があること、さらにその結果としてこれらの地表上の経路による汚物の拡散が、上水道の汚染防止を不可能にしていることなどの点は認めねばなるまい。

注

（1）『ポール・モール・ガゼット』のある寄稿者は、身体にほとんど何もまとわない習俗の人々に、ヨーロッパ風の衣服をおし着せようとすることに抗議してつぎのように述べている。「インド各地において人々は、衣服を身にまとうことから、信仰心にかげりがさすのではないかと深い疑心を抱いている。政府が事情を斟酌しつつも義務化しようとしている一定の粗衣（レギュレーション・ラッグ）さえ、行者には悩みである。そして、正装した行者は、信仰上、監視の眼で見られるであろう。故バラモン僧・ケーシャブ・チャンドラ・センは、インドは、帽子（ハット）をかぶり深靴（ブーツ）をはいた救世主を受け入れることはないだろうとの確信を表明している。宣教師の銘記すべきは、衣服を着用する道徳は気候上のものであること、そして、インド西北部地域において、身体の一定部分を衣服によって蔽うことが徐々に徳性や敬神と一体化するようになってきているのであれば、熱帯諸国の慣習が、ヨーロッパの場合と同様に、手の込んだ作りの衣服を、自然の装いの百合の花の清楚さではなくて、むしろ栄華を誇ったソロモン王の官能性のほうに結びつけたのであろうということである」と。

（2）J・J・ラインはつぎのように述べている。「日本人のきれい好きは、そのもっとも賞賛に値する性質の一つである。この性質は、かれの身体、家屋、職場に明らかに認められる。さらに、それら以上に日本人が田畑の手入れをするさいの細心の注意と模範的精確さに認められる」と。

（3）「寝る場所」、つまり字義的には「床（ゆか）の寝床」を意味す

る床の間 *tokonoma* という名称から、古代には、寝床は、この凹所にしつらえられたか、あるいは決められていたと思われる。

（4） このことに関連して、日本人が便所につけたさまざまな名称に触れておくことは興味をそそることと思う。A・S・三原氏の自由訳によることとする。雪隠 *Setsu-in* は「雪に―隠れる」の意。手水場 *Chōdzu-ba* は「手を洗う場」の意。（手水鉢 *chōdzu-bachi* は手を洗うのに便利な設備。したがって、手水鉢はつねに便所の脇に置かれている）。便所 *Benjo* および用場 *Yō-ba* は「用を足す場所」の意。後架 *Kō-ka* は「後の―枠」の意。憚り *Habakari* は、「便所」のことをいうかなり一般的な名称である。遠慮 *Yen-riyo* は、便所を指していう言葉ではないが、意味は「憚り」と同じく「控え目」を表わす。

これらの言葉は、その表わす意味とともに、便所を言い表わす言葉づかいがかなり洗練され、繊細であることを示すものにほかならない。

第五章　入口と入り道

玄関と玄関の間　日本の建築術を、アメリカのそれと対比して研究するさいに、相似かよった特徴的造作に対して、これら二国民が示す重要性の度合を比較し、観察してみるのは興味をそそられる。アメリカの場合、都市と田舎とを問わず、およそ家と名がつけば一定の明確な玄関口(フロント・ドア)を備えている。この玄関口は、ほとんどすべて重厚な感じの板、装飾的な持送り、上部の庇様のものを支える支柱などによる装飾的な造作である。また、この玄関口へ入る上がり段もそれらと同様に仰々しい造作になっている。これに反して、普通の日本家屋では、玄関口は、後で触れることになるが、多くの場合、と言ってもつねにそうとは限らないが、一定の様式を備えていない。ふたたびアメリカの場合であるが、家に入ってただちに目につくのは玄関広間ないし玄関口の階段である。——この階段の手摺子と、美しくカーヴする手摺とは自慢の造作なのである。比較的つくりの良い家屋では、とくにこの部分に建築家の注意が払われている。しかし、日本では、家屋が二階建の場合でも階段は目に触れる場所にはめったにない。しかもその階段は、造りの頑丈な急勾配の脚立程度のものである。他方、屋根の棟——日本においては家屋の外観といえばきまってこれがその構図の主体をなしている——は、アメリカに関する限り、何とも平凡な雨切り(レイン・シェッド)の途切れなき連なりでしかない。もっとも、壮大な建築物の場合は、この雨切りがつくりだす一直線に伸びた目ざわりな線を表裏逆(インヴァーテッド)の鋳肌模様(キャストアイアン・デザイン)によって装飾するという努力も、ささやかながらなされている。しかしこのような構図は構造上の形状として見た場合はまったく無用であるだけでなく、その構図自体をうんぬんするならば、それはヴァレンタイン祭の安ぴかの贈り物の縁か、マラガ産の干葡萄を入れた箱の縁飾にお似合いといったものでしかないようだ。

かくて、われわれアメリカ人は、上がり段と手摺とあの仰々しく凝った造作とを備えた玄関口になじんでいるせいか、戸口に、ただちにそれと分かる明確な造作を備えていない家屋は想像しにくいのである。しかし、一般的な日本家屋において、前述のようなかたちでの造作の特徴を探し出そうとしても徒労に終わることが多い。日本の普通程度の家屋またはやや凝った構えの家屋においてもそうなのだが、入口が判然としないことが少なくない。つまり、庭を通って屋敷に入り、縁側で挨拶をするかまたは台所附近の入口とおぼしきところ——これは正面脇の一種の裏口になっている——を通って家に入るようである。さらに家によっては、この入口が小さな畳敷の部屋になっている。この部屋は、あらゆる点で他の部屋と相違するところがない。ただ、この部屋の場合は、高くなっている床の外縁が軒からいくぶん内側に入り込んでいること、および床の外縁と戸口の敷居とのあいだが地面であることが異なっているくらいである。土間から床へ上がるさいに部屋の間口と同幅の一枚板を張った一、二段の上がり段がある。この部分の屋根は切妻になっているはずで、この切妻屋根がとりわけ入口の所在を示すものとされていることによる。しかし、このように入口が、明確に入口としての体裁を整えていないのは、いわゆる中・下層階級の家屋にのみ見られることである。しかし、中層階級の家屋の場合でも、いかにも玄関口らしい構えの入口や、見掛けをよくするために凝った装飾を施した入口は珍しいことではない。一般的な日本家屋では入口はおおむね判然としないことが多いとの前言に疑問を抱く向きがあるかもしれない。しかし、この点を興味ぶかく実証するものとして、わたくしは、日本の建築家の手になる二戸の家の図面を持っている。

これらの家は部屋数が多く、一般的な家屋よりもかなり造りのよいものであることを示している。またわたくしは、これらの図面に関して多くの日本の友人に意見を求めてみたが、その図面のなかのどの部分が表玄関であるか、またはどこに表玄関があらねばならないかについては誰ひとりとして指摘できなかったのである！

比較的つくりの良い家屋の場合は、入口の屋根は独特の切妻になっていて、幅広く突き出ているため、張出玄関風になっている。その前面部（フロント）には凝った彫り込み細工が施されてあり、戸口の幅は張出玄関と同じ幅だけある。式台は敷居（シル）の方向とは直角に幅広い板を何枚か張ってある。なおこの敷居は雨戸を嵌め込むためのものである。この式台から踏み段を一つまたは二つ上がったところが床である。――この床の手前の上がり段の縁には障子を嵌めるので敷居がある。玄関広間の突当りの仕切は壁になっている。床に上がって、左右どちらにもある襖を開けて各部屋へいくことになる。この玄関の両側面は板の腰羽目になっているが、その上部は壁である。通常このような玄関広間の唯一の装飾は衝立 *tsui-tate* と呼ばれる屏障具である。むかし、この衝立の後ろの壁には、一風変わった長柄（ながえ）の武器が掛けられていた。この武器は現在では博物館の陳列品としてしか見ることができない。この衝立は折りたたみ式にはなっていない。衝立の枠組みは太くかつ塗り仕上げである。衝立の両下端に直角に取りつけてある台は重みがあって、これも塗り仕上げである。

家屋によっては、玄関の間の床は、玄関の床部分と同様に板張りである。この板張りの板の艶やかさは、磨き上げた象牙の滑らかさを思わせるほどで、優美（デコレイティッド）な衝立や襖がそこに映る姿は、澄みきった水面にそれらが影を落したように見える。この場合でも、玄関は、アメリカ家屋の張出玄関風に張り出していること、および入口を外面的に示す切妻屋根があること以外には特別に目立つものが何ひとつない。

このゆるがせにできぬ戸口にふさわしい建築様式は門に移されたかのように思われる。――たとえば重々しい開き扉、猿、閂などである。なぜなら、門を見ると、がっしりした柱に支えられた梁と瓦とからなる天蓋形の庇（ひさし）には、——見せかけで

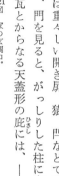

221図　家の玄関口。

しかない場合も多いにしても——重厚さが見られるからである。

二二一図は、二章の三六図および三七図において図示した家屋の入口の様子である。これは士族（さむらい） *samurai* の屋敷を示しているが、同時に普通程度の暮し向きの人の家の典型的な入口でもある。この入口の左側は、壁の間仕切りになっていて、これが玄関の間と台所とを隔てている。右手には小部屋があるが、この場合は襖ではなくて障子が玄関（ヴェスティビュール）とのあいだの仕切りをなしている。この部屋は控の間で、用向きのある人はここに通されるものと思われる。使用人が一人はこの部屋にいて訪問者に応接する。この部屋のすぐ向こうは、座敷が数室並んでいて、それらは家の裏手にある庭に面している。戸口には敷居があり、この敷居を跨（また）ぐと土間になっている。

この敷居には雨戸を嵌め込むようになっている。雨戸は夜間の戸締りのさいに嵌められる。家屋にこのような一定の様式を備えた入口がある場

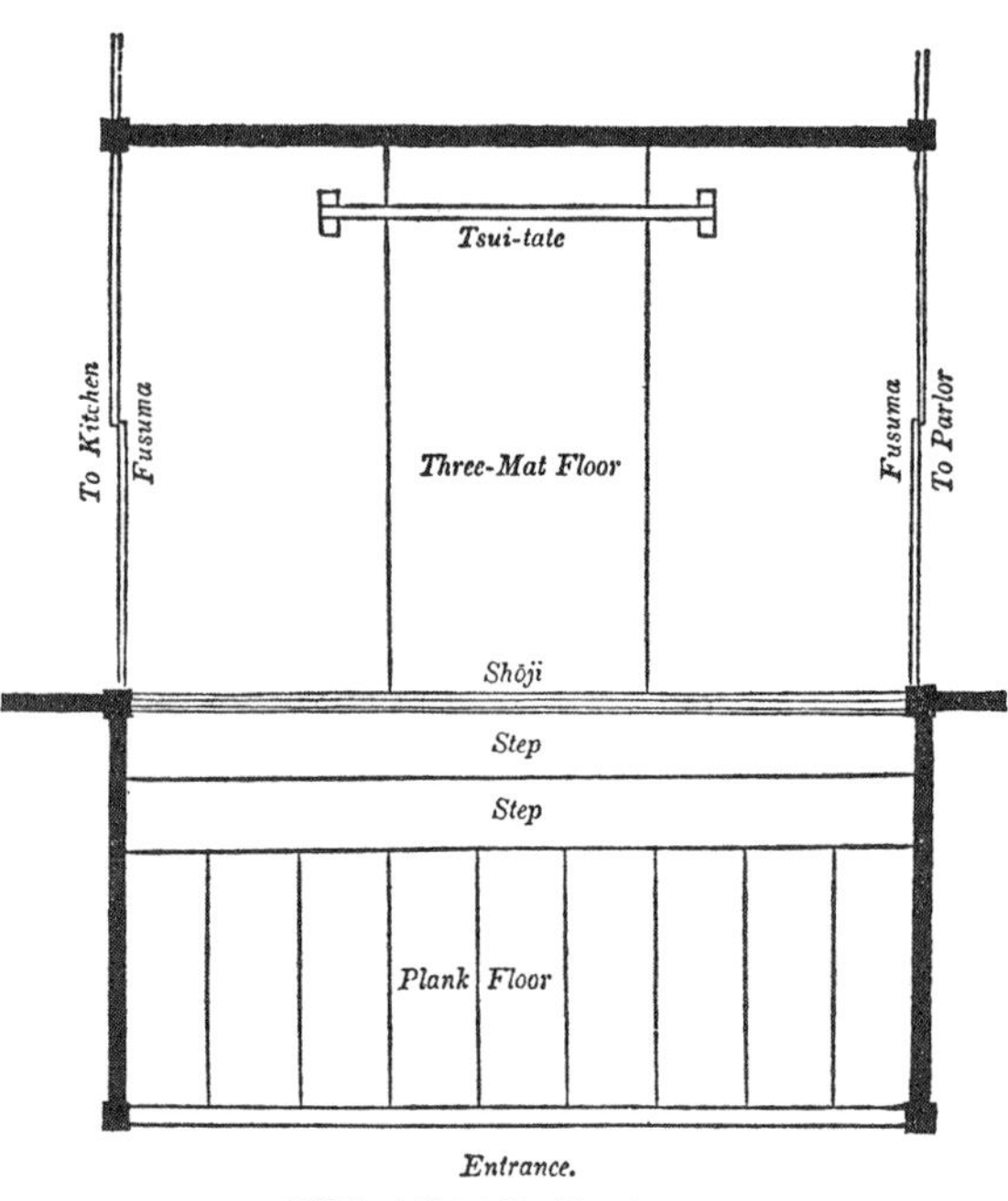

222図　玄関と玄関の間の平面図。

合は、外出時の用品類（トラヴェリング・ギア）――たとえば傘、提燈、下駄など――をしまっておくのに便利な設備を設けている。たとえば普通の家屋では、場所を取ることを避けるため、玄関の式台の板張りの一部を取りはずしがきくようにしている。この部分の板をはずすと床下にそれらの用品を入れておくのに充分な場所がえられる。

ここに掲げる図面（二二二図）は、比較的つくりのよい家屋によく見られる玄関の間のものである。入口と障子とのあいだの部分は、この家の前面からポーチつまり張出玄関のように出っ張っているが、三畳の間はこの家屋本体の部分に位置している。図面上の文字によって各部分が明示されている。

東京の上野に近いさる古い家の狭い玄関の間で、わたくしはここに掲げた下駄箱のスケッチ（二二三図）をものしたのであった。この下駄箱にあるさまざまの下駄をひとわたり見るだけでも、アメリカでの場合と同様に歩きかたの特異性が見てとれる。――かかとのすり減ったものもあれば両側面の傷んだものもある。下駄は大人用や子供用があり形や色合いがとりどりであった。——道の泥土が乾いて固くくっついたままの、学童の履物らしい並の下駄もあれば、両側面が塗り仕上げで上等の畳表張りの高級な下駄もあった。下駄箱の片側には必要に備えて鼻緒の予備が掛けられていた。

223図　下駄箱。

ある別の家では玄関を入ってすぐのところで、わたくしが気づいたのだが、玄関の間の襖の上部に家族用の提燈を置き並べておくのに便利な棚が設けられていた（二二四図）。ここで述べておいてよいと思われる点は、——おそらく読者の多くが周知のことであろうが——日本人は夜間の外出にさいしては必ずといってよいほど燈火をつけた提燈を持ってゆくことである。これらの提燈の外面には一家眷族の紋 *mon* なり屋号なりが描かれている。商売気のある人なら、何かおもしろい図案を提燈に描いて宣伝に使うことだろう。提燈を持ち歩くこの習慣はかなり染みついていて、皓々たる月明りの夜

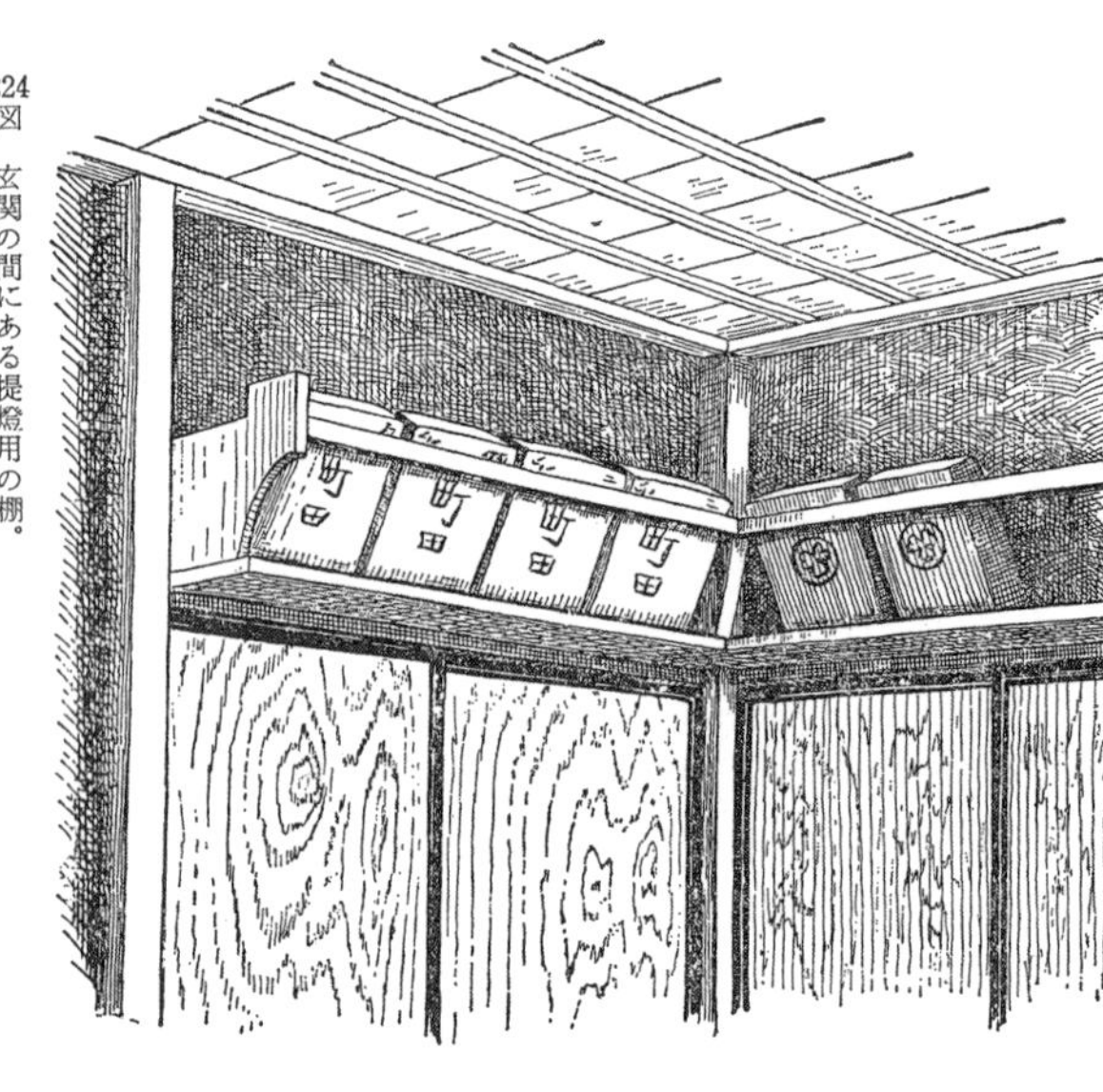

224図　玄関の間にある提燈用の棚。

でも提燈を持ち歩くほどである。また、何が外国人を驚かせるといっても、燃えさかる建物の天辺で、多くの消防夫たちが手に手に燈火をつけた提燈をかざしている光景の滑稽さに及ぶものはない！　提燈は小さく折りたためる。前掲の提燈収納棚には、厚紙でできた数個の箱が載せられていて、提燈はこの箱のなかに収納されている。箱には、それぞれのなかに収納されている提燈に描かれている図案と同じものが描かれていた。上掲の図の場合ではこの家族の姓氏、あるいは紋章が表示されている。

この玄関の襖は厚手の紙を張ったものでなく、暗色の杉板を張ってあった。それは豪華な印象を与えた。

大名屋敷の入口は堂々とした構えである。それは、屋根の独特な造作およびその屋根を支える彫刻を施した大きな梁構造——これは華美な塗り仕上げのことも多いのだが——さらにこの重要な部分に威厳を持たせるためにさまざまの附随物を配していることによるのである。

商店や旅館の戸口は、明確な形を備えている場合は、大きな四角形で、頑丈かつ簡素な造りの格子が嵌められている。——この格子は作り付けであるが、その一部分が戸車によって開けられるようになっている。この種の戸口の敷居はわずかながら地面とのあいだに隙間がある。入口を入る人はこの敷居を跨(また)ぐが、そのすぐ内側は土間 *doma* と呼ばれ、地面のままになっている。土間から床に上がるさいにはここに下駄を脱ぐ。二二五図はこのような戸口の様子を示すものである。

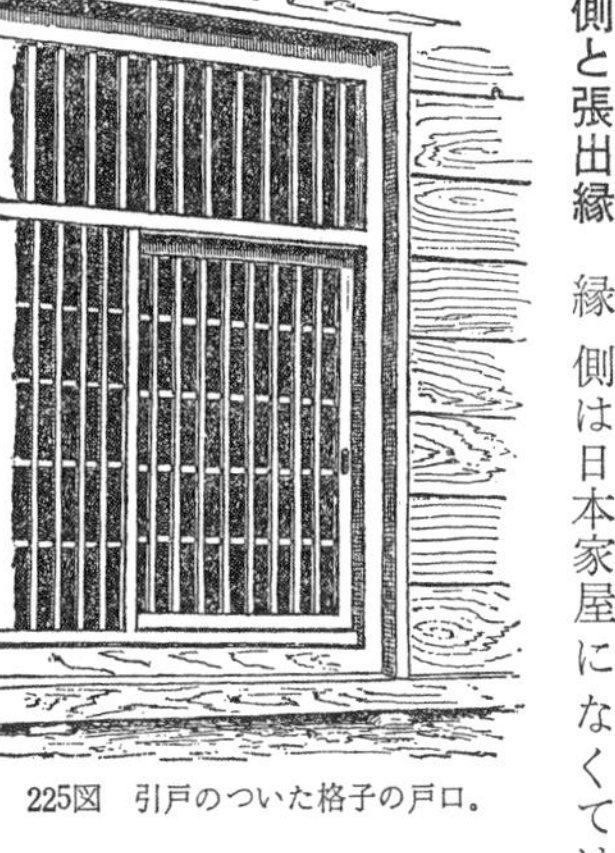
225図　引戸のついた格子の戸口。

縁側と張出縁　縁側(ヴェランダ)は日本家屋になくてはならぬものとなっている。この言葉自体が東洋に起源を持つものである。東洋の家屋で、ある程度の構えを持つものならば、様式は何であれ縁側がないということは想像できない。日本家屋では、縁側は部屋の床面の続きといってよいもので、部屋の床面に比べてやや低くなっている程度である。縁側は贅沢な設備とのみは言い切れないものがある。縁側は、日本家屋の構造上の特殊性からして欠くことができないのである。障子 *shōji* は華奢(きゃしゃ)な組子に白い紙を張ったものであるが、採光の点ではアメリカのガラス窓に代わる機能を持っている。しかし、これはその構造からして雨に遭えばひとたまりもない。したがって、部屋の障子が嵌められている面は、屋根ないしこの障子の上方に取り付けられる何らかの雨除(レイン・シェッド)けの軒から、数フィートは内側へ入り込んでいなければならないのである。さらにこのことから、畳敷の床面もこの障子の嵌められる敷居までであり、この敷居の外側にさまざまの幅の板張りの床が設けられる。その板張りの外側の端に一すじの溝がありここに何枚かの木製の戸が横に一列に嵌められる。この戸は雨戸 *amado* と呼ばれる。文字通り「rain-door」、すなわち夜間および風雨の激しいあいだはこれによって戸締りをする。時によって、雨が雨戸の隙間から入り込むとしても、この縁側を濡らすくらいのもので、雨滴が内側の障子にまで及ぶことはめったにない。

貴族階級（ノービリティ）の家屋では縁側に欄干（レイル）が設けられていることが多いが、普通の家屋ではこの種の欄干はまったくない。縁側の幅は家屋の大きさに比例して多様である。寺院のあるものでは、縁側は少なくとも一〇フィートくらいの幅があり、厚塗り仕上げになっている。日光にある東照宮の寺院のいくつかにもこのような縁側が見られる。一般的な家屋では縁側の幅は三ないし四フィートである。前掲の二面の設計図（三章の九七、九八図）と断面図（三章の一〇三図）を参照するならば、縁側と、それの家屋に対する関係について明確な知識を得られることと思う。縁側の特徴についてはさまざまに見ることができる。縁側は仕上げを施していない柱を、家の柱を支えるのように、地中に半ば埋め込んだ台石に据えて支えているのが普通である。縁側の縁（エッジ）と地面とのあいだの空間は常に外気にさらされている。二章の三七、四八、四九、五〇および九五図に見られる通りである。もっとも京都の家屋では、この空間を簡単な板張り（ボーディング）なり羽目板（パネリング）によって塞いでいることがある。その開き口のところどころで、一枚またはそれ以上の羽目板を溝に嵌めて、開閉ができるようにしてあるので、必要にさいして、家の床下に入ることができる。縁側に張られる板の幅は広狭いろいろである。しかし一般的にはこの板はかなり幅が狭く、縁側の縁（ふち）に平行して張られている。しかし縁側の縁に対して直角に幅の広い板が張り並べられていることがある。この縁側の角（かど）回りの部分は留仕口（二二六図—A）か突附端接（スクエア）（二二六図—B）かである。後者の場合では、板の端が交互に突き出し合う形になっている。また縁側の板が、大きく面取りをして角に丸味をつけた幅の狭い厚板である場合がある（二二六図―C）。この様式の場合は、板と板とのあいだにかなりの間隔が見られる。このように板を張ることにより、見た目には素朴かつ風変わりとなるけれども、その上は決して歩きやすいものではない。この種の縁側では、雨戸は障子を嵌める敷居に接して並んで走る溝に嵌められる。

縁側の、地面からの高さはじつにさまざまである。かなり多いのは、縁側に腰を掛けると両足が具合よく地面につく程度の高さのものである。このくらいの高さの縁側の場合には、幅の広い石か木の台が一つ置かれていて、これが沓脱台をなしている。縁側の位置が地面から高い場合は、二、三段の据えつけ、あるいは移動のできる踏み段が所定の場所に据えられている。縁側に上がる階段の一般的なものは一七九図に出ている。京都のさる旧家でスケッチした縁側は、二二七図に示したが、これは形が非常に優美である。幅広く大きく張り出した軒の出を支える、何本かの柱の立ち並んだ様子、庇 *hisashi* と呼ばれる補助屋根（サプリメンタリ・ルーフ）、図にも見えているが締め切ってある障子の様子や開け放しになっていて部屋の内側が覗いている様子、その他の細部が同図ではよく描かれている。この細部については少し後で述べたいと思う。

二階の部屋も張出縁に面しているが、その張出縁は一般に階下のそれに比べて幅が狭い。この張出縁には当然のことながら手摺か欄干がついている。この手摺や欄干には、その意匠および仕上げにかなり精巧な細工が見られる。また、その意

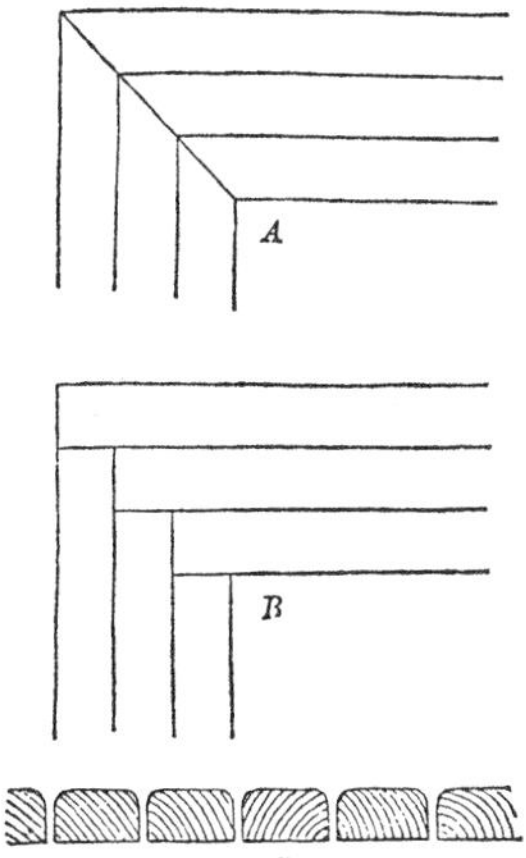

226図　縁側の板張。

匠や仕上げは簡素さと費用のうえからのさまざまの工夫とも相俟って、家屋の他の多くの造作に見られるのと同様に、この手摺や欄干にも風雅な趣

227図　京都の古い家の縁側。

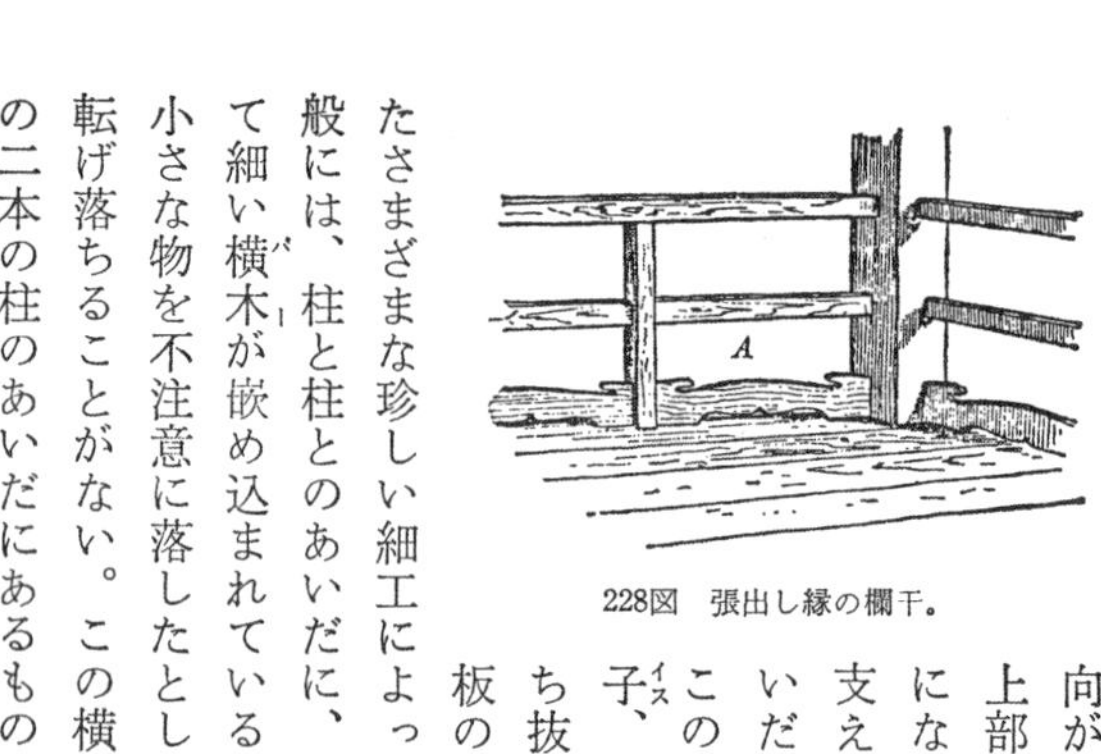

228図　張出し縁の欄干。

向が見られる。欄干は上部が丈夫な手摺（ハンド・レイル）になっていて、これを支える柱（ポスト）と柱とのあいだには空間がある。この空間の部分を格子（ラテイス）、竹（バンブー）、あるいは打ち抜き細工を施した鏡板のいずれかを活かしたさまざまな珍しい細工によって塞いでいる。一般には、柱と柱とのあいだに、張出縁の床に接して細い横木（バー）が嵌め込まれているので、この床面に小さな物を不注意に落したとしても、それが外へ転げ落ちることがない。この横木は、手摺（レイル）の一端の二本の柱のあいだにあるものだけ取り外せるようになっている。それは、ちりやごみを容易に掃き出すためである（二二八図ではA印の部分が取り外せるようになっている）。

二二九図は松島で見た欄干の鏡板（パネル）である。これ

229図　張出縁の欄干と透彫を施した板。

は、竹の図案が打ち抜き細工されていて、非常に優美な効果を醸し出している。二三〇図は藤沢で見かけた欄干の鏡板である。さまざまな姿態の龍（ドラゴン）の打ち抜き図案が鏡板の装飾をなし、それぞれが、赤松の細枝で作った枠に嵌められていた。

アメリカの建築家が、装飾細工にさいしてこの打ち抜きの手法をあまり採り入れないのは意外に思われる。――この手法によれば図案は、明確かつ鮮明に打ち抜くことができるし、背後の部屋や空間の色濃い影（ダーク・シェイド）が図案に深みのある色彩的効果を与えるからである。それと同時にこの図案は

230図　張出縁の欄干の一部。

また耐久性がある。どうも日本人は家屋の内外を問わずこのような手法による装飾が好きと見える。だからこそかれらはこの手法による装飾にふさわしい無限ともいえる多様な図案において、偉大な才幹と創意を発揮してきたのである。どのような図案であれ、それに挑戦しようとするかれらには至難ということがないかのようである。――飛鳥、游魚、波飛沫（しぶき）と旭日、花蝶など、およそ絵画的な図案の素材となるもので、かれら日本人に困難を覚えしめるものは何もなかったのである。布（クロス）や縮み紗（クレープ）に模様を施す工程で型紙が用いられている。壁紙の印刷でも同じ方法が採られている。

張出縁（バルコニー）の欄干（二三一図）では非常に繊細な工夫がなされている。これは中間の横木（レイル）に細竹を用い、そのすぐ下には大竹の中心部を縦割りにしたものをやはり横木として使っている。竹をこのように縦割りにしたものは節（ふし）が残っている。この手法は精巧な障子の組子によく応用されるが、欄干にこれを用いているものはめったにない。竹のこ

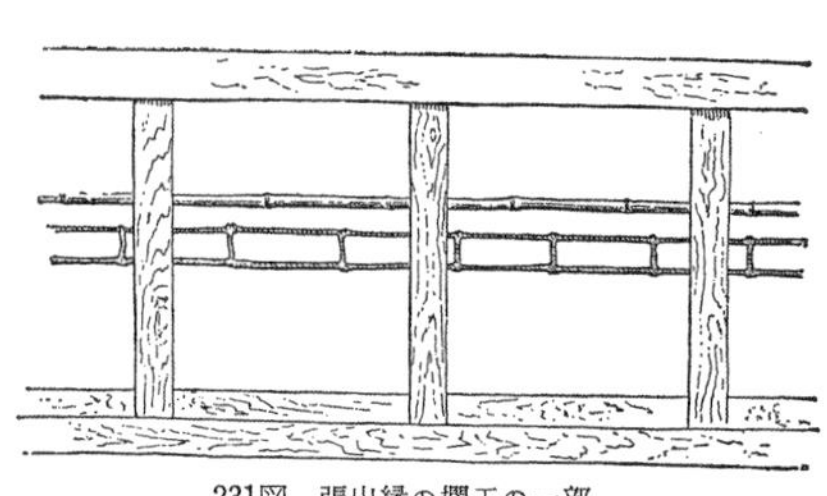

231図　張出縁の欄干の一部。

のような利用は洗練と繊細さの点で素晴しい。そこで、思いつくことは、かくも華奢な狭間（はざま）飾りがこのような屋外の構造物に組み込まれている国では、われわれアメリカ人になじみのある、あの粗暴な腕白たち、日本の家屋なら、たちまちにして激しい地震と台風とが同時に襲来したような災禍をもたらしかねない、あの腕白たちが日本にはいないにちがいないという点である。さらに思いつくことは、日本人は、足はじっと床に着けているものと心得て、欄干などに足をのせることをしないにちがいないという点である。

この欄干（バラストレイド）は、二三二図に見られるように堅固で頑丈な造りのものも多い。本図の欄干は、京都のある高名な陶工の家でスケッチしたものである。手摺柱の頂点には座金が張られ、手摺柱と手摺柱とのあいだの笠木の上面には、一定の間隔をおいて座金が取り付けられている。

232図　張出縁の欄干。

一時的な来客には縁側で応接することが多い。したがって、この縁側に火鉢やタバコ盆を持ち出し、茶や菓子を出す。夏の夕方などは、なかの畳敷の部屋よりもはるかに涼しく、眼前の庭とも相俟って格好の気晴らしの場所となる。縁側の縁に沿って植木鉢が並べ置かれていることがある。子供たちが遊ぶ場所でもある。数室がひとつづきに並んでいる場合は、部屋から部屋へ行くさいにこの縁側が便利な通路になる。縁側は、他の部屋を通り抜けない限り、家の端に位置する部屋へ行く唯一の通路になっていることが多い。このような家屋では、たいていの場合、アメリカ家屋の場合もそうなのだが、屋内通路や廊下がまったくないからである。縁側はつねに入念に掃除されており、その板張りを磨いて艶を出していることが多いことはいうまでもない(注1)。

雨戸　夜間および風雨のあいだ、部屋の縁側面を締め切る雨戸 *amado* は、軽い板製の仕切戸で、大きさは障子と同じである。この雨戸は、数本の桟（トランスヴァース・バー）を差し渡した軽い木の枠組みに薄板を張ってできている。雨戸は縁側の外縁部に設けられた一本の溝に嵌められている。家屋の夜間の戸締りは、この雨戸によって効果的になされる。これがまた暑い夏の夜には、いくつも続いた部屋を窒息せんばかりの状態にするのである。しかし、多くの家では、雨戸のすぐ上部に通風用に、横幅が広く高さの低い開口部（オープニング）が設けられている。この開口部に嵌め込む鏡板（パネル）が用意されていて、冬期には寒気をある程度防ぐ。風雨の強い日とか台風が猛威を振うあいだとかは、雨戸を締め切った状態になるので、家のなかは暗鬱である。

　雨戸は、日本家屋のうちで騒音を出すという点に特徴がある。家屋の内部には、ばたんと音のする扉やがちゃがちゃいう掛け金はまったく存在しない。襖は穏やかに開け閉てされるが、そのさいの音ひとつ立てない静かな仕種は、賛嘆に値する。その仕種よりもひときわもの静かな足の重みがかかるとわずかにクッションする畳の上を、家族は猫の歩みのような軽やかさで歩くのだが、その様子は緊張に疲弊した神経を和めるものがある。これと比べざるをえないのは、アメリカの家屋で板張りの床（ゆか）を重々しい長靴で歩くさいのあのごとごとという音や、腕白たちがどたばた騒いで絨毯からたてる不衛生な朦々（もうもう）たるほこりである。日本の家屋では、幸運にもこの悲しむべき事態を免れている。しかし、事実は事実として語らねばならない。それは、朝になると、使用人がこの板製の雨戸を、専用の仕舞い場所へ収納するさいに、情容赦なく目覚めさせられることである。雨戸を収納する作業は一般に喧轟（けんごう）そのものである。宿屋では、この作業が目覚ましの鈴（クランギング・ベル）や鼓膜を破る銅鑼（チンパナム・バーステイング・ゴング）（アメリカ人が一風変わった楽しみを覚えるという中国の拷問用具）の代役を果たしている。なぜなら、この反響音の高い雨戸のがらがらと鳴る音だけでなく、寝ていた人がそれまで置かれていた暗がりへ、きらきらする光が突如として差し込んで、その人に苦痛の衝撃を与えるからである。

雨戸を施錠するに当たり、日本人はいくつかの珍しい工夫を凝らしている。わたくしが知る限りでは、家屋に備わっている夜間用の錠前は雨戸に取り付けられているものだけである。この装置（ディヴァイス）はあまりにも華奢（きゃしゃ）で、こそ泥が妻楊枝（つまようじ）でつついても壊れそうに思われるほどである。日本人の目をもって見れば、アメリカの家屋は、出入口ごとに錠（ロック）、差し金、自動式掛け金（オートマチック・キャッチ）を取り付けた監獄そのものに映るにちがいない。――この神秘的（ミステリアス）な装置を取り付けた玄関口の扉（フロント・ドア）は、外側からと同様に内側からもまさに難攻不落である。靴拭（くつふ）き、泥落し、柄杓、寒暖計などを建物自体に鎖でつないだり、螺子（ねじ）で締めつけたり、あるいはボルトで留めたりしているのを日本人が見れば、何という泥棒の多い国なんだとの印象を持たずにはいないだろう。雨戸に施錠するもっとも簡易な装置は、雨戸を、雨戸に接する柱に固定された鉄環によって留めるものである。雨戸の木枠に鉄製の小さな輪を取り付けてあって、これに鉄環（リング）を嵌め、その鉄環が外れないよう、小さな輪のほうに木栓をして固定する。いま一つの施錠の仕方は、雨戸の木枠の上部とその一つ下の段の桟とを貫く垂直の木栓によるものである。この木栓を押し上げて、それがずり落ちないように別の木栓を嵌めて固定する。ここに掲げたこの装置の図（二三三、二三四図）を参照してもらえば、この巧妙な装置の働きがよりよく理解されよう。また、簡単な木栓で最後に締める雨戸を固定することがある。いずれにしてもこれらさまざまの装置は、すべて最後に締める雨戸に取り付けられている。この雨戸に施錠すると、それより前の雨戸はすべて固定されることになる。

233図　雨戸の猿を開いた状態。

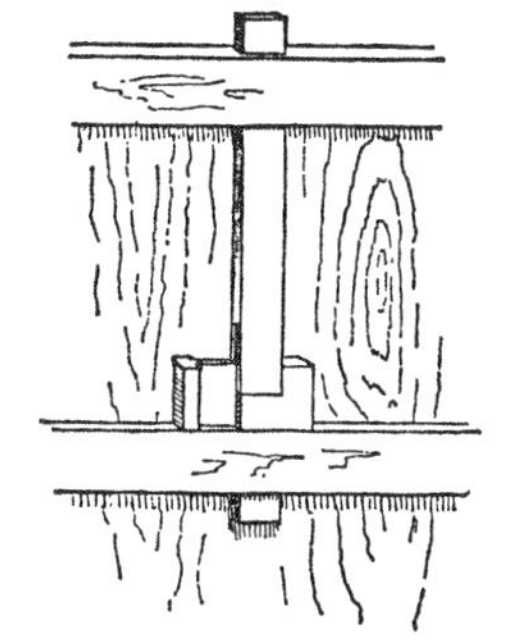

234図　雨戸の猿を締めたところ。

旧家では、雨戸が嵌められている溝（グルーヴ）の外側の縁（へり）に、頭の丸い鉄製の雨戸留め金具（二三五図）が取り付けられている。これらの雨戸留め金具は雨戸の数に応じて、一定の間隔を置いて取り付けられている。これは、雨戸が外側から持ち上げてはずされるのを防止する。この装置は現在ではめったに見かけない。

235図　雨戸留め金具。

二階の場合、戸袋は張出縁と直角をなす家の側面にしつらえられている。雨戸は一枚ずつ順々に押し出されてゆくので、張出縁の角にさしかかったとき、角の柱の外側で雨戸の向きを変えることが必要である。角の柱に沿って雨戸を転回させるさいに、雨戸がはず

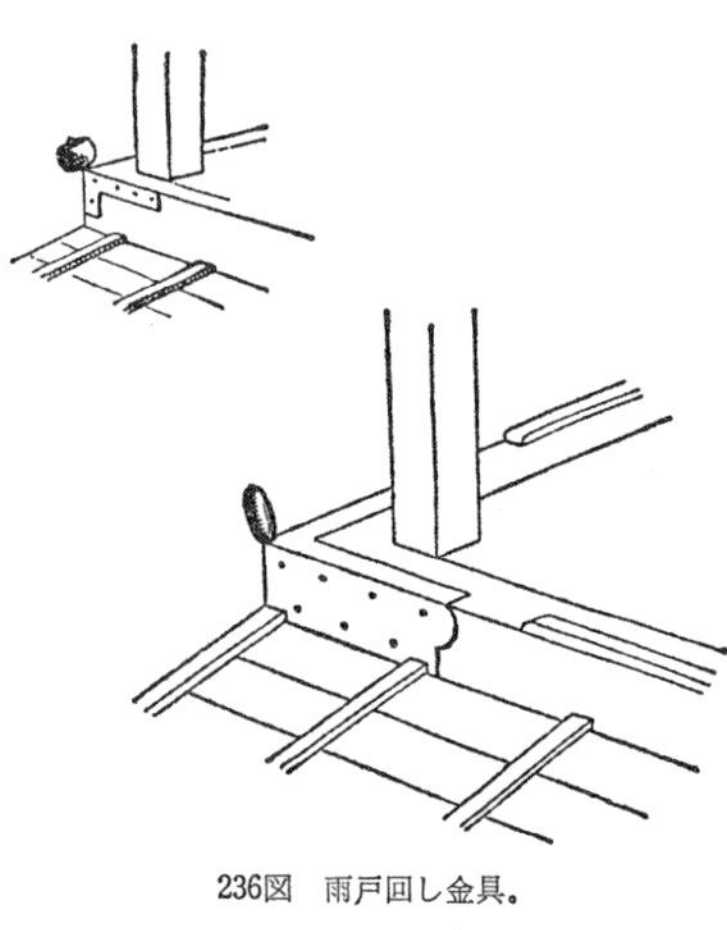
236図　雨戸回し金具。

れるのを防止するために、張出縁の角に鉄製の小さな雨戸回し金具が取りつけられている。この金具に当てて雨戸を少しはみ出すように押し出し、その位置でくるっと回して他の溝へ嵌め込む。図（二三六図）では、この回し金具の位置と、その二種の形が示されている。この回し金具の位置には溝がないことに気づくのであるが、そのために雨戸を持ち上げなくともその方向を転回できるのである。

家の出入口の戸締りに使う雨戸は、いちばん後に締める雨戸に、潜り戸（くぐりど） *kuguri-do* と呼ばれる小さな四角形の戸口が設けられている。この戸は、引戸式か開き戸式かである。この戸口は、夜間の戸締り後の出入口となるものである。この戸口はまた地震戸とも呼ばれている。それは、緊急時に雨戸を開けることなく、家族が容易かつ迅速にこの戸口から脱出できるからである。

戸袋　縁側（ヴェランダ）だけでなく家の出入口も、場合によっては窓も、夜間は雨戸によって戸締りをする。昼間は、これらの雨戸は戸袋 *to-bukuro* と呼ばれる場所に収納されている。この戸袋は開口部（オープニング）ないし戸締りの必要な箇所のいずれかの端にあって、雨戸を嵌める溝の外側に接してしつらえられている。この戸袋の幅は雨戸の幅と同じくらいであるが、奥行はそれぞれの入口の戸締りに必要な枚数の雨戸を収納できるだけのものとなっている。前掲の二枚の設計図（三章の九七、九八図）を参照すれば、この戸袋の位置は一見して明らかである。また二章に掲げた家の概観図、とりわけ三五、三八、四九および五〇図においては、縁側(ヴエランダ)、張出縁、入口(エントランス)および窓の端に戸袋があるのを見ることができる。

普通の家では、戸袋は何枚かの薄板(シン・ボード)で作られており、家の側面に浅い箱を取り付けたような格好である。大きな旅籠(はたご)では、この戸袋の正面は、見事な板目の厚い一枚板でできている。戸袋の側面には小さな切込を作ってあるので、そこから片手で順々に雨戸の端を取って、それを溝に引き出す。使用人は戸袋のわきに立って、雨戸をつぎつぎに手前に引き寄せて、それを多数の客車を連結したように、溝に押し出してゆく。

237図　転回式戸袋のある縁側と手水鉢。

戸袋はたいていの場合、家の側面に据え付けになっている。しかし、ある場合には、戸袋を据え付けると、縁側の採光がうまくゆかない位置にくることがある。このようなときには、戸袋は軸によって向きを変えられる仕組みになっている。したがって朝になって雨戸を収納すると、戸袋を縁側と直角に向きを変え、張出玄関口か附加的な建物らしきものの側面に寄せつけることになる。この型の転回式(スインギング)戸袋はここに載せた二三七図に示されている。

手水鉢　日本人のきれい好きを実証する興味津々たる例は、手水鉢 *chōdzu-bachi* と呼ばれる水入れに見られる。縁側の、便所に近い端に置かれてい

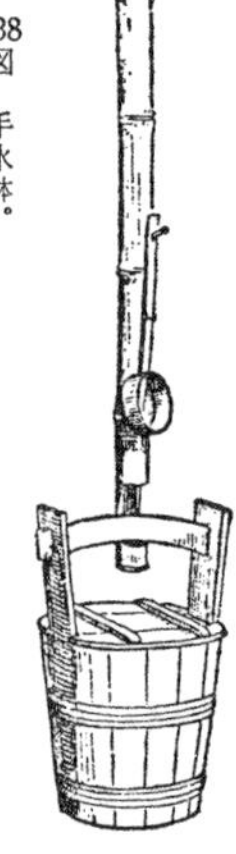

238図　手水鉢。

る。この便利な設備は手を洗うためにのみ使われる。この容器が青銅製ないし陶製の場合は、台（スタンド）か杭（ポスト）の上に置かれている。この台なり杭なりは縁側の端に近い地面に立てられている。この設備が大切なものであることは、その構造および周囲の造作によく見られる、装飾的なたたずまいによって分かる。形態上、もっとも簡素な手水鉢は、縁側の屋根の軒からつり下げた竹に、木桶を引っ掛けたものである。この竹には杓も掛けられている（二三八図）。この近くには手拭掛が吊されているのが普通である。さらに一般的な形の手水鉢は、地面にしっかり立てた柱の上に、青銅か陶器か磁器かの容器（ヴェスル）を置いたものである。この台の基部の周りには小砂利を敷き、やや大きな石をいくつか配置している。したがって、手を洗うさい（通常は、この容器から水を杓で汲んで両手に注（そそ）ぐ）、洗い流しの水はこの小砂利を通して捌（は）けるので、目ざわりな水溜りを作らなくてすむ。四九図（二章）に示したような簡易な手水鉢の場合は、敷いた小砂利を、地面に半ば埋め込んだ瓦で囲んでいる。この囲みの形は三角形か円形かである。

　この容器の支柱にはじつに風変わりな工夫がされている。たとえば、樹木の幹が使われている場合は、そのいっぽうの側から葉や花のついた枝が出ていたりする。また、古い建物から取ってきたもので彫刻を施した柱（ポスト）の一部を台にしていることがあり、二三七図はその一例である。さらに二三九図に見られるように、古びた難破船から取り出した蛇柱（ラダー・ポスト）を格好の支柱にしていること

239図　手水鉢。

がある。図のものは東京郊外に住むさる人の家宅で見たものである。通常は、この容器は青銅製であるが、一面に緑青(パティナ)の吹いたかなり古風な形のものをよく見かける。また、水を竹筒で導き、砂利を敷いたところへ流し落すようにした仕掛も少なくない。

240図　手水鉢。

　手水鉢の形態は多くの場合、重い厚味のある切り石の上面に凹(くぼ)みを作って水を入れるようにしている。この石の形はじつにさまざまである。粗削(あらけず)りのままのもの、四角形の石柱型のもの、あるいは天頂部に水穴をしつらえたアーチ型のものなどである。実際に、奇抜な着想が、この手洗いのための造作(デザイン)に採り入れられている。しかし、一般的なものは円筒形（二四〇図）である。次図に見えるものは円筒形の石に水穴をしつらえて壺風に加工している（二四一図）。ところで、石の形態がどのようであろうとも、この目的で使われる石はたいていの場合一枚石(モノリス)である。

　一般にこのような石製の手水鉢は、上部に屋根のついた小さな木枠を被せてあって、枯葉が水の中に落ちるのを防止している。一般に、茶会用の瀟洒な建物の入口脇には、大きい風変わりな形の石が置かれていて、上部にはやはり水を入れる凹みがあるのをよく見る。この場合は、石は地面に直(じか)に据えられている。

　また、多くの場合、手水鉢は縁(ヴェランダ)側の縁(へり)からほんの少し間を置いて据えられている。したがって、通常は、水穴の上に置いてある杓(ひしゃく)でらくに

241図　手水鉢と庇縁。

水を汲める。一段と凝ったあしらいの手水鉢の場合は、縁側に継ぎ足したように庇縁（ひさしえん） *hisashi-yen* と呼ばれる小さな補助の縁がしつらえられている。この庇縁の床は竹か円柱か六角柱を並べてできている。さらに庇縁にはよく手摺が取り付けられている。また一般に上部から風変わりで古風な釣り燈籠がつり下げられていて、夜間には手水鉢の明りとなる。二四〇図は、京都の清水焼で有名な陶工の家で見かけた手水鉢と右に述べた庇縁の様子である。京都のある古い家の縁側の図（二二七図）では、日本人が手を洗っている様子が示されている。

この手水鉢の位置する一隅にも、優雅にして風流の趣を持たせるため、家の他の部分におけると同様に、やはり趣味（テイスト）の良さと工夫（インジニュイティ）とが発揮される。この造作には珍木や贅沢な石細工が採り入れられており、美しい花や、つる植物や、盆栽の松などがその周りに配置されている。この便利な設備のあしらいかたには多くの方法があり、それを図解している書物が特別に用意されている。

日本人があらゆる面においてきちんとしていてきれい好きであるということは、この手水鉢のたたずまいによく示されている。このことは、たんに家庭と旅籠（はたご）においてのみならず、繁華な都心部の庁舎や——何百人もの人々が集まる鉄道の駅舎においても例外ではない。

門　通りから一歩入り込んだ家の側面は、建築上の見せどころ（ディスプレイ）がほとんどないといってよいくらいであるが、これとは逆に、門（ゲイトウエイ）には多大の注意が払われている。したがって、このような出入口の多くは、その構えと造作とにより、ひときわ顕著である。これらの出入口は、垣根と同様に、その優美さと堅固さの面から見てなかなか多様である。通りに面する門は、多くの場合、もっとも堅固なものである――たとえば内側は頑丈に閂（かんぬき）が嵌められ、屋根がある。さらに門を黒塗りにしてあるのをよく見るが、そんなときは近づきがたいものを感じる。とはいえ、門はたとえ堅固なものであろうが、優美なものであろうが、絵のような美しさにおいて変わりがない。都会の家の門であっても、田舎風の趣向のものが少なくない。また、見るからに華奢な門であっても、壊れたものはめったに見かけないし、がたがたになった状態のものすら見当たらない。門の多くは軽くて厚味の薄い木材を使っているが、柱には太い丈夫な材を使っており、これをいく本かの支柱によって充分に補強している。この柱の上部には頑丈な横木が差し渡されている。また、黒みがかった薄い割り竹を、張り並べた板の中央部の押えに使っている凝った編み張りや、打ち抜き模様のある門の場合は、それにふさわしく風変わりな古い船板（シップ・プランク）やごつごつして捩（ね）じれた木の枝を使っていることが多い。門の構え、材料、そして造作に見られる、頑丈と華奢、大胆さと繊細さの対照は驚嘆に値するものであるが、これがまた、日本人のこの種の仕事ぶりの魅力をなしている。

　門の様式は多様である。その一様式は、都市においては、それぞれの屋敷 *yashiki* の外周りの屋敷塀の一部をなしているものがある。このような門は堅固かつ重厚な構えになっている。また、屋敷に瓦と土と漆喰で作った、厚味のある高い塀が巡らされている場合にも、前述のものに類似した

242図　屋敷の門。

様式の門が見られる。また、門の両脇に板製か、細い竹をびっしり並べた、高くて優美な垣根をしつらえているものがある。さらに、庭の垣根に見かける門はもっとも優美である。

　屋敷の入口をなす前述の第一の様式の門については——屋敷の建物自体についてはこの書物では触れていないが——その大体の形は二四二図に示した通りである。ここに掲げた門は、東京の九段からほど遠くない、さる小ぢんまりした屋敷の出入口である。この出入口は、堅固で重厚な構造の長い平屋建の建物に通じている。大きな門口（かどぐち）の左右いずれかの脇に日常の出入に便利な小さな戸口が設けられている。門口の一方の脇には、門番のための頑丈な格子入りの窓があるので、この窓から門番は出入の人間を確認することができる。門前にある幅の狭い、深い濠には石造りの橋が掛けられている。この門の造りは堅固にはちがいないが、見た目には、実際の堅固さよりもはるかに堅固に見える。門は、見ればすぐに分かるが、重々しい饅頭金具と呼ばれる飾り鋲が打たれている。この鋲は、すでに第二章で見たように、金属の薄い板を装飾的に堅牢に見せて留めただけのものである。幅の広い帯金（メタル・ストラップ）、承口（ソケット）およびさまざまな横木の取り付け部は、同様に薄い銅板による細工を施している。このような形の門は、黒塗りか朱塗りのものが多く、往時においては、色彩と金属細工による素晴しい装飾が施されたのであった。

　次に述べるいくつかの門は、都市の比較的に造りの良い家屋に一般的に見られるものである。二四三図はこのような家屋の典型的な門の一つである。ここに掲げた図は、内側から見た門の様子を示したもので、門柱を控え柱と控え貫とによって強化してあるその仕方を図示している。大扉と潜り戸の両扉は頑丈な木の閂によって締め切ってある。この方式は、アメリカのこれに類似する門のそれに似ている。このような形態の門には、一般に小さな引戸が取り付けられている。この引戸は、その下端が地面から一フィートほど上がっており、上端は腰をかがめてちょうど通りぬけられるくらいの高さである。外国人が住んだ場合、かれがこの戸口に躓(つまず)いたり、被っている帽子を戸口に当てて落したりすることなく通るには、かなりのこつと習練とを必要とするそうである。この小さな格子戸(グレイテイッド・ドア)を引き開けると、呼び鈴が鳴るか、細紐で吊した鉄片が、がらがら鳴るようになっていることがある。この音が屋内の使用人に人の来訪を報らせる。この補助的な出入口として、引戸ではなくて自在戸(スインギング・ドア)が取り付けられていることがある。この場合、いく本かの竹の短い節間(セグマント)を小さな板に紐でつり下げたものが自在戸に掛けられている。これは、戸

243図　都市家屋の門の内側。

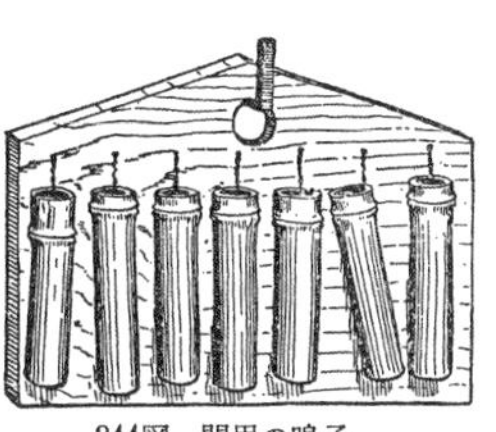
244図　門用の鳴子。

を開けるとかなり大きな音でがらがら鳴るのである。二四四図は、この原始的ではあるが、巧妙な鳴子（ゲイト・ノッカー）を示したものである。

門口に取り付けられる小さな引戸の施錠には、さまざまの風変わりな工夫がなされている。ここに図示したもの（二四五図）はその一つである。この図の左手に引戸の一部が見えている。門扉に取り付けられた装置（ピース）に嵌めてある小さな閂によって引戸の端を留める。この閂を押し戻してひっ込めると戸を引き開けられる仕組みになっている。しかし、この仕組みは叙述によって明確にすることがむずかしいので、二四五図を参照してほしいと思う。大きな門扉だけにこのような潜り戸が設けられているばかりでなく、商店や旅籠の、通りに面した入口の門扉にも蝶番か戸車（ローラー）によって小さな戸が取り付けられている。この潜り戸は地震戸とも呼ばれているもので、火急のさいに、家族はここから脱出する。なぜなら大きな門扉や雨戸は、建物が揺れ動いている状態では跳ね返ったり歪んで開かなくなったりしかねないからである。

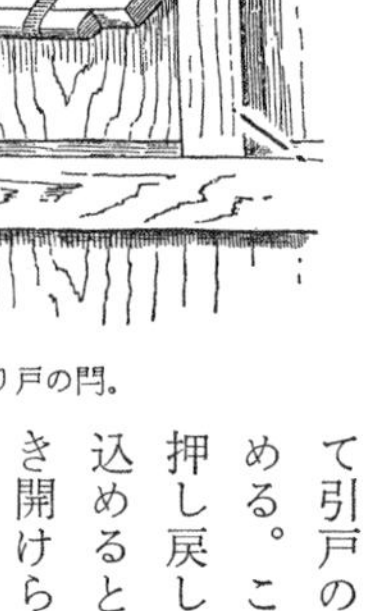

245図　門の潜り戸の閂。

二四六図に示した出入口は、東京の上野にある不忍池（しのばずのいけ）に面する路上でスケッチしたものである。この図は、家宅と庭を通りから遮蔽して巡らした高い板塀に設けられた簡素な出入口（ゲイトウエイ）の一例である。門扉は二枚とも薄い一枚板である。その戸板の上部の小さな板には打ち抜き模様が施されている。二枚の持送り板で取り付けられた庇がこの出入口全体をまとめている。かくて、簡素ながら人目をひく門口が完成する。この図では板塀の持をよくする方法が明瞭に示されている。頑丈な木の土台（シル）を、石垣上に置いた偏平な石で支えている。板塀の板張りの下端と土台とのあいだの隙間（インタースペイス）は塀一般に共通して見られるものである。門に接して設けられている木格子によって、外部から家人と言葉を交わすことができる。前述の門と同じ通りに面していて、さらに凝った造作（ぞうさく）の門は二四七図に示されている。この門では、固定されている板戸の後ろに設けられている溝（グルーヴ）を、いま一枚の板戸が滑るようになっている。これら二枚の板戸の表面は、杉の網代編みを施している。この二枚の板戸の上方には丈夫な木格子が見える。二本の丸い門柱は、上部を丸い横木（ビーム）と幅の広い薄板（シン・プランク）によって固定した構造になっている。この薄板には美しい打ち抜き模様が施されている。門の屋根は幅の広い薄板で葺かれていて、丸い門柱に枘（ほぞ）によって固定した腕木がそれを受けている。この家の主人の氏名を記した小さな薄い板の標札が門柱に釘づけされている。

246図　都市の住居の門。

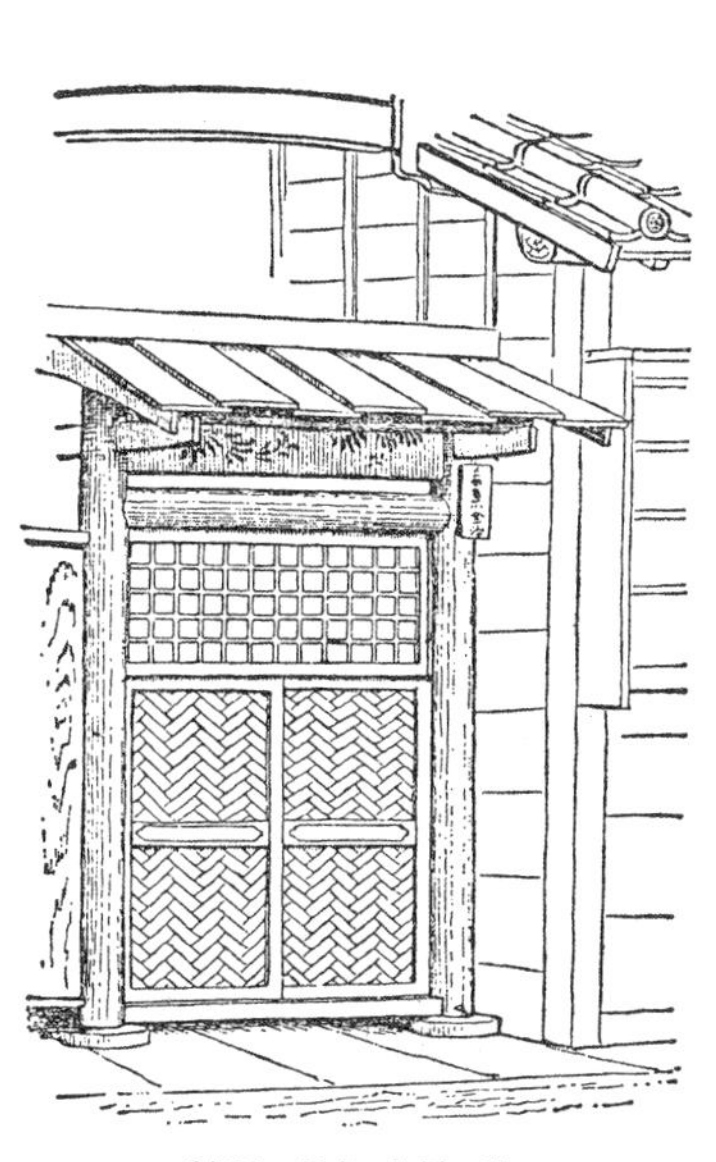

247図　都市の住居の門。

248図　東京の近郊にある門。

二四八図は、東京近郊の芝から品川へ通じる街道で見かけた門の図である。この門は、その均斉美と端正な構えのゆえにひときわ人目を引くものがある。二本の門柱は樹皮を剝いだだけの自然木の幹をそのまま使っているので、枝を切り落とした跡が突起状になっているのが見える。門の最上部に置かれた笠木は、鳥居(注2)の上段の笠木に見られるように、両端に反り味のあるものを求めて、特別に選材されたものである。この笠木は、その三面が柱のように仕上げられているが、その下面はこれを受ける下部構造と面を合致させるためであり、側面の二面は門に調和させるためである。この両側面は、この笠木の変化に富んだ凹凸面と相俟って、波動的な断面を作り出し、絵画的な効果を生み出している。この笠木のすぐ下には、古びた難破船のものと思われる虫喰いの跡のある黒い板が嵌め込まれてあり、その下にはさらに、太い青竹が横木として使われていた。門自体は、薄い色合いの細幅の板を半インチ幅のあいだを置いて張ったもので、これに裏側から四本の桟を当ててあるのが見られる。この門の一隅に四角形の小枠が設けられていて、補助的な出入口になっている。門の両脇に板塀の袖があり、その上部には重厚な感じの笠木が載せられている。この両側の袖はそれぞれが優美な竹垣に接している。この竹垣は、門前の通りの排水溝の内壁(インナー・ウォール)をなす石の土台上に置かれている。仕上げを施した大きな石の板四枚をこの排水溝に差し渡して橋にしている。門口(ゲイトウエイ)の正面には変わった形の敷石が据えられているが、見るからに自然の岩棚を岩の劈開面そのままに移した観がある。この敷石を取り囲むように海浜の玉石が敷きつめられている。この門口はじつに魅惑的である。おそらく竹による造作の部分は無理であろうが、このような出入口を、アメリカの夏の別荘(サマー・レジデンス)に採り入れてよいと思う。

いま一つの門は、それほど優美なものではなく、むしろ日本人に多く見られるグロテスクな趣味の一端を示すもので、二四九図はその一例であ

249図　門。

る。この門の上部の横木（トランスヴァース・ビーム）は大きな屈曲した丸太である。――この古木は大木の一部が折れて、落ちていたものを森から運び出したのである。このようにねじれ曲った枝を門のアーチに使う独特の方法は、かなり一般的に見られる。

二五〇図は、東京郊外およびそのずっと南の地域でよく見られる典型的な様式の門である。屋根

250図　田舎の門。

はかなり大きく複雑な構造であるが、重量はない。この門には広く張り出した樹皮葺きの屋根がある。屋根の棟は太い竹を二本ひと組にして棟に平行に置いたもので、各組の竹は相互に離れて位置している。また、棟に跨がるように据えられた厚い鞍状の樹皮によって、屋根とのあいだにも間隔がある。以上の全体がシュロ縄によって結わえ合わされ、さらに屋根に結わえ付けられている。これらの紐の括（くく）り残りは捩（よ）じられていて、末端部は羽根飾り風に細工されている。屋根の両側の軒に近い部分には細竹が一定の間隔を置いて並べられている。屋根の下側の椏は一定の区分ごとに太さと形を変えていて多様である。丸太型と角柱型の椏を交じえているからである。図を見れば、その構造は一層明確に理解されよう。

251図　田舎風の門。

252図　田舎風の庭門。

二五一および二五二図は、東京にある広大な御苑（インペリアル・ガーデン）の一つに見られる簡素な造作の出入口である。一方の門では、二本の伐（き）り出したままの丸太が門柱をなしており、垣は数本の胴縁の前後に太い竹を三本ずつひと組にして交互に並べて結わえつけている。これこそ門（ポータル）そのものであった。さらに、門柱が表面の滑（なめ）らかな円柱で門扉は網代編みの軽い作りになっている門がある。門の両脇の垣は藺の茎を束ね合わせた作りである。このような出入口や垣は、庭園に風雅の趣をかもすために取り入れられたものである。

宮島村では、

鹿が森から出て通りをうろうろ歩いている。鹿が屋敷や庭園に入るのを防止するために、通路はきわめて簡易な格子戸によって防護されている。この戸に接して上方から紐(コード)か長い竹によって錘(おもり)が釣り下げられている。この錘は、戸を締め切っておくことと、訪問者が戸を開けたとき、戸とぶつかってばたんという大きな音を立てて、使用人の注意を引くこととの二重の目的を持っている。

大きな折りたたみ式の門扉は、アメリカで門扉を戸締りするあの仕方とまったく同様に、閂によって固定することが多い。簡易な折りたたみ戸の場合は、戸の一枚に股釘によって取り付けられた鉄環を、隣り合わせの戸に取り付けた受壺または釘に嵌め込んで戸締りする。屋敷の場合は、その様子から見てほとんど使用されていないと思われる門をよく見かける。このことから、往時においては、門は、重要な特別の来賓を迎える場合以外には、めったに使用することがなかったことを知るのである。

253図　庭門。

庭へ通じる門の形態は限りないほどに多様である。たいていのものは軽い枝編み細工(ウィッカー・ワーク)で、たんに美的効果を狙ったものと思われる。これと同じ目的を持つとはいえ、なかにはかなり実用的なものもある。二五三図は風変わりなその種の門であるが、ここからさらに向こうの庭に通じている。この門は見るからに華奢でかつ非実用的であるが、約四〇年前に造られたものであった。門越しの右手の建物は茶室である。左手に吊されている大きな魚は木製で、これを打つと共鳴音を発する。これは実際に呼び鈴の役目を果たしており、頃合を見計らって、茶会に招かれた人たちを客間から茶室へ案内するさいに、合図はこれにより行なう。この屋敷の主人は、茶の湯 *Cha-no-yu* の師匠であり、また書道（オールド・ライティング）の著名な大家である。

垣・塀　垣根の形態と構造上の多様性はほとんど限りないように思われる。多くは堅固な耐久性のある構造であるが、なかにはきわめて簡素な形態のものがある。——つまり、堅固な枠組みと丈夫な杭とからなる垣根もあれば、藺を薄く並べたものと竹によってできている程度の垣根もある。これら二つの形態のあいだに、中間的なじつに多様な形態の垣根が存在する。これらの垣根の構造を見るに、いろいろなものが素材として取り入れられているのを知るのである。——大きな材木、薄い板、赤松の枝、竹、細枝、粗朶の束などが材料になっている。藺の束、その他束ねられるものと束ねずに使えるものとを問わず、ほとんどあらゆる植物が、この種の境界の仕切の用材に利用されている。

垣根には、その形態ないし用材によって、それぞれ独特の名称がつけられている。家あるいは壁の側面から突き出した小ぢんまりした装飾的な垣根は「そでがき」*sode-gaki* と呼ばれている。——「そで」は「袖（スリーヴ）」、「かき」は「垣（フエンス）」である。この垣根は、その形態からして、日本の着物独特のあの長い袖にいみじくも類似している。竹製の垣根は籬（まがき） *ma-gaki* と呼ばれる。爪楊枝（つまようじ）の材料とされている香木を用いた垣根は、黒文字垣 *kuro-moji-gaki* と呼ばれている。その他いろいろである。

日本の垣根は多くのさまざまな群に分けられる。たとえば家が建てられている地所に巡らした垣根がすべて一群として捉えられる。都市では、垣根はかなり高いものが多く、通常は板張りで、石の土台に据えられた堅固な枠で支えられている。田舎では、垣根は竹の格子（トレリス）程度でしかなく、形態も簡素そのものである。垣根の多くはまったく装飾的なもので、特定の場を境界づける簡素な格子か、家の側面が、より耐久性のある垣や壁から突き出した小さな仕切（スクリーン）のようなものかである。これらの垣根の様式（デザイン）はきわめて多様である。

日本の垣根の主な型（タイプ）のいくつかをやや詳細に調べてみよう。素朴な板製の垣根（ボード・フェンス）は、アメリカの場合と同様、上下二本の横木が通っていて、これに板が釘づけされている。この一般的な型の板垣を実用向きにしたものは、三ないし四インチ幅の厚板を上下二本の横木（レイル）として、これを垣根の支柱に側面から釘づけしている。垣根の板は、この胴縁の両面に交互に釘づけされている。二本の胴縁が見え隠れして美的効果をかもしだし、そのいっぽうで、しばしば猛烈に吹き荒れる風の圧力をかわすことによって実用的にも適っている。

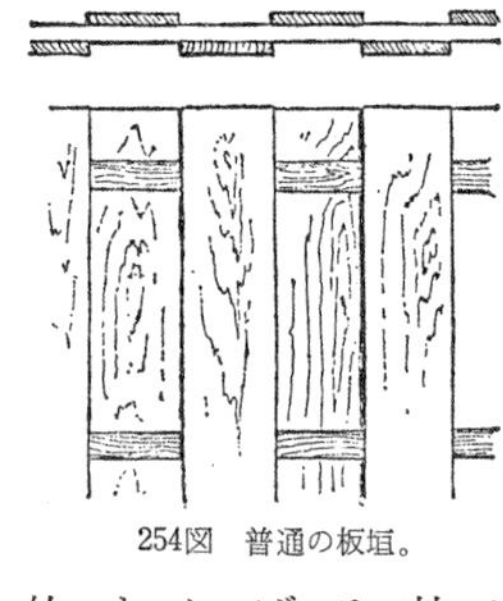

254図　普通の板垣。

なぜなら、この方式で板を固定すれば、胴縁の厚味分だけ板と板とのあいだに隙間ができるからである。二五四図はこの種の板垣の一部を示している。なお、同図で上部に示した図はこの板垣を上から見たものである。板垣にみられるこのような特徴は、アメリカで模倣しても得るところがあろうと思う。

太い杭を使った垣根は、丈夫な角材の杭のそれぞれに枘穴を作り、これに胴縁を通し、この胴縁に杭を一定の間隔をおいて木栓で固定している。この種の多くの垣根では、二本の胴縁の上下の間隔はせばめられ、杭の下端は土台に固定されてい

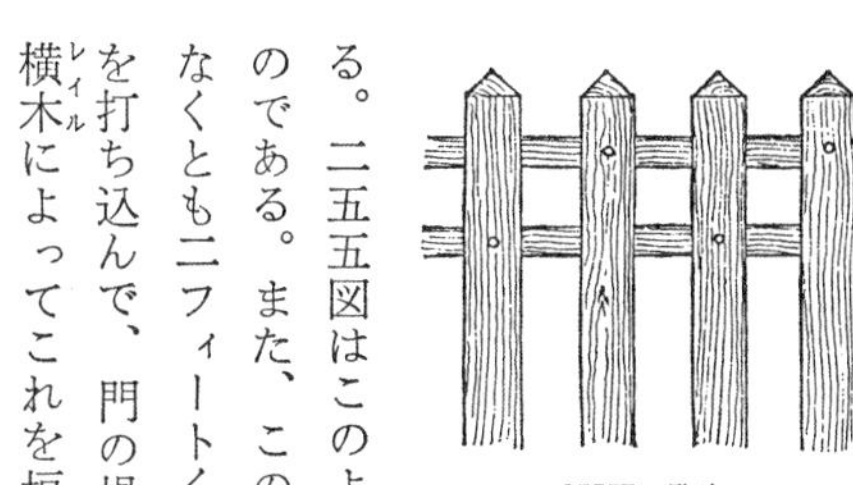
255図　駒寄。

る。この土台は、一定の間隔をおいて据えた猫石によって、地面から一ないし二インチ高くなっている。この方法によって、土台を虫害および地面の湿気から防護している。二五五図はこのような造作の垣根を示したものである。また、この様式の垣根は、垣根から少なくとも二フィートくらい離れた位置に、控え柱を打ち込んで、門の場合（二四三図）のように、横木（レイル）によってこれを垣根に固定させるといっそう丈夫なものになる。

256図　竹垣。

非常に丈夫な垣根には、二五六図に見られるように、垣根の胴縁に竹を織り込んだものがある。竹杭はその弾力を活かして固定される。この垣根を支える柱（ポスト）は、門柱の一つをなしているのであるが、奇妙な模様がつけられている。この柱は、樹皮を剝いだだけの太い自然木である。この場合は濃い茶色の模様はダイヤモンド型であるが、床屋の看板柱のような螺旋模様もよく見かける。この模様は焼いて作るが、その結果として炭化した木は色が変化しないだけでなく、雨水などに対して変質しなくなる。わたくしは、一体どんな方法によれば、このような模様を、輪廓も鮮やかに焼いて作れるのか知りたいと思っていた。そこで分かったことは、まず太い綱（ロープ）または荒縄のかなり長いものを水に浸して二方向から大きく螺旋状に柱に巻きつけ、菱形模様になるようにしておく。そして炭火を起こしてこの柱を焼くと、濡れ縄で巻かれていない部分が黒く焦げる。濃い茶色でいつまでも変色することのない簡単な模様ができあがる。この素朴かつ巧妙な方法は、アメリカの建築家が用いてい

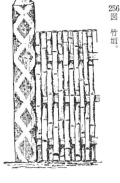

257図　箱根村にある垣。

るさまざまな方法のなかに採り入れてよいものの一つであろう。

家の敷地と敷地とのあいだに設けられる垣根は、結果としてそれぞれの庭を仕切ることになるが、この垣根にはさまざまの装飾法が見られる。二五七図の垣根は箱根村でスケッチしたもので、非常に堅固で耐久性のある垣根である。この垣根の柱には樹幹を自然木のまま使っており、その支柱も同じ自然木をあてて、これを丈夫な木栓で柱のいっぽうの側面に固定している。笠木は柱に類似した材質の樹幹を部分的に削り取ったものを使っており、垣根自体は細い竹を胴縁に織り込んでいる。

258図　田舎風の庭垣。

前記のものに比べて装飾的な性格の濃いいま一つの垣根（二五八図）は、東京で見かけたものである。この垣根では、下部は小枝をびっしり並べて細い胴縁で留めてあり、上部は赤松の枝を並べ、これらに細い蔓を絡ませて、簡素な格子風に作っている。

袖垣（スリーヴ・フェンス）の場合は、設計および造作に第一級の技巧が見られる。その多様なことは際限がないほどである。わたくしは、とりわけ、この袖垣を専門に取り扱った日本の書物を持っている。この書物では、数百ものさまざまの形態のものが示されている。――天が四角（スクエア・トップ）のもの、天が丸い（カーヴィング・トップ）もの、縁が円形状のものや凹状のもの、板垣に刳（く）りぬきを施したもの、およびその他細部に至っては多様性は無限である。この種の垣根は、たいていの場合、家屋の側面か、比較的固定した垣または壁から突き出した造作になっている。まれに長さが四ないし五フィートをこえるものがある。これらは純粋に装飾的なものであるが、家の人目を避けたい部分を遮蔽する実用的なものも少なくない。

二五九図は藺（ラッシュ）をシュロ縄で円筒状に束ね、これを細い割り竹を用いて並べ合わせている。円柱状のそれぞれの束には、小さな巻き束を結わえつけてあって一風変わった装飾をなしている。二六〇図のものでは、藺と小枝の円筒状の束が、それぞれ二本一組で、支柱から板塀に向かって伸びている繫材としての二本の竹の両面に、交互に結わえつけられている。この袖垣は板塀から突き出した形になっている。さらに別型のもの（二六一図）では、上部は、太い葦（リード）を例の黒いシュロの繊維の帯で束ねたものでできている。この帯はこの種の細工にはじつによく用いら

259図　袖垣。

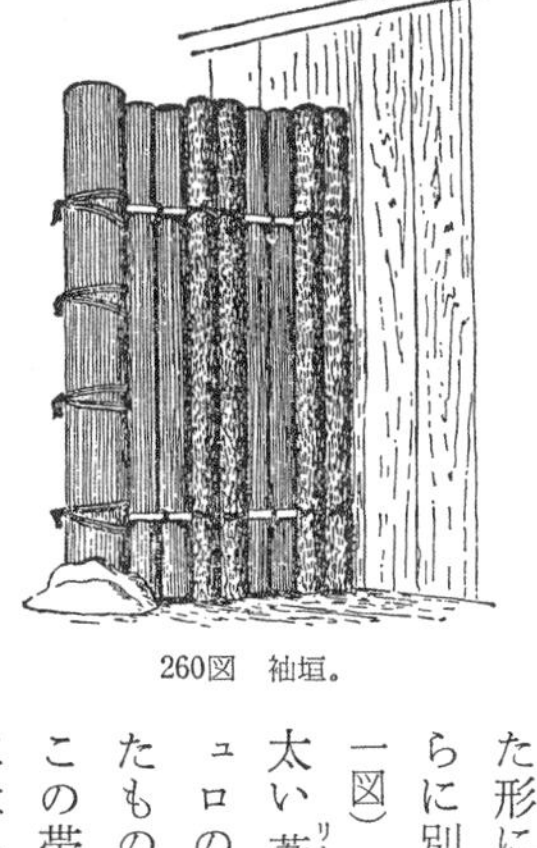

260図　袖垣。

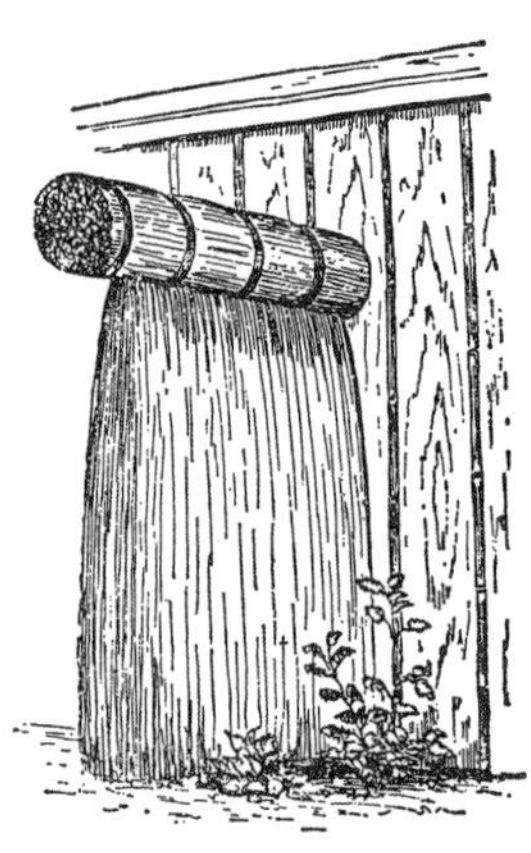
261図　袖垣。

れている。この葦の束から、外見上は褐色の藺が、その束の幅いっぱいに豊かに、地面に届くほどに垂れ広がっている。このような形態の垣根なら、アメリカの庭園に採り入れられてもよさそうである。というのは、その材料——葦（リード）、藺（ラッシュ）、小枝など——はアメリカでも容易に得られるからである。頑丈な板塀の場合は、小さな窓くらいの大きさの開口部があって、木格子の防護枠が張り出しているのをよく見かける（二六二図）。

垣根についてはほんの数例を図示できたにとどまるが、このほかに、瓦（タイル）と漆喰（プラスター）または瓦と泥土（マッド）

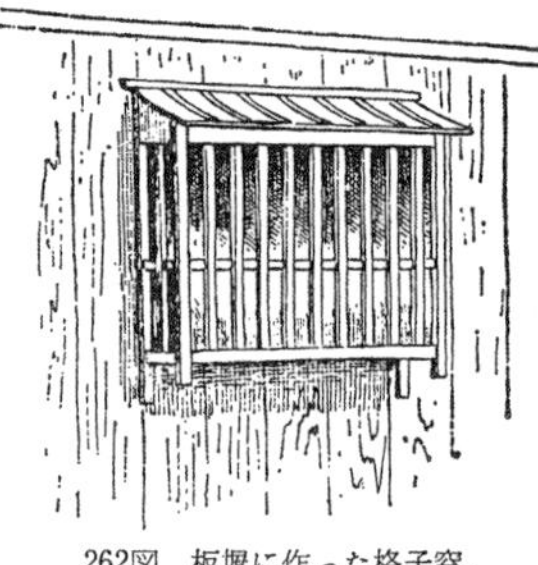
262図　板塀に作った格子窓。

を混ぜ合わせてできた堅固でかつ耐久性の強い塀がある。

このような構造の塀は、石の基礎の上に据えられており、基底部の厚さは二ないし三フィート、高さは八フィートないしそれ以上である。上端部の厚さは二フィートを超えない。笠瓦は家の棟を小さくしたように葺いてある。このような塀の内部構造は粗石（ラブル）や瓦礫が主な材料であるが、外面は瓦の側面が連続した一線をなしていて、それが整然とした層の重なりのようになる。

大きな屋敷は、一般にこのような造作の塀を巡らしている。

注

（1）普通のかたちの「ヴェランダ」は縁 *yen* あるいは縁側 *yen-gawa* と称する。紀州ではたんに「縁」といい、東京では「縁側」と呼んでいる。座敷面より一段低い縁を落縁、*ochi-yen*、上げ下げのきく縁を揚縁 *age-yen* とそれぞれ称する。縁の外側の端に雨戸を嵌め込む溝のないものは濡縁 *nuri*(ママ)*-yen* と呼ばれる。――*nuri* は字義的には「濡れる」意である。この場合、雨が降り込んで縁を濡らすことからこの名称がある。竹で作った小さな縁は、植木鉢を置くのに使われるものと思われるが、これは簀子 *sunoko* と呼ばれる。

(2) 神社といえばかならずその前に建てられている門に似た構造物。

第六章　庭　園

日本の庭園は、その家屋と同様にして、いくつかの特徴を持っており、それは、アメリカでいう庭園には該当しないものである。アメリカの場合は、庭園は、特定のフランス式庭園を模倣したものか、あるいはたんに、小地面や一定のかたちに区切った地面を花壇に仕立てたものか、または、庭園の小道に沿って細長い花壇（ナロー・ベッド）を成しているものかのいずれかである。しかし、このような形態の庭園であっても、たいていは、面積が広い場合に限られている。アメリカの普通の家宅の場合、その周囲に巡らした庭園は、ほとんど例外なく、灌木が絡み合った状態を呈しているか、あるいは、一定の面積の土地に、できるかぎり多種類の花を詰め込もうとした哀れむべき試みの跡かである。冬になると、庭園で目に入るものといえば、植え込んだ花の、辺り一面に枯れ果てた姿と、グリーン塗装したあのぞっとするような形の蔓棚（トレリス）くらいのものである。

かくて、アメリカ人が、ちかごろ徐々にではあるが、色彩を目的に合わせて調和させることに目覚めてきたことから、あの紋切型の花壇に見切りをつけ、こんにち、自然に迫ろうとして、わびしくも精一杯の試みから生まれた、墓地を芝生で蔽いつくすという現象は、べつだん不思議なことではない。芝生に置き替わったことは、見る目に不快感を与えず、払うべき注意といえば草刈機を力いっぱい押すことくらいという、少なくともその程度の長所がある。しかし、このようなかたちの置き替えは、無能と無知を露呈することでしかない。――つまり、室内装飾者（デコレイター）の場合ならば、天井をフレスコ画によって装飾しようとしてさんざん骨を折って失敗した揚句に、嫌気（いやけ）がさして装飾をあきらめ、天井を一色塗りにしてしまうのと同じである。

日本の庭園の秘法は、むやみに試行錯誤をしないということである。日本人の手になるあらゆる装飾的あるいは芸術的作品に見られる、その特徴ともいうべき抑制(リザーヴ)と嗜みの良さ(センス・オヴ・プロプライアティ)が、庭園において申し分なく発揮されているのを見る。さらに、人の心から次第に忘れられてゆくものの多いなかで、日本人は、小さな池、橋、奇妙な形の石燈籠、記念碑(インスクライブド・ロック)、四阿(サマー・ハウス)、籬(ラスティック・フェンス)〔まがき〕、古風な趣のある踏み石や砂利を敷いた小道、そしてつねに多くの常緑樹や灌木(シュラブ)などを活用して、尽きざる興趣を布置＝按排(あんばい)しておく必要を認めている。そして、われわれアメリカ人も、また同様にして、セメント製の植木鉢、毒性の化合物によって緑変し、糸鋸(ジグソー)で切り抜いたような形の亭(パヴィリオン)、われわれのあいだで、もはやあの狂気の沙汰に驚かなくなった例の意匠の鋳鉄製の噴水などを、庭園に置いたりしながら模索してきた。しかし、アメリカ人が無性に愛好するその噴水のうち、百箇に一箇は、鋳鉄製の水鉢に、これまた鋳鉄製の二人の子供が、頭上に鉄板製の傘をかざして立っており、その傘の先端から水が噴出するというかたちのものなのである。――馬鹿げたことに、噴水は、二人の子供の立像に、絶えず降りそそいでいるばかりで、噴水の周囲のものは、花も草も、夏の陽射しのもとで、枯れて黄色くなっているのである！

日本人は、その作庭技術を完璧の域にまで到達させたことによって、一〇フィート平方くらいのわずかな土地でも、かれら独自の作庭法によって美しい景観の場となしうるのである。アメリカではしばしば石炭灰、茶がら、空罐、ごみ入れ樽(ガーベッジ・バレル)などで占拠されているような小さな土地が、日本では、いとも簡易な方法によって、目を楽しませる場となる。清浄と簡素を基調に、数本の常緑灌木、一つか二つの花株(クラスター・オヴ・フラワー)、家の脇から突き出した籬、逸品の木を植えた風変わりな形をした一、二の植木鉢――これでじつに簡素な趣の庭園ができあがる。

日本人の庭園および庭園附属物に対する賞美の心は相当なもので、したがって、かれらはほんの一条の土地でもこの目的に活かすのである。どこへ行っても人ばかりの都会の、このうえなく貧乏くさい家でも、土間の敷居（シル）と、高くなっている床とのあいだにある猫の額のような地面の一隅に、浅い木箱のなかかあるいは地面にじかに、箱庭を作っているのをよく見かける。作庭上、なんらかの格式を持つ庭園の場合は、小さな池か、輪廓に工夫を凝らした水面かが、なくてはならない要素とされている。たとえば、遣水（やりみず）の向きを変えて庭園を貫流させるようなことができるならば、一大興趣がえられることになる。小さな滝でもしつらえられれば申し分なしである。手ごろな岩や玉石（たまいし）をあしらうことによって、遣水は絵のような景趣をなす。小さな素朴な石橋か木橋が遣水に懸っている。そんな必要がないと思われるほどに小さな池にまで何かしらの橋が差し渡されている。さらに、たいていの場合、二、三の小さな地むくり状に高くなった場所（ハモック）を設けたり、六ないし八フィートくらいの高さの築山を一つ配置する。そして、これらを越えたり巡ったりして小道が設けられている。

前述したものより比較的大きな庭園では、これらの築山は、高さが二〇フィートから三〇フィート、さらに四〇フィートにも達するものがあり、相当の労力と経費とをかけて平らな地面に築造される。これらの築山の頂上には、草葺きの小さな田舎風の見晴し台（ラスティック・ルックアウト）が設けられている。この見晴し台から富士山を眺望できるとあらばそれこそ最高（アクミ）である。そのうえ、さらに大規模な庭園――つまり、数百フィート平方もあるようなもの――では、池と橋、さまざまの大きさの円形に刈り込んだ灌木（シュラブ）や、長いねじれ曲った枝を地面すれすれに伸ばしている奇態な松を配した小丘と小道、これらすべてが熟達した庭師の手にかかると、お世辞は抜きにして、その庭園が一〇倍も広くは見えようというふうに布置される。

石碑　およそ庭園といえば、不規則で奇妙な形の石や、大きな板石（スラブ・オヴ・ロック）が、重要な役割を果たしている。まさに、日本庭園で、色合いの多様な、しかも風変わりな形の石をふんだんに使っていないものを考えることはできないが、それはちょうど、花のないアメリカ庭園を想像できないのと同様である。たとえば、東京の場合、この都会の近郊には庭園装飾に適した種類の岩石がないので、そのためにのみ、岩石を四、五〇マイルの距離もいとわず運んでくることが少なくない。石置場なるものがあり、そこではわが国の粗末な造りの地下倉庫の壁に使いそうな石材でも、多種多様な形や色合いの、海辺で侵蝕されたような岩でも買うことができる。――これらの石のなかには、日本の北西沿岸沖の佐渡ケ島から運ばれた紅色の石があり、一〇〇ドルを超える値段がついている。庭園の装飾において、日本人は、岩石賞美の心が強く、したがって、日本の作庭に関する多くの著作には、石の適切な布置がじつに精密に示されている。日本庭園に関する以下の図は、十八世紀初頭に書かれた『築山庭造伝（ちくさんていぞうでん）』（ママ）"*Chikusan-Teizōden*"〔訳注＝秋里籬島著『築山庭造伝（つきやまにわつくりでん）』のことか〕と題する書物から模写したものであるが、さまざまな形式の庭園における庭石の布置が見られる。

　庭園には、ある様式の墓石によく似た形をしていて、粗割（ラフ・クリーヴィッジ）りしたままのような板石（タブレット・オヴ・ロック）が台石の上に立てられていることが多い。このような板石の表面には、何かそのような場にふさわしい銘が刻まれている。二六三図のものは、この種の板

263図　庭の歌碑。

石で、梅の花で知られる、大森のさる有名な茶庭にある。この銘は、自由訳するとつぎのようである。「梅花を眺めているとおのずから書斎で墨筆を取りたくなる」と。――その意味は、このような庭園に見入っていると詩興が湧く、というのである。この板石（タブレット）は地むくり状にやや高くなったところに立てられてあり、数段の石段が設けられていて、辺りには風雅な趣のある松や灌木が植え込まれている。このスケッチでは、外面的に見たたたずまいを示すにとどまっている。

石燈籠　石燈籠 *ishi-dōrō* は、庭園のもっとも一般的かつ重要な附随物の一つである。実際に、小さな庭園でも、この風変わりな置き物が、一つか二つ置かれていないものはないといってよい。石燈籠は通常は軟質の火山岩から作られており、普通のものなら数ドルで買える。これらはいわば、さまざまの輪廓、たとえば円、四角形、六角形あるいは八角形のかたちをした頑丈な石柱といったところである。または、上部が六角形で、それを支える柱が円柱のものがある。さらに、水に浸蝕された岩で製作した、変形的なものもある。上部は中が刳りぬかれていて、装飾をかねていろいろな形に口が開けられている。特別の場合には、この空所に、燈油や蠟燭が燈（とも）される。石燈籠は一般に二つないし三つの部分からなっている。石燈籠には少なくとも明確な三つの型がある。――まず、背が低くずんぐりした格好をしていて、茸様の笠石を冠したもので、この型のものは一般に三脚か四脚がついている。つぎに、背が高くてほっそりしたもの。三つ目のものは、いくつかの部分（セクション）を相当の高さまで積み重ねて塔（パゴダ）風にしたものである。これは、わたくしの知るかぎりでは、実際に塔を模倣したものと思われる。

　石燈籠とは、これらを総称して呼んでいる名である。ある伝説によれば、むかし、ある山の頂きに一つの池があって、その辺りに盗賊が出没し、旅びとを襲ったのであった。このことがあって、

イルヒコ *Iruhiko* という名前の神が、道を照らすために石で燈籠を作って立てたのが事の起こりだという。——石を使ったのは、他の素材に比して耐久性にすぐれているからであった。推古帝治世の第二年（西暦紀元五九四年）に聖徳太子 Prince *Shōtoko*（ママ）の造営になったさる寺院に立てられた石燈籠が最古のものといわれている。さきの伝説によると、石燈籠は、上述の場所からその寺院に移されたことになっている[注1]。

ここに掲げた若干のスケッチは、よく見られる石燈籠の型のいくつかを示したものである。二六五図は、瀬戸内海の宮島にある神社の境内でスケッチしたものである。この神社の神主に聞いたところでは、この石燈籠は七〇〇年以上も前の古いものだということであった。基礎（ベイス）は埋没しており、燈籠全体が、どの部分を見ても傷んでいて千載の重みを見せていた。二六四図および二六六図はそれぞれ東京および白子のものである。また二六七図は宇都宮で見た石燈籠で、作りが凝っている。

264図　東京にある石燈籠。

265図　宮島にある石燈籠。

266図　武蔵の白子にある石燈籠。

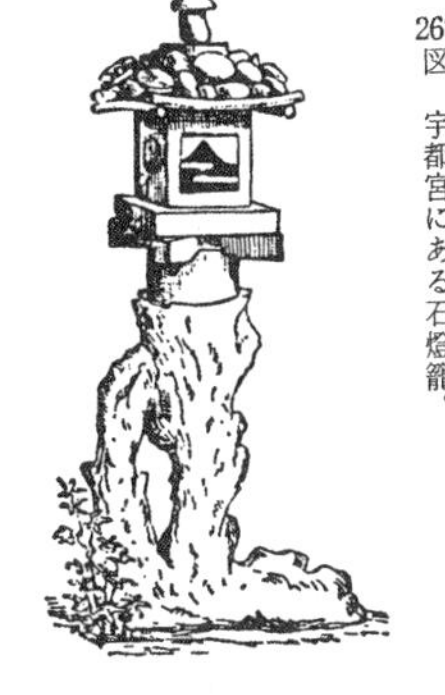

267図　宇都宮にある石燈籠。

268図　石橋。

橋　石造りや木造りの小橋は素朴な造作の代表例といえるもので、アメリカの庭園に取り入れても効果的であると思われる。二枚の板石の位置をずらし、側面の一部を合わせて置き並べたり（二六八図）、あるいはいくつかの橋に見られるように、飛石によって継ぎ渡したりする仕方は、工夫に富んでいて、まさにユニークである。

二六九図は、東京にあるさる大庭園で見た石橋の一例である。この橋の径間（スパン）は一〇ないし一二フィートあるが、橋自体は一枚の板石である。二七〇図は、東京のある私宅の庭園にある遣水の図である。ここにかけられている小橋は、板状の自然石をそのまま使っている。また、この図に見える石燈籠は、何箇かの自然石で作られている。自然石でないのは燈火を入れる部分だけで、ここは刳（く）りぬいてある。

269図　石橋。

四阿（あずまや）　四阿（サマー・ハウス）は簡素かつ独特の造作である。腰掛（シート）と土間 *do-ma* がしつらえられていたり、板の間（ま）や畳敷の間（ま）になっていたりする。四阿は四方に開いているのが普通で、四隅の柱で方形の草葺屋根を支えている。なかには、二方（ほう）を壁で仕切った造りのものもある。その一方の壁には装飾的な窓が設けられている。われわれは、**J・J・ライン**〔訳注＝ドイツの地理学者。日本各地を調査旅行し、日本の地理、産業を紹介した。詳しくは、序論六ページの訳注参照〕のような聡明な観察者が、日本の庭園には四阿がないと述べていることに対して、理解に苦しむのである。——なぜなら、日本庭園は、一定の大きさを持つものでは、四阿のないものはまれであり、さらに、作庭を扱ったどの日本の書物に当たっても、ここに取り上げたようなささやかな小屋や休憩所が描かれていないものはないといってよいからである。

270図　遣水と石橋。

このような四阿の窓辺に蔦（つた）や樹木を好みの形に配置していて、見る眼を楽しませてくれることがよくある。

ここで思い出すのは、非常に優美な姿を見せていた四阿の円窓（まるまど）のことである。その四阿は、三方が濃い茶褐色の塗り壁で、草葺屋根のかなり深い庇が作る暗い影が、畳敷の床面に落ちていた。開け放しになっている側とはちょうど反対側になっている壁には直径五フィートもある真ん円い窓が一つしつらえられていた。この窓には枠も刳形（モールディング）もなく、ただ、この円窓の縁（ふち）をなす壁の厚みと円形の線が、くっきりとした輪廓を作っているだけであった。この窓に、水平にいろいろな太さの濃い茶褐色の竹が嵌め込まれていて格子（フレイム・ワーク）をなしている。この竹に、褐色の藺草（ラッシュ）で作った目の細かい格子を垂直に取りつけている。この窓を蔽うように——窓が日当たりのよい側に向いているからであるが——濃緑の葉の豊かな蔦を、丹精して這わせてあるので、窓は、これによっていくぶんかは日陰になる。この蔦にふりそそぐ陽ざしの鮮やかさは筆舌に尽くしがたいものであった。蔦の葉が二、三枚でも、陽光の隙間に入り込むと、それらの葉は濃緑色になっていた。また、この這い広がった蔦のあちこちで、その葉の一枚が陽光を遮るだけで、鮮やかな緑がエメラルドさながらに閃(ひらめ)くのであった。ところどころで陽光は、目も眩(くら)むばかりの閃光(スパーク)を放っていた。蔦は、数箇所で、その蔓(ヴァイン)と葉(リーヴズ)が、藺草(ラッシュ)でできた格子を何ともうまく通り抜けて、四阿の中の深い影に入っていた。わたくしはその様子をスケッチしようとは思わなかった。なぜなら、清涼にして蔭ふかき一部屋の四阿を中にして、茶褐色の竹と藺の茎とで作った格子、大きな円(まる)い窓、とりわけ多様な蔭翳(いんえい)を見せる豊かな緑など、卓絶した魅力あふるる雰囲気から受ける印象(アイディア)を描くことは、いかなる画筆をもってしてもできないと思ったからである。――この緑の効果は、風が、蔦の葉のすだれ(スクリーン)のように這い広がった表面を、さらさらと揺り動かして、その内側にあるエメラルド色の緑を多様に変化させるときに、ひときわ高まるのであった。

私の注意が最初にこのことに惹かれたのは、多くの日本人が、垣(オープン・フェンス)の合間からこのたたずまいを覗き見て、この魅力的な着想(コンセプション)にうっとりと見とれているのに気づいてのことであった。窓をしつらえたこのような部屋は、アメリカの庭園にも容易になじみうると思われる。というのは、アメリカには、前述した日本の蔦と同様に利用できそうな、明るい半透明の葉を持った蔦が何種もあるからである。

271図　東京の個人の庭にある四阿。

二七一図は、東京のさる私庭園にある四阿の眺めである。四本の粗(あら)仕上げの柱と数本の横木(クロスタイ)とによって骨組みができている。この四阿は上げ床(ゆか)で、その縁(ふち)は腰掛風になっている。また直角をなす二面が塗り壁で、その一方の壁面に円窓(まるまど)があり、他方の壁面の上部には横に細長い開口部が見られる。この全体の上に厚い草葺きの屋根を置いている。屋根の頂上には土製(アースン・ベイスン)の鉢を逆さにして被せている。この鉢が、明らかにこの目的のために作られたものかどうかは別として、その土器の暖かみのある赤色は、屋根の灰色に対して好ましい効果を与えている。この四阿の前および附近には、石や岩が風情のある配置をなしている。さらに、多くの異国風の花や風変わりな刈り込みを施した灌木がその美しさを添え、この四阿に通じる小道を横切って遣水が流れている。

272図　東京の御苑にある四阿。

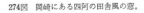

二七二図は、東京の御苑(インペリアル・ガーデン)の一つにある四阿のスケッチである。この四阿の骨組みは、二七一図のものと同様に、樹皮つきの丸太造りで、これに草葺屋根が載せられていて、その棟は、葺藁と竹の造りである。四本の柱のそれぞれから斜めに張り出している格子垣(トレリス)はじつに優美である。これらの格子垣の枠は、風変わりな形の枝を好んで活かしてある。格子は、竹と藺の茎とでできているが、格子の組み模様はそれぞれ変えている。四阿の中に置いた腰掛は陶製である。四阿が建てられてい

273図　神戸にある四阿の田舎風の窓。

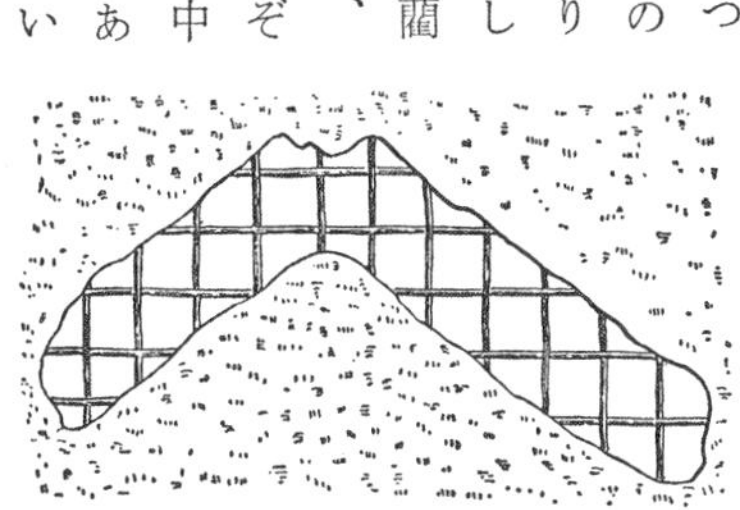
274図　岡崎にある四阿の田舎風の窓。

る小さな塚の周囲には、一風変わった形に刈り込んだ灌木や盆栽の松が見える。

一般に四阿の開口部や窓はその奇抜な造作ゆえに人目を惹くことが多い。つぎのスケッチ（二七三、二七四図）は、これらの簡素な開口部の形状がどういうものかを示している。――一方は瓢簞（ひょうたん）型で、その枠は葡萄蔓（ぶどうづる）でできている。他方は山容を表わしており、格子は竹製である。

庭園の境界（ボーダー）をなす生垣（ヘッジ）には、大きな樹木を整枝して、小道を縁取っている、方形に刈り込んだ灌木の上方に張り出させ、二段目の垣にしていることがよくある。沈香 a jinko-tree は、一方の方向に幅が三〇フィート以上にも達する扇形に仕立てられている。しかし、この沈香の枝葉の張りの厚みは二フィートを超えることがない。さまざまの樹木を、ここに述べたような風変わりな形に仕立てるには、竹の支柱に、仕立てようとする木の大枝や小枝を括りつけて固定しておくのであるが、この仕事には、量り知れないほどの根気が要る。

東京の吹上御苑では、風景的造園（ランドスケイプ・ガードニング）の驚嘆すべき造作のいくつかが見られる。一定の距離を隔ててまず目に入るのは高い築山である。実際に、高さが五、六〇フィートはあって、丘と呼んでよいものである。一面が豊かな緑草に蔽われた平地からこの丘に近ずくには小さな池を渡る。この池は一箇所で、一枚板の石橋がかかっている。この石橋から上流は峡谷（ラヴィン）になっており、その下流では、自然界さながらにせせらぎが音を立てて石組のあいだを通ってゆく。石組があまりにも自然な形で置かれているために、断層と地層変動、向斜面と背斜面などが何の脈絡もなく入り混じっているという、地質学的にありえないことに注意を向けなければ、この巨大な造園材料のすべてが何リーグ〔訳注＝距離の単位。約三マイル〕もの距離を人によって運搬されたのだといわれても納得できないし、まして、今や岩でできた峡谷や草木の生い茂った小渓谷に造られている場所が、二、三百年前には、鬱蒼と繁った森が奥深い蔭を落していた低い平地であったことなど、とうてい信ずることはできない。さて美しい(ピクチャレスク)森の小道をたどると丘の頂上に達する。頂上には、幅の広い縁側(ヴェランダ)のある、簡素な造りの四阿があって、そこからは富士の美景が遠望できる。庭内に視線を戻せば、眼下に峡谷が見られよう。しかし、驚いたことに、綿密に刈り込んだ茶畑そっくりの、じつに背の低い灌木の広がりが、丘の頂上までむらなく続いていて、かなりの距離にわたっているのが目に入るだろう。これらに見とれていると方位が分からなくなってしまうのではないだろうか。灌木がむらなく生い茂っている方向に歩を運んでゆくと、別の新しい驚異が待ち受けている。それは、この灌木の茂みをすかして見ると、いま登ってきたばかりの険しい丘の斜面を見おろせることである。丘の斜面を厚く蔽っている樹木は、上部を完全に水平に刈り込んでいる。このような刈り込みを多年にわたって続けているので、樹木の上部は密生していて、四阿から眺めると平地から芽生えた背の低い灌木がひと続きに広がって見える。

以上において、わたくしは、庭園および庭園の附属物に対する日本人の愛好心と、この目的に沿って活用される狭い小さな土地について述べた。このことを例証するものとして、ある安っぽい旅籠での体験を思い出す。その旅籠で、わたくしは食事を摂ることを余儀なくされたのである。でなければ、深更まで空腹でいなければならなかったからである。すぐ目に入る周囲の情況からみて、この旅籠は繁盛しているとはいえなかった。建物自体の造作も粗末であった。畳は堅くでこぼこしており、従業員の服装も貧相であった。食事が出された部屋には円窓が一つあって、ここから風変わりな石燈籠と松の木とが見えた。この松の木は、窓を横切って枝を張っていたが、その枝ごしに高い連峰の美しい遠景が望まれた。畳に座を占めたところから見えたものは、部屋の外に立派な庭園があることを証拠立てるものであった。そこで、これほど貧しい旅籠が、どうしてこんなに立派な庭園を持っているのか不思議に思いながら、よく見るために窓のところへ行った。石燈籠と松の木が立っている地面が、三フィート幅くらいしかないことを知ったときのわたくしの驚きといったら！　すぐ背の低い板塀があって、その向こうには近隣の農家の稲田が広がっていた。アメリカでなら、こんな狭い小さな土地は、まちがいなく破損ガラスや空罐の置場か、移り気な猫の通い路くらいでしかないであろう。これに反し、日本では、一切が清潔かつ小綺麗である。――このような狭い空地は、ほかには利用の仕方がないのであるが、ひたすら部屋に趣を添えるためにだけ活かされていたのである。

池　作庭にさいして、ぜひ設けたい造作としての池と遣水とについては、本章のはじめのほうで、すでに言及しておいた。ただ、その場合、池や遣水に必要な水を得られない場所であるためか、あるいは、おそらく作庭思想の創意性からか、日本人はまったく水のない模擬的な池を作ることが時々ある。しかし、それでも池の持つさまざまの特徴がじつに見事に再現されているので、連想作用によって水があるのと同じ雰囲気が醸し出されている。この場合の池は、形態としては変形的で、その周囲には、菖蒲(あやめ)類や自然界で水辺に群生しているいろいろな植物を植えた鉢を地中に埋めて並べている。池の底には、灰色の小砂利を敷きつめている。田舎風の橋が懸けられていて、池の中央の小島に通じている。縁側(ヴェランダ)から見たこの枯池の眺めはまさに真偽の判断つきがたしの感がある。

実際の池の場合は、蓮かその他の水生植物が植えられていたり、亀や金魚が放たれていたりする。また、丸木橋(ラスティック)、木橋(ウッドン)、石橋などがかけられていることが多く、なかなか凝っている。小さな出島の先に模型の燈台のように立っている石燈籠、蕭洒な四阿や腰掛、見事な藤を支える棚、池の上に長い枝を張り出してねじれ曲った松、これらは日本庭園に特徴的なあの独特の魅力にさらに附加される多くの特色の一端を示すものである。

飛石と敷石　石を敷いて造った道は多種多様である。板石を四角形に仕上げ、これを一枚ずつ小道に点々と一列に並べるか、または一方から他方へ向かってじぐざぐ型に並べている。このほか長方形の板石を並べた道や、大きな変形の板石と板石とのあいだに小石を敷き詰め、この全体を堅い地面に敷き並べているものもある。二七五図は『築山庭造伝』（ちくさんていぞうでん（ママ））からの転載であるが、数例ながらこの種の配列を示すものである。この飛石や敷石の石の配列の仕方についても、上掲書から転載した二八三および二八四図に明示されている。通りに面した出入口が左手に見えている。飛石が中庭（コートヤード）を通り抜けて庭木戸（セカンド・ゲイト）を越えて続き、そこから玄関、すなわち家の出入口に達する。

275図　敷石のいろいろ。

盆栽と植木鉢　植木鉢（ポット）や木桶（タブ）に植えた花や灌木、それに盆栽などが一般に縁側の近くに置かれる。これらは装飾的附属物として庭にも使われる。比較的大型の木製容器の場合は、その体裁について、美的効果および素材と素朴さとが追求される。二七六図は、年数を経て黒ずんだ古い難破船の木片で作った浅い木製の水盤を暗色質の木の台に載

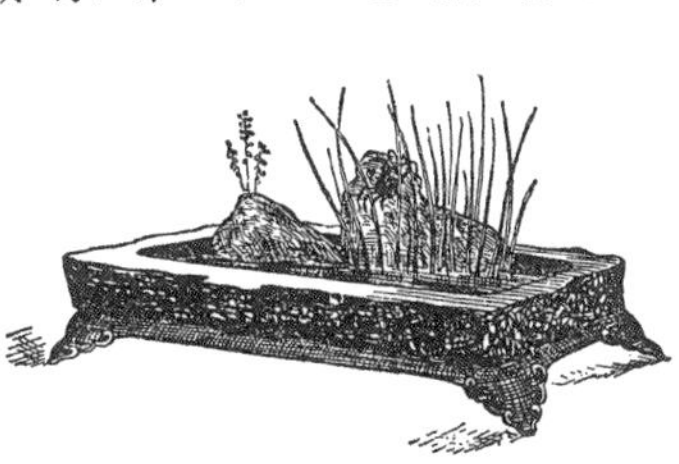
276図　植栽用の木製水盤。

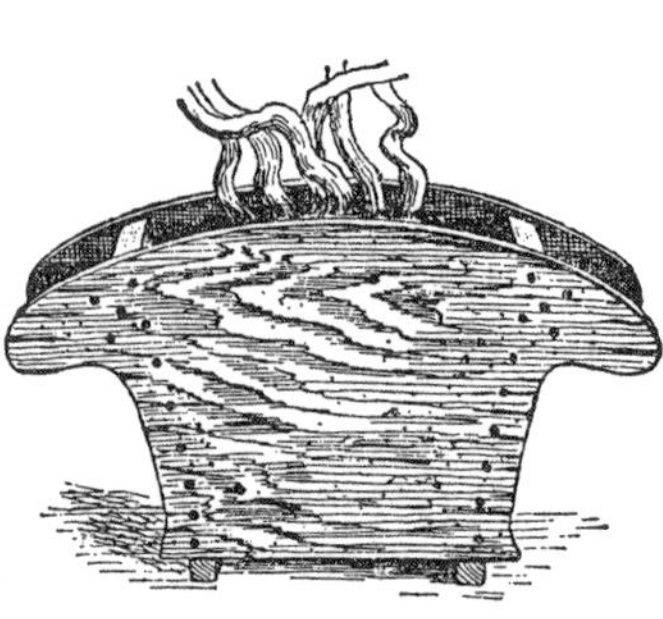
277図　古い厚板でできた植木鉢。

せたものである。この水盤に石を二箇、それに青銅製の蟹一匹を置き、数本の水生植物を活けている。二七七図は老船の厚板でできた大型の植木鉢である。板には船喰虫による孔があり、板目は年代のせいで滅損している。この形のものだと持ち運びは二人がかりである。

庭園に関して、とりわけ珍品というべきは、盆栽の梅の木である。開花によって生きていることが実証されないうちは、蒐集されたたくさんの盆栽の梅の木——全体が古びて黒ずみ、ねじれ曲った枝や根ばかりの——を見て、朽木の断片が、怪奇な展示のために選ばれたみたいだと思う人がいたとしても不思議ではないだろう。実際に、何が絶望的だと言っても、このように不揃いでしかもずんぐりした、そして虫喰いの孔さえあるような枝や切り株に、香り高い花や生き生きした樹木のさまを思い浮べるほどのことはないであろう。これらは家のなかの日当たりのよい場所に置かれている。そして、雪がまだ地面に消え残っているあいだに、これらの梅の木は長い細い小枝を枝垂れるように伸ばす。枝は間もなく、およそ想像されるいちばん美しいバラ色の花を、数珠つなぎにおびただしいほどつけるのである。そしてじつに奇妙なことに、この美しい花が咲いているあいだ、緑葉は一枚も姿を見せない。

二七八図は、そのように見事に咲き揃ったときの梅の木の様子を伝えようとしたものである。この梅の木は樹齢四〇年を超えており、樹高は約三フィートある。一体どのような園芸の魔術によって、この黒ずんだ切り株に生命が生きながらえていられるのかは、日本の庭師のほかに知る由もない。しかもこれほどの活力をもってである！　枯れぎわの力を振り絞って、数本のか細い枝に花をつけているのではなく、じつに生き生きした優美な花が馥郁と香っている。松の木の盆栽も人の目を惹かずにはおかない。節榑立った枝にねじれ曲った幹というごつごつした男性美で、樹齢四、五〇年あまり、樹高はせいぜい二フィート、しかも鉢植えにされているその姿を見ると非常に好奇心をそそられる。ごろっとした松の幹がまっすぐに植木鉢に立てられていて、元気よく張り出した枝に葉をいっぱいに着けている（二七九図）のや、また想像もつかないような仕立てかたをしたものなどいずれも目を奪うものがある。

278図　盆栽の梅。

279図　盆栽の松。

　東京のさる大庭園で、わたくしは、このような松の盆栽で、高さが二フィート以下、直径が二〇フィートを超えると思われる均整のとれた凸面円盤状に、枝を張っているものを見た（二八〇図）。いま一つのものは、枝張りをいくつもの偏平な円盤状に仕立ててあった（二八一図）。この同じ庭師の芸術的美的センスが、灌木の手入れにさいしても、冬にはそれを藁の覆いでくるんでやるその仕方にまで及んでいるかのように思われる。というのは、灌木は、冬の寒気と雪に備えて藁の覆いを掛けてやるのであるが、その風情は、二八

280図　風変わりなかたちに剪定した盆栽の松。

二図に見られるように、完全な防寒の姿に加えて、それなりの魅力的な景趣を作っているからである。

281図　盆栽に作った松。

以上において、日本庭園に関する簡単な描写を行なったが、そこではきわめて顕著な特徴のみを取り上げ、しかもこれをたんに一般的なかたちで扱ったにすぎない。装飾的な垣、とくに袖垣に関しては、本章に含めたほうが適切であったかも知れない。しかし、垣全般については、独立した見出しのもとに取り扱うのが最善に思われた。前章はその意味で設けたものである。素朴な造作の井戸は、庭園としての景趣を作り出すうえに寄与するところの大きいものであるが、垣の場合と同じ妥当性において、本章に含めたほうが適切だったかも知れない。しかし、これまた同上の理由から、井戸は、給水（ウォーター・サプライ）および村落に特有な導水管（アキダクト）をも少し含めて取り扱うのが妥当であると考えられる。――したがって、この問題は次章でまとめて論じたいと思う。

私庭園の眺め　本章は、庭園を取り扱ったのであるが、庭園それ自体の一般的な形態を多くのスケッチによって示しえなかったことを残念に思う。しかし、前掲したいくつかのスケッチでは、ふたたび持ち出そうとするにしてもあまりに不完全であった。さらに、その状態では日本庭園の持つあらゆる多様性と美とを含めて、そのもっとも根本的な特徴について公正を期す術(すべ)がなかったと思われる。それはともかく、その代わりに、十八世紀初頭に出版された庭園に関する日本の著作から、私庭園(プライヴェイト・ガーデン)の風景図を数多く転写しておいた。——もっとも、日本庭園の一般的な造作や景観を伝えるかぎりでは、こんにち、日本で見られるさまざまの庭園を、直接にスケッチしたほうがよかったかもしれないのであるが。

282図　冬期に藁でくるんだ灌木。

二八三図は、左手に見える、通りに面した出入口から入ったところと、さまざまの建物との関係を示したものである。この図では門(ゲイトウェイ)が二つ見えている。開き戸の大きい門は閉じられてあり、引戸の小さい門は開いている。小窓が二つある、根巻き石の黒い建物は倉である。さまざまな形の板石を並べた小道(パスウェイ)が、倉に沿って庭木戸に通じている。この小道は、さらにこの門の向こうへ続いていて、玄関すなわち正面入口に通じている。この絵図は、等測投影法と直線遠近画法とを奇妙に混ぜ合わせたものになっていて、視点(ポイント・オヴ・サイト)と消点(ヴァニッシング・ポイント)とがところどころでひどく入れ替わっている。それは、限られた画面に多種多様な詳細をできるかぎり描きだそうとしたためにほかならない。他の図はそれぞれ、寺の庫裏(くり)の小庭園(二八四図)、商家の庭園(二八五図。伝説によるとこの庭園の所有者は被服材料と綿布を取り扱う人であっ

283図　路地庭と屋敷。(『築山庭造伝』より模写)

た)、および大名屋敷の庭園(二八六図)を示している。ここに掲げた庭園は、いずれも約二百年前に、泉州の国の堺に存在したものである。これらのうち比較的耐久性のある特徴的造作は現存しているのではないかと思う。このような古風な趣のある絵図を研究すれば、装飾的な垣、風趣のある岩、田舎風の井戸、石燈籠、手水鉢、飛石や敷石、珍奇な樹木や灌木などが日本庭園をとりわけ特徴づけるものであること、そして、アメリカ人が、庭園だと思い込んでいるあの幾何学的模様に造った庭に置かれた、なじみ深い代物とは似ても似つかぬものであることが分かるであろう。

284図 泉州堺,東光寺陰舎の庭。(『築山庭造伝』より模写)

日本庭園を飾っているあのさまざまの樹木や、灌木は、その生命力を減退させずにおそらく何回もうまく植え替えられたものであろうということは注目すべきことである。かなり大きな木が、庭園から庭園へ、通りを搬送されてゆくのがほとんど毎

285図　商家の庭。(『築山庭造伝』より模写)

286図 大名屋敷の庭。(『築山庭造伝』より模写)

日のように見られよう。誰でも、数日くらいかければ、生気に満ちた健康的な庭園に模様替えできるのである。——すなわち高さが四、五〇フィート、樹齢も四、五〇年はあると思われる木々、丈夫な灌木、華奢(きゃしゃ)な植物など、これらはすべて、日本の庭師の熟達した手で扱われるときは、いつまでも生きのよさを失わない。したがって、これらの植木は、都会の端から端まで搬送しても支障がないのである。もし何かの理由から、住んでいた家を出なければならなくなったような場合、石一箇、装飾的な垣の一つ、樹木一本、植物の一株までも市場価値のあるものは、わずか一日のうちに掘り起こされ、売却され、町のどこか他所へ持って行かれてしまうのである。庭を構成する風物のこのような有為転変(ヴィシシテュード)は、宿命的にどの日本庭園にもよく見られる現象である。それは日本庭園に永続性があるからであろう。丸い井戸穴は別として、庭園全体を、魔術のように、この国の端から端へ移すことができるように思われる。

注

（1）この伝説は、『築山庭造伝』*"Chikusan-Teizōden"*と題する書物に出ているものである。

第七章　雑　事

井戸と給水　いくつかの大都市は別として、日本では、給水は、地面を深く掘って、木枠を嵌め込んだ井戸によっている。東京では、市域のどこでも見られる普通の型の井戸のほかに、二四マイルほども離れた多摩川や、一〇マイルあまり隔った神田から水を引く水道施設がある。東京をはじめ日本各地の井戸水が、多くの分析結果に見られるように、きわめて不純であること、あるいは遠隔の地からの東京や横浜への送水設備が不完全である点についてまで注意を払うことは本書で取り扱いうる範囲を超えている。この問題に関して、価値ある興味深い論文を一読したいと思う人は『アジア協会日誌（ジャーナル）』を参照してほしい。(注1)

都市の導水管は、厚板でできた大きな四角形の筒（チューブ）か、円筒型の木管（パイプ）かである。これらのいろいろな導水管（コンダクター）は何箇所もの溜枡様の無蓋井戸（オープン・ウエル）によって連絡されており、この井戸から水は水位の低いほうへ流れてゆく。満水状態になっている井戸はごく一部である。これらの井戸は、一定の区域におけると同様に、主要な通りでも見られることがある。附近の人々は、水を汲むだけでなく、簡単な洗いものをかねてこれらの井戸端へやって来ることが多い。

ちかぢか東京市当局は、全市内に給水すべき上水道施設を確立することの絶対的必要性を認めるであろう。現施設をそのように改善するには、当初は、巨額の経費を要することであろうが、結果的には、社会全体が、しばしば市街（サラフエア）を破壊するあの恐るべき大火を鎮火する、より有効な手段を持つことになるばかりでなく、また家庭用水として、いっそう衛生的な給水を受けられる意味で、大きな利益を受けることになるだろう。現在の不完全な給水施設による給水では、局所的な水質の汚染を免れることは不可能である。東京市の死亡率は、ヨーロッパやアメリカの多くの都市のそれに比べると低いのであるが、清浄な上水が全戸に給水されるようになれば、その死亡率はまちがいなくさらにいちだんと低下するであろう。

自然環境がそのままの多くの地方村落では、山を水源とする小川は、村の街道の中央部を通る石で造った水路によって導かれている。このようにして、台所その他の用途に使う水は、その街道に面する各戸の戸口まで直接に導かれるのである。

井戸側（いどがわ）は、高さが五、六フィートある丈夫な樽（たる）板でできていて、樽型をしている。下部がやや細くなっているこれらの井戸側は、一つずつ嵌め込まれる。井戸を深く掘り下げるに従って、つぎつぎに嵌め込み押し下げてゆく。深い井戸は、この方式によって掘り下げることが多い。この方式で作った井戸は、井戸側が地面の上に突き出ているので、普通の樽（オーディナリ・バレル）か大樽（ホッグズヘッド）の一部を土中に埋め込んだような形に見える。円型の石の井桁（ストン・カーブ）もよく見られる。古い型の井戸側（ウェル・カーブ）は、ぶ厚い角材で作った四角形の枠で、二八七図はこれを示したものである。漢字の「井」の字はこの井桁の形をしている。都市や村落を馬に乗って行くと、この文字が家の側面や戸口の上に書かれているのをよく見るが、それは、家の裏手や屋内に井戸があることを示している。この形を模倣して作られた見事な石の井桁が二八八図に示されているが、これは東京のさる家の庭で見たものである。

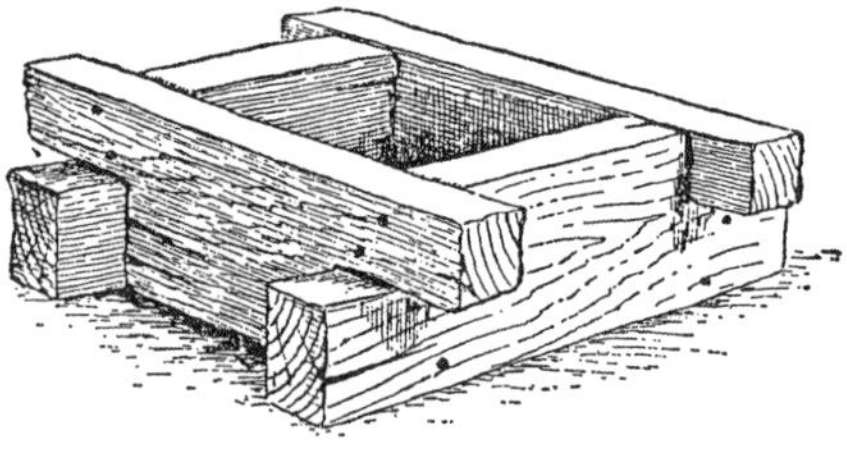

287図　昔の井桁。

水は、一般に長い竹竿の端に取り付けた桶（バケツ）で汲み上げるが、井戸の上方に、滑車を取りつけるためにさまざまな形の枠が組み立てられているこ

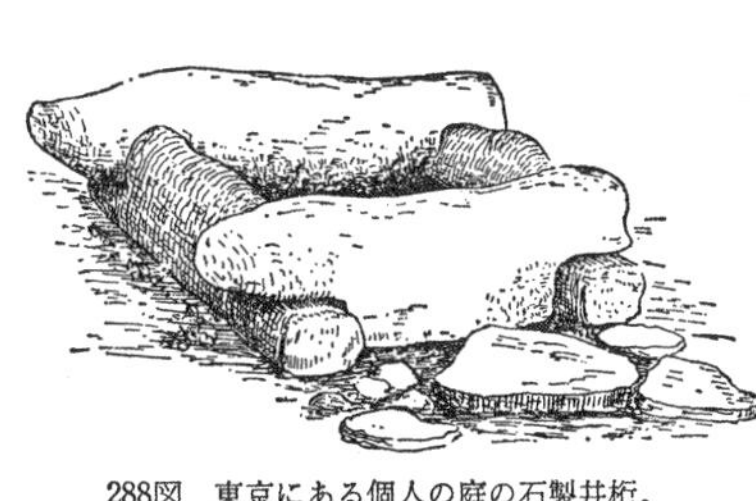

288図　東京にある個人の庭の石製井桁。

とがある。この滑車には、細い綱を通してあって、この綱の両端に桶を括りつけている。二八九図はこの種の枠組み（フレイム）を示したものである。さらに二九〇図に掲げたように、樹の幹が利用されることがある。この古い樹の幹には日本蔦がびっしり生い茂っていた。

田舎の台所では、一六七図のスケッチに見るように、井戸が屋内にあることが多い。都市と同様に、田舎においても標準型（レギュラー）のニューイングランド式撥釣瓶（はねつるべ）が時おり見られる。とくに日本の南部では撥釣瓶が一般的である。同地方の家屋の図（二章、五四図）に、その一つが見えている。

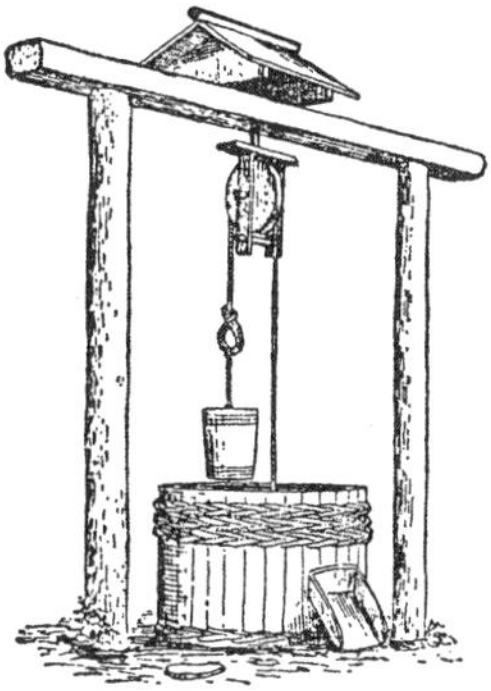

289図　木を組んだ井戸枠。

竹筒によって村に水を送水するには多くの方法がある。京都では、都市の背後の山を水源とする渓流から、この方法によって給水されている地域が多い。瀬戸内海の宮島では、水は、村の西端を流れる渓流から竹筒によって給水されている。水は、まず石造りの、大きな台の上にしつらえられた一つの浅い大水槽に送水される。この大水槽は、その直角をなす両側面と一端に一定の間隔を置いて孔を打ち抜いてあって、水は竹樋によって垂直に立っている竹筒に導かれる。――この竹筒

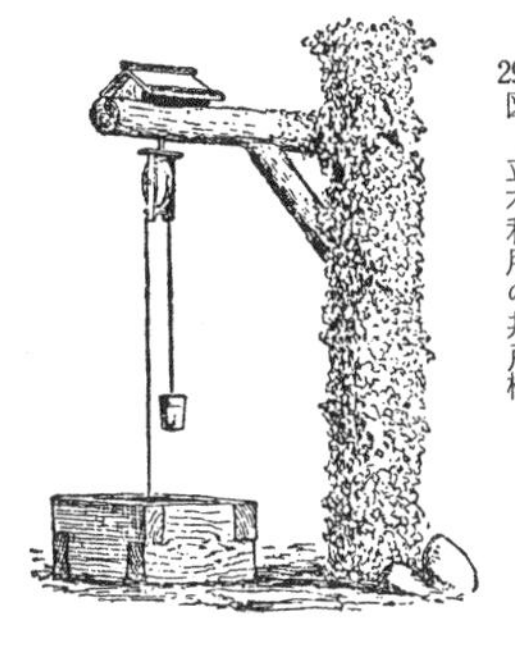

290図　立木利用の井戸枠。

291図　安芸の宮島にある導水管。

の上部には、それぞれ函または桶が取りつけられていて、この中には、木の葉や小枝が水の中に落ち込まないように、竹の格子が嵌められている。

292図　安芸の宮島にある導水管。

これらの竹筒は、地下に埋設した竹筒の配管に連結されており、この配管が下方の村の街道に面した各戸に通じている。二九一図はこの構造を示したものである。この図に出ている水槽は老朽化し漏水がひどいが、水槽全体に羊歯や苔が這い広がっていて、それらが、いたるところからぽたぽたと漏れ落ちる水できらきら光っているさまは、山道脇に一幅の絵を見る美しさであった。

この風変わりな貯水槽のすぐ向こうにひと組の小

293図　東京の加賀屋敷にある井戸。

型の導水管があったが、これは明らかに一戸別に給水するためのものであった。二九二図は街道ぞいに見られるこのような給水装置の一つである。二九三図は、東京の加賀屋敷に現存するもので古い井戸の一つである。——この屋敷は、そのむかし加賀の大名が領有していた広大な地所であるが、現在では笹や絡み合った灌木が生い茂っている。しかし、敷地内のあちこちに見える、顧みる人のなくなった木立や、植物にふさがれたようになった美しい池には、ありし日の景趣が偲ばれる。東京医科大学および附属病院がこの敷地の一部を占めている。また東京大学の新しい煉瓦造りの建物、東京大学勤務の外国人教師の数棟の宿舎、小さな観測所が別の一群（グループ）を形成している。

この広大な敷地のいたるところに危険な穴があって、これらは黒く塗った柵で囲ってある。これらは井戸の跡なのである。その数からみて、江戸幕府時代には、この地域に人家が密集していたと推測される。明治維新のさいに、これらの人家が焼き払われ、それとともに木の井戸桁も焼失したのであった。そして長い歳月のうちに、これらの深い井戸穴が、背の高い草に隠れた、恐ろしい落し穴と化したのである。

日本人が賞揚して止まない、門、垣を始めとする四囲（サラウンディングズ）の事物に見せるあの簡素な造作は、井戸において遺憾なく発揮されている。庭園に井戸が一つあれば、その美観が大いに高められるといわれている。このことから、苔むして緑っぽくなった石や、腐蝕してぼろぼろになった木でつくられた風変わりで美しい井桁（カーブ）が見られる。また苔むすという表現にぴったりの桶や井戸がある。しかし、ああ！　そこから汲み上げる水は、ニューイングランドの人が自宅のこれとよく似た井戸から汲み上げるあのきれいな水ではなくて、衛生的というにはほど遠く、たいていは煮沸してから飲まねばならない水なのである。ここでは、都市の井戸について述べたが、田舎の井戸でも、都市の場合に劣らず水が汚染されがちである。

花　以上において、家屋とその周辺事物の永続的な造作とについて叙述したが、装飾として壁面に掛ける掛物に数ページを割いて触れておこうと思う。畳、台所、湯殿などと切り離せない関係にある枕、火鉢、タバコ盆、行燈、燭台、手拭掛のような家財道具についてはすでに述べた。これらの持ち運びの可能な物品について考察を深めようとすれば化粧箪笥（ビューロー）、櫃（チェスト）、籠（バスケット）、盆（トレイ）、皿（ディシュ）、その他あらゆる調度品にまで説き及ぶことになるであろうし、また実際には、巻を改めて扱うべき分量の素材を提供することになろう。

　しかし、室内装飾品、およびこれら装飾品を作り出すのにさいして、日本人のうちに働いている制作原理について、さらに数ページを割いて触れておかなければならないと考える。上層階級から下層階級にいたるまでもっとも普遍的な室内装飾は花を使うので、まずこれから取りあげようと思う。

　花を愛する心は日本人の国民性である。世界じゅうで、日本におけるほど花を愛する心が一般化している国はないというほうが適切かもしれない。また、絵を描こうとする場合にもっとも一般的な画題の一つは花ということになる。そして、装飾芸術としては、その部門の如何を問わず、花は、その自然のままの、あるいは伝統的な形態からして、つねに、主要な動機づけとして選ばれる。日本人の手になる簡易な手作り品――たとえば、刺繡、陶器、漆器、壁紙、扇――またその金属ないし青銅製品においても、この魅力的ではあるが、すぐ凋んでしまう花がいつもきまって描かれ、また造形の対象となっている。社会生活においても、これらの花をあしらった物品が絶えず顔を出す。誕生から死まで、花は、なんらかのかたちで日本人の日常生活にかかわりを持っている。日本人は、死ぬと、そののち何年ものあいだ、墓前に新鮮な花を供えてもらえる。

　どんな貧弱な家でも、その一室にしつらえられている高貴な場所――すなわち床の間――に花瓶を置いているか、床の間わきに竹筒を掛けているか、階上の部屋の吹抜（オープン・ポーション）から花器を吊しているか、装飾的な開口部があるかして、花を飾る場所にことかかない。表通りでは花の行商人によく出会うが、夜になると、花市がどこへ行ってもとりわけ呼び物となっている。

いけ花は、日本人の洗練された教養の一端を成している。日本人に独特な花の活けかたについては、流派（スクール）や師匠（ティーチャー）によって特別に定められた規則と手法とがある。屋内には、いけ花にふさわしい特別の場所がある。すでに述べたように、床の間には一般に青銅か陶器の花瓶を置いて、これに花を活ける。――アメリカでよく見られるような、いろいろな花をごた混ぜにした、多色（ヘテロジニアス）の寄り合いではなく、一種類の花数本が、桜または梅の大きな一枝が、日本人の洗練された興趣を満足させるのに充分なのである。他の場合と同様に、このいけ花においても、日本人は礼節と無上の洗練とを尊ぶ心を明示している。日本人は、多色の花を混ぜ合わせてひと纏めにこしらえあげ、緑葉を飾る余地を残さないアメリカ人のあのぞんざいな仕方を何よりも嫌う。花のこの混ぜ合わせをアメリカでは花束（ブーケイ）と称している。まさしく、球（ボール）、――まだらの梳毛糸の球に似ていることからくる呼び名であろう。日本人は、粗い褐色の幹（ステム）と緑葉との健康的な対照を真なるものと考え、その構成と色彩とによって、繊細な花弁の持つあの比類なき生命の色調（トーン）を引き立たせる。しかし、われわれアメリカ人は愚かにも、自然が摂理の妙によって花柄に着けた花を、ほとんどいつもきまって切り落し、その花の代わりに糸やら針毛のついた針金（ブリスリング・ワイヤー）やらを使って、布と紙で婦人帽子屋が手を抜くことなくこしらえた模造品よろしく、自然の花とは似ても似つかぬ代物を作りあげる。こんな仕方で、数時間もすると、全体に生命なき花の集団が現出することになる。

花瓶の場合でも、日本人は対照の妙を発揮する。雅趣のある人には、活けようとする素材を扱うのに、アメリカ人が使う金箔張りの、よく見かけるけばけばしい色合の花瓶がどれほど似つかわしくないものであるかは改めて示す必要はなかろうと思う。このような花器を使うと、色彩と、あの快い対照の効果は完全に壊されてしまう。日本の花瓶は、この上なく肌理の粗いものであることが多く、釉薬の塗りかたも一刷毛かけた程度で、形も変形的である。この花瓶は造りが丈夫でかなり重く、底の安定がよいので、桜の大枝をこれに活けても倒れるようなことがない。この花瓶の粗笨なことが、そこに活けられる芳花を対照的に引き立たせる。アメリカ人が排水用の土管や糖蜜用の瓶を作るあの粗雑な材料を使って、日本人は、この上なく魅力的な独特の花瓶を造り出す。まさに日本の陶器師は芸術家である。それにひきかえ、ああ！　わがアメリカではそういうわけにはゆかないのだ。

これとの関連において、アメリカでも芸術家や風雅を解する人は、かねてから、花と花入とのあいだに厳密な対照が存在するという重要な事実を認めていること、そして、このところ、かれらは、ましな花器がないことから、ドイツ製の陶製ジョッキや中国製の陶磁製糖菓壺などに花を活けざるをえなくなっているということの二点を記すことは、じつに愉快である。これらの容器は、花瓶としてはたしかに何とも格好のつかないものであるが、それでも、アメリカやヨーロッパの業者によって、花を活ける目的で製作された、あのぎくっとするような陶器に活けられるよりは、花は、はるかに優美に見えた。わがアメリカの美術工芸に対して何という皮肉であることか――ふさわしい花瓶を求めて、ビール用陶製ジョッキや陶磁製糖菓壺や黒く汚れかけた瓶を最後的手段とせざるをえないというのは！　いまどき、たいていの瀬戸物屋の陳列棚にずらりと並んでいる、けばけばしい磁器製や粗悪な白大理石製の花瓶を思い起こしたり、実際に自分の目で見たりすれば、自然の技芸になる、こよなく優美な花をほんの少し活けるために造ったとはいうものの、あのちぐはぐな色調の装飾ガラス製花器の姿からは、花瓶はどのようなものであるべきかについてまったく無知であることを、賑やかに証拠立てる以外の何物でもないことになるのではなかろうか。

床(ゆか)に置く花瓶のほかに、日本には、掛け金から吊す方式のものがある。――一般には床の間とそれに接する違い棚とを分けている柱ないしは仕切壁からか、時には隅柱(コーナー・ポスト)から吊している。部屋に仕切壁がある場合は、花瓶をその壁面中央の柱に掛けるのがもっとも適切とされている。これらの場合のいずれにおいても、花瓶を掛ける位置は床と天井とのちょうど中間の高さのところである。このようなつり下げ式花入は、形といい意匠といい無際限である。また素材も陶製、青銅製、竹製、木製といろいろである。陶製および青銅製のものは簡単な筒型である。しかし、自然の事物、――たとえば魚、昆虫、竹の節間を型どったものなどもよく用いられる。

日本人は古代事物に目がなく、また発掘された瓶(かめ)は、少なくとも古物蒐集家に関しては、花入用に環を嵌めようとして、瓶自体を破損してしまうことがよくある。

木のごつごつした節で作った一風変わった花入がある。どれほど奇妙に異常な伸びかたをした木でも、水を入れる竹の節間を納められるほどの穴を穿つと花瓶として用いられる。この種の花瓶は、ちっぽけな青銅製の蟻、銀製の蜘蛛の巣にとまった青銅製の蜘蛛、茸型に細工した真珠などで装飾されるであろう。これらの装飾品やその他風変わりな戯作的な作品は、装飾品として木部に嵌

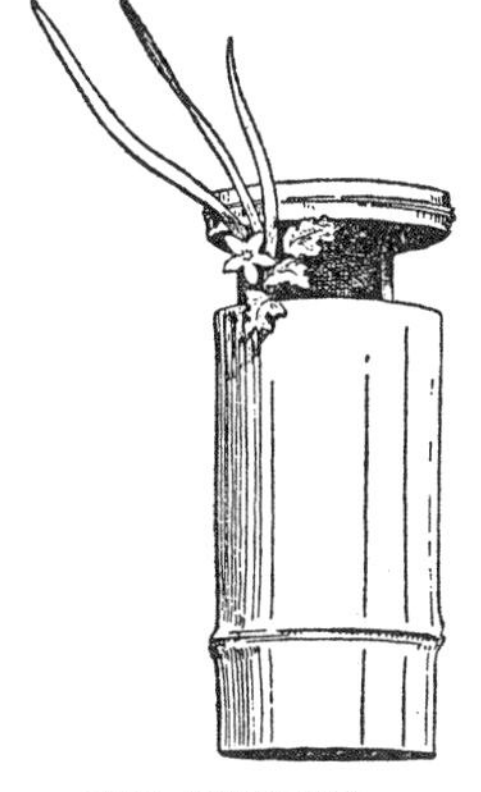

294図　竹製掛け花入。

め込まれたり、取り付けられたりする。

誰にも人気のある形の花入は竹製のものである。竹筒は、側面のいろいろな部分に切り込みを入れて多種多様な細工を施す。二九四図は、風変わりではあるが、形としては一般的なもので、茶の湯（ティー・パーティー）向きに作られている。これは、ある茶の湯の席でスケッチしたものである。竹は水入れとして勝れており、その節間は、さまざまな形の陶製および青銅製花入の水を入れる容器として使われている。

濃い褐色の籠も花入として人気がある。ここでも竹の分節が水入れとして役立っている。ここに掲げた図（二九五図）はつり下げ籠のスケッチである。籠に入れられている花は、茶の湯と古陶に嗜（たしな）みのある人が活けたものである。このような

295図　籠のつり花入。

296図 花鉢受けの安価なもの。

籠の多くはかなり古く、日本人はこれを愛でることしきりである。街頭の花市では、植木鉢を受けるために工夫を凝らした器具で、安価かつ風変わりなものをよく見かける。ここに掲げた図（二九六図）は、腕木の形をしたもので、変形的な薄板に屈曲した樹枝を取りつけてあり、この枝の先に厚い板切を棚状に固定してあって、ここに植木鉢を載せることになる。この薄板の最上部には孔が開けてあって、壁面に掛けるようになっている。この板の上部には、二箇の小さな楔形の留め木が設けられており、厚紙でできた短冊が、その二つの留め木によって取りつけられている。このような短冊には、詩の一節を書くのが習慣になっている。植木鉢の受け器具のなかでも、この種のものはいちばん安価で、数ペニーも出せば買える。このうえなく貧しい人でも容易に求めることができる。

上から吊す方式の花入について言えば、なかでも一般的な形のものとなれば、方形の木製の鉢か、この形を模倣した陶製か青銅製のものかである。竹を水平に切断したものもつり下げ用の花入に使われる。まったく、この方式の花入には、際限なく、風変わりなものが存在するようである。――アメリカにおけると同様に瓢箪、半円筒型瓦、貝殻をはじめ、これらを陶器や青銅で模造したものなどである。

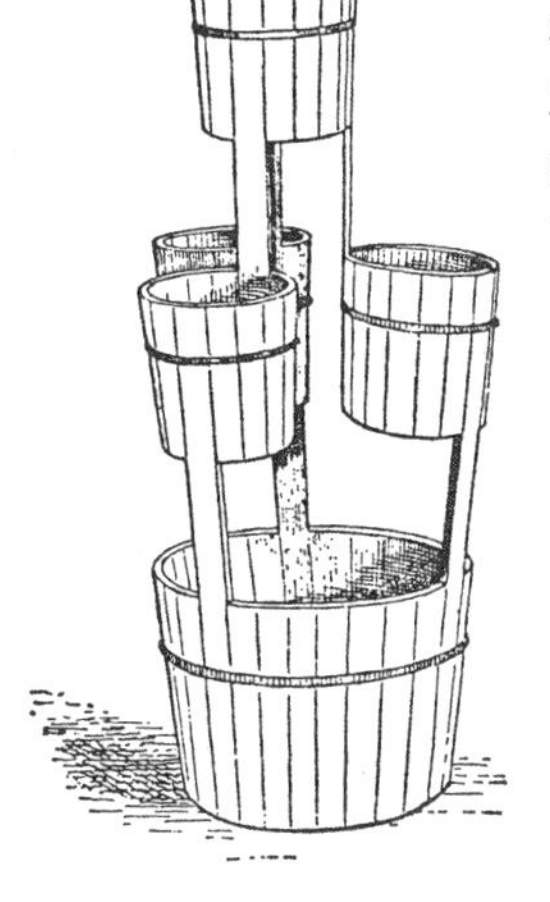
297図 風変わりな作りの花桶。

桶(バケツ)を応用した風変わりな珍しい形の花立てがある。二九七図は、一八七七年の第一回内国勧業博覧会でスケッチしたものである。この構造は非常に巧妙である。いちばん下の桶の三枚の桶板が、そのまま上方に伸びて三箇の桶の桶板の一部をなし、さらにそのそれぞれの桶から上方に伸びた桶板が、最上部に取り付けた一箇の桶の桶板の一部をなしている。これと同じ出品者の手になる、いま一つ別の花立ては、ここに述べたものほど左右対称ではないが、一風変わっている点ではそれに劣らぬものであった。

藁を編んで作った風変わりで小さな容器が、花を盛ったり、あるいはむしろ花を活ける竹筒を納めたりするのに使われる。これらは昆虫、魚、茸その他自然の事物を型どっている。これらをここに取り上げたのは、そのものに特別の価値があるからではなくて、日本人の誰もが、自分の家の装飾に用いているさまざまの工夫を示すためにほかならない。見事な木の塗りものの衣桁(いこう)もこの目的に使われる。この衣桁からつり下げ式の花入が吊される。この型の花入は、こんにちではめったに見られない。またわたくしもこれが実用に供せられているのを見たことがない。家屋内部(インテリア)に関する章(第三章)では、さまざまの形の花入が床の間に置かれているのが示されている。

室内装飾　日本家屋に対してわたくしが関心を呼び起されたのは、当初、自分がかねてからアメリカにおいて、美術館や個人的蒐集を通して馴染みになっていたある種の物品について、日本人がどのような使いかたをしているかを精確に知りたいと思ったからなのであった。さらに、日本家屋の研究を進めるうちに、わたくしは、アメリカの貧しい家屋でよく装飾に使っているつり下げ式の籠、隅持ち出しランプ(コーナー・ブラケット)、とりわけ樺の樹皮、茸、苔、貝細工などを使った装飾品に対比すると思われる証拠の品を、日本の屋内装飾のなかに探し出すことになった。日本人が、これら取るにたらぬものであっても、自然が創り出したもののみが持つ魅力に敏感であること、そして日本人もまたわれわれアメリカ人の仕方に似通ったやりかたでこれらを装飾に使ったことを知って喜ばしく思ったのであった。当初は、がらんとした部屋のほかに何らかの事物を探求しようとしても得るところがないように思われた。一見したかぎりでは、部屋はまったく不毛の感じがした。部屋から部屋へ通り抜けてゆきながら、この家は貸家にするつもりかなと思ったくらいであった。部屋には、暖炉も、それに附随した暖炉棚、――美しい飾り物を載せておくあのひときわ目立つ暖炉棚がないのである。絵画や持ち出しランプ（ブラケット）を掛けるのに格好の空間を提供してくれる窓もない、明るい色調の縁飾りを施したり風変わりな骨董品を取り付けたような卓子はなく、そのような飾り棚すらまれな、そしてこれ見よがしの陶器やきらびやかな磁器を置くあの食器棚（サイド・ボード）もなく、椅子も机も寝台枠もなくて、丹精な彫刻や豪華な掛布（クロス・カヴァリング）を展示する機会もまったくないというような部屋を想像してみるとよい。実際、一体どんな仕方で、日本人は屋内装飾に使う美しい物品を展示するのだろうかと不思議に思っても無理のないことであろう。

しかし、日本家屋を少し研究してみていえることは、日本人にしてみれば、そのような意味での展示は問題外であることに気づくのであり、厳格なクェーカー教徒的簡素がまさに日本間（にほんま）の持つ大きな魅力の一つであることが分かるようになるということである。満足を味わいながらじっと視線を注ぐような物品が、眼前にほとんど存在しないような絶対の清浄と洗練こそが、日本人が努力して止まない屋内装飾の要諦なのである。そして、日本人は、われわれアメリカ人には望むべくもない簡素さの有効性を通してそれを会得しているのである。アメリカの部屋は、日本人の目には骨董屋と映っているであろうし、この上なく風通しの悪いものに見えるであろう。花瓶、絵画、額、青銅製置物、それに骨董品をいっぱい置いた棚、持ち出しランプ（ブラケット）、用簞笥（キャビネット）、卓子（テーブル）などでできたこの迷路は、日本人の心を狂わせてしまうに充分である。アメリカ人は、みずからが所有するこの種の物品の一つ一つをきわめて無造作にみさかいもなく誇示する。そして、誕生日かクリスマス休暇程度の時間的間隔を置いてしか顔を出さず、その結果として新しい物品を入手すると、すでに、これ見よがしに置き並べられていてあまり見栄えのしなくなった物品は、新しい物品に場を譲るため、階上の部屋に仕舞い込まれる。そこがいっぱいになると、これらは順次に押し出されて屋根裏部屋へ仕舞い込まれる。この部屋で、これらの物品の運命は、何かのおりに子供の手で壊されるか、未来の古物研究家が当代美術の状況を考察するのに役立つようになるといったところである。アメリカの住居の壁面には、食物を載せる用途を持つものであったと思われる大きな魚皿（フィッシュ・プレート）が掛けられている。重い青銅製品は、日本間ならば、見事に花を着けた梅か桜の大枝を飾るために、床面に重々しく据えられる。ところがアメリカでは、このような製品が高い棚に載せられていたり、戸口の上あたりの、落ちたら危険だと思われるような場所に置かれていたりする。無謀な展示の仕方といえば、何かの彫像を窓に突っ立ててあるようなことがきわめて稀ながら見られる。まるで、道をはさんだ向い側の人にその彫像を見てもらいたいかのような置きかたをしている。その場合、堅い厚紙を切り抜いたようなその彫像のシルエットでもこの位置に置けば、その家の住人に関するかぎり、すべての目的に適うのじゃないかと言えそうだ。アメリカ人は、絵画を、けばけばしいフレスコ壁画や気が変になるような壁紙を背景に掲げることによって、どれほど画家の芸術的な努力を無にしていることであろう！　なおまた、このような部屋の積もり積もった悲惨な状況には飽き足らずに、われわれアメリカ人は、室内装飾業者（アフォールスターラー）や家具商が、部屋にあるものすべての位置を、実際とは左右を逆に映し出すことになるような、豪華な枠つきの鏡を取りつけさせている。この鏡は、向い合って映っている事物の表面の至るところに、これら逆に映った見るもいやな映像を何重にも反射させてゆく――いわば、万物の創造主の労を無にし、映像の反射を果てしなく繰り返してゆき、われわれをしてすべての事物に嫌悪の情を抱かせるような代物なのである(注2)。

われわれは、アメリカに住んでいて、これら疑問だらけの取りつけ家具について、それがアメリカ人だけの問題ではないことを、この問題に関する英国人権威者の意見を傾聴することによって知るだろう。――この人は、家庭的装飾が、その真にあるべき姿に叛くことに対して注意を喚起する点では誰よりも努力を払ってきただけでなく、不快な自画自賛流を避けるとともに、趣味におけるより優れた表出法と真の原理とを確立せんがために、採るべき正道を、非常に合理的な方法によって指摘してくれている。ここで、チャールズ・L・イーストレイク〔訳注＝一八三六―一九〇六。イギリスの建築家、著述家〕と時宜をえたかれの『家庭的趣味の心得』と題する著作に注目したい。英国の家屋に家具を取りつけるさいのあのありきたりの仕方を非難してかれは述べている。「この趣味が、われわれのすぐ周囲にある日用品を選び出し、これが良いと決める場合に、われわれが習慣的に使っている判断を、広く浸透させるとともに鈍化させている。この趣味が、イギリス家屋の応接間にブリュッセル絨毯を敷かせる。この趣味が、けばけばしい更紗木綿(さらさもめん)のかたちをとって寝台の周りに顔を出す。さらに、この趣味が、われわれをして無理強いに椅子に腰掛けさせ、構造上もっとも劣悪な原理にのっとって設計され、どう見ても優美とは言えない形の卓子(テーブル)につかせる。この趣味が、造りの脆弱に劣らず形態的にも俗っぽいバーミンガム製金属細工を贈り物にするのである。この趣味が、比類なく美しい現代的磁器にそれこそ不愉快な性質(たち)の飾りつけを施させる。この趣味が、壁面に、愚かしくも植物模様を描いたり、つまらない菱形をやたらと並べたりの線模様を施させる。要するに、われわれが衣服をまとうのと同じ仕方で家に家財道具を取りつけさせるのは、まさにこの趣味なのである。――つまり、あたかも芸術が空文であるかのように、真に美なるものを感ずることがないような仕方なのだ」と。このような事柄に見られるわれわれアメリカ人の趣向を日本人のそれと対照させてみよう。そのようにすることで、きっと得るところがあろう。

以上の幾章かにおいて、日本間の構造様式を理解するのに充分な詳細を述べた。さて、日本家屋のひと続きになった部屋の色調（トーン）ないし色合（カラー）は全体的に落ち着いた感じであることを観察しておこう。その色調が醸す雰囲気は憩いを与える。しばしのあいだ畳の上に坐ってみてこそ、このひと続きになった部屋が見せる虚飾ばらない造作が注意を惹くのである。中間色的な色調（ティント）の襖の紙。壁面は、襖と同様に中間色調にする場合は、明るい褐色と石色が多い。杉板張の天井はその材質の色を見事に出している。木細工が部屋のいたる所に慎ましやかに顔を覗かせている。これらは、ペンキ屋という哀れな人種によって汚されることなく、つねに自然のままの色彩をしている。――これらすべてが結合して、部屋を極度に静かなかつ洗練されたものにするのである。明るい対照をなす床（ゆか）面（めん）は涼しい感じの藁でできた畳を敷き詰めている。――長方形の黒い縁取りを施した畳によってひときわ引き立つ一様な明るい感じの床面である。この日本（エンパイヤ）は東西南北くまなくどこへ行っても、床面には、藁で作ったこの目立つこともない畳が敷かれているのを知るとかぎりない安らぎを覚える。単調だと思う人があるだろう。その通りである。すがすがしい空気と澄みきった水にわれわれが感じるあの単調さなのである。このような造作の部屋は、外部から持ち込んだ物品によって装飾する必要がほとんどない。実際に、そのような物品を据えられそうな場所はほとんど見当たらない。しかし観察しておいてほしいことは、アメリカでは部屋の壁面を絵画によって飾ることが自由であり、その場合も、光や効果の点は毛頭考慮しなくてよいのに反して、日本間では、上部の天蓋様の落し掛によって部屋とのあいだに明確な一線を画する床の間があって、しかも床の間は光源に対して直角にしつらえられていること、さらに床の間は、部屋のなかでもっとも高貴な場所とされており、——ここにだけ画幅を掛けるということである。ニス仕上げの置物を眺めるのに、眺めによい位置を得ようと、首をかしげて部屋中をうろうろ歩き回るのではなく、日本間では、部屋のどの位置からでも適切な光のなかで眺められるように画幅が掛けられている。床の間には通常一幅の画幅が掛けられる。——しかし、すでに見たように、床の間は、二幅ないし三幅を掛ける広さが充分にある。

鴨居（リンテル）と天井とのあいだには、天井の高さに従って一八インチくらいかそれ以上の間隔がある。ここに、横に細長い絵画が掲げられていることが時おりある。この絵画は細い枠組みの額縁入りか、あるいは薄い枠に取り付けられているかである。この枠は、絵画を縁取る紙（ペーパー）か錦織布（ブロケイド）によって見えなくしている。この絵画は、かなりの角度で前方に傾けられており、二箇の鉄の掛け釘によって支えられている。額縁の端が掛け釘の鉄に触れて傷跡がつかないように、三角形の赤い縮緬の当て物を挿むのが習慣（ならわし）となっている。二九八図に示したように、鉄の掛け釘の代わりに竹製の掛け釘が用いられることが多い。絵画は風景画か花草模様かである。しかし、さらに、詩、格言、あるいは所感の一端を表わす幾文字かの漢字を書いてあることがよくある。——通常これらの漢字は、詩人、学者、その他高名な

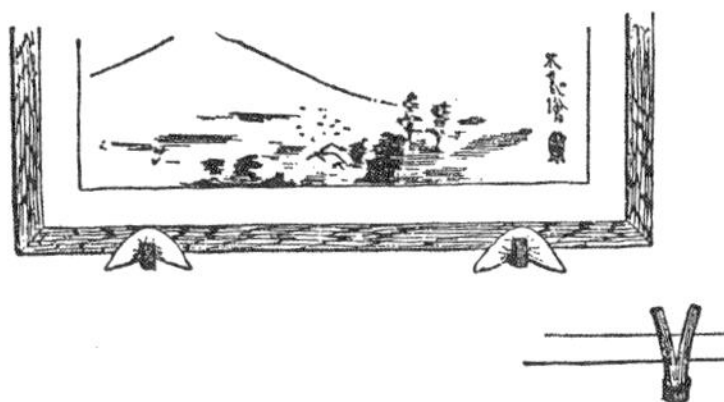

298図　額縁と額縁受。

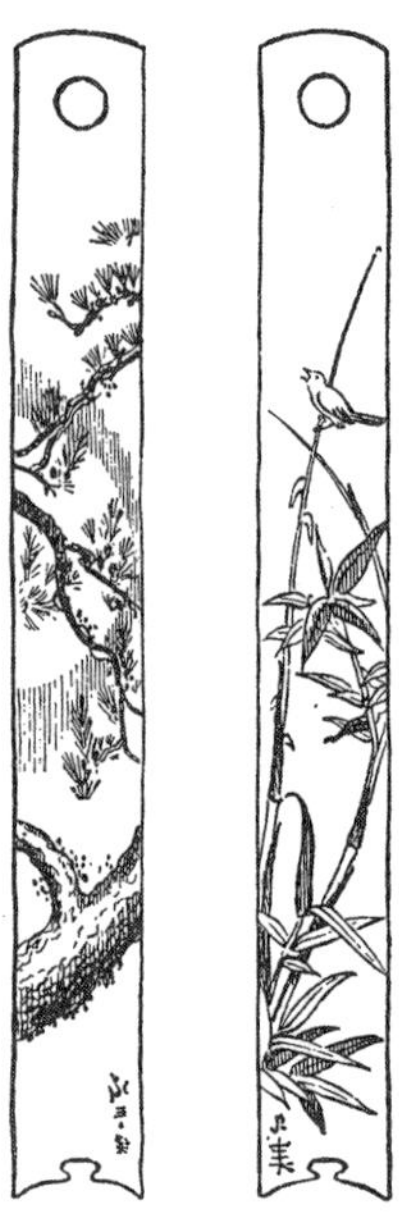

299図　柱隠し。

人の揮毫になっている。部屋の壁面の中央に位置する柱は、柱幅いっぱいの細長い薄い杉板で飾っている。この板にも何かの絵が描かれている。板製のものではなしに、絹や錦織作りのものは掛け物 *kakemono* と同様に、中央上部から風帯 *kaze-obi* 一本だけを垂している。安物は、藁、藺、あるいは薄く細長い竹切れでできている。材料は何であれ、これが柱隠し *hashira-kakushi* と呼ばれるものである。――文字通り「柱を隠す」意である。木製の柱隠しは、両面に模様を施してあって、一面が汚れると裏返してもういっぽうの面を表にする。材質はふつう木目の整った黒い色の杉で、絵はこの板に直接描かれる。二九九図は、このような柱隠しの両面を示したものである。この柱隠しの装飾に芸術家は丹精を凝らす。これほど扱いにくくかつ限定された表面に絵を描くのに、どのような画題を選ぶべきかとなると、アメリカの芸術家には悩みの種となるだろう。しかし、この点は、日本の装飾家にとっては苦痛ではないのである。かれは、何かこれにふさわしい主題の絵画から、縦に細長くその一部を切り取ってくるにすぎない。たとえば、わずかに開いた戸口越しに一瞥する自然の姿が、この場にふさわしい絵を提供してくれるだろう。――絵の残余を満たすには想像が控えている。これらの柱隠しは、アメリカを市場として販路を見出しているが、その装飾に使われている色が明色であることは、日本ではこれらが大衆向きに描かれたものであることを示している。床柱と同様に、この柱隠しが掛けられる柱は、すでに述べたような形の釣り花入で飾ることがある。

日本人は誰でも絵画の素晴しい蒐集家であるように思われる。蒐集品は倉に仕舞い込まれており、例外といえば床の間に飾られているものくらいである。風雅を解する人だと、季節とか、来賓の好みとか、特別の場合とかによって、ときどきその絵を取り替える。わたくしが二、三日のあいだ客となったある家では、毎日この絵を取り替えていた。絵は数週間から数か月のあいだ掛けられた後、慎重にこれを巻いて絹布で包み、箱に収納する。そして別の画幅が紐解かれる。かくして、絵は決して一本調子とならない。アメリカ人が、自分の飾っている絵を友人に見せるときに、自分でその絵をじっと眺めながら気乗りもせずただそうしているというような態度は、自分の絵があまりにも長いあいだ壁に掛けられていたために、もはや彼自身に何らの注意も惹かず喜びも感じさせなくなっていることを示している。大画家の作品はいくら眺めていても決して見飽きることがないというのは真実である。しかし、絵画のすべてが傑作ではないこと、そして、絵画は絶えず目に触れていると絵画としての効果がかなり損われるものであることを銘記すべきであろう。アメリカの場合、壁面にところ狭しと絵を並べ掛けているあの仕方は、——絵の多くは、当然のことながら窓が厚地のカーテンで締め切られると最悪の採光状態か完全な遮光状態に置かれるのであるが、——興味の中心が、どんな光の状態でもよく見える浮彫を施した金色の額縁にあることを示している。同じ絵画をいつも掲げておくという仕方は確かに適切でない。名画が何にもまして心たのしく思われるとしても、絶えずその絵に面と向い合った状態でないからこそである。満腹状態の人が、燃えるような熱帯の落日に眺め入ったり、空腹に喘ぐ人が、煙るような極北の霧に見入ったりしたいと思うであろうか。しかも、これが、しばしばわれわれアメリカ人がやむをえずじっと我慢しつつ体験したところのものなのである。アメリカではどうして部屋に変化を与えないのであろうか。床の間や違い棚を設けないのであろうか。——つまり可能な限り採光を考えた凹室（アルコーヴ）のことである。——ここには名画を一ないし二幅掛け、これにほんの数本のいけ花か、小さな陶製か青銅製の適当な置物を添えて置くというのはどうであろうか。われわれは、家屋を、食事し、眠り、息を引き取る場所として、もっとも経済的な方法によって建てたあの時期以来、家屋内部の造作にほとんど変化を与えていない。——いわば採光に必要な穴（ホール）と出入りに必要な穴のある長方形の掘っ建て小屋なのである。同時に、その居住者は、一幅の絵画を所有することが、長いあいだ世俗と虚飾を匂わせるものとみられるというあまりにも厳しい、しかも陰鬱な一念に凝り固まっていたのである。ただ、絵の主題が、六脚（ヘクサポドース）の天使像か墓石と柳の木によってさもあるらしく見せたあの世へ赴くまでの寸時の休憩所の光景（ヴイジヨン）か、あるいはキリストの臨終の場面を描いて、キリストがいままさに旅立とうとするあの世か、そういうものを連想させるのであればよいのであった。

日本人のあいだでは、陶器その他骨董的な蒐集品はすべて、絵画の場合と同様に、錦織の袋に入れ、箱に収められて注意深く秘蔵される。そして、眼識のある仲間が訪ねてきたときにのみ取り出す。そのときに、所蔵者は、その仲間と互いに逸品を愛でる。このような日本的な仕方によって、楽しみを味わう気持が否応なしに高められることになる。それはさておくとしても、ずぶの素人である友人を偽作に夢中にさせたり、ダンテを主題にした珍奇な腐蝕版画（エッチング）像を北米の土着民（サヴィッジ）を描いたエッチングかと思い違えさせたり、あるいは何かの器物の値打が、自分の一年分の食代に相当すると偶然に知ったことから、その器物を持っているのが嬉しくて仕方がないといった態度をとらせたりして、言いようのない残念さと惨（みじ）めさの気分を味わわなくてすむのだ。

日本間に入ってもっとも驚嘆させられることは、さまざまの器物の色合いと部屋自体とのあいだにみられるあの調和と対照とである。錦織模様（ブロケイド）を施して表装した画幅と、その画幅を掛けてある床の間のあの静かな落ち着いた色調とのあいだには、つねにもっとも洗練された調和がある。咲き匂う桜花の一枝が、この床の間という高貴な場所の沈静な色合いに精気を添えるとき、その色合いは、自然物が持つ優美かつ健康的な色彩に見事な対照をなす背景となる！　日本間の全般的な色調は、花一輪、清雅な一幅の絵、陶器の一片、あるいは古い青銅製置物を完璧にまで引き立てる。同時に、高価で見事な金塗りの逸品が、これら簡素な事物の中に宝石のように輝いている。――しかもその場の色彩の調和が乱れることがない。

アメリカやイギリスの高名な芸術家や装飾家によって払われてきた調和および装飾の効果に対する努力は、日本的精神の影響によるところが大であり、また成就された成功例がすべて日本的趣味の正しさを確認するものであることは興味ある事柄である。壁紙は、現在では地味で控え目である。簡素とそれに伴う控え目の価値、および場所を問わぬ適合性がより広範囲に認められつつある。

日本家屋においては、骨董品を陳列するための飾り棚やそれに類する設備はめったに見られない。時おり、数段の棚のついた塗り仕上げの台を見かけることがある。――この棚の上に、古陶器、石製の道具、化石、古銭、あるいは中国から到来した水で磨滅した石などを黒い木の台に載せて置いている。日本人は肉筆原稿（オートグラフ）、硬貨（コイン）、金襴（ブロケイド）、金属細工、その他いろいろなものの一大蒐集家である。しかし、これらを人前に飾ることはきわめて稀である。床の間に置かれる器物のことといえば、わたくしは、多くの床の間で、さまざまの器物が、それぞれに展示されているのを見た。たとえば、採掘したままの石英片、水晶球、水で磨滅した珍奇な石、珊瑚（さんご）、古い青銅像（オールド・ブロンズ）、さらに伝統的な形の花瓶（カストマリ・ヴァース）、香炉などは言うまでもない。これらのさまざまな器物は、かならずというのではないが、たいていの場合、塗りものの台に置かれてい

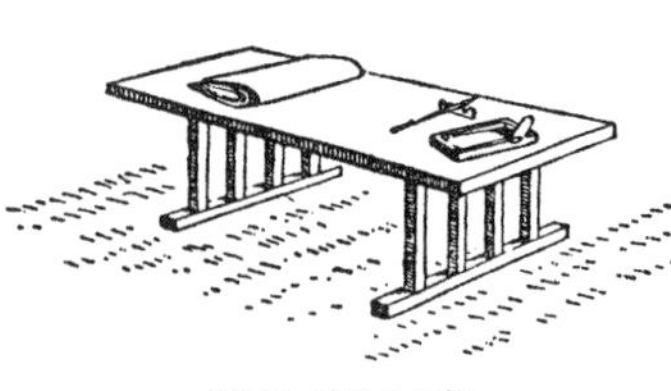

300図　書きもの机。

る。違い棚に、刀剣掛、塗りものの硯箱、巻物、書籍などが置かれているのをわたくしは見たことがある。無作法とは思いながらある戸棚(カバット)を覗き見たことがあるが、そこには箱が数箇も仕舞われてあり、その箱の中には、陶器、絵画などが収納されていた。通常これらの品物は倉に収蔵されているものである。

このような塗りものの飾り棚(キャビネット)のほかに、比較的つくりの良い家では、棚の一部が小さな戸棚風のつくりになっている、奥深い棚が数段もある家具が見られることがある。この型の戸棚は、用箋、化粧用品、水盤、その他実用および装飾に用いるさまざまな器物を収納するのに使われる。この場合の戸棚は美しい塗り仕上げになっている。

一般的な形の書きもの机は、高さがせいぜい一フィートくらいで、両側面が天板を直角に折り曲げたような形のものか、天板に支持脚がついているものかであり、時として浅い抽出がついていることがある。この机がアメリカでいう卓子(テーブル)に対比する唯一の家具である。三〇〇図はこのような机の一つを示したもので、その上に用箋、硯、筆、筆置などが置かれている。

防火対策　都市とか大村落とかにおいては、人々は絶えず大火の恐怖に晒(さら)されている。ほとんど毎月のように、微震動(トレマー)や軽い地震(スライト・ショック)があるため、日本人は自らが立っている大地の不安定性を念頭におかざるをえない。これらの震動は破壊的な地震の前兆となることがあり、このような地震にはきまってさらに破滅的な損害をもたらす大火が伴うのである。家に設備されている小型の移動式喞筒(そくとう)については前述した通りである。都市の家屋では、棟上に手摺つきの小さな台ないし足場を設けている（三〇一図）。この足場には梯子か階段かで上がるようになっている。それ火事だとなると、人々は心配げに、この見張台から炎上する建物の方角にじっと見入っている。通常この台には大桶か樽を半切にしたものに水をいっぱい張っておき、かたわらに長柄のはたきを備えている。このはたきは、大火のおりなど空一面に舞い上がる火の粉や燃えさしが降りかかる恐れのある部分に水を掛けておくのに使う。

301図 屋根の上に置いた水槽と火叩き

強風下の火事の場合は、零細な商人(あきんど)たちが、商品を大きな籠に詰め、風呂敷に包んで持ち出しに備えるのはよく見かける光景である。そのさい、倉の窓や戸口をすべて閉じ、隙間を泥土で塗り固める。泥土は倉の戸口附近の階段踊場下に置くか、窓などの近くに置いた大きな土器に常備している。一般の私宅でも、火急のさいには、貴重な物品を籠様の箱に詰める。この箱には背負紐が付いているので、両肩に掛けて容易に持ち出せる(三〇二図)。

302図 緊急持出し箱。

洋式家屋 本章を閉じる段階に至って、わたくしにとって残念至極なのは、日本家屋とその周辺事物に関して論述し尽くすことができなかったことである。つまり、時間、能力、機会のいずれにも恵まれなかったことから、日本の最高級住宅については、スケッチを掲げることも叙述することもできなかったことである。実際に、古い大名屋敷のどれが、二〇年前あるいは明治維新前のままの状態で現存しているのだろうかとなると疑問がわく。名古屋城や熊本城内のように、この種の建物が現存する場所においても、そこで業務に携っている人たちは椅子に腰かけ、机に向かっており、いわば洋風である。もちろん、優美な装飾の襖、丹精な彫り物を施した欄間、豪華な天井が保存されているところもある。——名古屋城をはじめ、その他の多くのところにおいてもそうである。——ひと続きになった部屋のなかにはニス塗り仕上げの家具やけばけばしい色合の外国製絨毯が登場し始め、そのような場所に見られた、以前のあの調和した色彩に悲しむべき違和感を与えている。

東京では、維新前は大名であった多くの人たちが洋風の家を建築している。しかし、一般に、これらの建物はどういうわけか、アメリカの家屋が持っているあの独特の安らいだ雰囲気を欠いている。なぜ日本人が洋風の家を建てるのかという問題はわたくしにとって少々難題であった。やがて合点がいったことは、日本家屋の特徴と、何かのおりに外国人が日本家屋に入って見せる動作振舞の仕方とである。外国人は、たとえ深靴(ブーツ)ばきのままで日本家屋に上がらないとしても、靴下のままで屋内を大股に歩き回り、ときどき頭を鴨居にぶつけたり、タバコに火をつけるために、火鉢から炭を挟み上げるのにもたついて畳に焼け穴を作ったりするのが落ちである。畳にまともに坐れないために、きっと無作法な格好で寝そべることだろうが、それも、日本人がアメリカに来て、両脚を卓子(テーブル)上に投げ出すのと同じことだと思う。外国人は深靴を脱ぎたくないときは、庭園への通路を通って庭内を歩き回る。歩いた跡には深靴の踵(かかと)のぎざぎざ模様をつけ、あるいは縁側には傷跡を残してゆき、手水鉢で手を洗うことだろう。挙句のはてに、少なからぬ不快の種だとその家の居住者一同に思われるのである。

国家政務に卓抜していることから、「外国の野蛮人」を止むをえず持て成すことになった日本人が、しばしば受け入れざるをえなくなった珍獣を一時的に収容するための洋風の檻を建てるという考えを抱いたとすれば、愉快な思いつきであった。しかし、正直なところ、たいていの外国人が性格的に適応性がないこと、およびその周辺事物に対して順応できないことが、かれらを楽しませるための洋風建物の建築を、たんに便宜的なものでなくて絶対に必要なものにしたのである。とくに商業活動のうえからは、洋風の事務所や店舗は、便利のみならず確かに優れていると言わねばなるまい。

筑前の元大名が、東京で最初に洋風の家を建築した人のひとりであると思う。しかもこの家は、アメリカの二階建家屋の典型である。しかし、この家には日本風の多くの部屋がある袖（ウイング）が附属している。一二三図（三章）はその部屋の一つを示したものである。肥前の元大名も洋風の家に居住している。また東京には、外国人の設計によって日本人が建築した家が多い。

記念建造物の欠落　本書の最初の部分で、ヨーロッパ諸国にあれほど特徴的な建築物としての記念塔がない点に触れた。壮大な偉容を誇る大名の城廓についてはすでに参照した。大規模かつ堅固な城砦もある。——とりわけ、秀吉の築城になる大阪市の高台にある城がそれである。もともと石壁の上部に建てられていた木造の建物は一六一五年に家康によって破壊されたが、現存する石の狭間胸壁（バトルメント）は、土木工事技術の驚異と思われるにちがいない。そこに使われている巨石は、田舎のちっぽけな傷みやすい住居になじんだ者の目にはひときわ巨大である。この城の石壁にはいくつかの大きな一つ石がある。——それが、その四囲の位置からかなり高いところに置かれている。——ある場合には、その大きさは、長さが三〇ないし三六フィート、高さが少なくとも一五フィートもある。これらの巨大な石は、都市から幾マイルも離れた山からはるばる搬送されてきたのである。

これらのきわ立った遺物の存在は注目に値す

る。このことは、国民的な規模で、趣味がその方面に向いておれば、日本人が、このような建造物を建設する能力を有することを証明するに足るからである。わたくしの知るかぎりでは、日本人をして、国家の歴史上の偉大な功績を永久的な石の遺物によって記念せしめるほどの国民的衝動の働くことがなかったのである。この勇気ある小国家がつねに侵略を撃退することに成功してきたことにその理由があるだろう。日本人の気質のなかのある特質が、国家の一区域の他区域に対する戦勝記念を、記念塔とか町の通りあるいは橋の名称とかによって公的に不朽のものとすることをさせなかったのである。

W・E・グリフィス教授は、『江戸の通りとその名称』と題する興味ある論文(注3)において、東京の通りや橋の名称には勝利や歴史的な戦闘の名称がほとんど見られないことを指摘してつぎのように述べている。「日本の偉大な統一者である家康にとって、終局において平和的連合を成した国家の首都の通りに、絶えず屈辱感を起こさせ、仇恨を呼び覚まし、また治癒した傷口を疼(うず)かせるような名前をつけさせることは賢明な策ではなかったであろう。異例と思われるほどにこの種の名称が欠落していることは、そのまま家康の聡明を立証するものであり、また、日本人が敵を遇するさいに繰り返し採った政策、――すなわち、敵を親切と慰撫によって征服するという政策を他面的に実証するものである」と。

注

(1) R・W・アトキンソン教授〔訳注＝一八五〇―一九二九。イギリスの化学者。東京大学で教えた。日本の化学振興に貢献した〕『アジア協会日誌(ジャーナル)』第六巻第一部。ゲアーツ博士上掲書　第七巻第三部。

O・コルシェルト博士は、東京市の給水に関して、日本アジア協会に対し一つの非常に価値ある貢献をなしている。日本人学生の協力をえて、同博士は井戸水および東京市に給水されている水について各種の分析を行なった。その結果、アトキンソン教授の結論に反して、高台の井戸は概して低地の井戸に比べて水が清浄であることを明らかにしている。コルシェルト博士は、さらに東京において、地面に打ち込んだ竹筒によって掘った多くの掘抜井戸に注意を促している。この方式の一般的な井戸は、三〇ないし四〇フィートを普通の仕方で掘り下げる。それからその底部に竹筒をかなりの深さまで打ち込む。深さは一〇〇から二〇〇フィート以上にも達する。同博士は、東京市とその近郊に存在するこの方式の井戸には水が溢れるほどに豊富だと述べている。さらに、東京大学からほど遠くないところに、やはり水の溢れている井戸が一つあって、この井戸の背の高い井桁から水がこぼれ出てその周囲の地面に流れ出ているのは非常に珍しい光景であると言っている。同博士は、東京市のほとんどの地域は掘抜井戸によって、清浄な水の送水が行なわれているのだろうとみている。東京市当局は、究極的には、この井戸による給水にその水源を求めねばなるまい。

この問題について、さらに詳細を知りたい人は、『日本アジア協会会報』第十二巻第三部一四三ページ所載のコルシェルト博士の価値ある論文を一読してほしい。

（2） 窓間鏡は幸運にも日本では知られていない。日本では金属の小さな平円盤を磨きあげたものを鏡にしており、使用しないときは小箱にしまっておくという賢明さ！

（3） 『日本アジア協会会報』第一巻二〇ページ。

第八章　古代家屋

日本の古記録に見える家について　日本における家屋の発達の沿革を明らかにすることができれば、きわめて興味ある研究部門となるだろう。このような研究に必要な資料は現存するであろうが、不幸にして日本の古記録を充分に読みこなせる学者がほとんどいない。チェンバレン氏〔訳注＝一八五〇—一九三五。イギリスの日本学者。一八七三—一九一一滞日。東京大学で教えた〕の努力および在日英国公使館のサトウ氏〔訳注＝一八四三—一九二九。イギリスの外交官。維新前後のイギリス対日政策に貢献した。日本研究家としても著名〕、W・G・アストン氏〔訳注＝一八四一—一九一一。イギリスの外交官。『日本書紀』英訳（一八九六）などにより、日本研究家としても有名〕、マックラッチー氏その他館員諸氏のおかげで[注1]、民族学の研究者は、日本における初期の家屋の特徴を一瞥することができる。

　アーネスト・サトウ氏による「祝詞」Japanese Rituals の英訳[注2]、バジル・ホール・チェンバレン氏による『古事記』*Kojiki* すなわち『古代の諸事象に関する記録』Records of Ancient Matters の英訳[注3]、およびW・G・アストン氏による『日本紀』の英訳[注4]によって、——われわれ外国人は、千年以上も昔のままの日本家屋を瞥見できる。

　サトウ氏は、祝詞は「おそらく、『古事記』および『日本紀』*Nihongi* に収録されている詩だけを除外すれば、現存する古来からの日本文学のうち最古のもの」と認めている。チェンバレン氏は、『古事記』は、「ツラン族、スキタイ人、アルタイ人とさまざまに呼称されてきた人種の一大集団による最古の信頼すべき一貫性を持った文学的産物である。そしてこれは、非アーリヤ系インドに現存する最古の文学作品より少なくとも一世紀は古い」と述べている。

『古事記』に見える家屋構造に関する言及は、わずかではあるが暗示的であって、問題なしに、われわれをして第七、八世紀ころの日本家屋の状況を髣髴とさせる。

サトウ氏は、自らの「祝詞」の英訳において、この定式（サーヴィス）が初めて制定された時期は、確かに十世紀以前か、おそらくそれよりも早いと述べている。これらの記録によって、サトウ氏は以下のことを確信している。すなわち、「日本の君主の宮殿は木造の小屋（ハット）で、その柱は地中に埋め込んで建ててあり、近代の建築に見られるように、大きい偏平な石の上には建てていなかった。家の全骨組み、すなわち柱（ポスト）、梁（ビーム）、椽（ラフター）、出入口枠（ドア・ポスト）および窓枠は蔓状植物の長い繊維性の茎（ステム）を捩（ねじ）って作った紐で縛り合わせている。――たとえば葛（くず） *kuzu* や藤 *fuji* の茎である。床（ゆか）は低かったに違いない。その結果、居住者が畳の上にしゃがんだり、寝そべったりしては毒蛇の音なき攻撃に晒（さら）されたのであった。毒蛇は、おそらく古代にはかなり沢山いたのであった。それは、この国のほとんどが、現在に比べて未開であったからである。……床 *yuka* は、元来、小屋の側面に巡らされていた臥所（カウチ）にすぎず、その内部はたんなる土間であったこと、およびこの臥所が徐々に拡大されていって、やがて内部全体に及ぶに至ったことには何らかの理由が考えられよう。椽は棟柱（リッジ・ポール）の上に突き出していて相互に交錯している。この類型は、近代の神社 modern Shin-tau temple の屋根にも見られる。日本人の建築術が古来の伝統にのっとったものか（伝統的な手法では椽がすべて交錯している）、あるいはより進んだ建築原理を受け入れて修正されたものか、いずれにしてもそのようになっている。そして、この交錯した椽は、棟の両端のたんなる装飾として残った。屋根は草葺きで、おそらく両端が切妻造りであって、薪火の煙を出す穴が開いていた。――かくて、小鳥が入ってきたり、上方の梁（ビーム）にとまったりして、煮炊き物やその煮炊きの薪火に糞を落したことであったろう。」

『古事記』から、われわれは、それほどの古代においても家屋は、寺院ないし宮殿、一般住居、倉庫および掘っ建て小屋（ルード・ハット）と呼ばれているような形態を示すほどに、充分に区別のつくものであったことを知るのである。寺院や宮殿が、決して掘っ建て小屋風のものでなかったことは、縁側（ヴェランダ）、大屋根、頑丈な柱、高い横桁（クロス・ビーム）などを照合すれば明らかである。これらの建物は、少なくとも二階建であった。このことは、人々が二階から外を眺めている表現があることから分かる。農民は、屋根を高くした構造の家――すなわち、屋根そのものの上に、さらに高く棟が築かれているような家や、屋根に別構造の附随物を有した家を建てることを許されていなかったのである。このことは、当時、いろいろな形の家屋や棟があったことを示している。竈（かまど）は、床の中央にしつらえられ、屋根の切妻の隅には排煙口があって、ここには格子が嵌められていた。――このようなものは現在でも日本の田舎の家屋に見られる。これらの家屋の柱は、現代の家のそれのように礎石上に立てられていたのではなく、その一部が地中深く埋め込まれていた。

『古事記』の家屋に言及した個所、すなわち、「我（あれ）其の船を押し流さば、差暫（やしま）し往でませ。味（うま）し御路（みち）有らむ。乃ち其の道に乗りて往でまさば、魚鱗（いろこ）の如（ごと）造れる宮室（みや）」とか「凶徒瓦（かはら）のごとく解（と）け」は、この時代に瓦が存在したことを示している。また、茅の代わりに鵜の羽を用いたことについての好奇心をそそるような言及がある。家屋には表戸、裏戸、揚簾戸、および窓、開口部があった。

さらに、大工が不器用なために、大屋根の向こうの脇の「鰭（フィン）」が角のところで下がっているとの表現がある。――おそらくこれは、広く張り出した軒のことであろう。このような軒の角は誰の目にも「鰭」に見えるであろうからである。屋内には、菅（すげ）、皮革、絹などの敷物や、睡眠にさいして隙間風を防止するための装飾を兼ねた衝立[注5]が置かれていた。城は、裏門、潜り戸その他の門を備えている。これらの門のあるものは、少なくとも上部が屋根風の構造になっていた。『古事記』にも、「金門蔭　かく寄り来ね。　雨立ち止めむ」とある。

垣根についても言及がある。便所は家屋から離れた所か、あるいは流水上に設けている、と数個所で述べられている。――「カハ・ヤ *Kaha-ya* すなわち川屋は、間違いなくこれに由来する。」この形態の便所は、シャムからジャワにかけて特徴的である。マレー人との古代におけるこの類似性を示唆する言葉が、ある日本の古典に見えている。それは第一〇世紀に書かれたとされている『物語』*Monogatari* すなわち『大和物語』[注6]と題するもので、チェンバレン氏の英訳がある。それによると、「さて、古代にはこの国の人々は、生田川の中に設営した台の上に建てた住居に住んでいる[訳注1]。」また『古事記』には、「肥河の中に黒き巣橋を作り、仮宮を仕へ奉りて坐さしめき」とある。翻訳者はこの個所の意味について、「人々は、肥河の中に、皇子のための行宮を建て（この建物の基礎が、実際に水中に作られたか、あるいは島に作られたかは明らかでない）、これを、樹皮を残した木枝を撚り合せて作った橋によって本土と連結したのである（ここにおいて「黒い」という言葉が重要である）」と述べている。

『古事記』には蘿摩船の記述がある。これは一種の二連小舟のことではないであろうか。木の葉の皿から食物を食べることが述べられている。これはマレー地方に特徴的なものである。

これらのさまざまな記述――とくに便所や水上に家を建てることについての記述――は、日本人に特徴的な南方人との類似性を示すものとして意味がある。南方人との類似性の特徴はこのほかにも家の構造全体に見られる。

読者の便宜のために、『古事記』に見える参考的記述の主なものを以下に引用しておこう。この古記録の始源および英訳の仕方については、チェンバレン氏がその英訳に附している序言を参照していただきたい。

「凶徒瓦のごとく解けき。」（チェンバレン原著、八ページ）

「爾に殿の縢戸より出で向かへし時、」（同、三四ページ）

「家に率て入りて、八田間の大室に喚び入れて、」（同、七三ページ）

「宇迦能山の山本に、底津石根に宮柱布刀斯理、高天の原に氷椽多迦斯理て居れ。是の奴。」（同、七四ページ）

「嬢子の　寝すや板戸を　押そぶらひ　我が立たせれば」（同、七六ページ）

「綾垣の　ふはやが下に、苧衾　柔やが下に、栲衾　さやぐが下に」（同、八一ページ）

この翻訳者による「綾垣」'ornamented fence' は、臥所の周囲に繞らす帷のことと思われる。（注7）

「天の新巣の凝烟」（同、一〇五ページ）

「鵜の羽を葺草に為て、」（同、一二六ページ）

「此の刀を降さむ状は、高倉下が倉の頂を穿ちて、其れより堕し入れむ。」（同、一三五ページ）

「葦原の　しけしき小屋に　菅畳　いや清敷きて　我が二人寝し」（同、一四九ページ）

「海に入りたまはむとする時に、菅畳八重、皮畳八重、絁畳八重を波の上に敷きて、」（同、二一二ページ）

「是の口子臣、この御歌を白す時、大く雨ふりき。爾に其の雨を避けず、前つ殿戸に参伏せば、違ひて後つ戸に出でたまひ、後つ殿戸に参伏せば、違ひて前つ戸に出でたまひき。」（同、二七八ページ）

「爾に天皇、女鳥王の坐す所に直に幸でまして、其の殿戸の閾の上に坐しき。」（同、八一ページ）

「多遅比野に　寝むと知りせば　立薦も

持ちて来ましもの　寝むと知りせば」（同、二八八ページ）

「爾に山の上に登りて国の内を望けたまへば、堅魚を上げて舎屋を作れる家有りき。天皇其の家を問はしめて云りたまひしく、『其の堅魚を上げて舎を作れるは誰が家ぞ。』とのりたまへば、答へて白ししく、『志幾の大県主の家ぞ。』とまをしき。爾に天皇詔りたまひしく、『奴や、己が家を天皇の御舎に似せて造れり。』とのりたまひて、即ち人を遣はして其の家を焼かしめたまふ時に、」（同、三一一ページ）

「是に志毘臣歌曰ひけらく、

大宮の　彼つ端手　隅傾け

とうたひき。如此歌ひて、其の歌の末を乞ひし時、袁祁命歌曰ひたまひしく、

大匠　拙劣みこそ　隅傾けれ」（同、三三〇ページ）

古代日本の祝詞に、サトウ氏が発見したことは、古代家屋の椽が屋根の棟木から上方へ交錯したかたち――つまり、現代の神道の社に見られるようなかたちに突き出していたことである。シンガポールに近い、マレーの家屋の屋根の切妻になった両端には、風変わりな様式がよく見られる。これは、屋根の両端で突き出した用材が交錯したかたちをなしている。この突き出した部分は奇妙な曲線模様の彫刻による装飾が施されている（三〇三図）。このような交錯した椽の名残りは現代の日本家屋に見られる。すなわち、二章の四五図および八五図に出ているように、屋根に跨っているような格好のX字型の造作をそれと見なすな

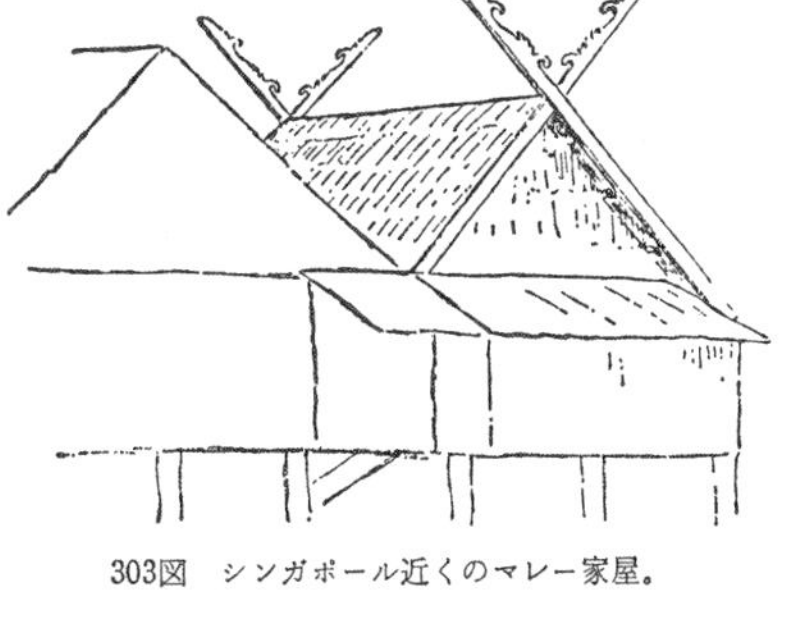

303図　シンガポール近くのマレー家屋。

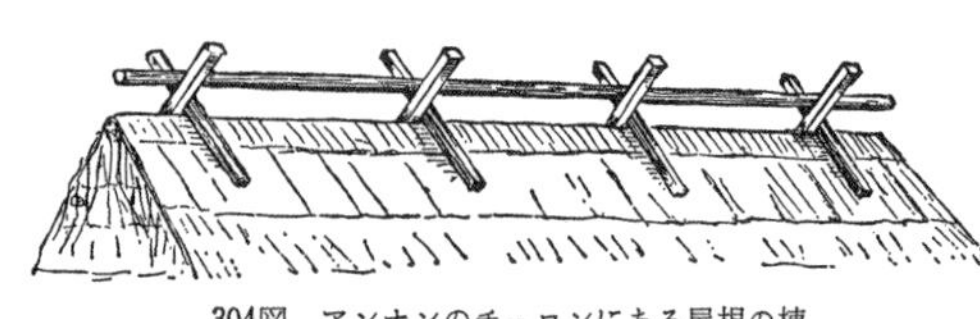

304図　アンナンのチョロンにある屋根の棟。

らばの話であるが。サイゴンに近い川沿い、およびサイゴンからアンナン（三〇四図）のチョロンCholonに通じる道路に面した家の屋根に、これと瓜二つの様式が見られる。

日本家屋における「床の間」（元は臥所であったらしい）は、アイヌの家屋に起源をもつものとみるのが普通である。しかし、この起源説明はまったく根拠がないようにわたくしには思われる。アイヌ人の家では、床は固地面である。つねにそうではないが、時には小屋の中央にしつらえられた炉端の周囲に藺の莫蓙筵を敷くことがある。おそらく少しでも居心地を良くしようとする気持が働いて、アイヌ人は、低い板張りの台を造るようになったのであろう。――このような台は、アイヌ小屋では一般に壁に沿って設けられている。この台は、寝床としての用途だけでなく、さまざまの箱や世帯用品のほか、家の側面（サイド）や差し渡した棒（ポール）に吊すことができないような品物を置いておくのに役立つ。このような台に仕切を巡らしたものや、寝床としてのみ用いられているものは見たことがない。「床の間」の起源についてあえてなんらかの推測を試みることに確実性があり、あるいは、外面的類似性が構造上の親近性になんらかの意味を持つとすれば、マレーの家屋にこの様式の原型を探ることができるかもしれない。シンガポール近くのマレーの村落では、寝床専用のやや高くした場所のほかに、壁面から突き出した幅の狭い仕切がある。ただし、この仕切は床の間と違い棚とを隔てる仕切とは形態的にじつによく似ている（三〇五図）。

日本家屋とマレーの家屋におけるそれに類似的な形態のものとのあいだで指摘されているさまざまの関連性が重要であるかどうかは別として、その関連性は、日本以外の土地に起源を持つ家屋構造に見られる特徴的形態を持つものの起源を探ることによって明らかになるにちがいない。日本の古代家屋に関して蒐集しうるものから判断して、ある重要ないくつかの類似点が、アンナン、コーチ・シナ〔訳注＝アンナン、コーチ・シナ共に現在はベトナムの一部〕などの南方諸国、とくにマレー半島諸国に探求されねばならないように思われる。

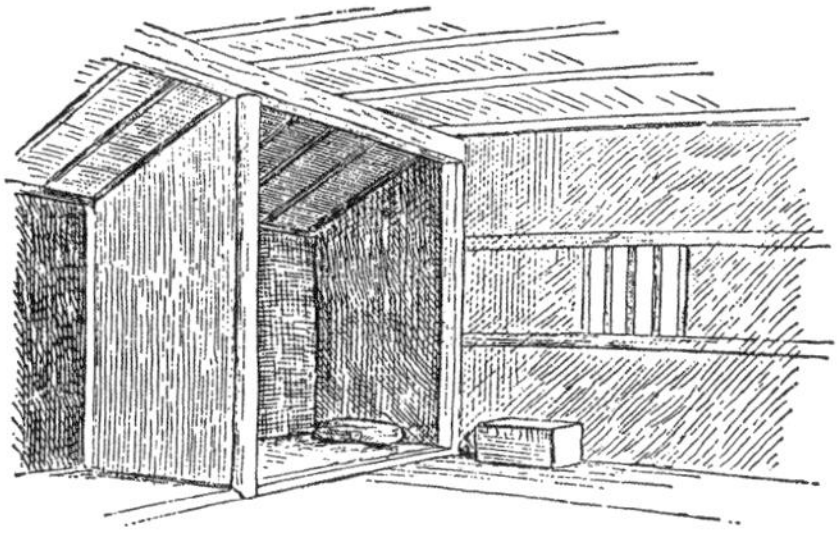

305図　シンガポールのマレー家屋。寝床が見えている。

アーネスト・サトウ氏は、みずから「日本最古ではないが、神聖という点で第一級の神社」と述べている伊勢神宮に関する(注8)論文において、古代家屋に関する興味のある事柄に触れている。

「日本の古物研究家によれば、大工道具が発明される以前の古代においては、これらの島々に住んでいた人々の住居は、樹皮のついたままの若木を菅(ラッシュ)（菅(すげ) suge—Scirpus maritimus）〔訳注＝Scirpus 属はスゲ属と同じカヤツリグサ科の草本で、湿地に生える藺に似た植物。原文には *suge* とあるが、スゲ属のラテン名は Carex である〕または、藤の若枝(シュート)で結わえ、萱と呼ばれる草で屋根を葺いている。近代建築では、家の柱は、地面に据え置いた大きな石の上に立てられている。このような腐蝕防止策は、古代には採られなかった。古代には人々は、地面に掘った穴に柱を立てたのである。

小屋(ハット)の土台は長方形で、四隅に柱(アップライト)を立ててあり、小屋の四側面(フォー・サイド)のそれぞれの中央部にも柱が立てられている——家の両端を形造っている側面に位置する柱は、棟木(リッジ・ポール)を支えるに充分な丈の長いものを使っている。このほか、隅から隅へ何本かの原木（トウリー）を水平に差し渡して結わえている。その一本は地面に近く、もう一本は最上部に近く、さらに一本は頂上に結わえつけられている。この最後のものは、いわゆる敷桁（ウォール・プレート）を形成している。上端部で交錯している二本の大きな棰が、この敷桁から高いほうの柱の頂上にかけて置かれている。棟木は、棰の上部が交錯してできた叉状部（フォーク）に据えられている。屋根の両側の傾斜面に沿って横木（ホリゾンタル・ポール）が並置されている。叉状部の両側面の外角の部分に密接して横木が対をなして結わえつけられている。棰は、細い柱ないし竹で、棟を跨ぐような形で伸び、その先端は敷桁に結わえつけられている。つぎに屋根を葺く作業である。茅（かや）を押えるために、棰の叉状部に置かれている棟木と平行して二本の原木を並置している。この二本の原木に交叉するかたちで、一定の間隔を置いて何本かの短い丸太が並置されている。これらの丸太は、棰の叉状部の両側面の外角部に取り付けた横木（ポール）に紐で結わえられている。この紐は、屋根の棟をしっかり結わえつけた残りの部分が、草葺屋根を突き抜けている。

壁や扉は粗い作りの筵（むしろ）であった。樹木を必要な長さに切るために、何らかの道具が使用されたことは明白である。このために鋭利な石片がおそらく用いられたのであった。この種の石製道具は、石鏃や棍棒とともに、日本の各地に埋蔵された状態で見つかっている。古代の様式を備えた標本的な住居が、こんにちでも、奥深い田舎へ行くと見られるようである。――ただし、一時的な用途を目的として建てられた小屋に比べると、農家の場合にはおそらくそれほど多くは見られないと思われる。

神社の建築は原始的な小屋（ハット）に由来するもの

で、これに、仏教の影響につれて、それぞれの特別の場合に多少の修正が加えられたのであった。もっとも純粋な様式のものは屋根が草葺きである。このほか『檜皮葺き』*hiwada-buki* と呼ばれる厚い柿葺き(シングリング)、瓦葺きおよび銅板葺きの屋根のものがある。棰の突き出した部分は千木(ちぎ) *chigi* と呼ばれるが、これはさらにいくぶん長くなり、やや入念な彫刻が施されている。江戸の九段坂に建立された新しい神社の場合に、この棰は、柿葺きの内部から突き出していて、それ本来の位置にあるのが分かる。しかし、多くの場合は、X字型の二組の木組みを置いたにすぎないように見える。それが屋根の棟に据えられた姿は、日本の作家の比喩を借用すれば、馬の荷鞍ということになる。棟に置いた二本の原木(トウリー)を固定している丸太は、それぞれ末端が細くなった円筒形であるが、外国人はこれを葉巻(シガー)にたとえている。日本ではこれを〈鰹木〉*katsuo-gi* と称しているが、これはその形が〈鰹節〉*katsuo-bushi* の名で売られている〈鰹〉の乾物に類似しているからである。草葺きの屋根に置かれたこの二本の原木は、棟押え(ルーフ・プレッサー) *Munaosae* と呼ばれる一本の梁(ビーム)に代わっている。もともと建物の側面を塞いでいた筵(マット)は厚板張り(プランキング)に代わり、入口には折りたたみ式扉がついている。この扉は蝶番ではなく、専門的用語でいえば、回転軸によって取り付けられている。原始的な小屋は床がなかった。しかし、社殿の場合は地上数フィートの高さに木造の床がある。この設備は、その周囲に一種の張出縁(バルコニー)と、入口に通じる踏段とを必然的に伴う。これに多数の装飾用真鍮金具を取り付けて変形し、様式上完成されたものがいくつか見られる。」

これよりも時代を少し下って、『土佐日記』と題する日本の古典に、家屋に関する興味ある記述がある。なお、この『土佐日記』*Tosa Nikki* は、

W・G・アストン氏による英訳(注8)がある。この日記が書かれたのは十世紀中葉で、京都に住んでいたひとりの宮廷貴族の記録である。しかし、この人物は、土佐国司として五、六年のあいだ郷里を離れていた。日記はかれの帰航のさいの記録である。この日記の筆が起こされたのは承平四年で、これは西暦九三五年(ママ)〔訳注=九三四年が正しい〕にあたり、約千年前のことである。郷里を離れていたあいだに、かれの九歳になる娘の訃報が届けられた。かれは詠んでいる。「みやこへとおもふをもののかなしきはかへらぬひとのあればなりけり」。

帰途はほとんど海路であった。最後に大坂川に入って強い水流に難儀して数日後、かれは山崎に着く。ここからかれは陸路を京都へ向かう。道を馬で行きながら、なじみの道標(みちしるべ)を見てかれは歓喜の気持を表明している。「かれは、通りすがりに目に触れた店先の玩具や駄菓子のことを述べている。そして、友人の心情に変わりがないかを知りたい気持に駆られている。かれは山崎をわざと夕方に発ったのであった。それは、夜になってから我が家に着くようにするためであった。」アストン氏による当該部分の翻訳はつぎのようである。

「我が家に帰り着いて門を潜った時、月が皎々と照っていた。そのためわたくしには門(かど)口(くち)の有様がはっきりと見えた。それは譬えようもないほどに老朽し瓦解していた。――それは便りに聞いていた以上にひどいものであった。さる人に管理を委託してあった家(注10)も、我が家に劣らず荒れ果てていた。この二軒の家のあいだに設けられてあった垣根もこわれてしまっていた。このため、二軒の家が一軒のように見えた。管理を委託してあった人は、隙間から中を覗き見るだけで管理の責任を果たしていたように思われた。ところが、わたくしは、機会があるごとに、かれに、その家をつねに修復するだけの金員を手渡していたのであった。しかし、今夜、わたくしはこのことをかれに声を荒げて言いたい気持を押え、いらただしい気持のなかから、わたくしは、かれに面倒を掛けたことに対して謝意を表したのであった。ある場所に、水が地面の凹みに溜ってできたような池があった。その池の辺りに樅が一本自生していたのだが、その樅が枝振りの半分を失くしていた。わたくしは五、六年のあいだ留守にしただけなのに、その様子は千年もの歳月の流れを語るかのようであった。その木の周りには何本かの若木が育っていた。附近一帯はかなりなおざりにされた状態にあり、見るに耐えないというのが一般の語り草であった。このほかのさまざまな侘しい想いのなかでも、おのずから心に浮んでくることは——ああ、何と悲しいことだ！——この我が家に生を享けながら、今は自分とともにこの家に帰り住むことがなくなったものの想い出であった。船に乗り合わせたものは、腕に抱いたその子供らと楽しげに語らっている。しかし、わたくしは、一入悲しみを堪えきれなくなって、わたくしの心を知る人に向かってつぎの歌をひそかに詠んだのであった。[訳注2]」

この哀感を誘う文章に、われわれ外国人は、およそ千年前のこの家の様子を垣間見ることができる。二軒の家のあいだにある壊れた垣、現在と同様におそらく当時も目に立つ構築物であったが、もうすっかり荒廃したその門、生い茂る若木が枝を絡ませ合って荒れ放題になっている庭、——これらはすべて、現在もわれわれの目に触れることがあるそのような有様が、かなり昔にも存在したことを示している。

日本における家屋発達史は、もし明らかにされるとすれば、それは日本の家屋がおそらく過去の粗末な小屋同然のものから現代の入念かつ芸術的な造作の家屋まで時間をかけて着実に進歩したことを示すであろう。——その家屋は日本独自の産物なのである。つまり、中国、朝鮮あるいはマレーの家がそれぞれその民族の産物であると同様に、またこれら民族の家屋が互いに相異なっているのと同様に日本の家屋は、あらゆる他の家屋と異なったものなのである。外国から採り入れた面もいくつかは見られるが、それらは、われわれアメリカ人が、祖先であるイギリス人から採り入れた、建築における外国の様式の全体的模倣に比べると僅少である。数年前まで、アメリカ人は、古典的とその他とを問わず外国の建築の拙劣な模倣というかたちで、われわれに遺贈された伝承物を永久化するにさいしてイギリスを模範としてきた。その一つの結果として、優れた趣向の公共建造物も若干はあるものの、アメリカじゅうに、均整のとれない、不様（ぶざま）な、そして公共の用途にはまったく不適当な建築物が無数に散在することになった。もし薪小屋（ウッド・シェッド）や一階建の建物に豊かな夢が採り入れられておれば、この害悪は取るに足らぬ程度であったであろう。しかし、平均的なアメリカ人を特徴づけていると思われるあの見栄を張る気持が、何処（どこ）よりも目立つ場所に、あのようなひどい建築物を建てさせることになったのである。

日本人は、独自の様式の家屋を発展させるいっぽうで、有用な瓦を朝鮮から、また、おそらく経済的な桁組み（トランスヴァース・フレイミング）と支柱構造（ヴァーティカル・ストラット）とを中国から、そして外部装飾にはいくぶん寺院建築を採り入れたのであった。日本の寺院建築は、日本人の宗教の一つとともに到来したものであるが、この寺院建築に関していえば、日本人はそれを比較的到来当時のままのかたちで残すという良識を持ち合わせていた。まさに、寺院はこの国とその国民に完全に調和しているように思われる。しかしながら、もっとも屈従的な仕方で、自国の気候風土と国民にまったく不適当な外国の建築様式を模倣してきたイギリス人が見せた趣向に対して、われわれは何と言えばよいであろうか。市街区画をなすイギリスの一棟建のビルディングには、ギリシア風、ローマ風、イタリア風、エジプト風さらに他のさまざまな建築様式ばかりでなく、無謀にもそれらの建築様式をとり混ぜたような折衷型さえ見られる。結局、この結果としての混成物が現在のイギリスの都市を、アメリカ以外のキリスト教国においてもっとも非絵画的かつ乱雑なものにしてきたのである。(注11)

注

(1) イギリスの賢明な公務員制度(シヴィル・サーヴィス)のお蔭で、学者および外交官は、東洋においてこのような職務に携わることを命ぜられる。当然の結果として、政治、通商、文学のいずれを問わず、ごく少数の例外を除いて、栄誉はすべてイギリス人の上に輝いている。

(2) 『日本アジア協会会報』第九巻第二部一九一ページ。

(3) 上掲書、第十巻、補遺。

(4) 上掲書、第三巻第二部一二一ページ。

(5) アンナンにおいてわたくしが気づいたのは、寝室は、茣蓙(ござ)で作った仕切があることと同様に、布の仕切を使っていることによってそれと分かったことであった。

(6) 『日本アジア協会会報』第六巻第一部一〇九ページ。

(7) E・サトウによるこの一文の英訳は原文とはまったく異なったものとなっている。

(8) 『日本アジア協会会報』第二巻一一九ページ。

(9) 『日本アジア協会会報』第三巻第二部。

(10) W・G・アストン氏の英訳によると、この語 (house) は "heart" となっているが、明らかに誤植と思う。

(11) 「じつに多くの怪奇な設計が、一般的にゴシックの名のもとに行なわれているかは思い起こすだに嘆かわしい。それらは精神および形式のいずれにおいても中世芸術の特質を写してはいない。ロンドンでは、教会堂、音楽堂をはじめ盛り場のどれも相似かよった建物まで、これら異常なまでの無教育な俗趣味ずくめの代物が顔を並べている。全体的に外観で人目を引き、通常は余すところなくけばけばしい装飾を施したこれらの建物は、J・ラスキン氏が『犠牲の光輝(ランプ・オヴ・サクリファイス)』と呼んだ古代の壮麗な建物と、現代意匠崩壊の素因というべき贅を貪る心とを識別する能力のない、無知な判断力を欺くに充分であるように思われる。」——イーストレイク著『家庭的趣味の心得』二一ページより。

訳注

(1) その原文はつぎのようになっている。
「当時(そのかみ)、生田(いくた)川の川(かは)つらに、女平張(しらばり)をうちてゐにけり。」

(2) 原文を参考のために掲げておく。
「いへにいたりて、かどにいるに、つきあかければ、いとよくありさまみゆ。きゝしよりもまして、いふかひなくぞこぼれやぶれたる。いへにあづけたりつるひとのこゝろも、あれたるなりけり。なかがきこそあれ、ひとついへのやうなれば、のぞみてあづかれるなり。さるは、たよりごとに、ものもたえずえさせたり。こよひ、『かかること。』と、こわだかにものもいはせず。いとはつらくみゆれど、こゝろざしはせんとす。さて、いけめいてくぼまり、みづつけるところあり。ほとりにまつもありき。いつとせむとせのうちに、千とせやすぎにけん、かたへはなくなりにけり。いまおひたるぞまじれる。おほかたのみなあれにたれば、『あはれ。』とぞひと〳〵いふ。おもひでぬことなく、おもひこひしきがうちに、このいへにてうまれしをんなごのもろともにかへらねば、いかがはかなしき。ふなびともみな、こたかりてのゝしる。かかるうちに、なほかなしきにたへずして、ひそかにこゝろしれるひとといへりけるうた、」

（「日本古典文学大系」本に拠る）

第九章　日本本土周辺の家屋

以上において、日本の古代家屋を概観したといっても、文字通り一瞥したにすぎないのであるが、日本帝国の一部をなす近隣諸島にも見られる家屋、および日本にもっとも近い朝鮮の家屋の特徴について簡潔ながら考察してみることは興味あることと思われる。朝鮮からは過去に幾度かの平和的または強制的な侵入(インヴェイジョン)があった。——約三百年前、朝鮮への一大侵略から秀吉が引き揚げたとき、かれは陶工その他の職人を集団的に日本へ連れ戻ったが、この意味において強制的だったのである。

アイヌの家屋　蝦夷(えぞ)のアイヌ人がまずわれわれの注意を引く。その理由は、かれらが日本固有の原住民であって、のちに日本人に取って代わられたと一般に信じられているからである。——この移動は北米土着民(サヴィジ)に英国人植民者が取って代わったことに似ている。アイヌ人が蝦夷に土着する種族であるかどうかは、ここでは論じないことにしよう。かれらが文字を持たない土着の民族(サヴィジ・レイス)——すなわち、もと日本の本州の北部地域を占拠していた種族であって、強制的にだんだんに蝦夷へ押し戻され、同地方で各地に現在見るような共同生活体を形成して生活していた——であったということは疑問の余地のない事柄である。現在のアイヌ家屋がどの程度まで古代アイヌ家屋に類似し、さらに日本家屋の特徴がどこまでそれに由来するかを結論づけることは困難である。蝦夷の西岸沿いの、そして東岸の白老(しらおい)から南の石狩峡谷で見たアイヌ人は、日本語を話し、塗物の椀(ボウル)で食物をたべ、箸を使い、小さなパイプでタバコを吸い、酒を飲んでいた。かれらの小屋(ハット)には、塗物の箱(ラッカー・ボックス)、衣類をしまい込むためのその他の道具類などがあり、おそらく往時に日本人から譲渡されたものであり、先祖伝来の物であった。他方、かれらはかれら独自の言語、長細い丸木舟を持ち、小さな弓と毒矢を使用し、独自の箙（えびら）を有していた。またかれらは先祖代々の信仰を守り、独特の意匠を発達させていた。そして、かれらが多くの慣習に執着する様子には、アメリカの西部地域に住むインディアンに劣らぬ永続的なものがあった。かれらが環境になじみやすいことは、東京の師範学校にアイヌ人青年が在校していることによって知られる。その青年から、わたくしは、弓術に関していくつかの興味ある事柄を聞いたのであった。

簡単に言えば、わたくしが見たアイヌの家屋は骨組みが粗雑であるが、これによって草葺屋根を支えており、壁は葦（リード）と藺（ラッシュ）をやや硬い横（クロス・ピース）材と一緒に織り合わせたものでできていた。内部は、家の大きさそのままの一部屋になっていた。たいていの家には袖（エル）があり、この袖の部分に戸口（ドアウェイ）が設けられている。この戸口が粗末な張出玄関ふうになっている場合がある。草葺屋根は手の込んだ造りで、絵のように美しい。この点は日本家屋に見るどんな草葺屋根とも形態上異なっている。――しかし、すでに述べたが、わたくしは大和で、屋根の勾配がアイヌの屋根のあるものにきわめて類似したものを見たことがあった。

低い戸口から屋内に入ると、暗い部屋がある。あまり暗くて物を見分けることが困難なくらいである。その家の住人が、樺の樹皮を巻いたものに火をつけてくれると部屋の中が見える。しかし、中に入った途端に、外から見たこの小屋（ハット）の小ぢんまりした絵画的な美しさはことごとく消失してしまう。足下は硬い湿気の多い土間である。直ぐ頭上には黒く煤けた棰が並んでいる。これらの棰から水平に渡された細い丸太も、同様に油煙で真っ黒である。その真っ黒にしみついているのは生臭い鼻をつく魚の匂いである。床の中央部にかなりの面積を占める四角い部分がある――つまり炉である。その二方には敷物が敷かれている。煙の上

306図　蝦夷のアイヌの家屋。

307図　蝦夷のアイヌの家屋。

に深鍋(ポット)が吊されている。というのは火がどこにあるのか分からないくらいだからである。また一方の脇には大きな椀が置かれていて、中には夕食の残りが入っている。その中味は、魚の骨といっても見るからにうんざりするような大きな骨で、それを見た途端に食欲がなくなってしまう。煙は、戸口以外の唯一の開口部――つまり、低い庇のすぐ下に作られた小さな四角形の開口部――のところで詰まって、屋根の勾配とのあいだにできた小さな隙間から外へ出ようとして渦を巻いている。部屋の一方にはやや高くした板張りの床がある。この床に敷物が敷かれ、塗物の箱(ラッカー・ボックス)、魚網の束ねたもの、その他種々雑多なものが置かれている。棰や柱からは弓、矢の入った箙、鉛を象眼した奇妙なかたちの木の台板(タブレット)上に置いた匕首(あいくち)、魚の薄い切り身やさまざまな成長段階の雁木(がんぎ)鱝(えい)の頭などが吊されている。このように吊した魚の悪臭は腐敗臭を思わせるが、これはそうではなくて燻製保存の匂いなのである。どこに目を向けても汚ならしく、蚤がやたらといる。この暗黒と油煙と不潔の真只中に人々が住んでいる。——じつに物静かで取り澄ましていてそしてやさしい人々である。三〇六および三〇七図は比較的上層の種類に属するアイヌ家屋二種の概観図である。しかし、おそらくこの図のものは、蝦夷のこれよりもさらに北方のアイヌ家屋の形態とは同断できないと思われる。

八丈島民の家屋　さて、つぎに、ディキンズ氏およびサトウ氏の叙述に見る八丈島民の家屋について少し述べておこう。(注1) 上記二氏の報告につぎのような解説がある。

「ただちに考えられることであるが、この島には小売店とか旅籠(はたご)とかがまったくなくて、旅行者は農家において快く迎えられる。これらの農家はたいてい二ないし三部屋と広い台所からなる頑丈な造りの小屋(コッテイジ)である。建築用材はカシ（Quercus cuspidata）で、壁は厚板張になっている。壁は、日本内地では木舞(ワトル)に漆喰を塗りつけたものが普通で、屋根はやはり草葺きであるが、勾配がかなり急になっている。——これは気候が極端に湿潤なため、雨水を藁に浸み込ませないようにするためと思われる。比較的大規模な農家の多くは別棟の建物を持っていて、蚕の飼育場になっている。この建物は〈蚕屋(かいこや)〉（*kaiko-ya*）と呼ばれているが、それはこの建物が蚕の飼育を目的としているからである。このほかに家畜小屋があるが、一般に屋根は草葺きで、これを粗い造りの石壁の上に据えつけたものである。最後に、農家はそれぞれ柵で囲った敷地内に木造の倉庫(ゴーダウン)を持っている。この倉庫は床面が地面から四フィートほどの高さにあって、丈夫な木柱によって支えられている。この倉庫を支える柱の頂上部には鼠の侵入を防止するために、広く張り出した蓋（キャップ）を置いている。倉庫の様式はアイヌや琉球人の倉庫にそっくりである。

家屋およびそれに附随する菜園には石壁か、むしろ石と土とで築いた土手を巡らしてあるのが普通である。これらは、季節的に島に襲来する暴風雨から建物を防護するように設計されている。この暴風雨は、海岸からかなり内陸部まで多量の海塩飛沫を持ち込むために水田にしばしば甚大な被害を与えるのである。」

この地方の家屋を概述するにあたっては、この島の自然的特徴の興味深いスケッチ、地質、植物、慣習および方言などに触れざるをえないのであるが、このことから家屋のいくつかの特徴、――たとえば炉や寝床、さらに障子あるいは普通の窓、畳敷の床、その他評価すべき日本家屋との比較の対象となるような部分があるかどうかについては知るところがない。

サトウ氏は、八丈島民の言語中に、古代日本語の名残りと思われる言葉をかなり発見したが、さらに、かれらの慣習中にも一つの風変わりな慣習があることを知ったのであった。それは産屋（うぶや）を建てる慣習で、これはごく最近まで行なわれていたものであった。――これは日本の古記録に言及されるべき一つの特徴である。――また、八丈島の家屋は、そのスケッチとあわせて詳述すれば、いくつかの興味ある事柄が浮彫にされそうに思われる。

琉球人の家屋　現在、沖縄島 *Okinawa Shima* の名で知られている琉球諸島は、日本の南部と台湾とのほぼ中間に位置している。この諸島の人々は日本人によく似ている。――サトウ氏およびブラントン氏〔訳注＝一八四一―一九〇一。イギリスの建設技師。一八六八年来日し、わが国の灯台、港湾建設に貢献した〕によれば、この島民の言語には日本語の廃語と思われる言葉が存在する。また、多くの慣習中には中国風と日本風の奇妙な混合型が見られる。さらにブラントン氏は、琉球の橋その他の建造物に中国方式の類似点があることは確かであると言っている。

琉球人の家屋に関するつぎの引用は、アーネスト・サトウ氏が同諸島を訪れたさいの報告書に述べられているものである。同報告書は、『日本アジア協会会報』第一篇として出版されている。

「琉球人の家屋の建てかたは日本風である。床は地面から三ないし四フィートの高さにあり、たいていの家屋は平屋建である。それはこの地方に台風がよく襲来することによる。これらの家屋は、丈夫な厚い中国風の瓦で屋根を葺いている。米を貯蔵する建物は木造藁葺きである。これらの建物は高さ約五フィートの木柱の上に建てられており、アイヌ人の穀物倉に類似している。ただし、建てかたははるかに入念である。」

琉球人の家屋に関していま一つの引用を掲げる。この文章はR・H・ブラントン氏が(注2)『日本アジア協会会報』に発表されている。

「町々の表通りも見るからに佗しい。これらの通りの両側には、一〇ないし一二フィートくらいの高さの石塀があって、そのところどころに、入り込んで建てられた家に通じる出入口がある。どの家も塀を巡らしており、表通りから見ると、通常の家屋というよりも刑務所のような印象を受ける。……

富裕階級の家屋はすでに述べたように、一〇ないし一二フィートの高さの塀を巡らした囲い地(ヤード)の中に建てられている。これらの家屋は床が高く、畳を敷き、紙障子(スライディング・スクリーン・オヴ・ペーパー)を嵌めてあって、一般的な日本家屋に類似している。これらの家屋は木造で、日本的な建築の型とのあいだに特別な相違点は見られない。屋根は瓦を葺いているが、この瓦は形態的には日本瓦とかなり異なっている。二枚の凹面瓦(コンケイヴ・タイル)の接合部には凸面瓦(コンヴェックス・タイル)を一まい載せている。これらの瓦は横断面で見ると半円型になっている。瓦は那覇で作られており、赤土色をしている。質的には優れているように思われる。貧困階級の家屋は非常に原始的である。屋根は草を厚く葺いており、これを五フィートくらいの高さの四本の柱で支えている。壁は細竹を網状に編んだもの二枚からなっており、この二枚の細竹製の網のあいだは六インチほどの間隔があってこれに藁をいっぱい詰めてある。この壁によって家屋の四方を塞いでいる。——一方の壁面にのみ出入口として二フィート幅ほどの開口部がある。この地方の家屋について何らかの記述をしたものを見ても床に触れたものはない。そして、たいていは屋内の地面にじかに畳を一枚だけ敷いてあって、住民はその上で坐ったり寝ころんだりしている。」

ブラントン氏が琉球人に見た幾世紀にもわたる中国の強い影響力を考えると、かれらの住居に、日本家屋の多くの特徴が認められることを知って驚くのである。まさに、ブラントン氏は、琉球の家屋は、日本的な家屋構造と、とくになんらの相違もないとまで述べている。しかも、ブラントン氏が日本建築の構造上の特徴にひときわ注意を払った人であることから、もし両者の間に相違が認められるようであったとすれば、おそらく、それはかれの指摘するところとなったと見て間違いないであろう。

日本の北端から琉球諸島にかけての、日本の家屋構造に見られるある一定の特徴の広範囲な分布は、注目すべきことではないかと思われる。ここにひとつの民族が存在する。すなわち、幾世紀ものあいだほとんど独立した地方的な生活を営みきたり、北部地方と南部地方とでは異なった方言を話し、性格までが多様であるこの民族は、それでいて北方の青森から最南端部の薩摩、さらにはるか南方の琉球諸島に到るまで、一様に襖、障子、畳、薄い板を張った天井などを使用しているようである。四フィートくらいの高さの四本の柱の上に建てられた倉庫は、琉球人について概述したところと同様に、八丈島民の場合においても、アイヌ人が建てた倉庫との類似性の点で関連がある。しかしこれらの類似点は共通の一つの起源を示すものと見るべきものではなく、必要が生み出した結果に過ぎないものと考えるべきものと思う。なぜなら、カムチャツカおよびさらにその西方へ行った人が、同じ種類の倉庫について語っているからである。また、遠く南方のほうではシンガポールやジャワあたりでもこの種の倉庫が見られる。——じじつ、ニューイングランドの各都市、そしてまさにアメリカ合衆国全域にわたってこの種の倉庫が存在する。おそらく世界のどの地域においても、四本脚の上に建てられた倉庫や、さらにそれぞれの脚柱上に箱（ボックス）か平鍋（パン）をさかさにして置いたような倉庫が見られるのである。

朝鮮人の家屋　パーシヴァル・ローウェル氏のご厚意によって、わたくしは『朝鮮（ザ・ランド・オヴ・モーニング・カーム）』と題する同氏の朝鮮に関する著作の新刊見本を拝見することができた。同氏は、この価値高い著作から、朝鮮の住居に関する多くの興味ある事柄を拾い出すことをわたくしに許してくださったのであった。家屋は平屋建である。二、三段の踏み段があって狭い縁側（ピアッツア）か、かなり幅の広い敷居（シル）に通じており、これらは家屋全体を巡っている。内部の部屋は家屋全体の大きさによって規制される。換言すれば、屋根の下は一室しかないということである。しかし、住居の比較的高級なものはこのような建物の集合体でできている。家屋は木造で、石の基礎の上に建てられている。この基礎は、いくつかの小室（チェインバー）すなわち煙道（フルー）を接合したものでできている。一方の側に大きな炉ないし窯がしつらえられてあって、ここで火を起こす。燃焼の副産物はこのいくつもの小室の迷路を通って循環し、煙突からではなくて、反対側の出口から外に出る。この方法によって、その上に建てられている部屋が暖房される。この窯式基礎には三つの相異なった型式がある。最上のものは、一枚の板石を多くの頑丈な石柱で支えている。この板石の上に土を薄く敷き、この土の上に敷物状に油紙を広げて置く。別の方式のものは、前から後へ、幾すじかの土と小石の畝（リッジ）が縦に走っていて、この上に前述のと同じ石と土と油紙とからなる装置をしつらえている。第三のものは、設備としても貧弱で、窯と煙道は、地面を掘っただけのものである。ローウェル氏は、この考案は通風が適切でさえあればすばらしいものだと述べている。不幸なことに、この上部に位置する部屋は、その中で住人が、とろ火の天火にかけられる箱と同然であるとローウェル氏は述べている。いま一つの不利な点は、部屋を急速に暖房できないことである。同氏の言葉を借りれば、「部屋は、やがて暖房されるからという期待感だけで、酷寒のひと時を苦闘のうちに過すまで、暖まり始めさえしない。やがて適温と思われる温度となり、その状態がいつまでも続いてくれそうになるが、その温度になったことを実感する間もなくこの心地よさは瞬間のうちに過ぎ、じつに驚くばかりの度合で温度が天井知らずに上がり続け、調節ができなくなる」と。このような暖房の風変わりで巧妙な方法は約一五〇年前、中国から伝えられたものと言われている。

もっとも高級な家屋は骨組（フレイムワーク）みそのものである。――屋根は、家屋の大きさによって八本ないしそれ以上の柱で支えられている。基礎の上に据えられたこの骨組みが唯一の固定構造である。夏季にはこれが骸骨のような様相を呈する。しかし、冬季には、これががっしりしてこぢんまりした姿になるのである。それは、ひと続きの折りたたみ式扉――柱と柱とのあいだに一対の扉がくる――がこの骨組みを完全に塞ぐからである。これらの扉は美しい格子作りで、外に開く。また内面から留金つき把手によって固定される。この扉は、その上部を閉じた状態にしたまま、一風変わった仕方で蝶番から取りはずすことができ、さらに、留金によって天井に固着できる仕組みになっている。この種の部屋のある建物は、宴会場およびいろいろな場合の接待室として使用される。これはアメリカの応接室に比較されるかも知れない。

　居間は、前述のとはまったく異なった設計に基づいて造られる。連続した扉ではなく、四方は壁と扉とによってできている。この壁は木造である。ただし貧弱なつくりの家では壁は泥土でできている。ローウェル氏は、「これらの建物では、壁孔（アパチャー）を三重の閉じもので塞ぐ入念な方式を用いている。——すなわち一種の三枚の外板（スキン）からなるが、ただこれらの外板は三枚を同時に使用するのでなく、取り替えて使用するようになっている。いちばん外側のは先述した折りたたみ戸に当たる。あとの二枚は二枚一対の引き開け式羽目板二組からなっている。——この二枚は、現在日本で使われているような形のもので、朝鮮においてかつて一般的であった引き開け式羽目板の名残りである。二組のうちの一対は濃緑色の紙を張ってあって、夜間に使用する。いま一対のは、油紙の地色である黄色の紙を張ってあって、昼間に使用する。不用の場合は、この引戸を壁の中の溝に収納する。この溝から引き出す場合は、戸の手前の端の中央部に取りつけた紐を使う。この種の引戸はすべて、家と肩籠（パラキン）のそれとを問わず、日本のとは違って、それぞれ対をなす二つの半分を括り合わせることができるようにこの紐がつけられていて、調整がより簡単にできる」と述べている。屋内の内張は油紙である。「紙が天井一面を蔽い、壁面に伸び、床面にまで広がっている。部屋に座を占めると目に映るのは紙のみである。物を見分けるための光そのものが、この紙を通して入ってきたものなのである」と同氏は附言している。

　この短かい引用によっても、朝鮮の家屋が日本のそれといかに相違するかが分かると思う。この相違は、ローウェル氏が朝鮮で撮影した写真の吟味によって確証あるものとなった。またこの写真によって、さまざまのものに混じって、窓としての四角形の壁孔がある石壁造りの家屋が存在することが明らかとなった。これらの壁孔は紙を張った枠（フレイム）によって閉ざしている。この枠は上方から吊されていて、外開きである。屋根には瓦を葺いている。さらに一風変わった草葺屋根がある。この屋根は傾斜面がでこぼこしており球面状になっている。またその棟は風変わりな結び目をなしているか、組み紐状になっている。これらは、あらゆる点で日本の多くの草葺屋根と異なっている。

中国人の家屋　中国の家屋、といってもわたくしが上海とその近郊においておよび揚子江上流と同様に広東で見たものにかぎられることになるが、それは、朝鮮の家屋が持っている相違点に劣らぬほどの驚くべき相違点を日本の家屋とのあいだに持っている。少なくとも都市においては、家屋は堅固な煉瓦壁造りである。調理用の竈はその壁の中に組み込まれている。煙突も同様に永久構造である。瓦葺屋根で、棟にも瓦を葺いている。建物に取り囲まれた中庭があり、石の床があって、そこでは土足のままでよい。他に蝶番式扉のついた戸口や、マドガイ科の二枚貝（Placuna）の透明な殻を嵌めた自在戸式枠によって閉じられる窓など。ただし、枠に白い紙を張ってある場合は一般に破損状態のものである。また、家具についていえば、卓子（テーブル）、椅子、寝台、抽出、幼児用椅子、揺籃（ゆりかご）、踏台などがある。わたくしが訪れたこれらの地域に見る中国の農家も、都市の場合と同様に、それに類する日本の家屋とは似ていない。

むすび　朝鮮や中国のような日本の近隣諸国の家屋と同様に、その周辺の島々の家屋の特徴を一瞥したことから、わたくしはつぎの点は認めてよいのではないかと考える。すなわち、日本家屋は日本人による典型的な産物の一つであって、中国と朝鮮が日本に近接した位置にあることを考えると、日本家屋には、外国の家屋のさまざまの特徴が、探り出せるような状態で混じり込んでいるということである。モンゴール人種によって築かれたこれら三大文明が半径数百マイルの範囲という近接した位置にあること、およびこれら三者が有史このかた多少とも親密な関係にあったことを考えるならば、日本の美術と文学の原型は大陸に由来したとみてもこれを単純に疑問視することはできない。これとまったく同様に、われわれの祖先であるイギリス人は、その言語、美術、音楽、建築およびかれらが築いた文明の多くの重要な要素をヨーロッパ大陸から引き入れたのであった。そして、もし歴史の語るところが真実であるとすれば、かれらの言語や礼節においてさえ、その洗練されたものは移入されたのであった。しかし、イギリスと同様に日本は、より偉大なそしてより古い歴史を持つ文明から移植せられた原型を修正し発展させるいっぽう、つねに若さの弾力を保持するとともに、われわれの文明の素晴しき諸事物を取り入れてきたのである。——それは、たとえば蒸気力であり、電気であり、学問研究の近代的方法であるが——日本はいち早くそれらを利用したのであった。この点は、改善とか外国の方法とかがきわめて徐々にしか認められることがないイギリスとはよほど趣を異にする。

日本国民を模造者(イミテイター)と模倣者(コピイスト)とからなる国民だというふうに非難すると、一部の英人文筆家からはとくに歓迎されるようである。このような人を食ったような態度を、行政および教育の確固たる方策の確立という壮大な仕事に携っている日本人の顔面に投げつけるような軽蔑的なやり口を見ると、イギリス人がものを書くときに用いる文字、印刷に使用する紙、計算に使用する数字、航海に使用する羅針儀、征服にさいして使用する火薬、崇拝する宗教、これらはすべてその起源をイギリスに持つものだと思いたくもなるというものであろう。実際に、イギリスが現在まで、その音楽、彫刻、建築、印刷、彫版(エングレイヴィング)などの技法、およびその他の多くのものに負ってきたさまざまの国々を記した、長い一覧表にひとわたり目を通してみるならば、日本人を模造者（イミテイター）としてこれを嘲弄することは、きっと、上に述べた国々の人たちから不遜と思われるであろう。

　日本家屋のような構造物を、アメリカの家屋の模型（モデル）だなどと言いだしたりすれば、それは明らかにばかげている。日本家屋が、アメリカの気候風土の厳しさおよび人々の生活慣習に適さないという事実はさておき、そのもろく繊細な建具が、もしアメリカに採り入れられたとしても、荒々しいノックに見舞われて、一週間も経てば焚き付けの山にされてしまうのが落ちであろう。アメリカの公道に、日本で柱や羽目板によく見られるあの繊美な迷路のような趣のある彫刻を晒すとなれば、アメリカの社会に横行している文化・芸術の破壊（ヴァンダリズム）が、文化的に高めかつ洗練しようとするあらゆる試みを無用のものとしてしまうことであろう。さいわいにも、われわれアメリカ人が、みずからの以前の無知と偏見とによって、野蛮と看做していた日本においては、ヒト属（ジーナス・ホモ）のなかのとくに「ヴァンダル」と呼ばれる悪意を持った連中のことは知られていない。

　わたくしは、日本人の家屋装飾の仕方がアメリカのそれに比べてはるかに洗練されていると信じているし、また、日本人の趣味が概して芸術的であるとの確信も有しているので、アメリカの家屋の家具取り付けおよび外面装飾の一般的方法を対照的に提示することにより、自己の確信を強調する努力を続けてきた。しかし、そうすることによって、わたくしは、アメリカには至純の洗練および至純の趣味を示す室内がないとか、あるいは、これに反して、日本では雅趣の欠如した室内は見出されないとか、そのようなことを暗黙裏に示そうとするのではない。

　わたくしは、より洗練された標準に基礎を置いて、自分なりに優れた方法だと確信できるものを、このように指摘することによって一大効果をあげることを期待してはいない。なかには、わたくしの言説を認めてくれるひとも必ずや存在するにちがいない。しかし、あの群集——けばけばしく光る金ぴかものに負かされてしまうあの連中。家具の取り付けと装飾とのために作られる多くのあの嫌悪すべきものの横行、それを褒めそやし買い込むことによって許しているあの連中——は、その特有の鈍感性のゆえに、かれら自身およびかれらの手法でない一切のものを、未開呼ばわり野蛮呼ばわりすることであろう。

注

（1）一八七八年の八丈島訪島のさいのノート。F・V・ディキンズおよびE・サトウ両氏による。『日本アジア協会会報』第六巻第三部四三五ページ。

（2）第四巻六八ページ。

解説

―『日本人の住まい』の〝民族学的思考〟について―

斎藤正二

この邦訳の原著名は、Edward Sylvester Morse: *Japanese Homes and Their Surroundings*, 1886. である。直訳すれば「日本の家屋およびその周囲環境」とか「日本人の住まいおよびその生活空間」とかの訳名が得られるであろうが、熟考のすえ、簡潔に「日本人の住まい」という訳書名を選ぶことにした。

モースには、もうひとつ、日本研究の基本的文献として著名な『日本その日その日』*Japan Day by Day*, 1917. があり、そちらのほうは、石川欣一の訳書（一九二九年十月、科学知識普及会刊）によって夙に日本の読書人たちに知られていた。というより、われわれ日本の読書人にとって、モースといえば『日本その日その日』の著者であるだけで十分であり、この著者が、『日本その日その日』より三十年も以前に、日本の住宅文化に関する個別研究を公刊しており、それが西欧先進国の知識人のあいだで圧倒的なセンセーションを巻き起こしていた、などのことは、ながく自分たちの関心領域の外にあった。しかし、事実問題として、世界じゅうにモースの名が知れわたり、モースによる日本研究の著作が爾余の類書を凌いで真に学問的価値あるものと評価されるようになったのは、『日本その日その日』に関してではなくして、『日本人の住まい』に関してであった。

じっさいに、モースは、一八八七年八月から十二月まで試みた二度目のヨーロッパ旅行の途上で、いかに『日本人の住まい』がドイツやオランダの学者たちのあいだで大評判をかち得ていたか、ということを知り、それについての無邪気な喜びを、みずからの日記にしたためている。一八八七年九月、ハンブルク博物館館長のブリンクマンを訪れたところ、「彼は『日本の家屋』を非常に熱心に褒め、この課題に関する素晴らしい著作であり、自分はしばしばその本から引用していると言った。私は彼が私をよく知らないのだと分かり、話を中断して、その本は私が書いたのだと言った。彼が目を見開き、それから私の手を握り、私に会えたことの喜びを表現しようとしているのが分かって嬉しかった」（ドロシー・G・ウェイマン／蜷川親正訳『エドワード・S・モース下巻』、第一章　さらに自己を考える）とモースは書く。十月十日、ベルリンの民族学博物館長のフォン・ルシャーンと会って、ダマスカス出土の弓の射手の指環を写生させてもらったあとで、「……私が帰って来ると、ルシャーン博士は『貴方が《日本の家屋》のあの素晴らしい本の著者だったのですか、では貴方にその指環を差し上げましょう』と言った。そして彼は無理やりに私に受け取らせた。プレト博士は私が『日本の家屋』の著者であることを皆に告げたようだ。ルシャーン博士は私のその著書を読んでいたが、私をその著者その人だとは思っていなかったのだ」（同）とも書く。ついで、十一月十日、ライデンの民族学博物館館長のルブリェーを訪問し、この日本館のコレクションに軽い失望を味わったあとのことだが、「博物館を出た後はシュメッツ博士が私を案内した。……駅へ行く途中で、彼は私の書いた『日本の家屋』の本について話し、あれこれの文章をどんなに自分が好んで読んだかを話した。私の本から引用文を聞きながら、オランダの街を歩いて行くのは奇異に思えた」（同）と書かずにはいられなかった。いずれも、『日本人の住まい』の著者モースのイメージと、眼前のモースとが結びつかずに跡惑ったヨーロッパの博士たちの反応ぶりを、多少愉快がった筆致で描きだしているのであるが、これほどまでに、当時、この書物が争って読まれていたのであった。モースの日記に嘘があろうとは思われない。

もちろん、この『日本人の住まい』は、まず、民族学的報告もしくは調査として読まれたのである。しかし、そこには、なんとなく通常の民族学的報告とは違った世界がくりひろげられてあるので、ヨーロッパの学者たちは奇異にも思い、また感嘆もして、この極東の後進国（現代風にいえば発展途上国である）に生活するひとびとの風俗習慣のなかに見届けられる、へんに経済化された労働成果やへんに芸術的洗練を集中させた装飾意識に強く魅せられてしまった。後述するであろうように、『日本人の住まい』のいさおしは、モースそのひとの世界認識の正しさや科学的思考の先駆性からもたらされたものであったが、そういういちばん大事なことは、当時の享受者にはまったくわからず終いだった。取り扱われた素材の面白さに、めちゃくちゃに感心すれば足りたのである。

この書物はあくまで、実地調査者の手に成る民族学的報告である。民族学といっても、一八八六年という年は、バホーフェン『母権』（一八六一）、メイン『古代法』（一八六一）を皮切りにマクレナン『原始的婚姻』（一八六五）、タイラー『原始文化』（一八七一）、モーガン『古代社会』（一八七七）、バスティアン『人間科学の構造における民族思惟』（一八八一）などの、いわゆる初期古典学者の業績が全部出揃ったばかりの段階にあった。「十九世紀の最後の約三十年間における、これらの著者のほとんどの思想は、性質を異にし結論は多様であっても、奇妙に同質なところがある。なぜならば、同じ公準にもとづいていたからである。それでもアドルフ・バスティアンは、全体的にみて枠をはみ出ており、独創家である。彼は医学博士で、きわめて進化論的な時代に生き、バホーフェンまたはモーガン（彼はすこしあと）の単系的な綜合や大きな体系が精練されていた時点にあって、独立した観点を打ちだした。人間科学における彼の反進化論的な態度の真の原因は、たぶん他の領域、生命の科学の領域に求められねばならない」（ジャン・ポワリエ／古野清人訳『民族学の歴史』、第四章　民族学の学説と学派）といった状況にあったことに、よくよく注意しよう。まさに同じ公準である〝人類進化の思想〟（ずばり進化論と名ざしすることまでは差し控えることにするが）にもとづいて、未開種族や後進文明国民の生活習俗が徹底的に観察され分析された時代であったと言える。一八八六年の前々年には、エンゲルスの『家族・財産および国家の起源』（一八八四）の刊行を見たことも、共時的な視野のなかに入れておく必要がある。いっぽう、ライエルによって先鞭をつけられていた地質学による先史人類の探究作業が、ラルテの地層学的年代学の提唱となって開花したり、ラボックやモルチエによる石器にもとづく考古学的年代学の試論となって開花したりしたのも、ほぼ同時期（正確には、それら年代学は一八六〇年代の所産ではあるが）と見てよい。もっと重大なことをいえば、ライエルの影響下に地質学的研究をおこなっていたダーウィンは、一八四六年以降、その関心を動物学に移して、ついに『種の起源』（一八五九）を完成し、その書物では省略されていた人間の進化を論じた『人間の由来』を一八七一年になって完成し、さらに翌年『人間および動物の表情』（一八七二）を刊行するに至っている。――一八八六年の民族学がどのような段階にあったかということは、すでに明白であろう。フレーザーの全十二巻の大著『金枝篇』（一八九〇～一九一五）の最初の一巻が登場するためには、あと四年ほど待たねばならなかった。

わたくしが、モースのこの『日本人の住まい』は民族学研究の範疇（オーダー）に置かれてこそ真の価値をになうものだと、執拗にそう強調したい理由は、当時の民族学的思考の枠組のなかに置かれたときのこの書物の独自性と先駆性とが（それは、ようするに、現代のわれわれの眼に正しさとして受け取られる性質にほかならない）際立っているからである。これに関する詳細な議論の尽くしがたいのを遺憾とする。わたくしが指摘したいことは、要約すれば、当時の民族学者がひとしなみにヨーロッパ中心主義的思考の物差尺を持ち、みずから意識するとしないとにかかわらず、調査対象に据える未開種族をはじめから一段下の人間と見ており、その人間どもは所詮はヨーロッパ人の世界支配のもとに隷属すべき野蛮人どもでしかないのだとする扱いかたをとりつづけていたなかで、ただひとり、わがモースのみが他の民族学者とはまったく異なる考えかたを持っていた、という点にある。ヨーロッパ中心主義的思考が破綻を来たしたのは、第二次世界大戦後になって、ヨーロッパ先進文明国がかつての帝国主義的な植民地支配から一斉に手を引かざるを得なくなったという歴史的事実にもとづく。南北問題を抱える現代の西欧文明先進国のひとびとが、いやしくも未開種族を一段下の人間として扱うなどの蛮行を犯すとは想像しがたいが、一八八〇年代の西欧社会にあっては、文明人と土人とは異人種であり、かつ両者は支配＝隷属の関係に立つ、と考えるのが通常だった。そして、それが当時の科学というものであった。このような状況のもとでは、民族学が、ヨーロッパ人の偏見を助長＝増幅する役割をにない、けっきょくは帝国主義的支配のお先棒を担いでしまったのも、致し方ないことだった。それだけに、モースの民族学ひとりが、いっさいの偏見を切り棄てた、真の意義での〝人類の科学〟を樹立し畢せた功業は、今日的視点からいって偉大だった。独自性と先駆性とを評価したいゆえんである。

わたくしたちは、まず、モース自身が、この『日本人の住まい』の巻頭に据えた「序論」のなかで、おのれの仕事を〝民族学〟の一部と考え、世界の民族学者にむかってデータを提供しようと意志していることに注意すべきである。モースがみずから明らかにする本書の執筆動機は、フィラデルフィアにおいて開催された独立百年記念博覧会を契機に起こった〝日本ブーム〟のあとで、あまりにも乱雑無秩序で出鱈目に過ぎる日本装飾工芸品の安売り販売と、見当違いの日本解説書の氾濫とが現出したが、こんなひどい現象を眼前にすると、良きにつけ悪しきにつけ兎も角もありのままなる日本の生活文化を正しく観察＝記述した科学的報告を提出する義務に駆られないわけにはいかなかった、というふうに摘要できるかと思う。「当然の理ながら、この驚くべき国民の社会生活について、もっと多くのことを知りたい、という強い好奇心が呼び覚まされた。わけても、このように特異で美しい芸術作品を収蔵している日本家屋の本質を知りたい、という願望が湧いてきた。一般の要請に応えて、つぎつぎに書物が書かれた。しかし、大部分のものは、同じ情報を繰り返し伝えているにすぎない。」「……これら日本関係の書物には、日本の家屋が実際にどのようなものであるかを知ろうとしても、ごく一般的な記述以外のことは何ひとつ見いだされない。ラインの著作でさえ、専門書のように見えはするけれど、そのじつ、家屋および庭のことはほんの数ページで片づけてしまっている。わたくしのこの書物は、この欠落を補塡しようとする試みであり、日本で見られる多種多様の住まいを記述するばかりでなしに、すすんで、建物の内部で検められるさまざまな構造を専門的見地から詳細に描こうとしている」（本訳書、序論、五〜七ページ）とモースは記すのである。そして、この記述にさいして、必要な条件は「比較研究的」であることだと述べ、自国アメリカの住まいや家屋内部との比較を忘れないように心がけようとする。その結果、不可避的に陥るであろう日本住居文化への〝点の甘さ〟に対する非難をもあらかじめ予想し、自己の基本態度をつぎのように明らかにする。「他国民を研究するにあたっては、もし可能ならば、無色のレンズをとおして観察するようにしなくてはならない。とはいっても、どうしても、この点での誤謬が避けられないものであるとするならば、せめて、眼鏡の色はばらいろでありたい。そのほうが、偏見の煤のこびりついた眼鏡よりはましであろう。民族学の研究者は、もし公正中立の立場を取りえないというならば、当面おのれがその風俗および習慣を研究しようとしている国民に対して、好意的かつ肯定的な立場をとり過ぎているという誤謬を犯すほうが、研究戦略のうえからも、ずっと有利なのである」（同、八ページ）と。かくて、モースの民族学の根本性格およびその研究戦略は、おのずからにして明かされた。

そして、このモース民族学の根本性格およびその研究戦略を延長し拡大していくと、第二次世界大戦後の一九六〇年代になって、レヴィ=ストロースによって見いだされた構造主義的民族学の思考方式に、基本的でかつアクチュアルな具体場面でつながるように思われる。必要な説明をすっとばして、いきなり、レヴィ=ストロースの『野生の思考』を援用するのを許されたい。「現在の地球上に共存する社会、また人類の出現以来いままで地球上につぎつぎ存在した社会は何万、何十万という数にのぼるが、それらの社会はそれぞれ、自らの目には、――われわれ西欧の社会と同じく――誇りとする倫理的確信をもち、それにもとづいて――たとえそれが遊牧民の一小バンドや森の奥深くにかくれた一部落のようにささやかなものであろうとも――自らの社会の中に、人間の生のもちうる意味と尊厳がすべて凝縮されていると宣明しているのである。それらの社会にせよわれわれの社会にせよ、歴史的地理的にさまざまな数多の存在様式のどれかただ一つだけに人間のすべてがひそんでいるのだと信ずるには、よほどの自己中心と素朴単純さが必要である。人間についての真実は、これらいろいろな存在様式の間の差異と共通性とで構成される体系の中に存するのである。」「民族学者は歴史を尊重するが、特権的価値を与えることはしない。民族学者にとって歴史学は民族学と相補的関係にある学問である。一方は多様な人間社会を時間の中に展開し、他方は空間の中に展開する。その差は見かけほど大きくはない。歴史家は消滅した社会の姿を、それらが存在したその時その時を現在としてそのまま復原しようと努力する。それに対して民族誌家は、現在の社会が、いまの形になるまでに辿った歴史的各段階をできるだけうまく再構成しようとするのである。」「野生の思考の特性はその非時間性にある。それは世界を同時に共通的通時的全体として把握しようとする。野生の思考の世界認識は、向き合った壁面に取りつけられ、厳密に平行ではないが互いに他を写す(そして間にある空間に置かれた物体をも写す)幾枚かの鏡に写った部屋の認識に似ている。多数の像が同時に形成されるが、その像はどれ一つとして厳密に同じものはない。したがって像の一つ一つがもたらすのは装飾や家具の部分的認識にすぎないのだが、それらを集めると、全体はいくつかの不変の属性で特色づけられ、真実を表現するものとなる」(大橋保夫訳、第九章 歴史と弁証法)。レヴィ=ストロースのごとくには明晰に把握してはいないが、わがモースの考える「民族学的ポリシー」のなかには七十年後の構造主義の萌芽に似たものを孕んでおりはしないか。

『日本その日その日』に記されてある、つぎのような思考方式をみよ。――

私が部屋でやることのすべてが、他の部屋にゐる好奇心の強い人々には、興味があるらしく、私の部屋を見ては、私の一挙足一投足を見詰める。彼等のやることが私に珍しいと同様に、私のやることも彼等には物珍しいのだといふことは、容易に理解出来ない。日本に来た外国人が先づ注意するのは、ある事柄をやるのに、日本人が我々と全く反対なことである。我々は、我々のやり方の方が疑もなく正しいのだと思ふが、同時に日本人は、我々が万事彼等と反対に物をすることに気がつく。だが、日本人は遙かに古い文化を持つてゐるのだから、或は一定のことをやる方法は、彼等のやり方の方が本当に最善なのかも相れない。

(上巻、第七章 江ノ島に於る採集)

私にこの話をしてくれた日本人は二十二歳であるが、結婚する意志があるのかと質問したら、「勿論だ」と答へた。「然し」私はまた質問した「君の知人の間に娘の友人が無いのに君はどうして細君を見つけることが出来るのか」。すると彼は、それは常に友人か「仲人」によつて献立されるといつた。ある男が結婚したいといふ意志を示すと、彼の家族なり友人なりが、彼の為に誰か望ましい配偶者を見出してくれる。すると彼は娘の家族と文通して、希望を述べ、且つ訪問することの許可を乞ひ、そこで初めて或は将来自分の妻になるかも知れぬ婦人と面会する。彼等が見た所具合よく行きさうだと、その報道が何等かの方法によつて伝へられ、そして彼は結婚の当日まで彼女に会はない。私はそこで「然し君にはどうして彼女が怠者だつたり、短気だつたり、その他でないことが判るのだ」と聞いた。彼はそれ等の事柄は、婚約する迄に、注意深く調べられるのだと答へた。更に彼は「この問題に近づくのに、米国風にやると、娘は必ず真実の彼女と違つたものに見える。彼女は男の心を引くやうに装ひ、男を獲るやうな行為をする。我々が遙かによいと思ふ我々の方法によれば、これ等は感情をぬきにした、双方の将来の幸福を考へる、平坦な経路を辿る」とつけ加へた。この方法は我々には如何にも莫迦げてゐて、またロマンテイツクで無いが、而も離婚率は我国に比べて遙かに低い。私の限られた観察によると、日本では既婚者たちが幸福さうにニコ〳〵して、満足してゐるらしく見える。このやうに両性が社交的に厳重に分離されてゐる日本では、青年男女が非常に多くの無邪気で幸福な経験を知らずにゐる。我国のピクニツクや、キヤンデイ　パーテイ〔若い男女が集まって、砂糖菓子等をつくる会合〕その他の集会や、素人芝居や、橇や、ボートや、雪すべりや、その他の同様な集りを思ひ浮べると、この点に関する社会的のやり方は、娘達にとつてさへも、我国の方がずつといゝやうな気がする。もつとも、いろ〳〵なことに関する私の意見は、この国に於る経験に因つて、絶えず変化するから、ハツキリしたことはいへない。

（上巻、第十章　大森に於る古代の陶器と貝塚）

とくに傍線の部分に注意されたい。モースは、日本にやって来た欧米人のうちの大多数が、この貧しい後進国のひとびとの生活習慣をみて、ただ侮蔑したり嘲笑を浴びせたりする態度を持ちつづけているのに対して、そのような態度は間違っているのではないかと自問しているのだ。もっと積極的に、ひょっとしたら「彼等のやり方の方が本当に最善なのかも知れない」と疑い、アメリカのやり方のほうがいいとは思うが「いろ〳〵なことに関係する私の意見は、この国に於る経験に因つて、絶えず変化するから、ハツキリしたことはいへない」と疑っているのだ。この時代に、だれがこんな問いかけをおこなったか。この問いかけは、ヨーロッパ人だけが世界の中心ではないし、ヨーロッパ人のやっていることだけが人間性一般の真実ではない、向き合った鏡面に互いに写り合っている像を集めてこそはじめて人間や世界の全体が把握できるのだと、そう気付くようになった、と言い替えてもいいだろう。日本へやって来た以上は、日本の島々において生活しているひとびとの立場に自分というものを置いてみる必要があり、そのようにして、日本人たちの〝ものの考えかた〟をその原理およびリズムのなかで理解するときに、すでにじゅうぶん身に着けた西欧的近代科学による世界認識と相俟（あいま）って、十九世紀最後の二十年という一つの時代（一つの人類史的位相）の〝全体〟を摑むことが可能になるのだと、そう気付くようになった、と言い替えてもいいだろう。レヴィ＝ストロースの民族学的思考の正しさが承認された時期以降ならば、こういった疑いや自問自答はヨーロッパ人にとっても当たり前過ぎるくらい当たり前のものとなっているが、一八七〇年代ないし八〇年代に斯かる民族学的ポリシーに想い到った学者となると、わがモース以外には見当たらない。すくなくとも先駆的思考だったと言い得るのではないか。もちろん、モースが日本（他地域の後進国でなしに！）に来たという偶然のもたらした恩寵（グラース）を軽小評価してはならないのだけれど、ほとんどその〝最初の人〟と言い得るかと思う。

ついでながら、『日本その日その日』には、他につぎのごとき記述も見られる。一つは、アメリカの宣教師雑誌が嘲笑の的にしている浅草寺の宗教的象徴物——同寺院本堂の壁に古くからかけられた太平洋航路の便船シティ・オヴ・チャイナ号の石版画——を、わざわざモースが見に行き、日本人学生のひとりに説明文を翻訳してもらったところ、「大体以下のやうなことが書いてあるのであった——『この汽船は難船した日本の水夫五人を救助して日本へ送り届けた。外国人のこの親切な行為を永く記念するために、当寺の僧侶がこの絵を手に入れ、当時の聖物の間にそれを置いた。』これは日本人が外国人に対して、非常な反感を持つてゐた頃行はれたことで、僧侶達が本当の基督教的精神を持つてゐたことを示してゐる。そして日本人はこの絵画を大切にする」（同、第四章 再び東京へ）という記述。もう一つは、横浜で国際間の銀行事務や為替相場をおこなっている中国人の驚くべき技倆（目方の不足した銀弗を一瞬のうちに見分ける速さに、モースはあきれ返って凝視している）を描写したのちに、「だが、日本人が不正直なので、かゝる支那人の名人が雇傭されるのだといふのは、日本人を誹謗するの甚しきものである。事実は、日本人は決して計算が上手でない。また英国人でも米国人でも、両替、重量、価値その他すべての問題を計算する速度では、とてもかゝる支那の名人にかなひつこない」（同、第五章 大学の教授職と江ノ島実験所）と観察し、中国人が傭われているのはただただ計算能力が秀れているためでしかない、という記述。二つとも、一八七七年当時、日本に来ていた西欧人たちのあいだに、日本人といえばただもう迷信深くて不正直だとする〝偏見〟が広く行き亙っていた事実を裏書きしている。それゆえにこそ、浅草寺の壁にかけられた硝子入り石版画のアメリカ船の絵を見ては、それが呪具=象徴物に用いられていると勘違いして嘲笑し、また、横浜の金融業務に中国人が働いている理由を日本人の不正直性に帰してさんざんに悪口を言うなどのことが、モースの耳には、いやというほど届いたのである。モースより一年前に日本に来て同じ加賀屋敷の一画に住居を定めた医学者ベルツも、一八七六年（明治九年）十月二十五日の日記において、「一部の人たちは、この国で見出す一さい合さいを際限なくこきおろし、これを嘲笑の種にしたり、多少ともあれ露骨に軽蔑の色をすら見せたりなどしています。日本人がこんな連中に何の信頼もよせないのは当り前の話で、もっとも至極なことです」（菅沼竜太郎訳『ベルツの日記・第一部上』、第二編　異郷にて）と証言している。ついでに触れておくと、一九〇〇年（明治三十三年）になってからのことであるが、『ベルツの日記』は「当地のドイツ公使には困ったものだ、困った！　前任者が二人とも、全力を尽して日本人に嫌悪をぶちまけた後に、今度は新公使が、ひょっとするとそれ以上に良くないかもしれないようなやり方で、お目見得してきた」（同、第一部下、第四編　教職を退くまで）と記し、ドイツ人の抜きがたい偏見ぶりに慨歎の声を発っている。ベルツは、いわゆる〝お雇い外人〟のなかでは、珍しく偏見を持たない人物であるが、同僚の医学者たちとなると必ずしも公正だったとは言い切れない。ことほど左様に、明治初年当時、西欧先進文明国からやって来たひとびとの、日本人および日本的事物に対する蔑視の（極端な場合には、嫌悪の）度合はひどかったのである。そのような在留外国人一般の風潮のなかで、わがモースのみは、人種的偏見や差別意識をまったく持たず、人間本来の理性の命ずるところに従い、あくまで事物を公正に見ようとした。時代および文化の〝全体〟を的確に把握しようとした。

当然、日本人や日本的事物に対しても、モースは、公正な見かたをとりつづけ、時代および文化の〝全体〟のなかで把える態度をもちつづけ、西欧の日本研究家がしばしば陥りがちなあの「痘痕も靨」式の一辺倒的偏愛や依怙贔屓はやらない。モースは、来朝直後、はやくも、日本の学者が「何故、どうして」の質問を発しないのに驚く。「私はもう三週間以上も外山、松村両氏と親しくしてゐるが、彼等はいまだかつて、我々がどんな風にどんなことをやるかを、聞きもしなければ、彼等が興味を持つてゐるにも係はらず、私の机の上の色々なものが何であるか聞きもしない」（『日本その日その日・上巻』、第七章　江ノ島に於る採集）と。また、歌舞伎のある場面について、ばかばかしい個所と意味ある個所とを鋭く看取する。「一人の男が、何度追つぱらつてもまたかゝつて来る一群を相手に、せつぱ詰つて短い階段をかけ上り、死者狂ひで且つ英雄的な身振りを、僅かやつたあげく、刀の柄をつかんで抜く真似だけをすると、群衆全部が地面にひつくり返つて、脚を空中高く上げたものである！　実にどうも莫迦気た話であるが、而も群衆を追ひはらつたこの英雄が、扇子だけを用ひて、万一彼が恐るべき刀を抜かねばならぬ羽目に陥つた時には、こんな風な結果になるといふことを示したことは、農夫階級に対するある種の威力と支配権とをよく表してゐた」（同、第十一章　六ヶ月後の東京）と。日本における年頭挨拶の形式性と内容空疎性（もしかすると、真面目さを欠如しているとさえ考えられる！）とを鋭く衝く。「日本人は年頭の訪問を遵守するに当つて、非常に形式的である。紳士は訪問して、入口にある函なり籠なりに名刺を置くか、又は屋内に入つて茶か酒をすこし飲む。その後数日して、淑女達が訪問する。元日には、日本の役人達がそれ〴〵役所の頭株の所へ行く。また宮城へ行く文武百官も見受ける。外国風の服装をした者を見ると、中々おかしい。新年の祝は一週間続き、その間はどんな仕事をさせることも不可能である。この陽気さのすべてに比較すると、単に窓に花環若干を下げるだけに止る新英蘭の新年祝賀の方法が、如何に四角四面で、真面目であることよ！」（下巻、第十五章　日本の一と冬）と。いちいち、的を射ていて、はっとさせられるではないか。日本人は、学者といわれる選良でさえ容易に懐疑精神を働かさない風潮に関しては、現在とても基本的には変わることがない。また、歌舞伎などの伝統芸能のばかげた部分に接しても、笑いださない代わりに、伝統芸能が隠している社会的イデオロギーを看破し得ずに、こういうものだと思って、現在もなお、封建時代に変わることのない享受法をつづけている。新年の挨拶回りが形式のみに流れ、それどころでなく、下級者が上級者に対して卑劣な服従儀礼を実修する機会と心得ている点は、現在でも一向に改まっていない。モースは、日本人および日本的事物を観察し描出するさいに、いちいち、理性に照らして、公正に、良いものは良いとし、おかしいものはおかしいとし、不真面目なものは不真面目としているのだ。それだから、モースによる指摘に、現在のわたくしたちまでがはっとさせられるのである。

モースが「序文」のなかで明確にしている「批判」criticism および「比較」comparison の思考は、かくして、十九世紀の最後の四半世紀における民族学の段階＝水準をはるかに乗り越えた独自でありかつ先駆的な思考であった。モースは、生物進化論を基礎にしながら、フィールド・ワーク（ようするに、日本人の生活に深く入っていったことをさす）をつうじて、具体的環境（生活条件）を問題とする独自の思考を生みだしていった。モースがダーウィニストであったことは、これに疑いの余地を挿むべくもないが、ダーウィンに理論的枠組を提供したマルサスやスペンサーの社会経済学に一定に〝留保〟を要求することができるくらいに、いまだあまりにも資本主義社会成立までには消化日程の多大な（したがって、個人主義や自由競争の理念がいまだ確立していない）後進国日本の具体的環境を正視せざるを得なかった。本書の原著名にある〝Surroundings〟の用語は、こんにちとなってみると、まことに意味深長だったと見なければならない。

*

本書『日本人の住まい』は、あくまでも、民族学的報告でなければならない。しかも、同時代の民族誌すべてを支える理論体系を打ち壊して、それよりも遙かに前方をあゆむところの、独自にしてかつ先駆的な思考方法を提示した点に、〝生きもの〟としての真価値が存する。

ところが、その題名が投げかける最初の印象がそうさせるせいなのか、また記述や挿図が建築工学の専門分野にかなり足を踏み入れているせいなのか、モースの『日本人の住まい』は、時とすると、日本建築芸術論（もしくは、日本建築美に関する様式美学的探究）の一種として享受されることがある。だが、このような受け入れかたは、もちろん正当ではない。モースが、かりにも日本建築芸術に関する論陣を張ろうと意図したとするならば、あれほど深くかつ鋭く日本陶器に対する鑑定眼＝美学的判断をくだし得たこの人物のことであるから、かならずや一個の学術的金字塔をうち立て得たに相違ない。じじつは、そのような日本建築芸術に関する美学的かつ工学的な追究の意図は、モースそのひとによってはいささかも持たれはしなかったのである。それゆえ、ブルーノ・タウトが、それまで久しく権威あるものとされていたドイツの芸術史家ブリンクマンの著書『日本の美術と工芸』（一八八九）に痛棒を加えたついでに、「同じくアメリカ人モースも、温情に充ちた著作『日本の家屋とその環境』で、もっぱら装飾的に見て興味のある方面、つまり装飾が簡素でかつ控え目であるという点を指摘しているが、しかしそれとても日本人の特殊な自然観に対する感傷的な見解にすぎない」（篠田英雄訳『日本美の再発見（増補改訳版）』、日本建築の基礎）と論難しているのは、まったく的外れ（まとはず）というべきである。タウト自身の日本建築美に対する眼識には今なお敬服に値する点も少なくないけれど、モースの本書の読みかたに関するかぎり、このケーニヒスベルク生まれの自由な建築家は完全に誤りを犯した。『日本人の住まい』は、はじめから、建築美学を構想して書かれたものではなかったからである。

こう言ったからといって、本書『日本人の住まい』が日本建築を論じた著述でないとか、日本人の生活空間を描出した作物（さくぶつ）でないとか、そんな主張をしているのではない。手にとって一読すれば明瞭なように、この書物は日本の家屋の内と外とを克明に観察＝記述した科学書である。ただ、わたくしは、この書物をば建築芸術論もしくは建築美学のカテゴリーのなかに位置させて享受するのが間違いだ、ということを、はっきりさせておきたかったに過ぎない。現在でも、ともすると、日本建築関係の書物はもっぱら〝芸術論〟としてのみ読まれやすいが、建築ならばなんでもかんでもすべて芸術作品と考えてよいか（もしくは、芸術作品としてつくられたと考えてよいか）どうか、よく振り返ってみる必要があるように思う。芸術作品は、つくろうと思えば誰にでも手軽につくれるといった体（てい）のものではないからである。アランの言葉をそのまま引用すると、「私は、一つの驚くべき逆説を強調したい。例証はないのだが、この点では、じゅうぶん納得してもらえるという自信はある。私は、こういうことをいいたいのだ。建築のもつ美しい形式を眺めて三十年を過ごしたという趣味人がいると仮定して、その彼が、どんなに鉛筆をひねくってみたところで、けっして、美しい線一本でも発明したりし得るものではない、ということを。……おそらく、美というものは、いつも偶然に見つかるもので、つくられたあとになって、それと認められるものだ、というべきである」（拙訳『芸術に関する一〇一章』、三四 材料と形式）。「美しい形式とか醜い形式とかいったものは、存在しはしない。ただ、あらゆる形式について、一つの美が存在するだけである。形式というものと美しい形式とを同時に発見しなければならないとしたら、それは、とうてい、人間の手には負いきれない。……この美を発見する人間は、かならずしも、その道の稼業のひとであるとはかぎらない。そうではあっても、美を発見する人間は、かならず、美を稼業から受け取り、職人の設計図（プラン）に従って、これを実現するのである」（同、二六 アルチザンとアルチスト）。日本の住宅建築をつくった大工職人は、あらかじめ、何かの思想とか美的規準とかを用意して、それを鑿（のみ）や鉋（かんな）をつうじて表現しようと努（つと）めたのではあるまい。順序は逆である。普通の家屋がたてられたまさにその同じ場所で、美は偶然につくりだされたに過ぎない。美しい日本建築というような特別なものが、はじめから、存在するのではないのである。

そこで、わがモースは、終始一貫して、ごく普通の日本家屋をのみ論題（サブジェクト）に据えようと意図する。本書「序文」に、もうすこしお付き合い願いたい。――

わたくしにも、最貧困階級のひとびとが住む小屋とそのなかでの陰惨な暮らしざまとだけを取り扱い、それによって、日本人の生活のみすぼらしさを描写することはできたはずだった。それとは反対に、富裕階級のひとびとの住む屋敷だけを専門的に対象に選び、同じように一面的な研究をおこなうこともできたはずだった。しかしながら、わたくしには中産階級（ミドル・クラス）の住む家屋を主として描写し、機会に応じて、それよりも高級な、あるいは、それよりも貧困なタイプに属する家屋に言及するほうが、さきのいずれの方針を採るよりも、日本家屋の性格や構造についての一層公正なる見取り図（ピクチャー）を提供することになるのではないか、というふうに思われた。

（序論、九〜一〇ページ）

モースは、日本家屋の性格および構造について記述に公正を期するために、わざわざ、中どころの階級の住居を選んで対象にした、と言っているのだ。ごてごてと贅を凝らして芸術づいてみせる富裕階級の邸宅を避ける一方、小屋や掘っ建て小屋と紙一重のみすぼらしい貧困階級の住居をも避けた、と言っているのだ。日光東照宮や桂離宮や伊勢神宮はもとよりのこと、大多数の日本民衆には容易に近寄ることの許されていない、特別の種類（ようするに、権力や支配のシンボルとなっているたぐい）のあれこれの建築を描写するのでは、日本家屋の性格や構造を摑んだことにはならない、と言っているのだ。なんでもない態度のように見えるが、ここに、モースの学問主体の公正さがうかがわれる。民主主義や科学的思考に習熟したつもりでいるわたくしたち現代日本人にしてからが、いわゆる〝日本的なもの〟を家屋および付属環境に求める場合に、自分たちの生活となんのつながりも持たぬ（しかも、そこへ近づくには入場券を買ったり拝観許可の紹介状を持参したりしなければならぬ）社寺建築や庭園に行けば、それらのなかに自分の求めるものが手早に得られる、といった安易な気持を、げんに抱いておりはしないか。啓蒙的解説書などが矢鱈に「日本人のふるさと」とか「日本人のこころ」とかのフレーズを振り回して写真説明する古い日本建築は、正しくは、支配権力のふるさとや、特権階級のこころを形象化したものでしかなかったのだ。まさしく、モースが本書「序文」に提示するごとく、中どころの階級の住む家屋を描写する仕方こそが日本家屋の性格や構造を公正に把握する唯一の仕方でなければならない。あらためて、モースの著作活動の科学的正しさに敬服せざるを得ない。

　これまた、けっきょくは、モースの抱懐する〝民族学的思考〟の公正さに帰せられるべきものであろう。そして、それは、一つの文化のなかに育った人間が、他の文化に接しかつこれを受け入れるときの、精神的姿勢が持ち得る最大限度の〝正しさ〟を照示してくれるであろう。

　それならば、主として腕足類の動物研究にテーマを見いだしてきたはずのモースが、なぜに、このような広汎な文化問題にまで〝正しさ〟を保ち得たのであるか。自然科学者はすべて正しい世界認識を持つものだというのでは、解答にすらならない。なぜならば、自分では公正な世界認識や真理把握をなし畢せているつもりの自然科学者であっても、こと人種問題や生産関係の問題に発言するとなると、驚くほどの偏見を持っている、といった例は枚挙に遑ないから。これに対する解答を得ようとするならば、どうしても、モースの生活履歴や個人的性向のなかに奥深く闖入していって、なまの（ということは、思想以前の）認識主体のありさまを知らなければならない。モースの、なんにでも旺盛な好奇心を焚き、いったん興味をおぼえた対象となるとかたっぱしからコレクションをせずにいられなかった性癖が、分類学的テクニックの支えを得て、ついに素晴らしい思考に到達した、と見ることも可能である。しかし、ここでは、問題の焦点を『日本人の住まい』の〝民族学的思考〟に即して絞るだけにとどめる。

　わたくしは、モースの思考の正しさの源泉を、モースそのひとが〝若きアメリカ〟に生を享け、みずからの若き生物個体の成長と若きアメリカの社会的発展とを同時的にしかも統合的に把えてきた事実のなかに求め得ると思う。そのために、富める者だけが文化や芸術の担い手であり貧しき者は非文化で野蛮であるなどといった旧套のヨーロッパ的先入主など、はじめから、モースの頭に滲み込みようもなかった。〝若きアメリカ〟の標語は、ヨーロッパ（とくにイギリス）の経済的・文化的影響力をふりほどくということと同義であった。じっさいに、モース自身、けっして名門の出身でもなかったし、また、富裕の家庭に生まれたのではなかったし、メーン州は比較的早くから工業化が進んでいたとはいっても、なにしろアメリカそのものの国民総所得が低い時代であったから、一歩、田園へ出れば貧困に苦しむ農民の姿を目にすることができたはずである。ヒューバーマンの「南北戦争から一九世紀の末までの間に、農業はひろがったが、農民の利潤はちっともふえなかった。農民ははげしく働いたが、ほんのわずかの利潤しか手に入れることができず、全然利潤が手に入らぬこともあった。農民はくるしんだ」（小林良正・雪山慶正訳『アメリカ人民の歴史・下巻』、第十章　資材と人間と機械と貨幣）という証言もある。時代もすこし遅れ、場所も西のほうにずれているけれど、スタインベックやコールドウェルの描きだすアメリカ農民の悲惨な生活状態から推すと、一八六〇年から八〇年代にかけての東海岸がわの北部農民のなかには、それこそ掘っ建て小屋どころではない、家畜小屋にも劣る"houses"に住むひとが多くいたはずである。いや、都市においてならばなおさら、搾取に悩む貧困階級が木製の大型塵芥箱にきましの"houses"に住んでいたことは、言を俟たない。加えて、奴隷として扱われた黒人の"houses"のみじめさは桁外れであった。すなわち、南北戦争の前後から十九世紀末ごろまでにかけて、若きアメリカの標準的家屋といえば、すくなくとも、石づくりのヨーロッパ建築とは比較にならないくらい粗末なものだったと考えられる。そういう国からやってきたモースであったればこそ、日本の標準的家屋をみても、けっして軽蔑しようなどという気持を起こさなかったのである。(もっとも、明治初期の日本にやって来て思うさまこの国の事物を嘲笑したアメリカ人宣教師らも、発展期にある若きアメリカの標準的家屋がどういうものかということを百も承知でいたはずである。けっきょく、日本へ来て日本人を馬鹿にしたかれら宣教師たちは、アメリカ国内にいるときも、貧乏人や黒人を内心でひどく見下げていたことになる。そうとわかってみると、在日ちゅうのモースが、キリスト教宣教師に対して抱いていた異常なほどの敵意の正体にも、なにやら理解が届く。)

モースは、本書の「第一章　家屋」において、つぎのように述べる。——

東京においては、極端に粗末な小屋が櫛比して立ち並んだ町通りや横丁があり、そこにもっとも貧困な階層に属するひとびとが住んでいる。このような居住地は、日本人の目にも、ごみごみとして汚ならしく映るのであるが、しかしながら、このような貧民区域ではあっても、キリスト教圏のほとんどすべての大都市に見られる同類の貧民区域の、あの言いようのない不潔さと惨めさとに比較するならば、まだしも清浄なほうである。これは確かなことだが、日本の金持ちは、貧困階級を遠方に追いはらってしまうために、自分の邸宅の周辺にある土地を残らず買収しようなどとは、ふつう思わないのである。その理由は、貧困階級が近くに居住したところで、いっこうに苦にならないから、というのである。じっさいに、日本の貧困層というのは、アメリカの貧困層が有するあの救いようのない野卑な風俗習慣など持っておりはしないのである。

(一章、二〇ページ)

ともかく、ひとりのアメリカ人として、あるタイプの家屋がそこの住人の貧困および無気力に封じ込められた生活状態を象徴し、また、あるタイプの家屋がそこの住人の向上意欲および豊かさに溢れる生活状態を象徴している、とする識別方法に久しく馴染んできたものだから、わたくしは、日本の家屋に関してその優劣を判断する資格に欠けていたのである。

そこで、日本の家屋に関する第一印象は失望の限りだ、ということになったのである。つまり、日本の家屋は外見からして弱々しく、また色調にも乏しい、と感ぜられる。塗装されていないために、貧乏くさく見えるのである。このように塗装がほどこされていないために、板張りが灰色にくすみ、雨水にすっかり汚(よご)れた色に見えるところから、アメリカ人は、自分の国のこれと類似した非塗装の木造建築との比較を、ついおこなってしまいがちになる。――アメリカでは、この種の建物は、田舎ならば納屋や物置小屋にしか用いられないのが通常であるし、都市ならば貧民層の住居にしか用いられないのが通常である。

…………………………

明るい対照性(コントラスト)に見慣れてしまった人間の目からすると、初めて見る日本の家屋は、どうしても低く評価しがちなものとなる。アメリカ人の立場からすると、日本の家屋のような構造をしている建物をば住居と考えることは、できにくいのである。なにしろ、アメリカの住居を成り立たせているさまざまの主要要素が、そこにはまるで見いだされないからである。（同、二一～二二ページ）

このような、いかにも平凡で目立たない家ではあっても、いったんその中へ入ると、繊細優美をきわめる彫刻の逸品や、室内工芸の極致を思わせる家財道具が置かれてあることがしばしばで、これまた驚かされる。それで、これら念入りに造作を凝らした素晴しい家屋の中に入って、われわれが、さらに室内芸術の洗練された味わいに慣れ親しむようになったときには、それこそ次から次へと驚嘆すべきことばかりに出会うのである。

（同、二六ページ）

――まず、モースは、日本上陸直後の第一印象として、期待が大きかったものだから、正直いって失望を味わったと述べるが、身近に接しているうちにその第一印象は正しくなかったと明かす。そして、モースは、大都会の貧民の住まう家屋の見窄らしさ貧乏臭さに接しても、いっこうに侮蔑＝嘲笑することがない。それどころか、日本の貧困階級の極端に粗末な住まいを見て、西欧キリスト教圏の貧民階級のそれに較べるならば、こちらのほうがまだしもずっと清潔であると言うのである。明らかに、モースは、故国アメリカにおいて、日本人の住まう板小屋よりも数段きたならしく貧しい"houses"を見ていたはずである。モースは、つぎに、アメリカ人が日本人の家屋をみて「貧困」とか「無気力」とかの象徴と受け取るその感じかたが、そもそも誤りであると言う。その理由は、向上心に富み金持ちになればすべて贅沢な家に住み、反対に無気力で怠惰な貧乏人ならばすべて粗末な家に住む、というアメリカ式の識別＝分類法は、日本では全く通用しないためである。ひとつには、アメリカでは、その外観を派手々しく塗装したのが立派な家屋で、いっさい塗装しないのが粗末な建物という通念（より正しくは、先入主である）ができてしまっていて、その通念を物差尺にして判断するものだから、日本へ来て、日本人の住まいがいっさい非塗装なので、ついつい誤った判断をしてしまうことになるのだ、と分析する。ところが、一見粗末に見える日本家屋は、その内部に入ってみると、そこには芸術作品がいっぱいに蔵められてあることがわかり、驚いてしまうのだ、と記すのである。（この驚きこそは、単一の分類法を食みでて存在するものに対する驚きでなければならない。）けっきょく、外から見るのとは大違いで、その内部へ入ってみると、日本の家屋は構造から装飾にいたるまで途方もない〝芸術作品〟の集大成だ、ということがわかってくる、だから、日本の家屋の特性（長所も短所も含めて）を理解するためには、外部に立って高みから見下ろすような態度をやめなければならない。――と、そうモースは言うのである。

そして、この問題に関して、みずから、つぎのような総括を与える。――

日本家屋の構造に対して批判的意見を提起するさいに、いや実際には、日本に関する他の多くの諸事象に対して批判的意見を提起するさいに、大多数の外国人著作家が犯してしまっている誤謬は、これら外国人著作家が、この種の日本的諸事象をば、日本人のがわの見地から見ようとしていない、という点である。外国人著作家たちは、日本が貧乏国であり、かつ日本の一般大衆が貧窮状態に置かれている、というふうには考えていない。また、外国人著作家たちは、貧困であるがゆえにこそ、日本人が、みずからの経済力に応じたこの種の家屋を建築しているのであり、そして、つまるところ、われわれ欧米人の家屋がわれわれの慣習と欲求とにぴったり適合しているのと同様に、日本人は、みずからの慣習と欲求とにもっともぴったり適合する家屋を建築しているのである、というふうには考えていないのである。（同、二七〜二八ページ）

傍線を付した個処をごらん頂きたい。ここでのモースの主張を押し進めていくならば、人類の文化や生活はけっして画一的な一個の体制（つまり、欧米人が自分たちのみでこれしかないと考えているような単一の体制）のもとで発展するのではなくして、かえって、さまざまの社会や文明の驚くほど多種多様の様態をつうじて発展する、という考えかたに、いやでも到達する。また、人類は、一直線に、ただ一つの方向のみにむかって発展するのではなくして、たまたま局所的に停滞もしくは退行の様相を呈している文化や生活が存在していたとしても、その停滞や退行そのものが人類にとって重要ならざる変化を示していることにはならない、という考えかたに、いやでも到達する。さらには、人間の諸社会はお互い同士ばらばらに分離して単独に存在するのではなくして、じつは、相互間にきわめて緊密な接触が保たれ、一見（いっけん）ひどく孤立し差異を際立たせているようにみえる二つ以上の文化も必ず〝集団〟ないし〝束〟をなしながら近接し排除し反撥し合って、けっきょくは〝相互補完的（コンプリマンテール）〟な役割をつうじ、相関＝対立の関係に立っている、という考えかたにまで、やがては到達するであろう。――そして、この考えかたは、最も進んだ〝民族学的思考〟に一致することになるはずである。日本の家屋は（西洋の家屋は、というテーゼの立てかたをしても同じことになるが）、それ自体が「表わしている」もの（見えているもの、と言って差し支えない場合もあるが）によって存在すると同時に、それが「表わしていない」ものによっても存在するのである。それゆえに、片一方だけの存在物をもう一方だけの眼から観察したのでは本当のことはわからない、とモースは言っているのである。日本家屋の或る部分を描出するにさいしては、これに比較できるアメリカ家屋の当該部分（それは、日本家屋からすれば、まさしく「表わしていない」部分にほかならぬ）をば必ず引き合いに出して説明を付していく、このモースの〝民族学的思考〟の独自性・先駆性には、あらためて敬服せざるを得ない。

――こう見てくると、本書『日本人の住まい』を建築美学の側面からのみ捉えて酷評を浴びせる態度には、根本的な誤謬が伏在している、としか言いようもない。

だいいち、世の建築美学を謳う著述の、何処に「便所」とか「防火対策」とかの項目が載せられ、これらにページを割いている実例を見ることができるか。

しかるに、モースは、本気になって「便所」を取りあげて叙述し、本気になってこれのスケッチをおこなっている。「防火対策」についても同じである。『日本その日その日』の記述によると、モースは、なんども火事現場に駆けつけて行って、消防夫たちの活動を見物し、スケッチしている。一回などは、かれらが消火に努めずに纒いを振り回している事実を知って、モースはひどく惘れ、最後に我慢し切れなくなって消火作業の輪の中に自分の身を投じている。「一つの低い張出縁を引き倒すのに、消防夫達の努力が如何にもたわい無いので、私は辛棒しきれず、大きな棒を一本つかんで、上衣を破り、釘で手を引掻きながらも飛び込んで行つた。私が我身を火にさらすや否や、一人の筒先き人が即座に彼の水流を私に向けたが、これはドロ〳〵の泥水であつた。……だが我々の共同の努力によつて、建物が倒れたのを見たのは、意に適した。かゝる火事に際して見受ける勇気と、無駄に費す努力との量には驚く程である。勇気は十分の一で充分だから、もうすこし頭を使へば、遙かに大きなことが仕遂げられるであらう」（第十章　大森に於る古代の陶器と貝塚）と書いている。当時、日本へ来て高禄を食んでいたお雇い外人のなかで、火災現場へ駆けつけて行って日本人消防夫の手伝いをしたのは、モースをのぞけば、ほんの少数しかいなかった。この一事のみをもってしてもモースの真面目さや情熱はじゅうぶんに証されるが、もっと立派なのは、日本の消火作業が火そのものを消すのではなくして家屋を壊すのを目標にしておこなわれることを、立ちどころに見抜き、そこでの謂わば〝消防の原理〟を評価しようとした（及第点までは付けられないとしても）という点である。木と紙とでできた可燃性の日本家屋の消火方法についての見解は、本書『日本人の住まい』では「第一章　家屋」のなかで提示されているし（一章、三一〜三三ページ）、「第七章　雑事」のなかでも触れられている（七章、三二八〜三二九ページ）。モースは、自身がアメリカにおいて何度も恐ろしい火事の経験をした（ウェイマン女史の『エドワード・S・モース』に拠って検めた範囲でも、一八四七年八月、一八五八年二月、一八六〇年一月、一八六六年六月の、つごう四回も火事に遭っている）ので、日本に来てからも、火事には異常なほどの関心を示し、防火対策や消防方法について真剣に考えざるを得なかったのだと思う。すべて、日本および日本人に関する事象を、自分自身の問題として引き受けずにはいられなかったところに、モースの〝民族学的思考〟の起爆地点を見いだし得ると思う。

便所については、ごく概括的なスケッチが「第一章　家屋」の叙述ちゅうに見られる（本訳書、一章二九ページ）けれど、モースの丹念かつ公正な観察行為は、さらにすすんで「第四章　家屋内部」のなかに詳細な描写を展開せずにはいない。それは、「便所にまったく触れないようでは、詳細を尽くさなかったことになるであろう。なぜなら、便所といえども、日本家屋では、芸術的感性ある日本の職人はこれに注意を払っているからである」（本訳書、四章二三九ページ）という書き出しから始まり、われわれがよく知っている日本式便所に関する全部の事項を描きだし、末尾におよんで、糞尿と日本農業との関係や、近代化されつつあるアメリカ社会の汚物処理の問題に言及している。他の個所における記述とはちがって、モースも、どうやら、日本家屋の便所に対しては多少は辟易（へきえき）をおぼえたらしく、なんとなく奥歯にものの挟まったような物言いをしている。しかし、人間の文明を語るのに「便所」を落っことして奇麗事を並べるだけでは〝公正〟とはいえない。モースは、三度目の東洋旅行から帰ったあと、一八九三年三月十八日号の「アメリカン・アーキテクト」誌上に「東洋の便所」という論文を発表した。スケッチ入りのこの論文は、すぐに小冊子『東洋の便所』として再刊され、医師・保健所員・建築家・民族学者のあいだに広く読まれた。けだし、便所のことを挿図入りでこまごまと書き一冊の本にしたのは、人類史のうえで、モースが最初だったのではあるまいか。

モースの便所に対する問題意識が、もはや好奇心や蒐集家的性癖にとどまるものでなかったことは、あまりにも明白である。最終的には、人間の暮らしかたをよくするにはどのようにしたらよいかという基本的願望が、便所に対する異常なまでの関心を呼び醒ませた、と言い切ってよい。そう言い切ってよい証拠が、ここにある。その証拠というのは、畑正憲『ムツゴロウの博物誌』所収の短文「モースと便所」のなかに記載された〝小さな挿話（リトル・エピソード）〟だが、モースの思想の一側面を照らしているように思う。——

昭和三十一年、私が動物学科に進学したとき、五人の同級生の中に、一人の女性がいた。動物学科はじまって以来の婦人の学生であった。

モースの肖像が正面を飾る講義室で、進学のガイダンスを受けたとき、白髪の主任教授がいった。

「このたび、動物学教室に、はじめて女性を迎えることになりました。よくきてくれました。大歓迎です。この教室は、遠く明治の昔から、女性を待っていました。私どもは、昔から、一つだけ誇るに足るものをもっています。それは、本学で唯一の婦人専用便所をもっていることです」

なるほど、そういえば、東大には婦人専用の便所がない。婦人は、男性が放列をしく後ろを、平気な顔をして通り過ぎなければならなかった。

「動物学科を創設したとき、モース先生が、ぜひ婦人便所をつくるようにと力説されたのです。いつかは必ず、婦人の学生が入学するという確信があったのでしょう。以来、この学科にだけは、専用便所がつくられています。どうか、明治十年から待っていた施設を、心おきなく使ってください」

明治のはじめである。だれが男女共学を考えたであろう。私は、はっきり未来を見通していたモースの便所の前を通るたびに、心のひきしまる思いがした。

学問には自由が必要である。研究には権威を踏みつぶす蛮力が必要である。教育には人を愛し明日を信ずる信念がいる。私は、モースの便所に自由に出入りする同級生を、心からうらやましくなった。

（文芸春秋版『畑正憲作品集・2』に拠る）

――つねに、良き方向へむかっての人類文化の発展を願ったモースの面目躍如（めんもくやくじょ）たるものがあるではないか。その他、台所を論じ風呂桶を論じ、ながし（洗い場）から下駄箱にまで論及している。このような泥臭い記述をおこなう他方では、一転して、日本的審美意識の集中化された「床の間」や庭園などを徹底的に観察＝分析してみせている。そして、その都度（つど）、西欧文明との比較を怠らないのである。白人優位という一方的な位置設定の視点に立っての偏執狂（マニアック）的な財産目録の拡大に努（つと）めるのではなしに、互いに源泉を別のところに仰ぐ全く異質の文化との〝共存〟を願う気持から、世界文明の一部を確実に構成する日本の家屋に〝ばら色（ローズ・カラード）〟のレンズを向けているのである。モースの〝民族学的思考〟は、どこまでも公正である。

なお、付記するならば、本書『日本人の住まい』は、「序論」にも明示されてあるとおり、「材料は、著者がこの楽しい国に三年間滞在したあいだ、ずっとつけていた〝絵入り日記〟から拾い集めた」（序論、一一ページ）ものであるから、当然、同一の原材料（リソーシズ）から生まれた『日本その日その日』と重複する記述も含んでいる。図版も、ほぼ同じものが載っている場合がある。そこで、わたくしたちとしては、〝読者の義務〟を履行するために、できるならば、三十年後のこの著作と首っぴきで本書に接するのが望ましい。日本の読者がこの義務を果たすならば、わがモースの〝公正さ〟と偉大性とは、いよいよ光輝を増すことになるはずだから。

*

エドワード・シルヴェスター・モース Edward Sylvester Morse は、一八三八年六月十八日、アメリカの北東隅にあって大西洋に面する、メーン州の、ポートランドで生まれた。父ディーコン・ジョナサン・モースは、この港町の中央街で毛皮商を営んでいた。母はジェーン・ベケットといい、わがモースは両親の間にできた三男坊で、他に姉妹が四人あった。

幼少年時代のモースは、むしろ粗暴と呼んだほうがふさわしいくらいの活力溢る天性を稟け、権威という権威に逆らわずにはいられぬ生得的な反抗心をもっていたせいであろう、学校へ入学してからも、すこしもじっとしていられなかった。そのうえ、授業をさぼっては森の中や海岸をさまようので、どこの学校へ行ってもすぐに放校処分を受けた。まず、世間の常識からすれば〝問題児〟と呼ぶしかなかったと言ってよい。「ブリッジトン・アカデミーの学校当局者たちは、一八五四年の夏に、ネッド・モースを家へ送り帰した。学校当局者は、モースが机を切り刻むことに腹をたて、また、先生に耳が聾になるほどの張り手をしたことを怒った。父のディーコン・ジョナサンは、ネッド・モースは就職した方が良いと考えた。兄のフレッドは二十歳で、この時すでにポートランド社に雇われていた。この兄は、後年この会社の総支配人になった人であった。兄はモースが図を描く技巧を持っていたので、製図工としての仕事を確保してやった。週給四ドルであった。だが、モースは学校の先生たちとうまくいかなかったと同じように、支配人のジョン・スパローと折り合いが悪かった。貝のことは依然としてモースの主な関心であり、貝が余暇の時間のすべてを占めたのだった」（ウェイマン／蜷川親正訳『エドワード・S・モース上巻』、第一章小枝はたわむ）。こうして、少年は鉄道機関車工場の製図工になるのであるが、仕事のほうはうわのそらで、暇さえあれば貝類のコレクションに打ち込んでいた。モースは十二、三歳のころからすでに立派なコレクションを持っていたが、当時、ニュー・イングランド（アメリカ東北部六州の呼称）の海岸寄りの地方では〝貝殻ブーム〟が起こっており、かかる偶然がモースを一個の科学者たる道へひっぱっていったことも見過ごしてはならないだろう。製図工となった二年後の、一八五六年六月、モースは、ポートランドの北方六十マイルの地点にあるベセルの高等学校にふたたび入学しているが、九月には三度目の退学処分を受けて帰郷する。ただし、この学校で、すぐれた教育者で科学者である校長トルー博士から可愛がられたことが、いよいよ科学者への道を確かなものとした。またしても、偶然が賜物を分かち与えてくれた。「この先生は、青い目をし、背が低く、髪の毛の黒い、動作や判断のすばしこい人だった。そして若いネッド・モースの機敏な知力、自然への飽くことのない興味を理解し、大切に育てた前の学校の先生たちは、張り手によってモースの落ち着きのなさや書物への不注意を直そうとした。だがトルー氏は少年の気持を蒐集に向けるよう励まし、陸貝に集中したこの少年の、科学的精神を高く評価した。モースがアンドロスコジンの堤や、ベセルの丘の向こうに西方の壁のように立っている緑の山でずる休みをした時も、叱責する代わりに自分の助手として生物学者や鉱物学者を訪れるようにモースを指名した。モースがボストン博物学協会のチャールズ・J・スプレイグやトーマス・ブーベに会い、野外研究に付き添ったのは、このトルー氏のおかげであった」(同)。偶然は、あくまでも、この少年を捕えて、進むべき方向へと駆り立てていく。「ベセル・アカデミーをやめてポートランドへ帰る前の一八五六年九月二十八日に、長さ一インチの三十二分の一の、土色をした蝸牛を発見した。その最も小さい、最も目立たない貝が、一人の人間の将来進むべき道を決定したのだった。一八五六年十一月十九日、ボストン博物学協会では、ヘリクス・アステリクス(*Helix astericus*)(マイマイガイの一種)についての報告がメーン州ポートランドのエドワード・シルベスター・モース氏によって発表され、貝の標本が同氏から寄贈されたことを記録している」(同)。しかし、さしあたっては、ポートランド社に勤務しなければならなかった。一八五八年一月には、ポートランド博物学協会の秘書に選出されたり、最初の論文「科学としての貝殻学の進歩」を発表したりしているが、いっぽう、家庭にあっては信心深い父親との対立ないし確執に悩まなければならなかった。

科学者モースの出発は、一八五九年十一月、新しく設立された「比較動物学博物館」において、ニュー・ケンブリッジ大学(マサチューセッツ州)教授のルイス・アガシーの学生助手として採用されたことにより、その輝かしい第一歩が印される。モース二十一歳である。この年の五月、モースの家に貝のコレクションを見学にきたイギリス人牧師カーペンタ(この好人物は軟体動物学の愛好者で、そのころワシントンの国立博物館に勤務していた)が、アガシーに紹介してくれたのだった。こうして、モースはケンブリッジに向かってポートランドを去ることになるが、頑固な父には、なおいまだに息子ネッドの才能や職業の意義が理解し得ずに、ネッドの年俸契約が三百ドルだと聞いてやれやれ〝厄介払い〟できたという気持になっただけであった。母から寛容の得られたのを、せめてものこととせねばならなかった。

モースがアガシーに出会えたということは、これまた偶然の恩寵とよぶしかなかった。なにしろ、アガシーは、招かれてアメリカにやってきた、当時の世界最高水準をゆく動物学者・古生物学者・地質学者であって、モースにとっては、まさに雲の上の存在であったはずだから。それに、もしも、アガシーの友人のフランシス・C・グレイが臨終にさいして博物館設立基金五万ドルを寄付するといった遺言（いかにも、若きアメリカにふさわしいではないか！）を残さなかったならば、モースがこの大先生の身辺近くにいて日夜指導を受ける機会など起こり得ようもなかったから。ルイス・アガシーについてすこし触れておくと、この学者は、一八三五年、スイスのヌシャテルに生まれ、チューリッヒ大学・ハイデルベルク大学・ミュンヘン大学で医学および自然科学を修め、パリに赴いてキュヴィエやフンボルトに学んだのち、故国に帰ってヌシャテル・アカデミーの教授となった。この間、洪積世の氷河が世界的に分布したことの発見や、魚類や化石魚類の研究によって、高い名声を得た。一八四六年、アメリカに渡って以後はハーヴァード大学教授、ニュー・ケンブリッジ大学教授となり、五九年に前記「比較動物学博物館」を創設したほか、七三年にはアメリカ最初の臨海実験所をひらくなど、海洋学や水産学にも貢献した。カトリック教徒の立場から、ダーウィンの進化論が出ると、これに強力に反対したが、門弟たちはかえって進化論を支持し、モースのほか、新ラマルク主義を唱えたパッカード、進化加速の法則を唱えたハイアットなどが出た。また、アガシーの息子のアレキザンダー・アガシーも、銅山を経営する大富豪となりながら動物学・海洋学を研究し、白堊紀にはカリブ海が太平洋の一湾であったという学説を樹立した。

さて、南北戦争の前哨戦を意味する黒人解放運動がヴァージニア州で火の手をあげた一八五九年の秋は、わがモースにとっても進化論思想史にとっても、まことに重大な時期に当たっていた。「一八五九年の秋にモースがケンブリッジに到着し、その年にチャールズ・ダーウィンの『種の起源』が出版されたという偶然の一致が、ダーウィン説の支持者とも、反対者とも知り合いになれたモースを、人間の知性の闘いの場で一傍観者とさせた。十九世紀の世界的な知識闘争は、モースのいまだ熟していない心のなかをも、小規模ながらゆり動かした。メーン州の田舎から出てきた二十一歳の青年が、自分の立場を、十分に評価できたわけではなかった。が、モースには自分の尊敬する二人の学者、ルイス・アガシーとエーサ・グレイが反対の考えを持っていることだけは、はっきり分かっていた。／田舎から出て来た、無骨な、知的にもまれていない、学問的な潔癖感といった気質のために、モースは自分に忠実なままに、この二人の学者の学説の相違について、判定を下すのを急がなかった。モースがこのダーウィンの学説を解決し、自分自身の解答を得るには、その後、十三年の研究を待たねばならなかった」（ウェイマン前掲書、第四章 進化論の論争）。ここで、アガシーの論争相手となったエーサ・グレイに触れておくと、この学者は、一八一〇年、鞣革職人の子として生まれ、ほぼ独学で植物学を修め、トリーの助手をして『北アメリカ植物誌』を共編、一八四二年以降ハーヴァード大学教授となった。チャールズ・ダーウィンと親交があり、アメリカにおける早期の進化論支持者の中心であった。グレイの名は、一八五九年十一月二十四日に出版された『種の起原』以前のダーウィンの論文のなかに散見する。

モースは、比較動物学博物館の助手としてこまごました実務（大部分は、貝類や軟体動物のコレクションの整理という仕事であった）に励みながら、大学におけるアガシーの講義を聴講したほか、大学の科学関係の授業に顔を出し、ほぼ同世代の若き研究仲間と親交を結び、ドイツ語や哲学の勉強に熱中し、やがて妻となるネリー・オーエンとの清純な恋愛も経験した。南北戦争に従軍できないのが、当時のモースの唯一の悩みであった。——ようするに、モースは恵まれた〝青春時代〟を送った、と言ってよいのではなかろうか。ところが、二十三歳になった一八六一年、経済上の問題が絡んだのと、アガシーのワンマン的性格に堪え切れなくなったのと、この二つが主要な理由となり、モースはアガシーのもとを去った。この年の十二月三十一日の『モースの日記』は「私は今年、動物学で多くのことを習った。そして、この年の終りに、二年間いた比較動物学博物館と縁を切った。私はあらゆることを学んだ。そして教授が与えて下さった学問に対しては恩義を感じている。しかし他の事柄では先生の行為を心から非難したい」(ウェイマン前掲書、第六章　リンカーンに反対投票)と書いている。

そして、その翌日の『モースの日記』は「一八六二年一月一日——楽しい旅〔ポートランドへ〕をした。海は静かで波はなかった。私は独立した。しかし教会のねずみのように貧しく新年を迎えた。自分の選んだ仕事、動物の写生に努力しなければならない。そして誰かに講義をしよう。とにかく金をかせぐために破れかぶれでやって見よう」(ウェイマン前掲書、第七章　すべてを学び得て)と書いている。そのとおり、モースは、一八六二年から六六年までの四年間、貝殻の写生をしたり、画家が描いた絵を新聞や書籍雑誌の挿絵用に木版で複写する仕事をしたり、女子学生のために博物学の講義をしたり、パンフレットを発行したり、「金になることならなんでも摑み、同時に科学の研究を続けた」(同)。モースの講義は、話しながら両手を同時に使って黒板に正確な絵をかくので、当意即妙の話術と相俟(あいま)って、たちまち評判になった。(一八六三年六月十八日、モースの二十五歳の誕生日に、ネリー・オーエンと結婚式をあげたことも付記しておく。)

そのうちに、ふたたび偶然がモースをひっ捉らえて、なにがなんでも科学研究に専念せずにはいられないように仕向けてくる。イギリスで証券業者として成功したニュー・イングランド出身の富豪ピーボディは、かねて故郷マサチューセッツ州に図書館・美術館・音楽学院を寄付し、また、ハーヴァード大学にはピーボディ考古学人類学博物館を、イェール大学にはピーボディ博物館をそれぞれ寄贈していたが、このひとが、一八六七年五月に、エセックス郡の中心地セーラムに「ピーボディ科学アカデミー」を設置しようと申し出たのである。かつてアガシーの弟子であったフレッデリック・ウォード・プットナムがピーボディを説得し、前年の六六年春からすべての設立手続を推進して、とうとう発足にまで漕ぎ付けたのであった。「ピーボディ科学アカデミー」は、セーラムのエセックス大通りに面する堂々たる煉瓦建築であるイースト・インディア・マリン・ホールを買収して、これを修理＝改造して博物館とし、プットナム館長のもとに、モース、ハイアット、パッカードらを職員に任命した。そして、ここに集まった四人の若者が、打ち揃って、やがてアメリカの進化論思想史に輝く指導的人物となるのであるから、偶然のもたらす〝出会いの妙（みょう）〟にわれわれまでが感嘆を禁じ得ない。また、かれら二十歳代初期の若者は、ピーボディ博物館を中心に、驚くほどの真面目さと情熱とを真理探究に向かってぶっつけたのであった。「アガシーの古い弟子たちは、殆ど自分たちで選んだ分野の研究の仕事をした。即ちプットナムは脊椎動物を、パッカードは昆虫を、ハイアットは地質学と古生物学を選んだ。そしてモースは貝類――いわゆる軟体動物学を選んだのであった」（ウェイマン前掲書、第八章　四人の狂気の若者たち）。モースは、博物館の標本整理の作業に励むほか、「アメリカン・ナチュラリスト」に寄稿したり、ボードン大学やメーン州立大学で講義をしたり、一般人向きの通俗講演をおこなったりした。「四年が経過して後、ピーボディ博物館は軌道に乗り、日々滞りなく安定してきた。そうなると、もはやモースの強い情熱を必要としなかった。彼は講演に成功を収め、懸命に働いた五ヵ月間で、あとの七ヵ月間研究に専念出来るほど、十分稼がせてくれるようになった。彼は一八七一年に博物館の職員を辞職した。プットナムは館長として一八七三年まで留まり、その年ハーバート大学でピーボディ考古学、民族学博物館の主事として、ジェフリーズ・ワイマンの後を継いだ。パッカードは一八七八年までセーラムに残り、その後ブラウン大学の動物学教授として招聘された。ハイアットは四人組の最初に、一八七〇年ボストンへ去って博物館の管理者となり、またマサチューセッツ工科大学の動物学・古生物学の教授となり、その後ハーバート大学の比較動物学博物館の化石頭足類の主事を歴任した」（同）。四人の若者は、こうして、それぞれにアメリカ第一級の学者になっていった。

特記すべき重大な事がらは、一八七三年、セーラムのエセックス研究所の野外集会で、モースがダーウィン説の支持者であると宣言したことである。アガシーの助手をしていた時期はもとよりのこと、その後のピーボディ博物館勤務時代にあっても、モースは、容易にはダーウィン進化論の信奉者にはならなかった。それが、十年間にわたるじゅうぶんなる実験と観察と思索とを経て、いまや〝進化論〟を支持することをはっきり明言するに至ったのである。かねてモースが発表した『軟体動物の採色順応についての所見』(ボストン、一八七一年刊)というパンフレットに対して、ダーウィンから手紙が届いた。「貝類の保護色についての、私の誤りを正して下さって嬉しく思います。私の大まかな記述に対して、言い訳をしているのではありません。しかし明るく、美しい色をしている品種を心に留めました」(『チャールズ・ダーウィン書簡集』第二巻所収)と。モース自身は、一八七三年十月二十五日の旧友ジョン・グールド宛書簡で「私がダーウィンから手紙を受けた時、正直に言って私が研究に費して来た苦しい全部の研究(ママ)に対して、十分に報われたように感じたのだ。」「処世術から人生の中道を歩むことや、それにともなう成功が約束されているといったことに関しては、私は自分の道を卑しめて歩むよりも、一日一食で暮し、借金を背負って送る方を選びたい。……大衆は進化論に関してもっと知りたがっており、彼らは進化論については、非常に無知なのである。……私が主に注意しなければならないことは、意見を変えさせない『精神の硬直』を避けることなのだ」(ウェイマン前掲書、第八章　四人の狂気の若者たち)と書いている。この書簡は、旧友が、進化論を公認したことによって、せっかく人気のあるモースの講演が大衆の支持を失うのではないかと、それを心配して寄越した意見に対する返答であった。しかし、モースには、もはや進化論支持の学問的立場を変えることはできなかった。それどころか、モースは、進化論の立場をいよいよ強固なものとし、つぎつぎに論文を発表し、通俗講演をとおして進化論の正しさを説いて回った。

モースは、一八七四年の晩春、アメリカ大陸を横断してカリフォルニアに講演旅行したおり、サンフランシスコにおいて、日本に行けば豊富な種類の腕足類の採集が可能であることを耳にし、ぜひとも日本へ行きたいという決心を固めた。しかし、この決心を実現する以前に、旅行費用を獲得するための仕事を片付けておかなければならなかった。それが一八七五年刊行の著書『動物学初歩』である。この動物学のテキストは大成功を収め、いちはやく日本にも渡っていた。

さて、モースの日本への渡航は、腕足類の採集を主要目的として、永い封建体制の呪縛から解放されたばかりのこの島国へ三か月間の探検を試みようと計画されたものだった。一八七七年五月二十九日、サンフランシスコから蒸気船東京丸に乗って出発、六月に横浜へ上陸した。かれが持参したものの一つに、日本の文部省顧問デヴィッド・マレー博士への紹介状があった。マレーは、当時モルレーと発音され、日本教育史上の重要人物で、一八七九年（明治十二年）の「教育令」（学区制などを廃し、地方分権を強化する民主的教育を構想した、きわめて進歩的な法令であった）を出した文部大輔田中不二麿のブレインであった。マレー博士は、モースを新設の東京帝国大学へ連れて行き、コーネル大学出身の外山正一教授と田中文部大輔とに会わせた。その席で、モースは、横浜から東京に乗る鉄道の車窓から発見した大森貝塚のことを、夢中になって喋舌りまくった。マレー博士に誘われて日光旅行に参加しているあいだ、ぶっきらぼうで生気溌剌たるモースの人格にすっかり魅せられてしまった日本の当局者たちは、なんとかしてモースを日本に引き留めようという相談を纏め、そのむねの申し入れ書類を作成して待機していた。モースに、東京帝国大学に動物学科を創設してほしい、博物館をつくってほしい、との申し入れであった。モースは、アメリカでの研究を放棄したくなかったし、またアメリカでの講演旅行による収入の見込みも無にしたくなかったので、返答に躊躇していた。すると、日本当局者は、年俸四千二百ドルという法外な条件を出してきた。この金額は、抵当に入っているセーラムの自分の家の三千五百ドルという金額を清算するのにじゅうぶん役立つはずだった。こうして、日本上陸後三週間で、モースは、自分を東洋へ誘うことになった腕足類採集のための時間を保証するという条件を契約のうちに織り込ませ、東京帝国大学との二年契約に応じた。そのさい、大学からは、夏期休暇中に実験室と研究員とを提供するむねの提案があり、モースは、一八七七年七月二十一日、太平洋地域での最初の臨海実験所を江ノ島に創設した。

このたびも、まったく偶然がもたらした幸運であった。モースにとって、日本を知り日本文化を知ったことは幸運だったに違いない。しかし、日本人がモースに出会えたことはもっともっと幸運だった、と言わなければならない。

モースの日本における業績は、公平にこれを見た場合、つぎの五つに要約し得るかと思う。すなわち、近代的科学の素地さえない日本に動物学（ひろく生物学）の基礎をきちっと据えてくれたこと、大森貝塚発見という日本上陸早々の出来事(イヴェント)をつうじて日本人に考古学的＝人類学的関心を喚び起こしたこと、通俗講演などによって日本の知識人層に進化論的な思想を知らせたこと、日本で蒐集した陶器コレクションが帰国後にボストン美術館に保存され集大成された（もちろん、モースが推薦して東京帝国大学の哲学教授となったフェノロサの、東洋美術史研究の成果が、のちのち生かされた事実も忘れてならないのだけれど）こと、さらに日本関係の著作『日本人の住まい』（一八八六）および『日本その日その日』（一九一六）をとおして明治初期（封建文化が西欧近代文明に取って代られる過渡期に当たる）の日本の実情を正しく世界に紹介した（正しくは、紹介したなどといった程度を遙かに越えて、前述のごとく、その独自で先駆的な〝民族学思考〟によって人類史の未来をまで眺望したのであったが）こと、――この五つである。（他に、一九二三年九月、関東大震災の報道を手にするや、七十年の歳月を費やして蒐集した自分の蔵書の全部を東京帝国大学へ寄附するむねの遺言をおこない、これら蔵書は現在も東大図書館に所蔵されていることなども、付記しておいてよいだろう。）この一つ一つが、どれも重要な価値や史的意味をもっていて、苟且(かりそめ)の言及を以てしては済まされない。わたくしなりに論陣を張りたい誘惑をおぼえもするが、しかし、この場では、いかにも余裕がない。

ひとつだけ、日本における、従来のモース理解＝評価のなかに重大な誤謬のあるのを指摘しておくにとどめよう。それは、モースが日本で唱導した〝進化論〟に関する事がらである。――

モースが最初に日本に上陸した一八七七年（明治十年）の十月、大学の大広間で、五百人以上の聴衆を前にしておこなった進化論に関する連続講演の第一講の反響について、『日本その日その日』は、つぎのように記している。

「聴衆は極めて興味を持つたらしく思はれ、そして、米国でよくあつたやうな、宗教的の偏見に衝突することなしに、ダーウヰンの理論を説明するのは、誠に愉快だつた。講演を終つた瞬間に、素晴しい、神経質な拍手が起り、私は頬の熱するのを覚えた。日本人の教授の一人が私に、これが日本に於るダーウヰン説或は進化論の、最初の講義だといつた。私は興味を以て、他の講義の日を待つてゐる。要点を説明する事物を持つてゐるからである。もつとも日本人は、電光のやうに速く、私の黒板画を解釈するが――』（第十章 大森に於る古代の陶器と貝塚、石川欣一訳文に拠る）と。この連続講演は、のちに、かれの弟子で、親しく謦欬に接した石川千代松が文章化して、『動物進化論』（一八八三）一巻にまとめられた。明治初期科学思想を跡づけるうえで、この書物の占める影響力の度合の大いさといったら、こんにちのわれわれが想像する以上のものがある。

ところが、日本科学史の研究家のあいだでは、モース口述・石川千代松筆記『動物進化論』の学問的評価ははなはだ低いのである。なにしろ、準備学力もなにもない日本の一般大衆を相手にしておこなった通俗講演であるから、そこに論理の飛躍があったり、当然なくてはならないはずの事実証明の手続きをすっ飛ばしたり、殊に動植物関係の事例をいきなり人間に当てはめる乱暴を犯したりしており、進化論のレクチャーとしては、いかにも粗雑な出来上がりしか呈していない。明らかに、モースは調子を下ろして口述しているのであり、モースの進化論思想がこの一冊に凝縮されているなどと考えて、こてんぱんにやっつける仕方は、かえって客観性に欠けるのではないかと思う。たしかに、『動物進化論』の粗雑さは批判されても仕方ないが、日本科学史家は、勢い余って、モースそのひとの進化論思想までも不当に低く評価する過失を犯し、それが学問的定説として滲透してしまっていた。

しかし、ごく最近になって、渡辺正雄『日本人と近代科学―西洋への対応と課題―』が、この定説を訂正してくれた。渡辺は、モースが日本にやって来る前年の一八七六年にアメリカ科学振興協会（AAAS）でおこなわれた学術講演「進化論に対するアメリカ動物学者の寄与」を手がかりにして、当時のアメリカ生物学界の状況と照合して再吟味するとき、モースそのひとの進化論思想がけっして低いレベルのものでなかったことを明らかにしている。これは、渡辺の功績である。しばらく、同書の記述に傾聴しよう。――

この講演で、モースはまず、自然選択理論に関する米国の研究者の寄与を展望することの意義を述べてから、米国における動物学発展の過程をアガシー来米の前後二期に分け、前期は標本収集の時代、後期はそれをふまえた発展の時代としている。この後期に関して、進化論導入の過程でのアガシーの役割を、進化論に対する彼の激しい反対のおかげで、米国の学者たちは、この理論を性急に受け入れることはせず、その証拠を広くこの国内に探し求めたのだ、と評価しているのは注目に値いする。彼らの新大陸が、そこに産する化石をも含めて、こうした生物学的研究材料の宝庫だったことは言うまでもない。

モースは続いて、進化論の萌芽は一九世紀前半の米国にも認められ、ダーウィンもそのあるものに言及していると指摘してから、ダーウィンの理論の前提となっているのは、種が変化すること、特徴が遺伝すること、多くの生物個体のうち生きのびるのはごくわずかであること、地球の物理的様相は今日までたえず変化してきたこと、などであって、理論の核心をなすのは自然選択、すなわち、その時の環境により適合するものが生存しつづけるということである、と説明する。そこで、最も重要な問題は、それぞれの種は全体として、環境とは無関係に変化を促進するような何か固有なものをもっているのか、それとも、種の変化とこれを生起させる物理的条件との間には何らかの関係があるのか、ということに帰着する、とモースは言う。これはまさに、ダーウィニズムかネオ・ラマルキズムかという問題である。

こうしてモースは種に関する議論に入っていく。種が存在することは自然界における明白な事実であるが、その種が新種を形成したり、環境の変化とともに絶滅したりしたという多くの事例が存在することは、生物が種ごとに創造されたという special creation の理論に反対する進化論にとって、何にもまして有力な根拠となる。ところが、中には、腕足類の一種であるシャミセン貝のように、太古から今日までほとんど変化せずにその形態を保持してきたものもあるので、アガシーはこれを進化論に対する決定的な反証としてあげたのであるが、この点はむしろ、異常なほど強い生命力をこの貝がもっていることによるとモースは見ている。

モースは次にパッカードやグレイ（Asa Gray）らの研究を紹介し、動植物の地理的分布と地質学上の関係を論じて、創造説（special creation）を否定する議論を展開する。続いて、動物の適応色すなわち保護色に関する研究について述べ、また、動物の習性について、具体例をあげながら、同一種の動物でも環境によってその習慣に違いが認められることを指摘して、動物には最初に一定の行動様式が植えつけられたとする考えに反論を加える。さらに、昆虫（ことにチョウ）などに見られる季節型の研究にも言及し、また、環境に適応して、エラが消失したり眼の機能が失われるなど、動物の機能が変化する事例をもあげている。

　大きく隔たった二つないし三つの群の特徴を兼ね備えた動物が発見されたことに対して、モースは聴衆の特別な注意を喚起している。馬とさらに下等な動物との間隙をうめると思われる動物の化石、鳥類と爬虫類を結びつける始祖鳥、等々の発見と、その系統学的解釈（米国の Othniel Charles Marsh, Joseph Leidy など）とによって、ミッシング・リンクは補塡され、進化論はいよいよ確立されることになる。では、自然界が一様であることから、人間の起源についても同様の事がらが考えられるのではなかろうかと、モースの議論は人類の問題にまで進められていく。そして、古生物学、人類学、比較解剖学、発生学、言語学、社会学などの研究成果をふまえて、人間の起源に関する進化論的な説明を展開する。比較解剖学についてはワイマン（Jeffries Wyman）の研究を多く引用し、社会学的根拠づけにはスペンサー派の社会学者フィスク（John Fiske）の説を取り入れている。

（III　日本に変えられた動物学教師）

モースが、ゆっくりゆっくり時間をかけて、アガシー流の天変地異説から、ついにダーウィニズムに転向せざるを得なくなっていった過程（プロセス）を、すでにわたくしたちは知っている。ピーボディの四人の研究仲間が打ち揃ってアメリカ進化論思想の担（にな）い手（て）となっていった時代状況にも、すでに共感が届いている。そこへ、日本へ渡航してくる前年の一八七六年の学術講演「進化論に対するアメリカ動物学者の寄与」の概貌（アウトライン）が知らされたのであるから、わたくしたちとしては、いさぎよく、従来の通説の誤りを認めたうえ、これを引きおろすべきではないか。

ひとりの人間が（いや、多くの人間ということになればなおさらのことである）偏見や先入主のない〝公正な〟

判断をもつ、ということは、じつは至難である。それだから、わがエドワード・シルヴェスター・モースは、独自で先駆的な民族誌『日本人の住まい』を書いて、西欧文明人がこれは正しいと考えている真理や美が必ずしも唯一絶対のものではないことを明らかにしたかったのである。ところが、いっぽう、後進性（もしくは停滞性）に封じ込まれたアジア人のほうでも、やはり、同じように偏見や先入主に充満する不公正な思考しか持っていない、ということは、じゅうぶんあり得る。モースの日本観察に見られる瑣末部分的な不備や不可抗力的な勘違いを指弾して手をたたいて喜ぶのはお勝手だが（どうやら、こういった揚げ足とり的発想のなかに〝日本的思考〟の定型があるらしいが）、モースが苦悩に苦悩を重ねて漸くにして確信に到達した〝進化論思想〟をまでせせら笑うにいたっては、とうてい〝公正な〟判断と言うことはできない。西欧人に限らずアジア人に限らず、人類たる者、およそ科学的で公正であるべきだ、との願いに立って書かれたのが、本書『日本人の住まい』だったはずである。

　わたくしは、本書『日本人の住まい』は〝人類叡知の書〟として受け入れなければならない、と思う。そして、それこそが、一九七〇年代終りの現時点における本書の〝読みかた〟である。もちろん、急激なる近代化＝社会変革によって失滅してしまった日本の伝統的家屋様式の図解つき解説書としての本書の機能的意味も大きいし、たしかに懐古趣味的にこの書物をめくったのみでも多くの楽しみや示唆がもたらされるであろう。そして、今後しばらくはその面での価値が見直されることになるだろうとは思うけれど、しかし、モースそのひとの執筆動機はもっと高いところをめざしていたはずである。こんにち、歴史的立場が変わり、かつて発展途上国であった日本にも南北問題解決の責任がかかるようになってきている。このときに、先進西欧諸国がおこなってきた植民地支配的思考を踏襲して、これまでさんざんやられてきたことをこんどはおれたちがやる番だ式の、まさしく経済的帝国主義とよぶしかない〝ものの見かた〟をとるだけでよいか。たしかに先進西欧諸国のひとびとのやりかたは酷かったが、なかには、稀にエドワード・S・モースのような考えかたをする人物も存在した、ということを忘れないようにしたい。モースは、先進西欧諸国のひとびとが久しく抱きつづけてきたような、単一で、同一方向にしか働くことのない〝ものの見かた〟に対して、これでよいのかという反省をおこなったのである。

再三にわたり強調したように、モースは独自で先駆的な〝民族学的思考〟を開いた人物であった。その意味で、モースそのひとに自覚されることがなかったとしても、りっぱに思想家であったと見るべきである。すくなくとも、本書『日本人の住まい』は、一個の思想書として読まれるのが正しい。こんにち、発展途上国の会議において「集団自立」とか「相互扶助」とかの前向きの発言がなされているとき、わたくしたち現代日本人の身勝手な論理を修正するためにも、本書の思想的主題をはっきり摑み直すことは無駄ではあるまい。モースのこの書物は、いつも、いや、いまこそ、根源的に生命の声を放ってみせる。その根源的生命に触れ得たあとでならば、本書を、伝統建築芸術を知るための史料として受け取ることに、支障のあろうはずもない。事実問題として、近代以前の日本建築のサブスタンスを本書『日本人の住まい』ほどに客観的にかつ広汎克明に記述した書物は他にないのだから。

最後に、本書の翻訳は共訳となっていますが、第一章の四二ページまでが斎藤担当分、以下すべてが藤本担当分であることを、明らかにしておきます。八坂書房主の勧めに従って訳稿の筆を起こしたのは一九七四年の秋ごろからでしたが、建築専門関係の基礎知識に欠けるわたくしにはなかなか捗がいかず、モースへの尊敬の思いが日々に募るのとはうらはらに訳文は一向にでき上がらず、荏苒日を経るばかりでした。近刊予定の広告が出てしまってからも、あっさり二年の歳月が経過しました。そこで、八坂書房主と相談し、わたくしの既訳分のあとを藤本周一氏に引き継ぎしてもらうことにしました。藤本氏は短時日の間に訳文を仕上げ、窮地に陥ったわたくしを救出してくれました。両人共訳というかたちをとっていますが、わたくしは、藤本周一氏のお仕事を尊重して、用語の統一とか文体整合とかの処置いっさいを手控えました。モースの真意を摑んだ良い訳文であると思ったからです。

遅れに遅れた本書の刊行を辛抱強く待ってくださった八坂安守氏、制作段階でいろいろと援助を賜わった森弦一氏、おふたりに陳謝と感謝とをささげます。

索　引

○本索引は，「まえがき」「解説」などを除く本文より，主要項目をぬき出して五十音順に配列したものである。
○本文の「見出し語」から項目をぬき出した場合には，数字のあとに「～」印をつけて他と区別した。

ア　行

カ　行

サ　行

タ　行

ナ　行

ハ　行

マ　行

ヤ　行

ラ　行

ワ　行

訳者略歴

斉藤正二（さいとう・しょうじ）

1925年東京生まれ。東京大学文学部教育学科卒業。

編集者生活数年ののち、同大学旧制大学院満期退学。

創価大学名誉教授。教育学博士。2011年没。

主著『日本的自然観の研究 上下』ほかは、『斉藤正二著作選集』（全七巻、八坂書房）に収録。

藤本周一（ふじもと・しゅういち）

1932年大阪・堺市生まれ。関西大学大学院修了。

大阪経済大学人間科学部教授等を歴任。文学博士。

訳書に『浪漫詩人の愛と苦悩』（雪華社）、『ラフカディオ・ハーン著作集（第五巻）』（共訳、恒文社）ほか。

日本人の住まい〔新装版〕

2021年7月23日　初版第1刷発行

訳　者　斉藤正二
　　　　藤本周一
発行者　八坂立人
印刷・製本　中央精版印刷（株）

発行所　（株）八坂書房
〒101-0064　東京都千代田区神田神保町1-4-11
TEL. 03-3293-7975　FAX. 03-3293-7977
URL. http://www.yasakashobo.co.jp

ISBN 978-4-89694-289-7